鄂温克族濒危语言文化抢救性研究（上下卷）

朝克　主编

鄂温克族社会历史文化

朝克　塔米尔　著

社会科学文献出版社
SOCIAL SCIENCES ACADEMIC PRESS (CHINA)

目 录

前　言 ……………………………………………………………… 001

第一章　鄂温克族的历史文化 …………………………………… 001

　　第一节　历史文化认同 ……………………………………… 001

　　第二节　历史沿革及文化变迁 ……………………………… 005

　　第三节　历史与经济文化 …………………………………… 019

第二章　鄂温克族的早期社会组织 ……………………………… 041

　　第一节　"毛昆"社会组织 …………………………………… 041

　　第二节　"乌力楞"社会组织 ………………………………… 047

　　第三节　"尼莫尔"社会组织 ………………………………… 053

第三章　鄂温克族清朝时期的社会组织 ………………………… 061

　　第一节　索伦八旗社会组织 ………………………………… 062

　　第二节　清代布特哈八旗社会组织 ………………………… 066

　　第三节　索伦驻防呼伦贝尔 ………………………………… 073

　　第四节　西迁新疆伊犁的索伦营 …………………………… 077

第四章　鄂温克族现有行政辖区 ………………………………… 084

　　第一节　鄂温克族自治旗 …………………………………… 084

　　第二节　鄂温克族苏木乡一级行政辖区 …………………… 096

　　第三节　鄂温克族集中生活的村屯 ………………………… 145

第五章　鄂温克族的家族姓氏文化 ·························· 158

　第一节　姓氏文化的社会关系 ·························· 158

　第二节　姓氏文化的社会内涵 ·························· 162

　第三节　姓氏文化的外来社会文化影响 ·················· 165

第六章　鄂温克族的婚姻文化 ·························· 177

　第一节　婚姻制度文化及其婚姻关系 ···················· 177

　第二节　婚前准备及婚礼习俗 ·························· 180

　第三节　婚后相关习俗 ······························ 183

　第四节　婚姻制度及婚礼习俗的发展变化 ················ 185

第七章　鄂温克族的丧葬文化 ·························· 189

　第一节　丧葬习俗及其社会历史文化 ···················· 189

　第二节　传统丧葬文化及其特征 ························ 196

第八章　鄂温克族的语言文化 ·························· 200

　第一节　鄂温克族族称及社会关系 ······················ 200

　第二节　鄂温克语的文化特征 ·························· 209

　第三节　鄂温克语社会与外来语言文化的关系 ············ 215

　第四节　鄂温克语社会接受外来语言文化的基本特征 ········ 226

参考文献 ·· 230

后　记 ·· 232

前　言

　　鄂温克族是一个跨境民族，"鄂温克"（ewenke）是该民族的自称，主要表示"从高山上走下来的人们"之意。鄂温克族作为一个跨境民族，主要生活在我国东北和新疆地区，以及俄罗斯的远东及西伯利亚地区。据不完全统计，鄂温克族总人口约有 17 万人。其中，在我国境内生活的鄂温克族约有 32000 人，占鄂温克族总人口的 18.8% 左右。约占 87% 的鄂温克族生活在俄罗斯的西伯利亚及远东地区，那里的鄂温克族被称为 ewenke、ewen、nigdaar 等。为把我国境内和俄罗斯境内的鄂温克族划分清楚，我国将俄罗斯的鄂温克族称为 "埃文""埃文基""捏基达尔" 等。事实上，这些只不过是不同方言土语区或生活区的鄂温克人的叫法，他们原本属于一个民族。我国境内的鄂温克族主要分布在内蒙古自治区呼伦贝尔市辖的辽阔草原和黑龙江北部广袤的兴安岭。另外，在黑龙江省的齐齐哈尔市、讷河、嫩江、甘南等市县也有一些鄂温克族散居。同时，在新疆维吾尔自治区的伊犁地区还有一小部分鄂温克族。

　　鄂温克族有本民族语言，叫鄂温克语，在语言系属上属于阿尔泰语系满通古斯语族通古斯语支，鄂温克语有极其严谨而自成体系的语音结构系统和语法形态变化规则，内部还分有多种方言土语。我国境内的鄂温克族没有本民族文字，所以现在鄂温克族儿童只能通过汉文或蒙古文学习文化知识。不过，笔者在美国进行学术交流时，亚利桑那州立大学的杰姆森教授给笔者一本叫《古代字》的书，该书提到早期鄂温克族先民使用过一种写在桦树皮上的特殊文字符号，只是后来消失了。为寻找这种文字，我和杰姆森教授从美国政府申请到一笔经费，进行过三年的合作研究。在该项目实施过程中，我们几乎走遍了我国境内鄂温克族生活的所有地方，以及所有相关的图书馆、资料馆、文化馆，进行深入细致的实地调研。最后，虽然我们没有找到与鄂温克族桦树皮古代字相关的任何历史文献资料，但是我们发现了鄂温克族喜欢在桦树皮上写字画画的传统习俗，这给我们留下了许多思考。鄂温克族老人还告诉我们，在纸出现之前，鄂温克族先民是在桦树皮上写相当于文字的符号或图画，只是后来由于连年不断的残酷战争，那些弥足珍贵的文字符号，以及画有各种美丽图案的桦树皮都被烧成灰烬。他们给过我们不少近些年在桦树皮上写的汉字、蒙古文、满文等纪念品、小册子、明信片等，很有收藏价值。鄂温克人喜欢在处理好的、平整的桦树皮上写字或画画。桦树皮不腐烂生锈，上面写字或作画，会一直保持下去，有很强的收藏性，携带也十分方便。

说到俄罗斯境内的鄂温克族，在 20 世纪 30 年代就创制了斯拉夫字母的鄂温克文，一直沿用至今。不过，其文字的使用率变得越来越低。现在他们的小学里虽然也在教鄂温克语，也有相当成熟而精致的鄂温克语教材，但孩子们还是把精力放在学俄文上。总之，无论是我国境内的鄂温克语，还是俄罗斯的鄂温克语，都已进入濒危或严重濒危状态，他们中的母语使用者越来越少。

鄂温克族是一个具有悠久历史和优秀传统文化的民族。在南北朝（420～589）时，居住于贝加尔湖以东，额尔古纳河、外兴安岭南北和黑龙江中、上游地区的室韦诸部中的"北室韦""深末怛室韦""钵室韦"都与鄂温克族先民有关，而《新唐书》中记载的"鞠部"包括鄂温克族的先民。鄂温克族是在寒带及寒温带山林地区自然牧养驯鹿并形成产业的民族，他们自然牧养驯鹿的年代可能早于其他北极圈的民族或族群。与此同时，他们创造了极其丰富的关于驯鹿的语言文化。另外，他们的先民早在 8 世纪之前，就充分运用自然牧养驯鹿的生产经验和方法，从山林走入平原，开始接触和经营草原上的野牛、野马、野羊等，进而开发和拓展草原上的畜牧产业。到了 13 世纪初，鄂温克族进入农耕生产时代并形成了相应的农耕文化。

鄂温克族在不同历史时期有过不同称谓，直到 20 世纪 50 年代我国境内的鄂温克族还分别被称为"索伦"（solong）、"通古斯"（tungus）、"雅库特"（yakuut）、"洪库尔"（honkor）、"喀木尼堪"（kamnigang）、"特格"（teke）等。事实上，除了"鄂温克"（ewenke）之外，其他称谓都属于"鄂温克族"的他称，或者是对于某一地区"鄂温克族"的专用叫法。被称为

"索伦"的鄂温克族人口最多，约占鄂温克族的 85% 以上，他们基本上生活在嫩江、讷河、辉河、伊敏河、莫和尔图河、雅鲁河、济沁河、绰尔河、阿伦河、格尼河、诺敏河、甘河、油漠尔河等流域，主要从事畜牧业和农业生产活动，被称为"索伦"的鄂温克族也叫"洪库尔人"。叫"通古斯"的鄂温克族主要居住于呼伦贝尔锡尼河与莫日格勒河流域的辽阔牧场，他们的人口占鄂温克族的 14% 左右，布里亚特蒙古人习惯于称他们为"喀木尼堪人"。叫"雅库特"的鄂温克族人口最少，只占总人口的 1%，居住于额尔古纳河右岸，他们保留了在山林中自然牧养驯鹿的传统生产活动。这部分鄂温克人，在历史上还把狩猎业和农业作为副业经营，甚至在俄罗斯远东地区生活期间，一度形成过相当有规模的农业生产，远东地区的一些民族或族群，也把"雅库特"鄂温克族叫作"特格"或"特克人"。

　　总而言之，由于鄂温克族生活地域、社会环境、生存条件的不同，在历史上有过诸多他称。1957 年，我国根据鄂温克族全体人民的要求，取消各种他称，将他们的族称统一为"鄂温克"，鄂温克族自治旗是我国三个少民族自治旗之一，从此鄂温克族进入了新的历史发展时期。

　　在漫长的历史进程和社会发展过程中，生活在不同地域、不同自然环境、从事不同生产活动的鄂温克族，用共同的劳动和智慧创造了弥足珍贵的历史文化，涉及鄂温克族历史生活、传统文化的方方面面，既包括他们在每一段历史时期所经历的社会变革与发展，也包括他们所经历的苦难、艰辛、探索、思考、追求、希望。比如，对于自身历史文化的深刻反思与认同，历史沿革及文化变迁带来的思索与选择，历史发展与经济社会的更替带来的复杂矛盾的心理。对于这些问题，我们必须有一个清醒的认识，进行客观分析和论证。我们必须承认，在人类历史文化的发展进程中，曾经发挥过一定积极作用，并产生过一定积极影响的民族，一定会在特定的历史时期留下属于自己的历史文化印记，形成属于自己的符号系统，比如鄂温克族早期社会中出现的"毛昆""乌力楞""尼莫尔"，还有在清朝时期的"索伦八旗""布特哈八旗""呼伦贝尔索伦军团""伊犁索伦营"等。随人类社会的不断进步，尤其是新中国成立之后，鄂温克族社会文化进入了一个崭新的时代，他们有了民族自治旗、民族乡，生活过的村屯都产生了翻天覆地的变化，他们的物质生活内容、生产方式、生存环境都发生了历史性的变迁与发展。他们住进了高楼、砖瓦房，用上了全新的家用电器，有了汽车和现代化生产设备，拥有了现代化的牧场、农场和生活区。他们还有了自己的工业产业、现代化的畜牧产业、加工产业、旅游产业和文化产业。特别是畜牧产业、具有民族特色的加工产业、民族品牌的文化产业、富有浓郁地方特色和民族风格的旅游产业发展均十分迅速，成为他们经济社会稳步发展的重要因素。

不过，我们必须清醒地认识到，当今社会飞速发展，全球化日益频繁，给人口较少民族的传统文化和历史记忆带来了无情冲击和毁灭性影响。在这一关键时刻，我们必须思考历史文化何去何从，历史文化的价值与意义，我们要温故知新、古为今用，要站在历史文化坐标中审视民族的今天和未来的发展。也就是说，我们必须学会从历史唯物主义和辩证唯物主义的理论观点看历史、现在和未来。我们只有搞清楚自己从哪里来，究竟经历了什么样的历史岁月，经过怎样的磨难与艰辛走到了今天，才会更好地把握自己的命运和前进方向。为此，本书要讨论鄂温克族的家族姓氏文化及其结构特征，分析与鄂温克族历史文化密切相关的婚姻文化、丧葬文化。同时，也从语言社会的角度，论述鄂温克族族称与社会的关系、鄂温克语中的社会文化要素、外来文化对于鄂温克语的影响、鄂温克语民族文化特征等。在鄂温克族传统历史文化全范围地走入濒危或严重濒危的时候，显示出它们的价值和重要性。

此外，鄂温克族同鄂伦春族、赫哲族、锡伯族、满族等有很深的族源关系，同蒙古语族诸民族、突厥语族诸民族、朝鲜族等也有不同程度的关系。另外，还和俄罗斯远东和西伯利亚地区的诸民族、日本人和日本的阿伊努人、北欧的萨米人、北美的爱斯基摩人和印第安人等均有错综复杂的、不同层面的关系。正因为如此，鄂温克族历史文化研究显得十分重要，我们可以通过鄂温克族历史文化，从另一个侧面了解东北亚乃至北极圈社会的早期历史文化与文明。

第一章 鄂温克族的历史文化

本章主要从历史文化学的角度，着重讨论鄂温克族历史文化的认同、历史文化的变迁、历史与经济文化的关系三个部分。其实，在历史文化方面，与鄂温克族有关的话题很多，内容也很丰富，但我们只能依据搜集整理到的有限资料进行分析和研究。不过，近些年发表了不少与该项研究相关的论著，这给我们提供了一定方便条件。

第一节 历史文化认同

每一个民族都有自己的历史文化，鄂温克族也同样有自己的历史文化，他们的历史文化也同样走过了漫长的岁月。鄂温克族的历史文化是他们的先民用共同的信仰、信念、希望、追求和生命，用共同的劳动和智慧，经千百代人的努力共同创造的。现代人们习惯于说鄂温克族有本民族语言，但没有自己的民族文字，但这种说法是否准确还得好好推敲。如果说现在在中国境内生活的鄂温克人没有文字，还似乎说得过去。但是，鄂温克族是一个跨境民族，除了中国之外，在俄罗斯、蒙古国、日本也生活着一定数量的鄂温克人。俄罗斯境内的鄂温克人口有 7 万左右，他们使用用斯拉夫字母创制的鄂温克文字，进行教学、科研，书写民族历史。值得一提的是，在美国出版的《古代字》一书里明确提到，作为鄂温克族先民的通古斯人在远古时期使用过一种刻写在桦树皮上的特殊文字符号，只是这种文字后来消失得无影无踪了。为了寻找这种刻写在桦树皮上的鄂温克族古代文字及其那些用桦树皮编制而成的书籍，美国亚利桑那州立大学的杰姆森教授还跟中国社会科学院民族学与人类学研究所的有关专家进行过三年合作研究。虽然，最后还是没有找到鄂温克族先民使用过古代文字及桦树皮书，但是给人们留下了极其宝贵的科学命题和深深的思考。我们可以想象，在人类社会的进程中，曾经出现过很多种符号系统或者早期文字，只是后来在自然灾害、战争、历史的迁徙和更新换代中消失了，有的甚至没有留下任何影记，有的留下一些蛛丝马迹，有的留下一定数量的文字记录和书籍，有的留下浩如烟海的宝贵财富。所以，鄂温克族的先民，在漫长的历史进程中是否创制过本民族文字，现在我们还很难盖棺定论。我们须实事求是、客观实在、辩证科学地分析研究一个民族的历史，以及他们在漫长的历史进程中的发展规律。

今天我们回过头来看，不同的民族走过的发展道路各有不同，在历史上留下的足印也各不相同，有的民族走得很清楚，有的民族走得有些模糊不清，有的民族似乎没有留下什么。但我们不能因此而断言这些民族的历史就不存在，或者说未来的人们就不懂。更为重要的是，我们不知道或不清楚的历史，不能随心所欲地去说或下定论。我们必须用历史唯物主义，以及辩证唯物主义的理论观点，实事求是且客观实在地分析研究我们未知的历史和世界，否则我们就会犯唯心主义的错误。

比如，曾经有一些民族学家或史学家，认为直到 20 世纪 50 年代，以牧养驯鹿为业的近 300 人口的鄂温克人还生活在原始社会末期。然而，全国人大民委办公室于 1958 年内部印刷的《使鹿鄂温克人的社会调查》中明确提到："使鹿鄂温克部落的最后一个酋长于 1761 年死后，俄罗斯地方政府下令取消他们的部落酋长制度，让俄罗斯地方官员来管理他们。"从此俄罗斯人完全统治了牧养驯鹿的鄂温克人。调查报告中还写道："使鹿鄂温克人的适龄儿童于 1827 年前就开始在俄罗斯远东的阿鲁功斯公立学校读书，大人们经常自己炼铁制造铁器，还给俄罗斯人种地当雇佣工，他们还用猎获物或手工制作品同俄罗斯人进行商品交易、换取卢布来购买生活必需品和狩猎用的枪支弹药等。他们在三百多年的历史岁月里，一直受到帝俄的残酷统治。所以，在经济、文化、宗教和生活习俗等方面受俄罗斯影响很大。后来，由于受不了俄罗斯统治者的长年的压迫和纳税重负，1917 年前后迁徙到我国境内。"调查报告中提到的这些情况应该是真实可靠的，笔者从 20 世纪 80 年代初以后在该地区所做的田野调查可以证明。那时，使鹿鄂温克人中的多数老人懂俄语和俄文，并有一定的农业种植经验，懂得手工制作铁器的基础知识。这跟有些民族学家所说的，直到 20 世纪 50 年代使鹿鄂温克人还处在原始社会形态的说法完全不符。

当然，不可否认的是，由于连年战争、自然灾害等因素，特别是为了逃避俄罗斯人的残酷压榨和统治，这部分鄂温克人赶着牧养的驯鹿群先后迁徙到深山老林里，几乎过上长年的隐居生活。由于得不到所需的生产生活物资，他们在山林间自然牧养驯鹿的产业每况愈下，生活质量也不断下降，再加上连年的严冬和自然灾害，使他们作为唯一生活依靠的驯鹿群数量大量减少。20 世纪 30 年代以后，他们的生活变得更加糟糕，甚至下滑到极度贫困的地步。当时，不少牧养驯鹿的鄂温克人死于疾病和霍乱，真正有劳动能力的人没有剩下多少，许多家庭变得支离破碎。因此，这些生存下来的人们，在这种极其艰难的生存环境和条件下，只能以血缘关系为纽带组成家族式的生活方式，通过家族成员的共同劳动、相互关照艰难谋生。所以，他们中的任何一个人猎获到食物，会自愿分给相依为命生活的其他家族成员，特别是那些孤寡老人以及失去劳动能力的人，使他们都能得到较好的照顾，同样都能够分得猎获物及其他生活用品。而且，在那种生活极度贫困和弹药极缺的条件下，只有身体较为强壮的男性同胞才能上山打猎或伴随山林牧场四处游牧，妇女们则在家里照顾孩子或跟其他家族成员一起到驯鹿牧养点或到山上的猎场，用驯鹿运回驯鹿肉或获物的肉，每家每户每人平均分配来养活家人及村里的人。

从严格意义上讲，在人类社会发展的进程中，在特定历史条件和社会背景下，不同民族都不同程度地遇到过此类特殊情况，出现过此类特殊社会生活现象。比如，在俄罗斯战火连年的岁月里，在连续不断的自然灾害面前，残酷无情的政治运动当中，许多生活在西伯利亚的少数民族和族群抛弃往日的幸福生活和家园，逃离残酷无情的统治和剥削，远离俄罗斯统治者带来的灾难性政治运动，跑到人烟稀少的原始山林开始了隐居生活。就是在这一历史时期，使鹿鄂温克人赶着牧养的驯鹿，离开家乡西伯利亚来到兴安岭原始森林深处，开始了几乎与世隔绝的森林生活。可想而知，在这一特殊历史时期、特殊的社会背景、特定的生存环境下，牧养驯鹿的鄂温克人的生产生活条件极其艰苦，他们的生活极其贫困。这也就是为什么 20 世纪 50 年代，一些民族学家到牧养驯鹿的鄂温克族地区进行社会调研，根据当时获得的实地调研资料，将这部分鄂温克人的社会组织说成是原始社会形态的原因。这些民族学家还在此资料基础上，撰写出版了《鄂温克人的原始社会形态》（1961）、《北方民族原始社会形态研究》（1981）等书。毫无疑问，他们没有很好地了解牧养驯鹿的鄂温克人的历史，以及他们在俄罗斯西伯利亚时期的生产生活的实际情况，所以就犯了经验主义、唯心主义的错误，进而在一定程度上影响了人们对于山林中自然牧养驯鹿的鄂温克人历史的客观真实的认识。如果人们认真地读过俄罗斯西伯利亚的相关历史书籍，客观地了解牧养驯鹿的鄂温克人的真实历史，或者认真地读过全国人大办公厅于1958年的调研资料，就不会得出如此偏离实际情况的结论。

当时一些民族学家对使鹿鄂温克人的社会形态产生误判，或许在一定程度上是受到沙俄时期殖民主义民族学思想的影响。在沙俄时期，民族学专家学者很喜欢用"原始论"与"进化论"，"未开发论"与"开发论"，"落后论"与"先进论"等二分法，把不符合他们政治制度或社会发展论的民族说成是"原始的"、"未开发的"和"落后的"。牧养驯鹿的鄂温克人从17世纪末期开始。受到俄罗斯人的残酷统治和剥削，他们被迫到东正教教堂让教父给自己的孩子起俄罗斯语人名，他们的信仰受东正教强烈影响而几乎变成萨满信仰和东正教相互渗透的双重性质的宗教信仰活动；后来，他们从其他通古斯人（包括那乃人）手里买来驯鹿，发展了山林间自然牧养驯鹿的畜牧产业；等等。所有这些充分说明，兴安岭深处自然牧养驯鹿的鄂温克人，在20世纪30年代后期至60年代初期的时间里并非处于原始社会形态，而是处在特定历史时期、特定社会背景、特定生存环境和条件下的极其特殊的社会现象、社会形态。我们必须将这段特殊的历史，放入历史长河里进行分析，否则就会出现不符合实际情况的错误观点。

对于牧养驯鹿的鄂温克族的历史来源，及其发展中遇到的问题，我国著名民族学家以及国际相关专家学者，都有相当科学而精辟的论述。比如，日本的著名通古斯民族学家黑田信一郎、佐佐木史郎等都曾严厉批评过"驯鹿鄂温克原始论"。事实上，任何一个读过山林间自然牧养驯鹿的鄂温克人的相关历史，以及真实地了解他们历史的人都明白，他们自从在山林间牧养驯鹿和经营驯鹿产业以后，畜牧业一直是他们社会经济发展的重要因素和条件。他们用鹿茸、鹿血、鹿尾、鹿肉、鹿皮、鹿角等驯鹿产品，从俄罗斯人经营的市场上换取卢布，再用卢布购买生活必需品或枪支弹药。跟精心经营的牧鹿产业相比，狩猎是他们的副业。无休止的战火、吞噬山林的火灾、人类的过度狩猎等使牧鹿鄂温克人生活的山林中可获取的猎物越来越少，因此他们经营的牧鹿产业发挥着越来越重要的作用。

总之，我们必须用历史唯物主义和辩证唯物主义的理论观点，客观实在地认识和阐述山林间自然牧养驯鹿的鄂温克人的历史，以及他们在漫长的历史发展过程中走过的艰难历程，还原他们历史的本来面貌。这是我们不能推卸的历史责任和使命，也是我们从事社会科学研究应尽的义务。

众所周知，鄂温克族是一个跨境民族。在我国境内的鄂温克族主要居住在内蒙古自治区呼伦贝尔市鄂温克族自治旗、鄂伦春自治旗、陈巴尔虎旗鄂温克民族苏木、额尔古纳市敖鲁古雅鄂温克民族乡、莫力达瓦达斡尔族自治旗巴彦鄂温克民族乡和杜拉尔鄂温克民族乡、阿荣旗查巴奇鄂温克民族乡、扎兰屯市萨马街鄂温克民族乡等地。同时，也有一部人居住在黑龙江省齐齐哈尔市、讷河县、嫩江县以及新疆维吾尔自治区伊犁哈萨克自治州等地。在境外的鄂温克族，主要生活在俄罗斯西伯利亚和远东地区，此外，在蒙古国和日本北海道的网走地区也生活过一部分鄂温克族。我国的鄂温克族，主要从事畜牧业生产，部分生活在农区的鄂温克族从事农业生产，此外，有着247名人口的敖鲁古雅鄂温克人，在兴安岭林区从事自然牧养驯鹿的畜牧业生产。鄂温克人有着从远古传承下来的十分丰富的物质文化，包括他们的衣食住行，各地鄂温克族有其各自的风格特征，各自保存、传承、发展的浓郁的文化。我们在下面的章节里，会逐一进行分析和讨论。

第二节　历史沿革及文化变迁

根据考古学、人类学、民族学学科的相关科研成果，鄂温克族的先民大体分布于西伯利亚贝加尔湖沿岸和以东地区直至黑龙江中游以北地区。早在公元前2000年，即铜石并用时代，鄂温克族的先民就居住在外贝加尔湖和贝加尔湖沿岸地区。

　　首先，从考古发掘的材料来看，在色楞格河左岸上班斯克村对面的佛凡诺夫山上发掘的遗骨，其身上所穿的服饰，跟古代贝加尔湖沿岸地区萨满穿的神衣十分吻合。在其服饰上发现的数十个闪闪发光的贝壳圆环及其佩戴的位置，同鄂温克族早期萨满胸前装饰佩戴的贝壳圆环及位置完全一致。此外，遗骨服饰上的一些白玉大圆环，与17～18世纪鄂温克人古代服装上的圆环毫无差别。由此，考古学家提出，鄂温克人的先民，在铜石并用的时代，就居住在贝加尔湖一带。贝加尔湖沿岸居民的服饰，同鄂温克人的服饰，包括围裙的设计和款式有惊人的相似之处，因而可以肯定，现代的鄂温克人和铜石并用时代的贝加尔湖沿岸原住民有直接的亲属关系。所以，人类学考古资料，以及这些资料中包含的远古文化符号，也充分证实鄂温克族文化的标志性结构，同贝加尔湖地区独特的文化结构有不能否认的共同点和同源关系。其次，从人种学方面来看，鄂温克族的人体结构类型，包括头盖骨结构，其他骨骼结构，以及体型结构等，均具有很强的黑龙江上游、石勒喀河洞穴中发现的头盖骨及骨骼特征，并具贝加尔湖地区先民的体质人种学意义的共同特征。

　　当时，在贝加尔湖沿岸的原始森林中，居住着流动性很强的森林族群和渔民的先祖。他们一般都居住在用桦树皮搭建的十分简易的圆锥形桦皮屋里，在未将野生鹿驯化为家畜之前，他们从事猎业生产和渔业生产。从生产活动、生产方式、生产内容等角度来分析，贝加尔湖地区的先民，同鄂温克人的先民有十分密切的联系。这一结论，与我国鄂温克人的历史传说中叙述的内容相同。在鄂温克族历史传说《鄂温克族的起源》中就讲道：他们的故乡在勒拿河，勒拿河是一条很宽的河，宽的连啄木鸟都飞不过去；勒拿河一带有个"拉穆湖"（lamu）①，有八条大河直接流入"拉穆湖"，湖里长着许多美丽的水草，水草上长着许许多多美丽的荷花；从湖边望太阳，太阳就在你的眼前，太阳似乎从湖边升起；那里气候很暖，湖周围有很高的山；鄂温克人的先民起源于"拉穆湖"岸边的高山和树林。另一个历史传说《鄂温克人的家乡》里还说：鄂温克人的故乡在黑龙江上游的石勒喀河岸边；萨满神歌里说，我们的先民是从石勒喀河岸边的发源地出发，顺

---

　　① 拉穆湖（lamu），指的是贝加尔湖，lamu是鄂温克语，表示汪洋大海。

着"锡伯哈达"（shiwehada）① 山后的通道，经过黑龙江，来到了呼伦贝尔；我们的先民，原来就住在"仙人柱"（shierenzhu）② 里。还有，跟鄂温克族起源相关的历史传说《那梅塔的传说》里也讲道："那梅塔"姓氏家族成员及其萨满都说，鄂温克人的故乡在爱辉泉水那边，"阿穆尔海"（amurhie）③ 的岸边，阿尔巴津（雅克萨）城④ 的周围，石勒喀河的旁边，在西沃哈特的周围。总之，鄂温克人的先民活动地区是在贝加尔湖沿岸，以及贝加尔湖以东、以北的广阔的高山峻岭、茂密森林、辽阔原野、江河湖泊之中。因此，他们的历史文化同西伯利亚、贝加尔湖、勒拿河、石勒喀河、阿穆尔河、宝格达山、锡伯山、爱辉泉水、呼伦贝尔等流域和地区，以及同猎业、渔业、驯鹿等生产活动有着不可分割的联系。

此外，根据鄂温克族先民在历史上迁徙和活动过的足迹，鄂温克族先民活动的范围还包括白令海峡、日本海、长白山、大小兴安岭、呼伦贝尔草原等地区和海域。尽管鄂温克族先民在历史上的活动区域十分广阔，但如今，鄂温克人绝大多数生活在我国东北地区和俄罗斯的西伯利亚地区。

鄂温克人使用的语言就叫鄂温克语，就如前面所说我国境内的鄂温克族现在没有本民族文字，但俄罗斯境内的鄂温克族于 20 世纪 30 年代利用斯拉夫字母创制了本民族文字，而且使用到现在。从不同历史年代的文献资料来看，我国境内的鄂温克族从辽代以后，就通过契丹文、女真文、蒙古文、满文、汉文等学习和掌握文化知识，而从清初开始，鄂温克族上层和中产阶级越来越多的是通过满文和汉文学习文化知识。在 20 世纪 20 年代中期到 40 年代中期，鄂温克族适龄孩童还接受过日式教育和蒙古文教育，他们通过日文和蒙古文学习文化知识。不过，从 20 世纪 50 年代开始到 60 年代中期，牧区和林区的鄂温克族青少年主要接受蒙古文为主、以汉

---

① "西沃哈特"（shiwehada），指锡伯山。"西沃哈特"（shiwehada）属于鄂温克语，其中"西沃"（shiwe）表示"尖顶"，"哈特"（hada）指"高山""岩山""高竖的岩山"等。

② "仙人柱"（shierenzhu），指用桦树皮搭建的圆锥形简易桦皮屋，也叫"撮罗子"。

③ "阿穆尔海"（amurhie），指黑龙江。

④ "阿尔巴津"（arbajin）（"雅克萨"，yakasa），指俄罗斯沙皇帝国时期向东扩张版图时建立的最初据点，位于黑龙江和阿木尔河交界口东岸，西岸为中国黑龙江省兴安镇。现在该地区属于俄罗斯阿穆尔州阿尔巴津诺市。"雅克萨"属于边疆古城。位于黑龙江上游左岸，今漠河县阿木尔河对岸。19 世纪以后，沙俄帝国不断扩充疆土，并于 1858 年 5 月（清咸丰八年四月）签订不平等《中俄瑷珲条约》时，把雅克萨城在内的领土划入俄国版图。

文为辅的文化知识教育，农区的鄂温克族孩童则完全是用汉文授课，也就是用汉文学习文化知识。到 20 世纪 70 年代以后，林区和牧区的教学也开始以汉语授课为主，汉语成为鄂温克族适龄儿童和青少年学习文化知识的主要方式和途径，而生活在俄罗斯境内的鄂温克族适龄儿童或青少年，都到俄罗斯人办的幼儿园、小学、中学、大学，通过俄文学习文化知识。由于鄂温克族在不同国家和地区用不同民族的文字接受教育，因此鄂温克人能使用不同民族的语言。我国境内的鄂温克族 70 岁以上的老人懂满语满文、蒙古语蒙古文得多，有不少老人掌握汉语汉文，还有一小部分人掌握日语日文，也就是说，他们除熟练掌握母语、鄂伦春语、赫哲语之外，还掌握满语满文、蒙古语蒙古文、达斡尔语、汉语和日语等语言文字。70 ~ 55 岁以上的鄂温克人里，在牧区，懂蒙古语蒙古文的人居多；在农区和林区，懂汉语汉文的人占多数。所以，这一年龄段的鄂温克人除了懂母语之外，还有不少人懂蒙古语蒙古文、汉语汉文、达斡尔语和鄂伦春语等。55 ~ 45 岁的鄂温克人中，包括牧区在内懂蒙古语蒙古文的人连年下降，与此相反懂汉语汉文的人逐年增加。因此，他们熟练掌握汉语汉文，也有人懂母语及蒙古语蒙古文、达斡尔语，但懂鄂伦春语的人变得很少。45 岁以下的鄂温克人中，他们在青少年时，几乎 68% 以上的人通过汉语汉文学习文化知识，只有 32% 的人通过蒙古语蒙古文学习文化知识，因此，这个年龄段的鄂温克人基本上都懂汉语汉文，而懂蒙古语蒙古文及其母语、达斡尔语的人越来越少，懂鄂伦春语、赫哲语的人就更少了。再说，由于几乎从幼儿园时期就学习英语字母等，特别是上了小学到大学毕业都学习英语，所以鄂温克族青少年的英语英文知识能力、知识水平有显著提高。随着时代、环境、条件的变化，鄂温克族在不同程度上接触了其他民族文化，吸收了不少现代文化的新内容，导致本民族的历史文化、传统文化受到日益严重的冲击。但即使在这种无情的现实、挑战面前，鄂温克族还是努力地保存、传承、延续着本民族的历史文化与传统文明。对此问题，我们在其他相关章节里，还要进行更加全面系统深入的探讨，所以我们先谈到这里。

有关鄂温克族历史来源，在我国早期史书上有不同程度的记载和阐述。甚至，在国外有关我国东北民族的考古学、历史学、民族学书籍里，也有不少谈到或记录我国鄂温克族历史文化来源的内容。这些记载虽然不完整、不全面，属于零碎性质的记述内容，但毕竟给我们探讨鄂温克族历史文化，提供了弥足珍贵的历史文献资料，因此我们应该感谢早期的考古学、历史学、民族学方面的专家学者，以及他们在那极其艰苦的环境和条件下，为鄂温克族历史文化研究做出的贡献。

根据现有的考古学方面的有限资料和历史学文献资料，我们知道要探讨鄂温克族的历史文化，只能从俄罗斯西伯利亚贝加尔湖一带开始。与此同时，还要紧密结合我国黑龙江中游以北的山林地带的历史文化资料。在铜石并用时代，鄂温克先民基本上都居住在贝加尔湖沿岸的辽阔土地上。那时，他们的生活很简陋，绝大多数人居住在用长木杆和白桦树皮搭成的圆锥形桦皮屋里，衣裤鞋帽被褥几乎都用兽皮缝制，主要从事自然牧养驯鹿、狩猎业和渔猎业生产活动。他们不断拓展，在茂密的森林地带自然牧养驯鹿。随着牧养驯鹿产业的不断发展、壮大和成熟，鄂温克族社会经济以及文化生活产生了很大变化，使得他们一直以来经营的狩猎业和渔猎业成为附属型产业。他们随着驯鹿牧场的季节性变化和驯鹿对于牧场的需求，在以大小兴安岭为核心的山林地带游牧。此后，绝大多数鄂温克人，在大小兴安岭和呼伦贝尔草原接壤的辽阔牧场上，开创了以牧养牛马羊为主的我国温寒带地区畜牧业生产模式，这部分鄂温克族就成为现在经营草原畜牧业经济的索伦鄂温克人。同时，就在这一时期，另一部分鄂温克人走出大小兴安岭，放弃在山林中自然牧养驯鹿的传统生产方式，迁徙到黑龙江中游以及精奇里江两岸的肥沃黑土地上，开始温寒带地区的种植业和农耕生产。

由此来看，鄂温克族在贝加尔湖一带的山林里驯化并牧养驯鹿的年代，应该早于他们驯化并牧养牛马羊的年代。他们应该早在北魏之前，就已经驯化牧养了野鹿，并开始了牧养野生牛马羊的畜牧业生产活动。因为，在北魏时期，或者说在北魏之前，从大小兴安岭迁徙到内蒙古呼伦贝尔水土丰美牧场的鄂温克族人，很快就推广了适应于该地区自然环境和生态结构的畜牧业生产，建立起了初具规模的呼伦贝尔温寒带地域的畜牧业经济社会体系。而另一部分鄂温克人，开辟了温寒带沿河沿江平原地区的农业生产活动。不过，留在山林深处，常年跟着驯鹿牧场的变化与需求四处迁徙的一小部分鄂温克人，一直保留着在山林中自然牧养驯鹿的生产生活方式。尽管如此，无论是搞畜牧业生产的鄂温克人，还是从事农耕生产的鄂温克人，或是在辽阔富饶的山林里经营自然牧养驯鹿生产的鄂温克人，都把狩猎业、采集业、渔猎业等传统生产活动作为必不可少的一种副业生产活动来经营，直到 20 世纪 80 年代初期。不过，进入 20 世纪以后，对于从事农业和畜牧业生产的鄂温克人来讲，作为副业的狩猎业、采集业和渔猎业所占的经济效益的比重越来越少。令人遗憾的是，在后来的一些民族学或社会学方面的书籍中，将狩猎这一副业当作了牧养驯鹿的鄂温克人的主业，而对他们牧养驯鹿以及用驯鹿皮、驯鹿肉、驯鹿血、驯鹿茸、驯鹿尾等进行市场交易、购买生活必需用品和生产用具等方面的生产活动很少提到。或者说，这些书籍浓墨重笔描述牧养驯鹿鄂温克人的狩猎生产生活，却对他们精心经营的牧养驯鹿的产业轻描淡写或一笔带过。

在我国早期的历史资料上，对于鄂温克（ewenke）族有过不同的叫法。比如，在《魏书》中，鄂温克族被称为"失韦"；《隋书》中称为"室韦、北室韦、钵室韦"；《旧唐书·室韦传》中叫"黑水靺鞨"。这些史书中出现的"室韦"一词是满通古斯诸语和蒙古语族诸语里普遍使用的 shigugaj ➪ shiguj ~ shigaj ~ shige ➪ shiwej ~ shiwe 的汉字转写形式，泛指"密集的树木""茂密的树木""树林""森林""森林地带"等意思。毫无疑问，上述史料中提及的"室韦"各部及族群，应该是指生活在兴安岭森林地区的人们，其中就包括鄂温克人。在后来的《蒙古秘史》里，鄂温克人等生活在兴安岭的人都被统称为"林木中百姓"。清初，居住于尼布楚周围的鄂温克族等被称为"树中人"。事实上，这些历史书籍里所谓的"'室韦'部落"或"林木中百姓"等，不单是指"鄂温克人"，还包括"鄂伦春""达斡尔"及生活在山林地带的"'蒙古族'的相关部落或族群"以及"锡伯人""满族人"等。同样，牧养驯鹿的鄂温克人的先民，在贝加尔湖以东的维提姆河苔原森林地带生活时，与"北室韦"的部族毗邻而居，从而也就被划入"北室韦"部族之列。而且，在《文献通考》《新唐书》中，把鄂温克人基本都说成是"'鞠国'人"或"'鞠部'人"。到了辽代，女真人被分为"生女真"和"熟女真"，当时鄂温克族等被划入"生女真"之列。金朝统治天下之后，自然而然地将鄂温克人生活区域划归到自己的势力范围。在元代，鄂温克人生活的贝加尔湖及黑龙江流域，隶属元朝岭北行省，受元朝的直接统治，当时被称为"林木中百姓"和"兀良哈"的鄂温克族先民就生活在这一地区。进入明朝后，鄂温克族被称为"女真野人"与"北山野人"，接受明朝的统治，明朝册封了鄂温克族各部首领和地方官员，并规定鄂温克人要向地方官厅纳贡。

在17世纪初，当时的统治者依据鄂温克族生产方式和生活地域的不同，把他们分为三个分支。其一是居住在贝加尔湖西和勒拿河支流威吕河以及维提姆河流域的森林地带牧养驯鹿的鄂温克人，被称为"索伦别部"的"使鹿鄂温克人"；其二是居住在贝加尔湖以东赤塔河一带的鄂温克人，由于这部分鄂温克人牧养牛马羊，主要从事草原畜牧业生产，并以马匹作为主要交通工具和生产生活的主要依靠，所以他们被叫作"索伦别部"的"使马鄂温克人"；其三是生活在石勒克河至精奇里江流域从事半农半牧生产的鄂温克人，也就是当时鄂温克族的主体部分，被清初政府称为"索伦部"或"索伦本部"。那时，他们虽然在不同地域、不同环境和条件下，从事着不同形式和内容的生产活动，但在他们被编入"索伦本部"和"索伦别部"之后，都不同程度地接受了向清朝地方政府纳贡纳税的行政指令。特别是，"索伦本部"的鄂温克人很快被编入当时设立的雅克萨城、阿萨津城、铎陈城、乌库尔城、多金城、乌鲁穆丹城等木城和海伦屯、杜喇尔屯等村屯中，还被册封了首领和不同等级的官员。这里所说的"城"与其他地区的"城"不同，它实际上是指比村屯大、相当于乡镇的行政辖区。所以，所谓的"城"是由一些村屯或相当于村屯的生活区域组成。很有意思的是，许多村屯又是由某一姓氏的人们或有血缘关系的亲属组成。比如，"杜拉尔""涂克冬""敖拉""纳哈塔""萨玛吉尔""墨尔迪勒""布喇穆""图勒里""阿鲁""阿勒本千""乌扎""楞布尔勒"等村屯就是以姓氏命名的，就像汉族的"王家村""刘家屯"一样。现在这些用姓氏命名的村屯名基本上都不用了，即使用也变成了乡镇一级行政辖区的名称。比如，"杜拉尔家村""萨玛吉尔家屯"现在就演变成"杜拉尔乡""萨玛街乡"等。过去，每一个村屯都有相当于村屯长的官员，而管理"索伦本部"的最高首领是名叫博木博果尔的鄂温克人，博木博果尔就是"乌鲁穆丹城"的首领。"乌鲁穆丹城"的"乌鲁穆丹"（urmudan）是鄂温克语，主要表示"山的尽头"或"山顶"等意思。而且，"乌鲁穆丹城"的首领博木博果尔有调动五六千人的作战部队的权力。

事实上，从明末清初开始，被称为"索伦本部"的鄂温克人同周边的商人或商业地区已建立了广泛的易货买卖或货币交易关系，同时已经有了相当规模的鄂温克人自己经营的、相对稳定的交易场所。每年不同季节，都有周边或内地商人以及商业团队带着丝绸、日用品、粮食作物及生产用具、弹药，来到鄂温克人经营的交易场所进行买卖，甚至直接到鄂温克族的村屯中进行商品交易。在绝大多数情况下，鄂温克人以猎获的珍奇动物皮毛、采集的名贵药材等换取布匹、绸缎、粮食、油盐以及生产生活用具、弹药和货币等。由于占据着优势商业通道，"索伦本部"的鄂温克人有更多机会接触外来商人和外来文化，特别是来自周边地区的汉族文化和满族文化。因此，"索伦本部"的鄂温克人的上层阶级中越来越多的人开始建造永久性房屋、穿满族式的丝绸衣物、佩戴各种装饰品、送子女上学、学习满文等。所有这些，为鄂温克族社会经济的发展发挥了极其重要的作用，使他们早在17世纪就已经形成了以军部编制为单位的社会组织结构，社会经济进入特定发展阶段。

总体来说，鄂温克族早期的活动区域，主要在贝加尔湖及大小兴安岭的广袤山林以及周边的草原地带。这些地区，两汉时期为"鲜卑人"的生息地；南北朝时期是属于"北室韦""钵室韦"诸部的生活区域；唐代居住过"北山室韦"及"鞠部"各族，并隶属地方都府管辖；辽代在这些地方设立室韦节度使，归西北路招讨司管辖；金代设立蒲与路；元代属岭北行省和开元路管辖；明代隶属于奴尔干都司管辖。

综上所述，鄂温克族较早地进入了阶级社会，其中一小部分人，一直保持着山林间自然牧养驯鹿的传统生产生活方式。但是，即使是在这部分鄂温克人当中，也早已建立了明确的分工制度，对家养驯鹿及猎枪等私有化生产工具已经有了严格的产权概念，有了明确指定的货币交易场所，形成了稳定的商品交易模式和制度化规则，并在此基础上，自然而然地产生了有一定差异的社会阶层。他们中的穷人经常到俄罗斯王公贵族家里打工、种粮、充当佣人，而他们中有地位有钱的人则把孩子送到俄罗斯人办的学校学习文化知识。到了清代，从崇德元年（1636）开始，在山林中自然牧养驯鹿的鄂温克族也陆续归服清朝政府，此后他们定期向清朝政府纳贡貂皮、鹿茸、鹿血、鹿尾等名贵猎物和驯鹿产品。由于牧养驯鹿的鄂温克人按期定数积极纳贡，所以经常受到清朝地方政府的设宴款待，还得到官方赐予的鞍马、朝服、衣帽、缎布、烟酒等生产生活用品及数量可观的银两。而对于经营半牧半农生产的同时，还将狩猎业作为副业来维持生活的鄂温克人来说，他们在明末清初除了向当地政府缴纳谷子、大麦、燕麦、荞麦和各类蔬菜之外，还要把到江河里捕获的鱼产品及从山林中猎获的虎、貂、猞猁、野猪、野鹿、麋鹿等作为纳贡品上交。

从清太宗崇德年间起，清朝政府将居住在黑龙江北部各支流及石勒喀河、精奇里江一带，从事畜牧业生产，兼搞农业和狩猎业的鄂温克族各部，陆续编入以姓氏为单位的不同牛录，每个牛录任命其牛录额真①（后改称佐领）及上级领导都统，并发放不同等级的清朝军营衣帽、朝服以及军用袍褂和官印等。这使以军事编制单位生活的鄂温克族村屯，其内部已基本形成各村屯选举产生村屯长，村屯长再选举产生不同牛录额真（佐领）的选举制度。尤其是，伴随生产力的不断发展和私有制社会的不断成熟，鄂温克族统治阶层拥有的权利越来越大，同时他们的财产积累得也越来越多，从而很快显示出上层阶级或有权阶级特有的地位和身份。康熙六年（1667）以后，清朝政府将鄂温克族按照不同姓氏分成由 29 位佐领管辖的不同牛录，进而整个划归给黑龙江都统管辖，事实上是由齐齐哈尔副都统直接管理他们的一切日常事务。后来，从这些由军事编制组成的鄂温克族牛录中选出相当数量的青壮年兵丁，派去驻防黑龙江城、墨尔根、齐齐哈尔等地的边塞关口，并由清朝驻防八旗直接管理和指挥。由于他们承担了保卫边疆和抗击外来入侵等重要军事使命，所以减免了他们向地方政府缴纳的各种纳贡指标及任务。当时，为了强化军事管理，清朝政府还在以鄂温克族为核心组成的黑龙江驻防八旗中，不断增加兵丁的同时把佐领扩充到 108 位，还增设了鄂温克族协领和满族协领。在此基础上，正式组建了清朝政府的布特哈八旗这一强有力的军事阵营。事实上，以鄂温克族为主组成的黑龙江驻防八旗的"牛录"中，还有一定数量的鄂伦春族、达

---

① 额真（"ezhen"）满通古斯语族语言和蒙古语族语言同源词，主要表示"主人""首领""君主"等义。后来额真（"ezhen"）一词被"佐领"取而代之。"佐领"满通古斯语族语言也叫"牛录"（niru），指清代八旗的基层组织。

斡尔族、蒙古族等其他民族的兵丁，同时还有清朝政府特别配制的一到两名满族佐领和一些满族特殊兵丁。而那些没有被取消纳贡制度的鄂温克族，由于长期接受清朝政府的军事化管理，加上语言交流的便利以及多年来受到的清军官兵的直接影响和教育，使他们向清朝政府纳贡的各项工作进行得较为顺利，他们同清政府及地方政府之间的关系不断得到巩固和强化。

17世纪中叶，沙俄先后侵占了西伯利亚贝加尔湖一带，以及黑龙江流域等鄂温克族生活的区域，并以石勒喀河上游对岸建立的尼布楚军事基地为中心，不断扩大其所占土地、兴建俄罗斯居民区和东正教堂，还开办了不少专门教俄语的小学。此外，沙俄在鄂温克族集中生活的村屯之间、鄂温克族上层阶级与清政府之间、鄂温克族和其他民族之间不断制造矛盾，挑拨离间，通过分裂手段不断削弱鄂温克人的军事力量。沙俄入侵者为收买鄂温克族上层人士和将领，封给他们公爵、军官、军士等荣誉、地位、官衔。然而，所有这些，没有改变鄂温克族人民为土地和自由而战的信念和决心。他们用手中的枪杆子同沙俄入侵者进行了不屈不挠的英勇斗争。特别是在雅克萨战役中，被编入八旗的鄂温克族官兵狠狠地打击了沙俄入侵者，由此受到清朝政府的嘉奖。鄂温克族官兵抗击沙俄入侵者一直到康熙二十八年（1689），也就是清政府签订《中俄尼布楚条约》为止。从顺治初年开始，抗击沙俄入侵者的鄂温克族才无可奈何地放弃为尼布楚等被占土地的战斗，陆续迁至或返回大兴安岭以东嫩江沿岸及其支流甘河、诺敏河、阿伦河、济沁河、讷莫尔河、雅鲁河等流域以及呼伦贝尔草原居住。尽管如此，鄂温克族始终没有放弃为祖国疆土的完整，为保卫边疆而战的决心和义务。

我们完全可以说，从清初开始，勇敢善战的鄂温克八旗官兵，在维护国家统一以及打倒、消灭、赶走一切外来反动势力，为了我国边防的安全、稳定和巩固英勇抗击外国列强等方面，发挥了极其重要的战斗作用。同时，在一定程度上，有力地削弱了外国列强的战斗力、军事势力，从而谱写了一段辉煌而永载史册的历史。

清朝政府把鄂温克族编入八旗后，从小就对鄂温克族人灌输作战教育，进行半军事化的教育等。鄂温克族人在未成年之前，不会正式成为八旗兵，因而无法享受相关权益，也无权享受清朝政府在军营里发放的各种待遇或优惠政策。在这种情况下，他们只能到了 18 岁之后，具备参加八旗兵的资格，就能开始逐渐享受披甲、领催、小领催、大领催、骁骑校、云骑尉、佐领等等次明确的兵役、军级、银两待遇。如果，在战斗中立功，还能获得各种等次的荣誉称号，甚至提升为不同官职，分给土地或牧场。而且，这些官职可以世袭三代。战斗中若是佐领牺牲了，就由云骑尉代理佐领领导作战，进而替代佐领部署各项军事职务。清朝时期，跟鄂温克族相关的边疆关口，一般都是由鄂温克族云骑尉带兵防守，那些佐领只有在战时或非常时期才会现场指挥战斗。

清朝政府把勇敢善战的鄂温克族编入八旗的目的，就是进一步扩充军事实力和巩固东北边防的军事力量。鄂温克族八旗官兵，为捍卫和巩固清朝疆土所做出了不可磨灭战斗功绩。正因为如此，鄂温克族八旗官兵被乾隆帝称赞为"实胜绿旗"，清朝政府也把鄂温克族官兵视为"骁勇善战"的八旗精锐军团，十分重视鄂温克族八旗官兵的作用，哪里有硬战大战艰苦战就把鄂温克族官兵派往哪里。

谈到鄂温克族在清代为祖国的统一和疆土的安宁做出的艰苦卓绝的努力、无私奉献、巨大牺牲，就不得不提到鄂温克族英勇无敌的军事将领、出色的军事指挥家与军事思想家海兰察。海兰察从小忠诚勇敢、胆略过人、智慧超群、大公无私。他在戎马岁月里，把鄂温克族在浩瀚无疆的草原游牧生活中积累和传承的坚韧刚毅而博大超然的精神，以及森林狩猎生活中摸索和感悟的巧取猎物的智谋发挥得淋漓尽致。这也是他能指挥鄂温克族八旗官兵所向无敌，在残酷而无情的战役中取得赫赫战绩，从而多次受到乾隆皇帝及清朝政府嘉奖的重要原因之一。比如，他降伏大小金川土司，平定准噶尔叛乱，镇压台湾鹿耳门港叛军等，均属我国军事史上不可抹去的辉煌战绩。海兰察作为清朝的军事功臣，多次受到乾隆皇帝的嘉奖，于乾隆五十四年（1789）由领侍卫内大臣升为正白旗蒙古都统，过了两年又从二等公爵晋升为一等公爵，他还四次被列入紫光阁御功臣绘像之列。他是一位充满智慧，拥有战略战术的军事指挥家，在他的征战岁月中有过领军百万、横扫强敌的伟大战役，也有过指挥为数不多的精锐兵力出其不意地歼灭强大敌人的战斗传奇。海兰察在近 40 年的戎马生涯里，率领鄂温克族八旗官兵南征北战，他最后一次远征西藏得胜之后回到北京就重病卧床，数月后医治无效而故去。当时，乾隆皇帝和清朝政府按照都统衔的等级，为海兰察举行了隆重葬礼。海兰察的一生，是为祖国的统一而战的一生，是和一切分裂国家的敌对势力战斗的一生。

另外，雍正初年，为平定准噶尔以及防止沙俄的侵略，清朝政府把驻守于白都纳的鄂温克族八旗官兵派遣到新疆，强化镇压新疆叛乱的军事力量。从此，被派遣的鄂温克族八旗官兵长期驻扎新疆各地。后来，清朝政府为了进一步巩固新疆边防军团，不断增加天山南北的兵力以及伊犁鄂温克族八旗官兵的兵力，还在喀什噶尔、叶尔羌·阿克苏、英吉沙尔等地，重新布置鄂温克族八旗官兵的驻防军营。另外，清朝政府为强化东北边防军的力量，于雍正十年（1732）从布特哈八旗中，选出约 3000 名鄂温克等民族的官兵及其眷属，编成 50 个牛录（佐领），分属八旗，从左右两翼，前往水草丰美的呼伦贝尔草原，进一步强化呼伦贝尔地区边防安全。那时，鄂温克左翼总管设在南屯，右翼总管设在西屯。① 与此同时，清朝政府还在蒙古②北部的科布多和乌里雅苏台、鄂尔浑河等地派遣数量可观的鄂温克族八旗官兵驻防。

鄂温克族八旗官兵常年奔波于南北战场，征战时间常常长达几个月或几年，甚至几十年，由于长期在战马上、战火里、战旅和征战中度过岁月，鄂温克族八旗官兵不能经常回家探亲，只能让妻子到驻军的兵营地与丈夫相会。当时，鄂温克族官兵把妻子们到军营探望丈夫的现象称为"到

① 呼伦贝尔位于内蒙古的东北部，东依兴安岭、西经额尔古纳河与俄罗斯相界、北连黑龙江、南靠兴安岭索岳尔济山、西南与蒙古国交界。呼伦贝尔南北长一千五百余里，东西宽七八百里。中俄签订《尼布楚条约》后，清朝政府在黑龙江设立两座边防城强化边疆安全。其中，一座是爱辉城，一座是呼伦贝尔城。1734 年，兴建的呼伦贝尔城，位于今天的呼伦贝尔市海拉尔区正阳街。当时的呼伦贝尔城建成后，成为该地区军事、政治、文化、经济中心。直到乾隆年间，由于内陆地区商人的不断增多，呼伦贝尔城内出现"巨长城""隆太号"等商户大家。加上呼伦贝尔城具有的优势地理位置，在这里安家落户的商家在齐齐哈尔、张家口、黑山头、吉拉尔、乌兰巴托等地打开了一路商业古道。那时，呼伦贝尔古城西有西屯，后彻底毁于战火；城南有南屯，也就是现在的鄂温克族自治旗巴彦托海镇。清朝末期，清朝政府在呼伦贝尔地区设立呼伦贝尔副都统衙门、呼伦县署、中东路海拉尔铁路交涉分局等部门。后因多次的掠夺、战争灾难、战火洗劫，延续 200 余年的呼伦贝尔古城基本被毁。不过，从 2007 年开始，呼伦贝尔政府拿出专项资金，重建了当时呼伦贝尔城的代表性建筑古城南门、中门、八大商号、副都统衙门等，在一定程度上再现了呼伦贝尔古城的历史面貌。而当时，守卫这座古城的就是鄂温克族八旗官兵。

② 这里说的蒙古是指现在的蒙古国。

战场取孩子"，从这一点就能看出鄂温克族将士为保家卫国做出的牺牲和奉献。鄂温克族八旗官兵及其家属，在战火连年的年代也付出了极其沉痛的代价。到清朝嘉庆和道光年间，驻防在新疆伊犁地区的鄂温克族八旗官兵在战场上伤亡极其惨重，在其他地区的大小战场上，也有相当数量的鄂温克族官兵牺牲了，这使鄂温克族官兵的数量急剧下降。按《黑龙江纪略》有关统计，鄂温克族官兵数量在清朝初期有 67700[①] 多名，到道光年间只剩下 1 万多人，甚至，一些本来有几十户人家的鄂温克族村落，因出征打仗最后只剩下一两户人家。

鸦片战争之后，清朝政府内外交困，外国列强乘虚而入，我国逐渐沦为半殖民地半封建社会。鄂温克族八旗军由于无休止地征战而失去优势兵力，军营士气连年下滑，逐步走向消亡。有的鄂温克族八旗官兵回到家乡，继续从事农业或牧业生产。但是，绝大多数鄂温克族八旗官兵，却永远地留在了清朝政府派遣驻防的边塞要地或他们战斗过的地方。

20 世纪 30 年代，日本侵占了我国东北和内蒙古东部地区，将鄂温克族生活区域划归日伪统治下的"兴安东省"和"兴安北省"。当时的日伪统治者，在呼伦贝尔设立索伦旗、额尔古纳左旗、额尔古纳右旗等机构，将原来的布特哈辖区划给"兴安东省"。日伪军很了解勇敢善战的鄂温克族，他们深知鄂温克族是一个不屈不挠且英勇善战的民族，为防范鄂温克族的武装抵抗，达到彻底统治的野心和目的，日伪军在当地实施极其残酷的军事化管理、军事化镇压、军事化统治。与此同时，日伪统治者在鄂温克族生活的区域还设置了"日伪警察队"和"特务机构"，24 小时不间断地严密监视鄂温克族的各种活动。他们还在海拉尔等地增设"关东军栖林训练营"等专门机构，在"索伦旗"鄂温克族集中生活的辉河牧区专设"日伪警察队"的分支机构，对于鄂温克族人民的生产生活进行严密控制并实施残酷的军事统治。他们利用各种不可告人的手段，在鄂温克族内部以及鄂温克族与其他民族之间不断制造矛盾和纠纷，导致鄂温克族民族内部或与其他民族之间不断产生冲突，从而达到日伪统治者"分而治之"的

---

① 　这可能是十分保守的数字，从清朝政府太宗崇德年间到光绪末年间的将近 270 年的戎马生涯里，鄂温克族八旗官兵牺牲人数可能多达几十万人。

统治目的。当时的伪满傀儡政府，还强制性规定鄂温克族青年必须服兵役，凡到服兵役年龄的青年必须按规定应征当伪满洲国的"国兵"。对于生活在山区或林区的鄂温克人中，日本侵略者成立了以日军官兵为核心的日伪军"山林队"，其中强行编入了一部分鄂温克族青壮年。

更为阴毒的是，日本侵略者诱导扎兰屯、阿荣旗等农区鄂温克族青壮年吸食鸦片，如果不按照他们的指令吸食鸦片，就会被强制性注入鸦片。这导致鄂温克族青壮年丧失劳动能力，失去对于各种疾病的抵抗功能。结果，在当时几度蔓延的伤寒病中，那些被迫吸食鸦片或强制性注入鸦片的鄂温克族青壮年几乎全部丧生。日本侵略者还以种痘、打预防针为名，用鄂温克人做各种细菌试验，导致鄂温克人口再一次急剧下降，严重威胁整个鄂温克族的生存和命运。

然而，不屈不挠又英勇善战的鄂温克族，始终没有放弃为自由和光明而战的决心和信念，他们以各种方式不断抗击日本侵略者，包括偷袭日军营地，破坏日军军事设施，切断日军军火通道等。鄂温克族青壮年纷纷报名参加东北抗联。在东北抗联的艰苦卓绝的战场上，鄂温克族抗联官兵发挥了极其重要的战斗作用与作战优势，他们辗转于大小兴安岭的广阔密林和辽阔的呼伦贝尔草原，给日本侵略者和伪满傀儡军队以沉重打击。当抗日战争转入最后阶段，他们积极主动地跟人民军队与苏联红军配合作战，英勇无敌地歼灭日本侵略者，直至日本投降。

抗战胜利后，鄂温克族人民又举起了为正义和自由而战的旗帜，踊跃参加中国共产党领导的中国人民解放军，英勇抗击东北地区的国民党反动派，多次消灭驻守在鄂温克族生活区域的"国民党保安队""国民党森林支队""国民党武装匪兵"，以及"国民党军团第7旅"。在辽沈、西南、解放西藏等重大战役中，参战的鄂温克族官兵英勇杀敌，荣立了赫赫战功，尤其是在解放西藏的战役中，鄂温克族骑兵发挥了十分重要的战斗作用。而且，许多鄂温克族青年到东北军政大学学习军事知识和理论，不少人在学习期间加入了中国共产党，参加了党领导下的土地革命工作队，到农区动员群众积极纳粮，并将征得的粮食及时运往前线，有力地支援了在东北作战的部队。可以说，在整个解放战争时期，鄂温克族人民在打倒国民党反动派的战斗中同样做出了不可磨灭的贡献。在当时，鄂温克族青壮年自觉而踊跃地参加中国人民解放军，义无反顾地投身解放全中国的伟大战役。在后来的抗美援朝战争中，鄂温克族青年同样踊跃参加中国人民志愿军，英勇抗击美帝国主义，在朝鲜战场上立下了赫赫战绩。

随着人类的不断进步、文明社会的不断发展，鄂温克族人民更加懂得今天的安宁、和平、幸福生活来之不易，他们珍爱和平、珍视历史，深深懂得不忘初心、永远前进的深刻道理。

第三节　历史与经济文化

鄂温克族因生活环境和条件不同，长期以来主要从事草原畜牧业、山林畜牧业、半农半牧业、农业及林业等生产活动。其中，约占总人口58%的鄂温克族从事草原畜牧业生产，40%的人经营农业或半农半牧业生产，只有1%左右的鄂温克人从事自然牧养驯鹿业生产。另外，还有极少一部分人从事林业管理或经商。相比之下，鄂温克族中，从事畜牧业生产的人占多数，但无论是从事畜牧业，还是搞农业的鄂温克人，都兼从事狩猎、渔猎、采集、生产用具加工、农牧产品和狩猎产品加工等附属型产业。

那么，从地域性经济文化角度来分析，鄂温克族的经济文化主要分为以草原牧场为核心的畜牧业经济文化、以江河流域的黑土地与丰富水资源为基础的温寒带地区农业经济文化、以大小兴安岭的山林自然牧场及苔藓为依托的牧养驯鹿的畜牧业经济文化三大部分。其中，最有代表性的地域经济文化应该是草原畜牧业生产活动。

经营草原畜牧业生产的鄂温克族，几乎都生活在内蒙古自治区呼伦贝尔大草原的鄂温克族自治旗、陈巴尔虎旗、阿荣旗等地，这些地区的鄂温克族人主要在各自的牧场上牧养绵羊，除此之外还要牧养奶牛、黄牛、山羊以及马群，有的还牧养少量骆驼等。他们的经济收入来自肉羊、肉牛、牛奶、羊毛及牛羊肉食品、奶食品加工等方面。

从事农业生产的鄂温克族，主要生活在内蒙古自治区呼伦贝尔市的扎兰屯市、阿荣旗、鄂伦春自治旗、莫力达瓦达斡尔族自治旗，以及黑龙江省的讷河、嫩江、齐齐哈尔和新疆等地的农区，种植适应温寒带地区气候条件的农作物。其中，就包括黄豆、谷子、玉米、稷子、燕麦、荞麦、糜子等，除此之外，还有季节性较强的土豆、大萝卜、大葱、红萝卜、西红柿、扁豆、青菜、白菜、圆白菜、青椒、圆葱、黄瓜、香瓜、西瓜等蔬菜瓜果。从事农业的鄂温克族，起初由于土地肥沃和水资源丰富，加上经营方式得心应手，确实收到十分丰厚的经济效益。但后来，由于连年不断的残酷战争和自然灾害，他们经营的农业生产屡遭毁灭性破坏和影响，因此没有得到很理想的发展。生活在鄂温克族自治旗、陈巴尔虎旗、阿荣旗的鄂温克族中也有一些从事农业生产的人。

在兴安岭深处，随着山林牧场和苔藓资源的季节性变化，跟着自然牧养的驯鹿一年四季在山林牧场中迁徙的鄂温克人，只占鄂温克族人口的很少一部分，甚至连1%都不到，多年来一直控制在300人以内。他们的经济收入主要来自鹿茸、鹿肉、鹿皮、鹿血等。另外，这部分鄂温克人还把狩猎业、采集业、林业等作为副业来经营，从而收到不小的经济利益。

其实，在鄂温克族的经济生活中，从事畜牧业和农业生产的时间都相当早，而在山林牧场中自然牧养驯鹿的时间更早，可能要追溯到几千年之前。鄂温克族人民早在北魏时期就开始牧养野马、野骆驼、野牛及黄羊等，后来又牧养了绵羊、山羊等。在金、元、明、清四个朝代，鄂温克族草原畜牧业经济发展比较好，除了个别自然灾害之外没有遇到太大困难和问题。不过，鄂温克族人民的农业生产，却没那么走运。虽然在开始阶段，由于土地、水源、天气、社会等方面的有利因素，他们经营的农业生产一直保持较好的发展势头，也得到应有的经济效益。不过，到了清朝中叶，鄂温克族农区由于中青年劳动力不断服兵役外出打仗，使农区农业劳动力日趋减少，从而直接导致农业生产的萧条。再加上自然灾害带来的影响，使得本身就比较脆弱的农业经济更是雪上加霜。清朝政府看到这种局面，为了扶持日益衰退的鄂温克族农业经济，多次出台积极的农业政策调整和刺激鄂温克族的农业生产活动，其中就包括明令鄂温克族八旗官兵积极参与本地区的农业生产活动，督促他们不断开发和扩大黑土地粮田基地，进一步发展我国东北地区的农业经济等。同时，还在一定程度上减免了鄂温克族人民的赋税。在鄂温克族农业经济走入萧条和下滑的困难时期，清朝政府针对鄂温克族农区下发的这些发展农业经济的指令与政策，正巧符合了布特哈地区八旗鄂温克人发展农业的基本思路和要求，嫩江流域的讷莫尔、诺敏河一带的八旗鄂温克人紧紧抓住这一良好发展时机，积极响应清朝政府当时推行的农业发展总体计划，以农为主兼搞牧业，以及以农业生产为主兼顾林业、牧业、猎业生产，不断扩大农田种植面积、不断扩大农业面积、不断调整农业和其他产业的经营模式及结构。这不仅使鄂温克族经营的农业经济走出困境，而且给鄂温克族农民的农业生产注入了新的生命力和活力，使他们获得相当丰厚的经济效益。结果，那时按照清朝政府指令和农业发展政策精神，大力发展鄂温克族农区农业经济，以及在管理和经营八旗官兵农场方面做出突出成绩的鄂温克族官佐，基本上都得到了十分丰厚的经济利益，并很快步入清朝贵族阶级及上层社会。

在这里，还应该指出的是，布特哈八旗鄂温克族官兵及其家属经营的农业生产模式，在当时而言是很有代表性的农业经济发展模式。事实上，他们更早期的农业经济发展，是从讷莫尔河和诺敏河流域的肥沃土地开始，不断向着格尼河、阿伦河流域的辽阔黑土地延伸。这使讷莫尔河、诺敏河、格尼河、阿伦河等地区的农场几乎连成一大片，使他们经营的农场面积不断扩展。而且，像格尼河流域的鄂温克人种植的稷子、燕麦、荞麦、糜子、玉米、谷子等农作物多年来一直保持相当丰厚的经济效益。后来，由于布特哈八旗鄂温克人经营的农场面积不断扩大，经营范围和农作物种类也变得丰富多样。因此，他们在清朝地方政府的协调和指导下，不断调整和改变农场经营方式和管理模式。其中，就包括以姓氏家族为单位承包某一农场的经营模式。他们承包农场后，分成几个不同等次的农耕地，并实行内部分头管理和经营。到了秋天，等收割完粮食后，将其中的一部分上交清朝政府的粮库，把剩余的绝大部分粮食作为自己的收成，家族成员内部平均分配或按需分配，以此解决各家各户的口粮和生活问题。他们还根据东北地区气候变化特征，每年开春时节对于种植的农作物品种及种植时间等做精心安排。比如，在初春四月开始种植燕麦，五月芍药花盛开的时节种植稷子，六月刺木果开花时节种植荞麦等。而且，依据清朝政府的相关指令，布哈特地区的农场分为兵屯官田、旗营公田、官兵份地、契买土地等几种，根据农场的性质进行相应的分配、经营、管理模式。然后，采取以某几个家族共同经营，或某一家族成员一起管理，或有实力的家庭独家承包以及佃耕等几种方式来安排具体的农业生产活动。以租种他人农场地为生的佃耕方式的出现，充分说明了鄂温克族农业经济发展的新动向。有的人家还在自己经营的农场上，腾出一些空地种植黄烟或蔬菜等。他们种植粮食或种植蔬菜时，基本上都用黄牛拉犁耕地，除此之外还使用木耙子、木揪、木叉子、连枷、铁锹、锄头、捣米的木臼、镰刀以及运粮用的牛车或马车等农用工具。其中，绝大多数农用工具都是自己动手制作，所以在农用工具方面花去的经费并不很多。他们往往是在农闲季节或冬季，制作农业生产中使用的各种劳动工具，包括大轱辘牛车和运粮用的马车等。

与此同时，在纯牧区的畜牧业经济区域，在乾隆时期就极力提倡快速发展畜牧业经济。那时，清朝政府反对地方官衙在纯牧区开发农耕生产的建议，严令制止地方政府在呼伦贝尔草原鄂温克族经营的牧场开荒种粮的做法，使得牧区鄂温克族的畜牧业生产没有受到外来干扰，按部就班地取得了较快较好的发展。特别是从康熙年间到乾隆年间，随着清朝政府战时所需的官兵数量有所减少，以及清朝政府征调鄂温克族官兵到前线作战的概率也有所减少，生活在呼伦贝尔草原的鄂温克族中青年服兵役的数量也有所减少。被免服兵役的中青年劳动力，积极投身鄂温克族牧区牧业生产活动，为本地区畜牧业经济发展发挥了极其重要的推动作用，使鄂温克族牧区牧业经济进入稳步发展阶段。经过一些年的努力和精心经营，在鄂温克族牧民生活的绿色草原上出现了不少腰缠万贯、大名鼎鼎的大富豪、大牧主及贵族阶级。这些新生的数量可观的鄂温克族贵族阶层，还经常派鄂温克族牧场上的商人到齐齐哈尔等经济较为发达地区开展各种畜牧业产品买卖。

事实上，鄂温克族被编入八旗之后，清朝地方政府就在齐齐哈尔设立了专门训练鄂温克族等八旗兵丁的军营训练场地。那时，为了把新入伍的八旗兵丁，送到齐齐哈尔新兵训练基地接受严格意义上的军事化训练，以及到这里来接走已经培训好的兵丁，鄂温克族八旗佐领及上层人士经常来往于布特哈、海拉尔和齐齐哈尔之间。这些八旗佐领及上层人物或贵族阶级，在从布特哈、海拉尔到齐齐哈尔，再从齐齐哈尔回布特哈、海拉尔的往来次数多了以后，自然而然地成为鄂温克族八旗兵营中与外界商人接触最多、经济关系最为复杂的特殊群体，也成为鄂温克族八旗官兵及其家眷同齐齐哈尔商人建立广泛的经济往来和商业关系的桥梁。因为，在那个时代，齐齐哈尔的商业活动已经具有一定规模，成为我国内陆地区商业社会向东北民族地区发展产业的一个重要环节或基地。同样，齐齐哈尔也已成为布特哈八旗鄂温克人最早的和最重要的商品交易市场之一。即便鄂温克族八旗官兵退出兵营生活之后，在相当长的一段历史时期内也会把齐齐哈尔作为发展自身经济的一个重要依靠，因此一直保持着不同形式、内容、层面的经济往来、经济交易、经济关系。再后来，齐齐哈尔的商人在鄂温克族较为集中的讷河、海拉尔、扎兰屯等地先后设立了分店，每个分店的商人或经营者很快掌握了鄂温克语，为商业活动营造了一个较为理想的语言环境和社会交流环境。由于这些商人都懂鄂温克语，服务态度也不错，加上相互间的经济交往较深，生活在周边的鄂温克族人民拿着猎物、药材、土特产品到这些店铺进行商贸交易，有时是易货买卖、以物换物，有时是把自己带来的东西卖给店铺，再用钱从店铺购买生产生活所需的生活用品、生产工具等。很有意思的是，不同地区的鄂温克人，都有自己较为固定的商人或店铺。比如，阿伦河或格尼河流域的鄂温克人主要交往的商铺是金银堂，雅鲁河流域的鄂温克人基本上都到名叫西恒利的商家搞买卖。在那特殊的时代，鄂温克族上层人士或贵族或商人也经常去齐齐哈尔做买卖。他们每次去齐齐哈尔待的时间都比较长，由于不习惯齐齐哈尔的饮食，他们一般都会随身带上面和肉等，住店时请店主用他们带去的粮食和肉做饭，他们自觉地支付饭菜的加工费用。鄂温克人到达齐齐哈尔以后，不论住进哪个店铺，店铺的主人或商人都会殷勤招待，给年老的长者装烟倒茶，给年幼的小孩送糖果及点心等。店铺的主人或商人还会领着他们把带来的牛马、肉食品、奶食品、皮毛加工品、手工木雕艺术品和生活用品，以及水獭皮等名贵狩猎品，还有榛子、木耳、山蘑、山草莓等拿到市场上出售，换取货币；接着再领着他们到各大生活用品杂货店，帮他们购买食盐、豆油、布匹、瓦盆、铁锅、菜刀、白面、挂面等生活用品，以及锯条、铧子、斧子、马镫、镰刀等生产用品等。要是鄂温克人身上带的钱不够用，店铺主人还会掏腰包垫付鄂温克人购物的钱款，鄂温克人会给他们写下欠条，等到每年二月或八月清朝政府发放薪水时，商铺会派人到鄂温克族八旗营地收取欠款。当时，齐齐哈尔较大的商铺还发行一种纸票子，就是在一张纸条上用草书写好各种购物的具体价格，再在上面盖上商铺的法定印章。这类纸票可代替钱币，只能在本商铺购物时使用和有效，在其他商铺中根本不能用。再说，这些商铺主人或商人，也都不同程度地掌握鄂温克语，他们接待鄂温克人时还要穿上鄂温克民族服装，戴上鄂温克族装饰品，以此来拉近他们同鄂温克族之间的情感。这些商铺会在海拉尔、扎兰屯等地设立分店，分店主人或工作人员能熟练掌握鄂温克语等少数民族语言。更让人感到惊奇的是，他们对于周边地区的鄂温克族户数、人口，以及谁家有什么老人，谁家分成几户人家，各家的薪水收入及牲畜头数等方面的情况等都了如指掌。从这一点，我们能够看出那时鄂温克族商人及一般百姓，同内陆地区的汉族商人之间建立了深厚情感。

随着呼伦贝尔草原城市海拉尔的商业活动不断扩大，从内陆地区来的汉族商人的数量逐年增多，货物也越来越充足。这使在海拉尔周边牧场从事畜牧业生产的鄂温克人去齐齐哈尔做买卖的情况越来越少，他们更愿意到近处的海拉尔进行商品交易或商业活动。比如，来自周边牧区或牧场的鄂温克人，用自己带来的牛马羊等牲畜或畜产品换回粮油、布匹、茶叶、糖果、酒烟、锅碗瓢盆等生活用品，以及斧头、铁锹、镰刀、马鞍、车钏等铁质生产工具等。汉族商人来到海拉尔，深入鄂温克族牧民生活的区域进行各种商业活动、商业交易，对鄂温克族牧区的经济社会的发展起到了一定的推动作用，也丰富了鄂温克族牧区的生活内容。比如，汉族带来的较为先进的畜牧业生产工具，给牧区鄂温克族的牧业生产活动注入了新的内涵，像铁轱辘马车、马拉割草机、马拉搂草机、割牧草的长刀等生产工具，很快受到了牧区鄂温克人的青睐和欢迎。汉族商人的到来，也在畜牧业饲草储备、牲畜棚圈的改进与改造，牲畜销路的不断扩大和牲畜买卖市场的兴旺等方面给鄂温克人带来了很多好处。所有这些都使牧区鄂温克族的畜牧业经济得到了较好的发展，一些鄂温克族人还同汉族建立了婚姻关系。

随着鄂温克族牧场生产力的发展，以及畜牧业传统产品不断走向市场化，鄂温克族贵族阶级或封建主越来越富有，社会底层鄂温克人的生活越来越贫困，社会阶层的分化越来越明显，贫富越来越悬殊，大量牲畜和优良牧场逐渐集中并掌握在少数封建贵族的手中，一些鄂温克族家庭日益走向困境。随着海拉尔市场不断扩大，来此经商的外来人口或商人不断增多，他们为了扩大生意，往往用十分低廉的价格雇用那些走入困境的鄂温克族牧民，使相当一部分鄂温克族牧民沦为雇用工。但是，这些被雇用的鄂温克人并不是奴隶，他们有人身自由，如果雇佣者对他们进行残酷剥削或不断加大劳动强度，被雇用的鄂温克人可以辞去工作，另找其他商铺或打工场所打工。他们勤恳工作，完全能够养活自己和家人。对干得好的雇佣工，雇主还会奖赏牛羊马等牲畜或额外奖励，有的鄂温克人由于打工很卖力而得到雇主赏识和扶持，进而走上经商致富的人生道路，改变了自己的命运。

上文提到，生活在海拉尔周边牧区的鄂温克族牧民基本上都到海拉尔做买卖，很少有人再去 500 公里外的齐齐哈尔做买卖了。尽管如此，海拉尔的货物一般都来自齐齐哈尔，海拉尔的绝大多数商人都来自齐齐哈尔。从某种意义上来讲，这些商人和鄂温克人是老相识、老朋友。这些商人，常年用马车、马匹等运输工具从齐齐哈尔运送货物，给商人来回运送货物的雇佣工中，80% 以上是鄂温克族青壮年，尤其是来自阿伦河与格尼河地区的鄂温克族青壮年占多数。而且，这一路上的海拉尔、特莫胡珠、乌努尔、伊热得、博克图、伊兰敖宝、巴林、绍拉、阿扬、萨当、陶海、甘南、前甘井、齐齐哈尔等驿站负责人多数是鄂温克族。各驿站的鄂温克人，主要负责护送清朝政府上传下达的各类公文，以及护送来回走动的军事要人、行政官员、各方人物等。在当时，除了给驿站负责人相当丰厚的俸禄之外，清朝政府在每个驿站都配备了一定数量的兵丁，还给每位驿站兵丁配备了两匹好马。当然，驻扎在各驿站的鄂温克人，也为那些在海拉尔和齐齐哈尔之间运送货物的本民族同胞热情服务，保障他们的货物顺利、安全、及时地运送到目的地。

呼伦贝尔甘珠尔庙会集市开始运营之后，鄂温克族商人或有钱人在每年的八月初都会赶着牛车或马车前往甘珠尔庙会集市，参加从 8 月 2 ～ 12 日在此地举办的草原商业交易活动。到这里做买卖的人除了鄂温克族，还有数量上占绝对优势的蒙古族商人，以及汉族商人和部分达斡尔族商人，庙会集市占地近十几里，集市买卖十分红火，为牧区经济的发展注入了一定活力。鄂温克族商人到此集市主要出售自制大轮车、四轱辘车、篷车、小型马车、木箱子、马匹、牛羊、名贵猎物皮毛、名贵中草药、桦树皮制品、木雕艺术品、肉食加工品、奶食加工品、炒米、蔬菜、黄烟以及各种木料等。比如，他们的一斗炒米可卖 2 两银子，一廐黄烟可卖 1 两银子，一台大轮车可卖 4 两银子或换取一匹马，一个大桦皮桶换一只羊，一个木雕艺术品可卖 1 ~ 2 两银子等。

居住在呼伦贝尔地区根河市大兴安岭北部山林地带，并从事自然牧养驯鹿产业的鄂温克人，除了一年四季跟随山林牧场的变化与需求，在四处迁徙中牧养驯鹿之外，还把山林狩猎业和采集业作为附属性产业来经营，以此弥补牧养驯鹿产业中遇到资金不足的问题等。这一部分鄂温克族只有 300 多口人，由于人口少，青壮年生产力少，以及生产生活区域过于分散等实际情况，一直以来直接制约着他们牧养驯鹿产业的再扩大和再生产。他们以姓氏或家族为单位，自愿组成若干个自然村进行生产生活，并由德高望重的村长及萨满共同管理自然村的日常事务。其中，自然村的村长主要管理属于物质世界的生产生活，而萨满则管理属于精神世界一切事物。牧养驯鹿的鄂温克人把他们自愿组合而成的社会最小组织，也就是把所谓的自然村叫作乌力楞（υριρen）。不过，过去一些人，把牧养驯鹿的鄂温克人所说的"乌力楞"一词，从各自的角度解释为"自然村""自然屯""牧养点""住家""住户"等。其中，把"乌力楞"说成"自然村"的实例较多。事实上，这种解释最符合该词的实际意义。牧养驯鹿的鄂温克人所说的乌力楞（υριρen），最初就是指由三户以上或十户以下有血缘关系的人们自愿组合而居的现象。只是后来词义发生了变化，出现了根本就没有任何血缘关系的人加入某个"乌力楞"的现象。换句话说，根本就没有血缘关系的人，加入某一有血缘关系的"乌力楞"之中，成为该"乌力楞"的合法成员并共同生活在一起。而对在山林深处伴随驯鹿牧场的季节性变化而流动或迁徙的自然牧养驯鹿的鄂温克人来说，"乌力楞"往往指的是"驯鹿牧养点"或"自然村"。对于他们来讲，山林间的"驯鹿牧养点"有多少住户并不重要，他们更在乎的是在这些深山老林中的"驯鹿牧养点"还有没有人住。因为，牧养驯鹿的人们经常跟着驯鹿迁徙，所以他们临时搭建的"驯鹿牧养点"或"自然村"有时会没有人居住。从这个意义上讲，他们的"驯鹿牧养点"或"自然村"不属于稳定的、长期性的和定居性的概念，而是属于临时性的、移动性的和非定居性的产物。或许正因为如此，在深山老林中寻找他们的"乌力楞"是一件十分困难的事情，有时候费很大力气好不容易找到了"乌力楞"，却只能见到几个"仙人住"，牧养驯鹿的人早已跟着驯鹿搬到了新的山林牧场，搭建了新的"仙人住"，开始了新的"乌力楞"生活。这种移动性的和迁徙式的生活，与草原牧区鄂温克族牧民的游牧点生活基本相同。不同的是，草原牧区鄂温克族牧民的游牧点上一般都是一家一户地移动或搬迁，最多不超过两家；而牧养驯鹿的鄂温克人一般都是三户以上一起移动或搬迁。这完全取决于他们牧养驯鹿的头数，驯鹿头数越多组合而居的"乌力楞"的人家越少，驯鹿头数越少组合而居的"乌力楞"的人家越多。不过，最少不低于三户人家，最多不超过十户人家。而且，由于"乌力楞"的劳动力十分有限，加上妇女、儿童和老人，他们必须科学、合理而高效地分配"乌力楞"的劳动力和生产活动。为了让"乌力楞"的每一个成员，包括失去劳动能力孤寡老人或劳动能力低下的妇女、儿童，都能够同等享受劳动或生产活动带来的利益、成果，获得生存所需的物质资料，他们把"乌力楞"几户人家的驯鹿集中起来一同牧养，选出一两个人专门管理，而把从牧养驯鹿的劳动中解放出来的劳动力重新组合，安排他们参加打猎或采集等附属性生产活动。值得一提的是，出去打猎的人们无论猎到什么猎物，拿回到驻地后都要首先分给老弱病残者或妇女儿童。所有这些，充分展现出牧养驯鹿的鄂温克人同情弱者、关爱弱势群体的传统美德和崇高的思想境界，这也是他们的经济生活和精神生活中，严格遵守的准则、尊严与品格。在他们看来，有能力的人扶持和照顾甚至养活弱人者是责无旁贷的义务和责任，他们不只是在特殊环境或情况下如此，就是在平常的生活中，也给那些失去劳动能力的弱者以无微不至的关爱和体贴。

牧养驯鹿的鄂温克人为了躲避残酷无情的战火，一直在深山老林里过着隐居型的牧养驯鹿的生活，在一定程度上避免了战争带来的毁灭性灾难和死亡。但是他们并没有彻底摆脱统治阶级的残酷盘剥和欺压，再加上连年自然灾害，以及各种流行性疾病带来的危害，使他们处于劳动力不断减少、生产关系不断减弱和生活水平不断下滑的困境。在这种现实面前，他们只能以"乌力楞"这一最小的社会组织形式，以家族或血缘关系的人为核心，共同生产生活，从而有效地使用有限的劳动力，最大限度地发挥生产力作用，以此达到维持所有人的生命和生存的最终目的。也因为如此，他们形成了独特的价值观念和道德观念。他们认为，那些不关心别人、没有爱心、极度自私自利、见利忘义的人是最可怕和危险的，只要发现这种恶人，他们就会用传统的价值观念和道德观念去教育他、感化他、挽救他，否则就孤立他、批评他、谴责他，甚至会把他从"乌力楞"中驱逐出去。他们的这种价值观贯穿于生活和生产的全部过程，比如在打猎时，不能为了个人利益随便开枪打猎或四处找寻猎物，必须听从经验丰富的长者或狩猎组长的指令及安排，必须严格遵守狩猎生产中约定俗成的内部规则及行业道德，以此维系相互间的团结与共同的生存利益。枪对牧养驯鹿的鄂温克人有重要意义。他们在山林间自然牧养驯鹿时，或者有组织地出去打猎时，各自使用的猎枪从不相互替换或公用，他们基本上都使用自己的枪支，除非在极其特殊的情况下才会借用他人枪支或互相换用枪支，比如，另一方处于极其危险的时候或迫切需要帮助的时候，才可以把自己的枪支借给对方或与其换用。而且，家里的男孩长到12岁以后，父亲就让他用真枪实弹来保护牧养的驯鹿群和学习打猎，并在15岁左右时就给孩子买枪。对于鄂温克人来说，孩子学会用枪，并不仅仅是为了打猎，而且用枪来对抗山林猛兽或防止偷猎者对驯鹿的袭击和掠杀，更是为了保护自己。在战火蔓延、恶人横行的岁月里，山林里经常出现牧养驯鹿的鄂温克人被杀害，牧养的驯鹿群被抢走、屠杀的事件，因此，他们在山林间牧养驯鹿时，身上一般都要背着枪。

"乌力楞"里的鄂温克人把驯鹿集中起来一起牧养，共同管理，虽然这些驯鹿可以共同使用，宰杀后也能够共同分享，鹿茸、鹿尾、鹿血、鹿皮等换回的钱也能够大家平均分配，但事实上每头驯鹿都有自己的主人，属于某一个具体的家庭。也就是说，在"乌力楞"里大家一起管理、共同牧养的驯鹿，都是各家的私有家产，他们心里都十分清楚哪头驯鹿属于哪家所有，谁家有几头驯鹿、谁没有驯鹿、谁家驯鹿生了几头鹿崽、死了或丢了几头、杀了或卖了几头等具体情况。只不过是为了共同的生活、共同的利益，不相互伤害感情，不让没有驯鹿的人或驯鹿少的人失去生活的信心，大家谁也不说，谁也不愿意公开各家驯鹿头数。并在很多的时候，大家不约而同地宰杀或出售那些头数多人家的驯鹿。对此，驯鹿主人不仅不觉得自己吃亏，反而认为这是自己理所应当做的事情，进而为自己的无私奉献感到自豪和骄傲。那些没有驯鹿的人家，也不会为此而感到不好意思或惭愧，同时也十分敬重他们为大家做出的牺牲和奉献。另外，那些生产力较为充实而驯鹿头数多的"乌力愣"，一直以来没有改变各家驯鹿在各家名下明确所有权的生产关系。他们虽然也实行"乌力愣"内部的驯鹿共同牧养，但那些驯鹿均属于各家名下的私有财产，不属于"乌力愣"全体成员共有财产。每当新的一个家庭成立时，新婚夫妇双方的父母都要分给他们一定头数的驯鹿，作为新家庭生产生活的基本条件和物质基础。

在"乌力愣"中共同管理、牧养、使用驯鹿是由特定的生产条件和生产力水平决定的。由于长年受战争的危害，以及受各种疾病和自然灾害的折磨，牧养驯鹿的鄂温克人的人口下降，他们中有劳动能力的人越来越少，生产生活质量也逐年下滑，生活所需的物质资源严重短缺。在严酷的现实面前，他们积极组织有限的劳动力，扩大经营作为副业的狩猎产业，由此增加经济收入，努力改善生产生活。他们经常拿着驯鹿产品或猎获物，到清朝政府设置的奇乾边卡市场进行自由贸易，或者跑到俄罗斯境内的边贸市场，跟俄罗斯商贩进行商品交易。其中一部分人，还要完成向政府朝廷纳税的任务。

到后来，随着战争的结束，以及生存环境、生产关系的逐步改善，他们的生产力也逐渐恢复，这使"乌力愣"中共同管理、牧养、使用的驯鹿，均归属于个人名下，成为名正言顺的私有财产，从而在很大程度上强化和巩固了驯鹿私有化，维系了以家庭形式经营的社会经济地位。另外，牧养驯鹿的鄂温克人，早就从俄罗斯人那里学会了手工炼铁的工序和制作铁器的技术，所以当他们走入相对隐蔽的深山老林中进行生产生活时，自然而然地开始自己炼铁和制作生产工具，包括日常生活中使用的一些金属用具。具体一点讲，他们从市场上购买废铁等，用狍皮鼓风箱吹旺的煤火进行冶炼，然后制作各种各样的砍刀、猎刀、铁锤、烤面包箱、铁夹子、鹿鞍铁具、狩猎用的铁具、熟皮工具、铁钉等。有的鄂温克族铁匠把自己精心制作的铁具作为礼物送给亲朋好友，也有的鄂温克铁匠把自己制作的铁具拿到市场上，与鹿茸、鹿血、鹿肉、鹿尾、鹿皮以及各种名贵猎物一起出售，再用那些钱，购买枪支弹药、绸缎、布匹、粮食、茶叶等生活必需品。可想而知，他们的这些传统意义上的生产生活方式，对他们经营的驯鹿产业和驯鹿产品的商业化进程发挥了极其重要的作用。在此基础上，他们把牧养驯鹿的产业，一直经营到 21 世纪的今天，使这一有浓重的北极圈文化特色的产业，能够在我国寒温带地区兴安岭的深山老林扎下根基，并为牧养驯鹿的鄂温克人提供无尽的物质生活保障，同时也给他们带来了以驯鹿产业文化为背景的精神生活享受。

生活在牧区或农区的鄂温克族，就像在前面提到的那样，他们接触和从事畜牧业生产或农业生产的时候，就已开始了阶级等次较为分明的封建社会，形成了不同的社会阶层。同时，与周边的兄弟民族之间建立了广泛深入的社会关系和交往，并跟达斡尔族、鄂伦春族、蒙古族之间建立了婚姻关系。到了元朝，鄂温克族跟蒙古族之间的婚姻关系变得更加复杂，同时鄂温克族青年娶汉族媳妇或鄂温克族女孩嫁给汉族青年的现象也开始出现。特别是，从事畜牧业或农业生产的鄂温克族被编入清朝政府统治下的八旗组织以后，鄂温克族同蒙古族、达斡尔族、汉族、满族等民族间的交往和接触变得更为频繁，鄂温克族同东北各民族间的婚姻关系和血缘关系变得更为错综复杂。由此，鄂温克族同这些民族间的文化、经济、社会、思想意识、政治制度等方面的相互影响和渗透也变得越来越深、越来越广。所有这些，在不知不觉中改变着鄂温克族原有的逐水草而居的游牧生活和生产方式。不过，他们经营的牧场和农场几乎都被地主和牧主等上层贵族所瓜分，没有农田和牧场以及牛马羊的穷人只能靠打工谋生或靠军饷来糊口，他们长期生活在封建贵族和封建军阀的不同程度的剥削和欺压之下。在那一阶级等次十分分明又带有极强的军管性质的特殊社会制度里，都统、副都统、协领、总管、副总管、佐领、骁骑校、前锋、领催等不同级别的官员都有清朝统治者赐予的各种厚禄与特权。受清朝政治、经济、社会制度等方面的深刻影响，鄂温克族八旗社会贵族阶层的各种礼俗，包括衣、食、住、行等许多传统习俗的形式和内容趋向满族化。在贵族阶层里，还出现一批熟通满文、满语的鄂温克族贵族知识分子。

鄂温克族贵族阶级和军阀，依靠清朝统治者的强大力量，日益猖狂地搜刮财富，致使鄂温克族贫富分化现象日益严重。鄂温克族的那些贵族阶级及军事高官，家里会雇用苦工和佣人，有的官僚贵族家里的苦工和佣人多达好几十人，雇用价格特别低廉，苦工和佣人的孩子会继续父母的工作，继续给官僚贵族充当雇工。在鄂温克族农区，这种现象尤其突出。他们用的苦工和佣人多为男性，但也有一些女性苦工。男的一般做农活或放牧，女的一般做挤奶、做饭、缝制、洗刷、料理家务等事情。不过，女性不论身份如何，原则上都不允许参加狩猎生产。鄂温克族贵族阶级还会用非常廉价的薪水雇用战犯或罪犯，美其名曰"以加倍的劳动来洗刷他们罪恶的心灵"。这些战犯或犯罪被雇用后，主要给官僚贵族或军事官员充当马管或牵马人，被终身剥夺参军的权利，只有在极其特殊而危机的时刻，才允许他们参加与敌人的生死决战。倘若他们在你死我活的血肉战斗中能够生存下来，并在战场上荣立战功，就会取消他们的雇工或苦力的身份，并给予八旗军队的"披甲"资格和荣誉，他们的孩子也由此获得参军的权利。

因此，完全可以看出，在鄂温克人的经济生活密切相关的日常生产活动中，也渗透着与他们的历史文化直接相关的诸多因素。他们认为，劳动是光荣和自觉的行为，只有那些辛勤的劳动者才会积累丰厚的财富，才会获得幸福美好的生活。而那些好吃懒做的人，或者说游手好闲的人，永远不会拥有自己的财富，会永远过贫穷挨饿受冻的苦日子，因此，每一个人都应该成为自食其力的劳动者和生活的强者。但是，对于那些失去劳动能力的人，或者家里没有劳动力的，以及出于某种特殊原因生活处于困境的家庭，他们尽量给予更多帮助和扶持。那些没有财产，但有劳动能力的人，可以充当雇佣工或出卖苦力，雇主给予他们一定数额的薪水，干好了还给一些牛、马、羊等，一直把他们雇用到能够自食其力地生活为止。对于那些战争中俘虏的战犯，以及对于作恶多端的罪犯，鄂温克人把劳动作为对他们的一种严酷的惩罚，不断加重他们的劳动强度、难度，以此让他们在劳动中洗刷罪恶心灵，并希望用劳动来重新争取他们人生的自由和做人的权利。

到清朝光绪年间，鄂温克族八旗贵族阶级及军事高官中雇用苦力的现象较为泛滥。而此时，清朝政府的一些进步人士受维新思想的强烈影响，提出一系列新的政治主张，其中就包括废除雇佣制度。受其直接影响，鄂温克族八旗社会内部延续多年，并盛行一时的家庭或家族内雇佣制度逐渐被削弱，许多人把雇用的人数降到最低，有些人把原来的雇佣工或卖苦力的人当成自家人，在同等劳动环境和条件下同劳动同生活。但这种改变只是局部的。鄂温克族贵族，以及八旗军事官员及官僚、牧主们依然占有绝大多数资产，利用各种各样的手段搜刮财产和积累财富，甚至用高利贷盘剥百姓。结果是在那社会条件下，那些封建贵族越来越富，广大穷苦百姓越来越穷的局面没有得到改变。这种贫富悬殊自然引起诸多社会矛盾和问题，较为突出地表现在农区鄂温克族当中。众所周知，农区鄂温克族在统一划入八旗制社会以后，贫富分化现象和社会等级关系并没有改变。因此，那些自家牲畜很少、农耕土地很少的鄂温克族穷苦农民只能受雇于人，在他人名下的牧场上辛勤劳动；来自贫苦家庭的八旗士兵，除了长年累月地在战场上冲杀之外别无选择。

到了光绪末年，外地商人到鄂温克族生活区做买卖的现象越加频繁。这时，已有一定经济实力的鄂温克族上层社会，各自拿出本地区本民族优势传统产品，应对外来的经济干扰和影响。比如，牧区鄂温克族，用名目繁多的畜牧业产品换取货币，农区鄂温克族则用东北黑土地特色的优质粮食及农副产品同外商做买卖，林区牧养驯鹿的鄂温克人是用全身是宝的驯鹿及珍奇猎获物换取绸缎、布匹、粮油、烟酒、茶叶、枪支弹药及其他生活用品。后来，由于外来商人不断增多，民间商品交易形式和内容也不断扩大，使八旗鄂温克族集中生活的"那吉""尼尔基""吉拉林""满洲里""海拉尔"等地的市场变得更加繁荣。甚至，像"尼尔基""扎兰屯""拉哈""那吉""海拉尔""南屯""奇乾"等地，很快发展成为鄂温克族的政治、经济活动的中心，进而对于鄂温克族经济社会的发展发挥了相当重要作用。外来商贩，用非常低廉的价格，从正在兴起的边贸商贸场所，套购鄂温克族农牧民手里的畜产品、农产品、猎产品等，然后运往国外或内陆地区市场，从中获取丰厚的经济利益。即使是这一很不公平而带有欺诈手段的商业行为，也在一定程度上刺激了鄂温克族经济社会的发展，使农村牧区的鄂温克族直接或间接地感受到，当时的经济社会快速发展而带来的好处与弊端。

清朝政府从嘉庆末年开始，在黑龙江和内蒙古呼伦贝尔地区的鄂温克族中不断增加服兵役的名额，鄂温克族八旗官兵征战、参战、作战次数不断增加，而且战争越打越残酷，参战的鄂温克族八旗官兵的死亡人数不断增多。他们都是鄂温克族青壮年和男性劳动力，对于鄂温克人民来说，失去他们就意味着失去了生产生活的主要依靠，因此鄂温克人的生产力也变得越来越低下。战争灾难和自然灾害，再加上清政府沉重的纳贡纳税任务，使鄂温克族农民和牧民不堪重负，有人逃离家园四处流浪，有人躲进深山老林过着隐居性的狩猎生活，也有的人奋起抗捐后受到残酷镇压。

清咸丰八年，即 1858 年 6 月，清朝政府与沙俄签订不平等条约《天津条约》之后，沙俄不顾鄂温克人民的反对，在呼伦贝尔极其丰美的天然猎场和牧场铺设东清铁路。这使生活在铁路周边，以及雅鲁河两岸的鄂温克人的猎场和牧场遭到严重破坏。加上铁路沿线各站居住的俄罗斯和我国内陆地区汉族移民的不断增多，铁路周边草场和山岭树木同样遭到严重破坏。沙俄修建铁路后，又以保护铁路安全为由，在东清铁路沿线及海拉尔、满洲里等主要城镇不断增加驻地官兵。他们还在呼伦贝尔草原建立军事要地，进而随心所欲地开发铁路沿线的金、煤等矿产资源，扩大经营大小兴安岭的自然林场，不断扩大砍伐森林木材的范围。与此同时，四处开设山林猎场、捕鱼场所，紧接着还成立了地方性公司，开设各类商铺，并进行肆无忌惮的经济掠夺。

伴随铁路运输业的发展和交通的便利，铁路沿线车站的生活区域内移民越来越多，曾经本来是鄂温克人生活的山林小村庄，很快发展成为相当于小城镇规模的住宅区。结果，铁路沿线和森林草原的野生动物种类及数量急剧减少，由此结束了这片土地上一直以来经营的大规模围猎和有组织地进行的狩猎生产活动。反过来，在这些地区的非珍惜猎物，如狍子、狐狸、野猪、野鸡、野兔等一般性猎物，以及像鹿皮、鹿茸、鹿胎、鹿肉、鹿尾、鹿血等驯鹿产品的交易变得红火起来，而且用这些野生动物及家里牧养的驯鹿肉等为原料的商品种类也不断增多。这些新出现的商业行为及不断扩大的商品交易，给那些经营农场或牧场并兼营狩猎产业的鄂温克人，以及山林间自然牧养驯鹿的鄂温克人，也带来过一定的经济利益和好处。那时，鄂温克人到山上打猎，更多考虑和追求的是猎物的市场价值和经济效益。其结果是，喜欢狩猎的鄂温克人，或者说把狩猎业作为重要附属性产业来经营的鄂温克人，在原来经营的猎场上很难打到老虎、豹子、黑熊、水獭等名贵猎物了。他们为了生存，为了获得丰厚的经济效益和收入，不断扩大狩猎场所，甚至从雅鲁河岸边走到大小兴安岭深处，去追猎经济价值更高、市场效益更好的珍稀名贵猎物。他们打到猎物后，不辞辛苦地立刻就拿到铁路沿线的市场做交易、换取货币或生活必需品。

由于无法忍受沙俄列强和清朝政府的双重残酷经济剥削和民族歧视，在清朝末年留守于原驻地的鄂温克族八旗官兵联合其他兄弟民族八旗官兵共3000余人，掀起反帝反清斗争。并在瑷珲等地先后多次抗击沙俄列强，缴获大批枪支弹药。辛亥革命以后，鄂温克人反军阀反剥削的战斗变得更加激烈，然而都无一例外地遭到反动军阀的武装镇压。与此同时，反动军阀利用各种方式，包括利用各种经济手段不断腐化和诱惑鄂温克族上层阶级，还强令扩大鄂温克族农场的耕作面积，进而不断加大鄂温克农民的纳粮负担和交粮任务。当鄂温克农民抵制或反抗时，军阀统治者就从内陆地区迁来相当人口的汉族农民，到鄂温克族农区肥沃的农田地上开垦种粮。民国地方政府，不顾鄂温克族等地方少数民族提出的保护草原、保护兴安岭、保护绿色、保护生态的强烈要求，变本加厉地重新规划农耕土地面积，扩大开发山林草原的农垦土地，并按农耕土地面积重新安排内陆地区迁徙而来的农民或其他移民的数量。为了稳固边疆政权，也是为了缓和鄂温克族保护山林草原的斗争情绪，民国地方政府从新开辟的农场地中分给鄂温克族贵族阶层及军事要人相当规模的农用地，以及分给他们较为先进的新型农业生产设备和工具，还专门派去汉族农业生产高手给他们教授种粮新技术以及使用和制作农具的新技巧等。就这样，鄂温克族为保护山林草原，反对在呼伦贝尔和兴安岭大面积开垦种粮的运动被压了下来。不过，也就在这一时期，鄂温克族中出现了不少能工巧匠、种粮能手等。有的鄂温克人还把自己精心制作的各种农具或生活用具，拿到市场上进行商品交易，以此改善生活。毫无疑问，就在清朝末期和民国时期，鄂温克族的经济生活确实遇到诸多难题和困难，甚至许多人的经济生活处于不断衰退的困境。此时，鄂温克族的那些贵族阶级和军事要人虽然倚仗着手中权力和复杂的社会关系，想继续维持他们的富裕生活，但由于连续不断的战争和外国列强的掠夺，他们的经济生活也受到不同程度的干扰和影响，其中一些人还从富裕沦落到贫困的境地。

解放后，鄂温克族生活的广阔农村牧区进行了土地革命，完全废除了长期的封建社会背景下形成的一切旧制度和剥削行为。与此同时，鄂温克人都分得了属于自己的土地和牧场，这使他们用崭新的生活姿态、用共同的劳动和智慧不断发展农业生产和畜牧业生产。事实上，在全国解放之前，在鄂温克族生活区域内已经循序渐进地开始了划时代意义的土地改革。所以，解放以后，在党的正确领导下，这里的土地革命和生产建设很快就按部就班地得到贯彻落实，使农业生产和畜牧业生产很快得到恢复和发展，实现了农业大丰收和畜牧业生产的繁荣。不过，一些农区由于长期受到战争洗掠、封建势力的盘剥、殖民主义的摧残，土地一时很难恢复，因此这部分鄂温克人在解放以后的较长一段时间内还过着十分贫困的生活。缺少中青年劳动力，生产方式和劳动工具十分落后，以及连年遇到的残酷无情的自然灾害等，导致这部分鄂温克人的生产力低下，难以在短期内摆脱贫困生活。尽管如此，渴望美好生活的鄂温克族人民，在当地政府的大力帮助和各工作组的直接领导下，根据不同地域的优势和特点，开展了自己动手动脑、艰苦奋斗、自力更生、因地制宜、改变贫困、创造新生活的生产运动，并在努力改善落后的农业生产方式的同时，有效地开展了家庭养殖、伐木放木排、采木耳蘑菇、采集榛子和野果、打猎捕鱼等多种经营，在一定程度上地改善了生活。再后来，由于农业生产手段的不断改善，农业生产新生力量的不断增强，加上自然环境、生态条件、土地植被等的不断恢复，使他们的粮食产量逐年提高，最后不仅实现了粮食自给，还把剩余粮食交给了国家。

生活在牧区的鄂温克族也是如此，许多解放前生活较为困难的鄂温克族，解放后都分得了属于自己的牧场和牛、羊、马。到了打草、接羔等牧场生产活动极其繁忙的季节，或遇到大小自然灾害时，政府部门都会及时派遣工作组，从人力、财力和其他各方面给予大力支持和帮助。对于那些常年"逐水草而牧"的鄂温克人，政府还下大力气对他们的生产方式进行了调整和改造，使牧民的游牧包质量有了明显改善，建立了相对稳定和集中的生活定居点，在定居点给牧民们搭建了能够遮挡严寒和风雪的土木住房。同时，将从传统而繁重的游牧生产活动和劳动中解放出来的剩余劳动力集中到定居点，让他们共同参加其他与畜牧业生产相关的劳动或开辟新型附属产业。其中，就包括搭建冬季棚圈、上山伐木、采集草药、挤奶牛、收割冬季草料、打芦苇、加工畜牧业生产工具或产品、经营小菜园和小农场等生产活动。不仅如此，让人们定居下来，对孩子们上学和接受教育，对患者的治病和医疗防疫工作，对剩余劳动力的再分配，以及对于畜牧业生产稳步发展都带来了极大好处。在当时的历史条件下，这种半定居和半游牧性质的畜牧业生产，或者说定居和游牧兼顾的牧区生产生活方式，使鄂温克族的畜牧业经济在新型社会制度下焕发出强盛活力。特别是那些较早时候就过上相对意义上的定居生活，并经营游牧式畜牧业生产的鄂温克族牧区，此时已出现人畜两旺的良好发展势头。

新中国成立以后，在林区牧养驯鹿的一小部分鄂温克人，也就是人们常说的敖鲁古雅鄂温克人，很快废除旧时的商品交换手段和方式，将山林间自然牧养驯鹿产业中剩余的劳动力，以及家属和孩子都送到奇乾的定居点。生活在定居点的人们，有的正式参加了乡政府或其他部门的行政工作，有的定期有组织地参加定居点的各种生产活动。包括种植燕麦、马铃薯和蔬菜等农作物，以及在定居点搭建圆木房、制作各种生产生活用具、牧养牛马等家畜、有组织地参加打猎或采集活动等。而且，生活在定居点的鄂温克族孩子们，也都在政府的安排和照顾下免费上学。更可贵的是，他们经营的牧养驯鹿的产业推出的各种与驯鹿相关的产品销路得到有力保障。也就是说，他们在产品运费等方面应该支付数额可观的经费都由政府来承担，并以国家规定的市场价格将鹿茸等卖给设在供销社的专门收购点，再用他们手中的钱从供销社购买各种生产工具和生活用品。

中华人民共和国成立后的前几年，合作化运动很快波及鄂温克族生活的广大农村牧场。鄂温克族人民，为了用辛勤的双手建立全新的社会生活，为了尽快改善贫困的生活环境和条件，为了更快地完成中央政府制定的民主改革和合作化工作任务，以及为了更加扎实而有效地发展农牧业生产，他们团结一切可以团结的力量，向着同一个目标齐心协力、共同奋斗。他们大力发扬互助合作精神，合理公平地重新分配农场农地以及牧场与牲畜，逐步消除贫富差异和阶级剥削制度。农牧区的鄂温克族，在成立农业生产互助合作组、牧业生产互助合作组、猎业生产互助合作组等的同时，把各家分得的牲畜、生产工具、农牧场等全部交给合作社，合理分配生产力，大力推广内陆农牧业地区的好经验，抓紧时机培养懂得农牧业生产技术的能手和高手，使他们在具体实施合作化路线的第一年就在农业和畜牧业生产方面喜获丰收。这使他们不仅做到粮食和肉畜自给，而且把余粮和余出的牛羊卖给国家，从而也在一定程度上支援了国家的建设。而且，作为副业来经营的狩猎产业也出乎人们意料地获得大丰收。在这几年间，生产关系的不断改善和生产力的不断提高，使鄂温克族地区的农牧业生产一直处于较为理想的发展状态，他们经营的农牧业生产迅速发展，粮食亩产连年攀高，牧场牲畜头数也连年快速增多，劳动者的年收入每年提高 10%～20%，由此显示出了走合作化道路带来的优越性。特别是 1955年国家颁布《关于农业合作化问题的决议》之后，为了具体落实此项决议精神，鄂温克族社员同心协力，将已初具成效的农牧业生产合作社提高到高效能的农牧业生产合作社，并制定了高效能农牧业生产合作社的相关标准和发展目标，提出了社内可实行包产和超产奖励的办法，由此，在很大程度上激发了农牧民的劳动积极性，使他们的劳动热情达到新的高度，农牧业生产连续几年获得空前大丰收，还涌现出了一批省地级农牧业劳动模范和先进集体。与此同时，合作社根据鄂温克族社员各自具有的劳动特长，合理分配他们的工种和劳动内容，将那些农牧业生产中剩余的劳动力重新组织起来，让他们参加修路、盖房、搭棚圈以及狩猎、采集、伐木等基本建设和附属性产业劳动。这些附属性生产活动和产业，同样给鄂温克族地区经济社会的发展带来了应有的利润。总的说来，鄂温克族的经济社会的发展变化，跟国家和地方政府的大力支持与帮助是分不开的，在鄂温克族农村牧区开展合作化革命的时期，国家和地方政府给予了强有力的扶持，除了及时无偿提供新式农牧业生产工具、种子、技术指导之外，还及时补助用于购买牲畜以及用于生产生活方面的资金。

　　鄂温克族经济社会，从 20 世纪 50 年代到 60 年代初期，应该说取得了相当显著的进步，基本上按照中央制定的规划按部就班地顺利发展着，从旧的体制向着社会主义初级阶段的经济制度转变。这使鄂温克族生活区域的牧场、农场、乡村和城镇的经济状况有了根本性的改变，使他们的畜牧业、农业、林业以及其他相关产业获得连年丰收，从而为鄂温克族雄厚的物质生活打下了基础。然而，从20世纪60年代末期至70年代末期，鄂温克族经营的畜牧业经济与农业经济以及其他生产活动均受到严重冲击和影响，甚至一度进入极其困难的局面。相对而言，鄂温克族的畜牧业经济遭受的冲击，没有农业经济或其他经济所遭受的打击或破坏大。尤其是，鄂温克族的狩猎业、采集业、林业等附属性产业受到致命的创伤和影响。许多发展势头较好的产业，在公社化、集体化、一体化劳动与生产中，逐步走向衰弱，并很快退出历史舞台。不过，伴随改革开放时代的到来，鄂温克族重新看到经济社会发展的好前景，全身心地投入新时代伟大的经济社会建设中，重新开始了全新意义的畜牧业现代化与农业现代化建设，并不断加强地方性企业的建设，以及以个体形式为主的地方性第三产业的建设。

鄂温克族地区经济的快速发展，使他们的经济基本竞争力跻身西部民族的前列。比如，鄂温克族自治旗的工业经过50年的风雨历程，从建旗之初的四家小型加工厂，现已发展成为现代化能源工业基地，工业经济开拓创新、与时俱进，像煤炭、电力、重化工、畜产品加工等产业逐渐成长，工业经济呈现厚积薄发、强势推进的趋势。鄂温克族自治旗不断强势发展工业，走工业致富的道路。而且，鄂温克族自治旗的伊敏煤电工业、巴雁新型重化工、巴彦托海绿色畜产品加工"三大工业基地"的实力日益增强，形成具有鄂温克特色的新型工业体系。"十五"期间，该旗经济取得了较快发展，综合实力显著提升，地区生产总值实现年均递增20%，到2007年末，GDP总量达到33.4亿元，人均GDP突破3000美元，在西部百强县中跃升到第60位，在全国少数民族自治旗县排位跃升到第2位。其中，工业总产值33.9亿元（含个体），比上年增长5.0%，实现工业增加值16.2亿元，同比增长2.8%，规划以上工业增加值完成1480万吨。随着伊敏二期2台60千瓦机组的市场化运营，伊敏三期、鄂温克电源的落地开工，两伊铁路、红花尔基水库等项目的顺利进行和圆满完成，在很大程度上推动了该地区经济社会的快速发展及其工业化发展进程。

在鄂温克族聚居区，虽然新型工业产业带来了极其雄厚的经济效益，但畜牧业、农业、林业等传统产业同样为鄂温克族经济社会的快速发展发挥着重要作用。另外，伴随畜牧业和农业经济的发展和崛起，像雨后春笋般地大量涌现畜牧产品、农副产品、土特产品、地方特色产品、旅游产品、民族艺术品、民族饮食产品、民族服饰等加工基地、加工厂、专卖店、商铺、交易市场等。所有这些，对于鄂温克族地区的旅游产业，以及民族饮食文化产业、民族服饰文化产业、民族传统文化产业的发展起到了积极的推动作用。

从当今经济社会发展总趋势来看，强势经济社会对处于弱势状态的经济社会的影响越来越大，进而逐渐形成一个以强势经济社会为核心的经济一体化世界。与此同时，那些曾经被忽略或没有引起人们关注的民族地区的经济社会表现出的特殊的经济文化，以及同这些特殊的民族经济文化密切相关的诸多产业和诸多产品获得从未有过的生命力，从而产生了极其强大的经济效益，获得相当丰厚的经济利益和收入。以鄂温克族特有民族产业与产品为例，就有驯鹿业经济产业及不断产出的新产品，以及桦树皮日用品深加工产品，骨雕木雕艺术产业及各具匠心的新产品，融入现代文明色彩的民族传统服饰的产业化加工，各种肉食品及奶食品的深度加工和开发，地方特色的土特产品的精心加工，地方性中草药、野生瓜果、矿泉水等的现代化加工等，都有属于他们自己的市场，拥有了相当稳定而不断增加的消费者群体。人们通过这些琳琅满目的、富有民族文化特色的产品，从另一个角度了解不同民族的经济社会生活，以及他们的传统文化与文明。特别是，在当今经济社会的一体化进程不断加速的关键时刻，这些少数民族用信仰和生命传承下来，并用一代又一代人的智慧和劳动不断完善和改进的民族经济社会及民族经济文化产品，更有其特殊的经济社会价值以及民族文化价值。鄂温克族的经济社会的发展，同样面临了强势经济社会的无情挑战，同时也遇到了发展自己民族经济产业，以及发展本地区经济社会的极好机会和条件。毫无疑问，那些代表鄂温克族传统文化与文明，并注入了诸多现代经济社会内涵与色彩的商品，深受经济社会与消费者的青睐，由此获得属于自己又属于当今经济社会的强大市场，为鄂温克族地区经济社会的发展、市场的不断繁荣发挥着极其重要的作用。

我们通过鄂温克族经济社会发展的历程，以及通过他们的经济生活和生产活动，也可以从另一个侧面了解该民族的历史文化。只要我们仔细认真、全面系统地观察他们的经济社会，了解其生产活动及生产方式，就会发现该民族历史文化的诸多因素。而这些历史文化因素，会成为鄂温克族经济社会繁荣发展的重要条件和要素之一，也是不断推动他们经济社会发展的重要力量和依靠。

第二章　鄂温克族的早期社会组织

本章主要从历史文化学、历史社会学的角度，分析和讨论了鄂温克族早期社会的"毛昆"社会组织、"乌力楞"社会组织、"尼莫尔"社会组织，主要分析这些历史符号所承载的实际含义及语用关系，以及在特定历史时期，在特定历史条件、特定地域、特定生存环境和生产关系下这些社会组织的基本结构特征、社会功能和作用等。

第一节　"毛昆"社会组织

鄂温克族最早的社会组织，由毛昆为单位组成。在当时，毛昆几乎是鄂温克族唯一的社会组织形式，标志着鄂温克族进入新的社会发展阶段。在历史书上，"毛昆"有时也写成"毛哄""莫昆""穆昆"。毛哄（mokung > mohung）是鄂温克语，表示"族群""群体""家族集团""同一个姓氏的家族社会组织"等词义，也指同一父系祖孙 10 代以内有血缘关系的家族性社会组织。鄂温克族的毛昆，基本上是由同一个更加强大的姓氏家族分化出来的若干个家庭组合而成。根据不完全统计，一个毛昆应该包括 10 个左右的同一个姓氏的小家庭。当然，大一点的毛昆可能还要涉及更多的家庭。毛昆是特定的社会组织形式，也可以说是鄂温克族进入阶级社会的开始。因为，在此之前，他们几乎都生活在结构十分松散的社会里，属于由一个大的姓氏家族自然组合而成的一个命运共同体内部，许多时候都要共同生活和共同生产，没有严格意义上的社会化的制度规定，但在他们之中辈分最高、年龄最大的本姓家族老人最受尊重。而且，这些组织几乎是由萨满掌控一切权力。家族成员有什么问题，向萨满反映或找他商量，但也有不向他反映而自己做主处理或解决问题的现象。作为大家最尊重的萨满，可以是女性，也可以是男性。不过也有例外，有的鄂温克族在早期社会里，也有可能由某一个优秀的猎手、生产高手、力大无比的英雄人物居于最高位置或者和萨满同等地位。所有这些，充分说明在毛昆社会之前，在鄂温克人生活的社会里，实际上都没有一个大家都认可的，社会化的，制度化的，严格意义上能够完全规范和约束人的行为准则、思想意识的规定，大家只是根据萨满信仰的理念和传统习惯、思维去行事。

如以上所述，鄂温克族在毛昆社会组织之前，基本上都以历史上自然形成的、较为庞大的姓氏家族为核心生活。在那时，鄂温克族有许多姓氏家族，每个姓氏家族都有他们的特定称谓，也许是每一个姓氏家族最早的称呼。很有意思的是，他们的姓氏家族称谓，几乎都跟祖先生活过的某一河名、山名、地名有关，特别是与他们祖先最早生活过的河流的名称，或者说一直以来相伴生活着的河流的名称，有着密不可分的关系。比如说，杜拉尔（dulaar）① 是鄂温克族最为古老的姓氏之一。杜拉尔姓的鄂温克人曾居住于距瑷珲城东约 300 里处的，黑龙江支流牛满河上游的杜拉尔（dulaar）河两岸，所以历史上把这部分鄂温克人就称为"杜拉尔浅"（dulaarqian），也就是"杜拉尔河的人们"或"生活在杜拉尔河岸边的人们"之意。其中，"杜拉尔"指"杜拉尔河"，"浅"（-qian）是从名词派生名词的构词成分，主要表示"人们"之意。在鄂温克语内某一个河名、山名、地名后面接缀"浅"（-qian）这一构词词缀，就会派生出与某一山河地名相关的人们的称谓。例如：

ur 山	ur-qian = urqian 山里的人们或住在山里的人们
hui 辉河	hui-qian = huiqian 辉河岸边的人们或住在辉河岸边的人们
mergel 莫日格勒河 + -qian	mergel-qian = mergelqian 莫日格勒河岸边的人们
oiguya 敖鲁古雅河	oiguya-qian = oiguyaqian 敖鲁古雅河岸边的人们
qiqihar 齐齐哈尔地区	qiqihar-qian = qiqiharqian 齐齐哈尔地区的人们

---

① 杜拉尔（dulaar）也写成"多拉尔""朵拉尔""都拉尔"等不同。

　　后来，人们把"杜拉尔浅"［dulaarqian（dulaar-qian）］解释为杜拉尔姓氏家族的人们，"杜拉尔"变成该家族的姓氏，简称为"杜姓"，也有人写"多姓""都姓"等。鄂温克族杜拉尔姓氏的人们，历史上几乎都居住在杜拉尔河两岸，现在多数居住在黑龙江省讷河流域，以及内蒙古呼伦贝尔的诺敏河、辉河、伊敏河、阿荣河流域。

　　又如，"涂格敦"姓氏的鄂温克人，也就是现在所说的"涂姓"鄂温克人。据说，他们的先民居住在"秃山脚下"，所以他们就被称为"涂格敦浅"（tugdunqian）。很显然，其中，"涂格敦"（tugdun）是指"秃山"，"浅"（-qian）是从名词派生名词的构词词缀。还比如，被叫作"那哈塔浅"［nahattaqian（nahatta-qian）］的鄂温克族人，是因为早先居住在"山南坡上"，由此被人们称为"那哈塔浅"，其中的"那哈塔"（nahatta）表示"山南坡"之意，后接构词词缀-qian，就派生出了"那哈塔浅"（na-hattaqian）这一新名词，主要指"山南坡的人们"或"居住在山南坡的人们"。现在，这部分鄂温克人，几乎都变成姓"那"的人了。在早期，姓杜拉尔、涂格敦、那哈塔的人们都生活在地域广阔、居住形式相对集中、社会结构松散的生活环境之中。在毛昆社会出现之前，除了有像杜拉尔、涂格敦、那哈塔姓氏的极其松散的社会组织之外，鄂温克族生活区域还有过"萨马基尔"（萨姓）（samagir）、bulujiger > bulejiger > buljiger "卜勒基给尔"（卜姓）、helteyir "何勒特依尔"（何姓）、dagatu > daatu "达阿图"（达姓、戴姓）、arubanqian "阿尔本浅"（阿姓、吴姓）、igejir "伊格基尔"（伊姓）、baigar > baiger "巴依格尔"（白姓）、hahar "哈哈尔"（韩姓、哈姓）、何音 heying "何音"（何姓）、ulisi "武力斯"（武姓）、敖拉（敖姓）、adigir "金迪基尔"（金姓）、gorojia "郭尔佳"（郭姓）、solkur 索勒果尔（索姓）、namir "那米尔"（那姓）、"那乌那基尔"（那姓）、nonogir "杜拉给特"（杜姓）、bayajir "巴雅基尔"（巴姓）、ximsarji "西木萨基尔"（席姓）、obotgir "奥布特克基尔"（吴姓、武姓）、ositgir "奥斯特基尔"（吴姓、武姓）、oltgir "奥勒特给特"（吴姓、武姓）、malurin "玛鲁基尔"（马姓）、halmalukta "哈拉玛鲁给特"（哈姓）、kotket "考诺克特"（柯姓、何姓）、balgejin "巴拉格金"（巴姓）、joltod "照鲁套特"（赵姓）、qibuqi "齐布奇"（其姓、祁姓）、soluhun "索罗共"（索姓、苏姓）、gudelin "古德林"（古姓、顾姓）、qanglatgun "常拉他昆"（常姓）、burbut "布利托特"（卜姓、布姓）、gilaka "给力克"（给姓、吉姓、季姓）等姓氏家族。这些姓氏家族一般都属于一个个特定意义的，十分松散的社会组织，他们几乎都由萨满来管理。当然，其中也有两个十分亲近的姓氏家族合二为一构成共同生活的社会结构之形式。这些都是毛昆社会出现之前的社会生活结构或形式。

那么，毛昆社会的出现，似乎从根本上改变了过去由萨满管理的十分松散的社会生活。并且，毛昆社会组织的特点，主要表现在以下 13 个方面。一是毛昆社会组织是从一个大的姓氏家族分离出来，并由十几家或更多家族成员共同构成的新的更加浓缩的社会生活组织，比如，从大的杜拉尔姓氏家族分离出八个毛昆社会组织。二是该社会组织全体成员共同选举产生毛昆达①和毛昆会议成员即该特定社会组织的领导人及家族会议委员会成员，"毛昆达"作为家族长，通常由年富力强、聪明能干、办事公道的人担任，过去也曾将家族长写成"家族头目"或"家族首领"等。三是家族长主要负责召开各种家族会议，管理新的家族社会的各项事务性工作。四是家族会议委员会在家族长亲自主持下召开，会上家族长同家族委员会成员共同商议各种日常事务性工作，以及劳动力的分工、劳动资料的分配、猎场与牧场的使用关系等。五是该家族社会的生产活动一般都要以毛昆这一特定社会组织为单位进行，猎获品、生产产品都在家族长的主持下公平合理地按户平均分配。六是每一个毛昆社会，也就是家族社会不仅都有家族长、家族委员会，同时每一个家族社会组织内部还都有各自的萨满。七是严禁家族社会内部建立婚姻关系，也就是同一个家族社会内禁止通婚，并严格要求家族社会全体成员遵守这一婚姻制度，同时，严格执行一夫一妻的婚姻制度。八是在家族委员会成员会议上改选或罢免毛昆达，处治违反家族社会制度或规定的成员等。九是家族委员会一般 3~5 年会改选家族长，但也有连续当选家族长的情况。十是家族委员会会议一般两到三周召开一次，在特殊情况下，也可以一周开两次或隔一周开一次，而全

---

① "毛昆达"鄂温克语，表示"家族社会的领导"，"毛昆"（mokun）在前面已经解释过了，在这里简要说"达"（-da）这一构词词缀。它是属于从名词派生名词的构词词缀，早期主要表示"根""源""原初"等概念，后来又引申出"头人""头领""首领""领导"等词义。

体家族成员大会每 30 天或 45 天开一次，同样开会时间不是十分确定，总的说来，家族委员会会议以及全体家族成员会议，开会时间都比较灵活。十一是毛昆社会组织对家族墓地和葬礼仪式都有硬性规定与要求，规定埋葬死人时，要严格以毛昆为单位，同一个毛昆的人死后，要埋葬在同一个墓地，绝不允许埋葬到其他毛昆的墓地。家里父母去世时，必须由其子女同叔伯一起送葬。如果死者是祖父祖母辈分的老人，整个家族社会的成员都要参加葬礼，在他们的传统理念中，坚定地认为祖父祖母的去世不算是死，而是"成神灵升入了天堂"，也就是人们常说的"成佛归天"了。十二是家族长要代表家族委员会和全体家族成员，解决和处理同其他家族之间的纠纷、矛盾或其他问题。十三是家族长履行职责完全是为家族尽义务，没有任何报酬和特殊待遇。除此之外，鄂温克族毛昆社会组织及其家族委员会还有不少制度化的规定，涉及生产生活的方方面面。比如说，涉及"尊老爱幼""婚礼习俗""狩猎规矩""生产关系""劳动规定""萨满活动"等各个方面。

鄂温克族毛昆社会组织，有大毛昆社会组织和小毛昆社会组织之分。大的毛昆社会组织包括几十个家庭，小的毛昆社会组织可能只有十几个家庭。另外，有的大毛昆社会组织设两个毛昆达，一个叫额都古毛昆达（eddug①mokunda），就是"大毛昆达"，是毛昆社会组织的第一把手；另一个，叫尼苏昆毛昆达（nisukun②mokunda），也就是"小毛昆达"，是毛昆社会组织的第二把手，也可以认为是"大毛昆达"的副手。在新的一年开始的前一天，或者是前二天，在家族长的主持下，全体家族成员都会参加新家族成员登记大会。会上，家族长在萨满的引领和指导下，从特别精致的桦树皮箱子里拿出该家族的家谱，当萨满以说唱形式讲完家族历史和基本延续情况后，家族长就会在上面填写过去一年里新生家族成员的名字。紧接着萨满边跳边唱，祈福新的生命、新的家族成员在未来的日子里快乐幸福、健康茁壮地成长；祈福家族所有家族成员幸福；祈福家族猎场到处都有奔跑的猎物、牧场到处都是牛马羊、家里子孙满堂、家族兴旺发达。萨

---

① "额都古"（eddug）鄂温克语形容词，表示"大的"之意。
② "尼苏昆"（nisukun）鄂温克语形容词，表示"小的"之意。

满的祈福结束后，大家欢聚一堂共进午餐，表示家族年终大会圆满成功。家族社会组织内部，对于家谱的保管和打开有严格规定，一般都由家族长保管，并只有在萨满的指挥下家族长才能够亲自打开。大年初一，太阳出来前，全体家族成员还要向"家谱"敬酒叩拜，表示对祖辈的尊敬和怀念。

家族长和萨满还要共同主持举行公历 6 月 21～23 日的夏至节活动。传说，这是从远古传承下来的节日。那时，他们的先民生活在北极圈纬度范围内，每当夏至到来时几乎 24 小时见不到黑天，人们睡不着就起来又唱又跳，通宵达旦地联欢。为了增强节日气氛，人们脸上还要涂抹不同颜色的自然颜料或不同颜色的土，这使他们的夏至节日活动达到新的高潮。到了冬至，也就是在公历 12 月 21～23 日，他们同样在家族长和萨满的主持下，举行冬至节日活动。这也是鄂温克族家族社会的重大节日之一。因为，他们的先民在北极生活的岁月里，到了冬至几乎一天 24 小时见不到阳光，一些没有劳动力或劳动力很弱的鄂温克族家庭，在极度严寒又没有充分燃料、食物的残酷现实面前，很可能会冻死饿死。就在这危难时刻，有经验的鄂温克族牧鹿人赶着驯鹿雪橇给那些苦难中的老弱病残送去事先储备的燃料、食物等。后来，为了感谢这些胡须和头发上挂满冰霜的善良老人，鄂温克人每年冬至到来时就会在家族长和萨满的主持下，点燃篝火，围着篝火边跳边唱，表达对在冰天雪地的严冬、伸手不见五指的黑天赶着雪橇给人们送去燃料和食物的白发老人的感激。不论是夏至的狂欢节，还是冬至的感恩节，一般都要进行两天左右。此外，在家族社会组织的节日里，还有每年七月举行的祭祀家族"敖包"①的活动。从某种角度来讲，祭祀家族"敖包"的节日是家族社会全体成员共同祭祀祖先神灵的盛大节日，所以家族社会的男女老少都来参加。而且，每一个家族社会组织都有各自祭祀的"敖包"。祭祀"敖包"时，要宰杀驯鹿或牛羊，由家族长和萨满共同主持。祭祀祖先神灵、叩拜祖先等活动结束后，在"敖包"前还要举行赛驯鹿、赛马、摔跤、射箭、比武等活动，家族长和萨满还要分别给优

---

① "敖包"（obo）属于阿尔泰语系满通古斯语族语言和蒙古语族语言共有词，表示"土包""凸出地""小山包""堆积物"等多义。

胜者颁奖，奖品有驯鹿、马匹、牛羊和其他生产资料。

总之，在鄂温克族的历史发展进程中，毛昆社会组织延续了很长的时期，并对鄂温克族社会的发展和进步发挥了极其重要的作用。后来，随着家族社会组织人口不断增多，以及家族成员不断增多，其内部矛盾、问题也越来越凸显，甚至直接影响家族社会组织的和谐稳定。有的家庭就开始带着所有家庭成员，包括已经独立门户的儿女们，从家族社会组织脱离出来，迁徙到离家族社会组织较远的地方，开发新的以"乌力楞"为单位的社会组织。

第二节　"乌力楞"社会组织

"乌力楞"社会组织是鄂温克族父系社会组织，它产生于毛昆社会组织的后期，也就是毛昆社会组织发展到一定历史阶段后出现的社会组织结构。"乌力楞"（urireng）是鄂温克语，表示"村""村庄"之意。据分析，"乌力楞"（urireng）一词源于名词"孩子"（uril），也就是说，该词是在"孩子"（uril）后面接缀从名词派生名词的构词词缀-reng而构成。不过，uril接缀-reng时，词尾辅音l出现脱落现象。由"孩子"（uril）派生而来的名词"乌力楞"（urireng），起初表示"孩子们生活的地方"，后来引申出"村子"这一新词义。在鄂温克人的传统意识里，最初的urireng"乌力楞"就是同一个父亲的孩子们共同生活的地方，没有外来户或其他家庭的孩子，所以就把这一家庭式的社会组织称"乌力楞"（urireng）了。这种解释是否正确，还需要进一步考证和深入探讨。除了这一解释之外，还有一种说法，认为"乌力楞"（urireng）一词源自动词词根"住""居住""安营扎寨"（urile-），它是在动词词根urile-后面，接缀由动词派生名词的构词词缀-ng而构成的，主要表示"居住的家户""居住下来的人家"之意。另外，还有第三种说法，认为"乌力楞"（urireng）一词应该来自名词uri"人种""精子""种子""后代""子女"，是在uri后面接缀从名词派生名词的构词词缀-reng而构成，表示"具有同一起源和遗传特征的人们生活的地方"或"子女们生活的地方"等。总之，对于"乌力楞"的解释或说法有不少，但起初该词指的可能就是"同一个父亲的子女们生活的地方",后来才派生出"村子""村庄"之义。

乌力楞式的以家庭为主的社会组织的出现,逐渐结束了鄂温克族以家族为核心组成的社会组织形式。起初,以父亲为核心构成的乌力楞一般包括5~10个小家庭,每个小家庭的成员,或者说小家庭的户主或女主人都是同一个父亲的孩子。他们在父亲的安排和亲自指挥下,分工明确,共同参加乌力楞的各项生产活动。一般妇女们在家管理家务、抚养孩子、做些门前的活儿和家里的活儿,包括打扫房屋、做饭、缝衣物、挤奶、打扫牲畜棚圈;男性劳动力则从事放养牲畜、外出打猎、山上砍柴、到远处市场购物、宰杀牛羊、搭建房屋或牲畜棚圈等体力活儿或重体力劳动。但是,乌力楞的所有生产资料都要共同使用,所有的劳动成果都要共同分享。在乌力楞里,父亲是最高权力者,家庭社会内部的工作安排、生产资料的分配,还有孩子们的婚姻,都由父亲一人决定。虽然,在乌力楞里,所有生产资料都可以共同使用,但是骑用的驯鹿、马匹及使用的猎枪等都有各自特定的使用者,一般情况下不共同使用也不相互换用。其他相关工作,包括山林中牧养驯鹿,草原上牧养牛马羊,农村种田,山上打猎或采集野菜、野果等,要么轮流来做,要么一起来完成。毋庸置疑,像山林中牧养驯鹿,以及草原上牧养牛马羊等山林牧区的放牧工作,乌力楞里的各家会轮流来完成。不过,有时也会把放牧工作完全交给新成立的或年轻的家庭,他们常年跟随牧养的驯鹿群或草原上的牛马羊群四处迁徙,其他人则参与乌力楞的其他生产活动,所有的劳动果实由整个乌力楞的成员平等分配、共同享受。

最初的乌力楞,就是由父亲和孩子们的家庭构成的家庭式社会组织,当时大一点的乌力楞有自己的萨满,但许多乌力楞没有萨满,他们的萨满在超越家庭社会组织的更大范围内活动。也就是说,在乌力楞社会组织的初级阶段,萨满还是以原来的家族社会组织为单位进行各种信仰活动,许多乌力楞都没有自己的萨满。只有那些大一点的,家庭成员多的乌力楞才有萨满,或者说,原来的家族社会的萨满,往往与较强大或人口较多的家庭社会组织共同生活。所以,当初乌力楞的人们参加萨满信仰活动以及本民族其他节日活动时,还是要在原来的家族式社会组织范围内进行。不过,他们参与家族社会活动时,都是以家庭形式参与的。而且,各自在家庭社会组织首领的选定和安排下，以家庭为单位安营扎寨，参加各种节日活动、庆祝活动、娱乐活动。

后来，随着历史的进程，以家庭为核心组成的乌力楞不断扩大，其人口也不断增多，这使许多家庭式管理的乌力楞社会组织内的住户发展到好几十户，人口也从 30～50 口人增加到上百口人或更多。来自不同地区、不同姓氏、不同家族的鄂温克族新成员，甚至是来自不同民族的新成员不断加入乌力楞，导致以家庭为核心的社会组织的内容和形式不断发生变化。结果，乌力楞社会组织慢慢演化为以家庭成员为核心，接受和吸纳其他家庭家族成员、其他民族成员，具有较大意义上的社会组织结构，进而完全打破了一直以来固守的纯属家庭式社会组织的结构模式。再往后，自然演化为由不同姓氏家族构成的，还有一些其他民族成员的村落式社会组织，使原有的家族式社会组织出现根本性变化，同时也摆脱了父权制或者说家长制的管理体制。

乌力楞的全体成员共同选举产生一名"村长"（xinma mreng）。一般情况下是由有思想、有主见、有经验、品行端正、身体健康、德高望重的劳动能手来担任村长。村长也叫作"乌力楞达"（urirengda），是在鄂温克语名词"村"（urireng）后面，接缀从名词派生名词的构词词缀 -da 而构成。全村的人们在选举出村长的同时，还要选举出村委会。按照规定，村委会委员的人数原则上要占全体乌力楞人口的 1/10。比如，一个乌力楞有 100人，那么该乌力楞的村委会委员应该是 10 人，这 10 名村委会委员里不包括村长。没有特殊情况或历史变革的话，村长和村委会基本上每 5 年改选一次，可以连任。

乌力楞社会组织的经济经营模式和经济结构也打破原有的家庭式社会组织时期的经济关系，走入公私兼顾的村落式经济社会发展道路。公私兼顾的村落式经济经营模式是指，在村落管辖范围内无论是经营畜牧业经济者还是经营农业经济者，他们经营的牧场或农场均属于个人所有，但由于他们经营的牧场或农场属于村里的管控范围，因此村长和村委会有一定的管理权和控制权。从某种意义上讲，农场主或牧场主与村里同属经济社会发展的命运共同体，建立了较为合理的互惠的生存理念。比如，当遇到特大自然灾害时，牧场主与农场主经营的牧场或农场，只有在村里的帮助和支持下才能生存和发展，没有村里的大力帮助和支持，一场残酷无情的自然灾害就会把他们弄得一贫如洗、倾家荡产。何况，在历史上，鄂温克族先民生活的东北山林、草原农场自然灾害频发，甚至会遇到连续几年的特大自然灾害。因此，他们深深地懂得，在自然灾害面前，只有靠大家的力量和智慧，才能够较好地渡过难关。所以，不论他们有多大的牧场或农场，有多少头牲畜，他们都会自觉地接受村里的管理和相关的工作安排。在农忙季节或牧场忙碌的日子，村里还会派去强大的劳动力协助生产；在平常的日子里，村里也很关心那些牧场主或农场主的生产生活，把他们经营的牧场或农场作为村里的牧场和农场来管理。反过来，那些牧场主和农场主，既将自己的牧场和农场作为个人的财产，又将之作为村里的财产来经营，每年都根据村里的具体需要，拿出一部分牲畜或粮食交给村里，让村里分给那些穷苦人家或没有劳动力的家庭，或用于村里的基本建设及雇佣劳动力。有时根据村长或村委会的决定，农场主或牧场主还要分出一部分牧场及牲畜或农场，交给村里生活比较困难的人家来经营。

乌力楞的家长制管理被村长及村委会管理制度替代之后，乌力楞社会内部的生产生活重大事宜一般都是在村长的亲自主持下，由村委会商议决定，其中，就包括一年四季的生产活动的安排，以及生产资料的管理和分配，还有劳动成果、劳动收入的分配等。不过，乌力楞对劳动成果、劳动收入的分配，则完全遵循按每户每家的人口数平均分配的原则。乌力楞里的人家，也就是村里的每户人家，无论是鄂温克族还是其他民族，无论是有劳动力的住户还是没有劳动力的住户，都将作为村里最小的物质分配单位，分得属于自己的生活用品和食物。尤其是在严寒的冬天即将来临之际，村里的人们在村长和村委会的带领下，会特别照顾那些没有劳动力或缺少劳动力的家庭，为此村里专门派人给那些贫困人家搭建过冬房屋，送去过冬用的燃料或柴火，以及过冬时穿用的皮毛衣物、被褥和过冬的食物等，使他们能够平安度过寒冷的冬季。

这时，乌力楞社会组织内部，也有了自己的萨满。萨满经常主持该村的各种信仰活动，甚至常常帮助村长处理家庭纠纷、批评教育有偷盗行为的人、教育不听话或不爱劳动的青少年，还要用精神医疗法医治精神方面有问题、有障碍的人，或者用各种自制草药、按摩推拿法、骨针刺疗法、骨板刮皮法以及其他特殊医疗手法为村民治病。从某种意义上讲，萨满的存在对于村长的工作有很大帮助，对于村民们来讲也是一个重要且不可替代的精神依靠。尽管如此，萨满从不参加村委会，也不参加村长主持的各种村里的会议。村委会就是商议有关宗教信仰方面的事宜，也不会邀请萨满参加，只是在会后派人告知与萨满有关的事项而已。萨满进行的各种信仰活动都由他自己来定，不需要向村长或村委会请示汇报，萨满有自主权。萨满可以应村民的请求，去村民家里进行信仰活动、给村民解决突发事件、帮助他们解决面临的疑难问题，用不同治疗法、不同草药医治患者等。得到萨满帮助的村民，都要象征性地给萨满一些谢礼，包括生产生活用品、食物、肉类，甚至还有布料等，自家牲畜多的人，还给些牛、羊、马或驯鹿。萨满不主持信仰活动，不给人看病、治病时，衣着穿戴和普通人一样，也同平常人一样参加劳动或做家务，过普通人的生活，也有自己的家庭和孩子。当然，也有的萨满终身不结婚，一辈子独自生活。相对而言，萨满的寿命都比其他人长。

后来，鄂温克族乌力楞社会组织发展很快，几乎遍布鄂温克族生活的各个地区。比如，在嫩江支流讷谟尔河上游有朱鲁古索伦乌力楞、阿米古索伦乌力楞、东托莫乾乌力楞、尧托莫乾乌力楞、西托莫乾乌力楞、朱里古杜拉尔乌力楞、阿米古杜拉尔乌力楞等；嫩江支流讷谟尔河流域有阿米古杜拉尔乾乌力楞、俄内杜拉尔乾乌力楞、阿米古索鲁古尔乌力楞、朱里古索鲁古尔乌力楞、阿米古索鲁古尔乌力楞、托木沁乌力楞、甘河乾乌力楞等；讷谟尔河口以南和嫩江中游东岸一带有索格勒乌力楞、阿米拉乌力楞、吾都乌力楞、额木肯住乌力楞、博肯乾乌力楞等；嫩江支流甘河右岸有巴彦乌力楞、萨玛基尔乌力楞等；嫩江中游右岸有木古乾乌力楞、库尔乾乌力楞、萨玛基尔乌力楞等；甘河下游西南一带有萨玛乌力楞、诺敏乾乌力楞等；嘎布卡地区鄂温克族乌力楞有索勒格乌力楞、阿米古乌力楞、吾都乌力楞、博肯浅乌力楞、额木肯住乌力楞、给罗尼乌力楞、莫日根克义乌力楞、白罗日乌力楞等；嫩江支流诺敏河中上游沿岸有索伦库尔奇乌力楞、都克塔尔乌力楞、红库尔库如奇乌力楞、嘎恩乾乌力楞、占岩乾乌力楞、杜拉尔乌力楞、朱里古杜拉尔乌力楞、玛克他乾乌力楞、阿尔拉乌力楞、布库乾乌力楞、乌扎尔乌力楞、西路克乾乌力楞、西比基乌力楞等；诺敏河流域有嘎都乾乌力楞、布坤沁乌力楞、拉力乌力楞、杜尔苏乌力楞、木古沁乌力楞、罕古尔呼乌力楞、库尔奇乌力楞等；诺敏河支流格尼河流域有德勒克尔乌力楞、依尔本得乌力楞、萨拉安嘎乌力楞、朱肯柱乌力楞、牙尔斯乌力楞、沃勒莫尔丁乌力楞等；嫩江支流阿伦河及诺敏河支流格尼河流域有得勒奇尔乌力楞、哈亚乌力楞、斡尔宏安嘎乌力楞、冷伯尔格乌力楞、那哈塔乌力楞、依尔木得乌力楞、萨拉安嘎乌力楞、牙尔靳乌力楞、沃勒莫尔丁乌力楞、嘎尔多奇乌力楞、查巴奇乌力楞、翁布奇乌力楞、巴彦托库乌力楞、依拉达乌力楞、莫尔丁乌力楞、霍尔奇乌力楞、吉木伦乌力楞、扎尔呼奇乌力楞、那吉乌力楞、章塔尔乌力楞、库木乌力楞等；阿伦河流域有嘎都西乌力楞、嘎达奈乌力楞、依奇汗乌力楞、浩特乌力楞等；嫩江支流音河流域有海拉铁乌力楞、孟克店乌力楞等；嫩江支流雅鲁河及音河流域有和尼毕拉昂乌力楞、维古奇乌力楞、海拉苏台乌力楞、木尔滚楚乌力楞、纳奇希乌力楞、乌鲁雅勒乌力楞、阿喇乾乌力楞、鄂尼达图乌力楞、占尼勒乌力楞、果勒萨里乌力楞、萨毕锦阿乌力楞、古里恒乌力楞、尼古占聂尔乌力楞、呼音乌力楞、索哈尔乌力楞、乌伊德乌力楞、西斯达乌力楞、依玛基尼乌力楞、绰哈尔乌力楞、杜拉萨乌力楞、古兰萨乌力楞、萨拉尔乌力楞、龙头尔格乌力楞、珠勒其罕乌力楞等；嫩江支流济沁河流域有哈拉苏乌力楞、哈拉乌力楞、萨玛基尔（萨玛街）乌力楞、博尔克乌力楞、莫库奇乌力楞、萨拉库乌力楞、索伦博乌力楞、哈拉乌力楞等。当然，在这里列举的只是属于鄂温克族乌力楞社会组织的一部分，除此之外还有很多。特别是早期，呼伦贝尔草原一带的鄂温克族乌力楞没有列入其中，很有意思的是，在不同地区的乌力楞社会组织的名称中，一些大的姓氏家族的称谓会反复出现，比如以杜拉尔、萨马基尔、索伦等姓氏家族命名的村落或村屯多次出现。为了避免人们产生误解，相同的村落名称尽量没有列入其中。

清朝年间，鄂温克族乌力楞社会组织都被编入八旗行政管理，同时下设不同牛录。"牛录"（νιρν）是满族的基层社会组织，在乌力楞这一村落社会组织内每 10 人选 1 人为牛录长，也就是当时所说的"牛录额真"①

---

① "牛录"（niru）满语，指"箭"，后表示"最基层社会组织"或"最基层军团组织"；ejen 阿尔泰语系语言通用词，指"主人""首领"等词义。

（niru ejen），"牛录额真"表示"牛录首领"。明万历二十九年（1601），努尔哈赤重新调整"牛录"这一社会组织结构时，明确指出每一个牛录要包括300人。换句话说，牛录这一社会基层组织要以300人为单位进行划分和编制。明崇祯七年，也就是后金天聪八年（1634），牛录额真改称为牛录章京，后来，牛录章京又改为佐领，佐领平时为行政官员，掌管职权范围内的鄂温克族乌力楞的日常事务、生产活动、处理各种矛盾纠纷，并可以世袭。鄂温克族生活的乌力楞社会组织，被编入八旗社会制度后，乌力楞的叫法也用满语改为"嘎善""嘎辛"（gashan）。"嘎善"（gashan）是满语，表示"村""屯"等词义，与此同时，鄂温克族的"村长"也改称为"嘎善达"（gashanda）。说实话，鄂温克族乌力楞社会组织中，被编入八旗管辖的社会组织之后，阶级分化越来越明显，贫富差异也越来越大，逐渐出现了以地主、牧主、军阀为主的剥削阶级，以劳苦大众为主的无产阶级。由此，鄂温克族进入了阶级社会。不过，没有被纳入八旗社会制度的鄂温克人，还是延续着乌力楞的社会生活。

第三节 "尼莫尔"社会组织

早期鄂温克族在草原牧区的基本社会组织叫"尼莫尔"。"尼莫尔"（nimer）是鄂温克语，主要表示"邻里""邻邦"等词义，因此，在鄂温克族草原牧区，"尼莫尔"（nimer）表示"游牧合作组织"，意译的话就是"以血缘关系为纽带的邻里游牧生产合作组织"，后来，随着"尼莫尔"社会组织的发展变化，也表示"邻里游牧生产合作组织"或更简单地称为"结伙而牧"等。也就是说，"尼莫尔"原来所包含的"以血缘关系为纽带"的含义淡化了"尼莫尔"作为鄂温克族草原牧区最为基层的社会组织形式，一般都由3~5户牧民人家组合而成。后来加入的牧户不断增加，变成由十几户牧民人家自愿组合而成的牧区基层社会组织，有的"尼莫尔"的牧户甚至发展到20几户。"尼莫尔"的产生，是由特定的历史条件、社会因素、生产关系、经济发展决定的。因为在当时，鄂温克族经营的草原牧场虽然十分辽阔丰美，但本民族同胞同乡之间、相邻的其他草原民族之间会产生争夺优质牧场的纠纷。在出现这种情况时，以一家一户为单位，或者一两家为单位，在辽阔草原上放牧的鄂温克族牧民确实会感到势单力薄，无法解决或处理这些纠纷，结果是优质牧场被强势力量占有，弱势人家被迫放弃或被赶出优质牧场，有苦说不出。按照自古以来的游牧规矩，在草原上无论是多么优质的牧场，谁先到此放牧就应该在他放牧期间归他经营，等他搬走以后另外的牧户才可以搬到此处放牧。然而，后来牧场的使用，特别是优质牧场的使用方面不断出现矛盾和纠纷，那些牲畜头数多的牧户占有的优质牧场越来越大，甚至出现长期强制占有优质牧场的行为。还有的牲畜头数多的富裕人家，租用牲畜少的贫困人家的牧场，由于租用牧场的合同不完备、不清楚、不公平，也会引起不少问题。按理来说，草原牧场属于大家共同所有，但有的牧户长期占用一些牧场，把它作为自己从事牧业生产的一个基地，在此搞些基本建设，包括收割冬季牧草、搭建较为坚固的木房、储存冬季牧草及剩余物质或多余生产工具等，久而久之，该牧场自然而然地被视为使用者所有，而牧场自然条件的变化也会给牧户的生产带来变动。比如，牧场出现草被退化或沙化现象，或者是遇到严重自然灾害而不适合牧养牲畜需要时，牧户就会放弃该牧场，选择并搬迁到新的牧场从事畜牧业生产活动。换言之，草原牧场上一家一户或两家一起经营的牧业生产活动和方式，不利于畜牧业经济社会的发展，也造成一系列畜牧业经营、畜牧业经济发展方面的棘手问题。

因此，从畜牧业经济社会发展的自身需要出发，鄂温克族草原牧区的牧户人家，无论是牲畜多的人家还是牲畜少的人家，都开始思考如何避免牧场纠纷，如何应付特大自然灾害等问题，他们思考如何发挥合作力量，更加快速高效、更加经济实惠地解决给牲畜割势、打印、剪羊毛、剪马鬃等畜牧业生产最忙碌时期的劳动力问题，以及解决秋天打草，搭建房屋或牲畜棚圈，准备过冬肉食等问题。这使得他们需要选择一条新的、更适合草原牧区经济社会发展的道路。在这一背景下，为了适应草原牧区的发展，鄂温克族牧民经营的牧场上出现了"尼莫尔"社会组织。起初，该组织是由同一个大家庭的兄弟姐妹组合而成，由兄弟姐妹们的父亲担任"尼莫尔"社会组织的管家或领导。父亲是"尼莫尔"社会组织的最高权力者，它全面管理"尼莫尔"的生产生活。此外，"尼莫尔"社会组织内部还有领导班子，班子成员一般由每户人家的户主们组成。"尼莫尔"社会组织的领导班子成员，一般半个月或一个月召开一次与"尼莫尔"社会组织的生产生活密切相关的工作会议，商议"尼莫尔"社会组织内部在生产生活方面遇到的问题，也商议"尼莫尔"社会组织内部的一些较为长远的或未来性的工作事项或任务，包括根据季节、天气、牧草的变化，对于牧场的再分配、劳动力的再分工、物质资料的重新搭配；春季接羊羔、剪马鬃、牲畜割势、打印；夏季游牧场的选定、夏营地的建设、挤牛奶、体弱牲畜的照顾、加工制作或修理各种生产生活用具及牛车马车雪橇等；秋季打草、搭建过冬房屋及牲畜棚圈、缝制过冬衣物、准备过冬食用的肉食等；冬季牧场的安排、冬季狩猎生产活动、组织处理狼害雪灾等畜牧业生产生活中面临的一系列问题，还会涉及有关食物、猎获物、剩余物质的再分配等事项。会议事项的决定权基本上都在"尼莫尔"社会组织的领导者即父亲手里，也就是说，每次在"尼莫尔"社会组织的会议上商议具体问题或工作时，参会查人员不管有何不同意见或看法，最终还是作为"尼莫尔"社会组织的领导者父亲说了算，只要父亲做出了某一个决定，"尼莫尔"社会组织的全体成员都要无条件地执行，即使兄弟姐妹中有不同意见或不同看法，也只能在保留自己意见的前提下，按照父亲的意见或决定来安排生产生活，绝不允许出现违抗、不执行等行为。当然，父亲在做出决定之前，会充分听取与会者们的建设性意见或看法，然后再安排"尼莫尔"社会组织内部的各项工作事宜，以及每一个人眼前要完成的工作任务。如果父亲去世了，就让兄弟姐妹们中的长兄替代父亲管理"尼莫尔"社会组织的生产生活。

鄂温克族草原牧区在建立了"尼莫尔"这一社会组织之后，首先，在一定程度上缓解了一家一户或两家一起游牧生产时期，常为优质牧场牧草地而出现矛盾和纠纷的社会问题。其次，该社会组织内的牧户们开始将各自经营的相对稳定的牧场合并起来共同经营，他们不只是把牧场合并起来共同使用，还把牛马羊骆驼等牲畜也合并到一起，分别选出青壮年劳动力来承当最艰难、最累、最苦的放牧工作，妇女们或老人们则主要做照顾孩子、加工皮毡、缝制皮衣被褥、捡牛粪、挤牛奶、照料家务、照顾体弱牲畜、搭建棚圈、拉冬季牧草、制作或修理生产工具等工作。与此同时，在接羊羔、打马印、防牲畜疫病、处理狼害、风雪自然灾害、打牧草、搭建过冬房屋等劳动强度大的生产活动中，一般都是整个"尼莫尔"社会组织的男女老少一起参与，充分体现出该社会组织内部友好相处和互助合作，共同生产劳动、共享劳动成果的和谐美好生活氛围。

"尼莫尔"社会组织发展到一定历史阶段后，出现了一些新的分工或做法。具体讲，在该社会组织内部，将所有牲畜重新分给各家各户，以每一个家庭为单位进行分工，进行放牧或参与畜牧业生产活动，各家各户劳动力的分工也变得十分明确。但同时，他们均属于同一个"尼莫尔"社会组织成员，所以，无论是谁家遇到麻烦、困难或自然灾害，"尼莫尔"社会组织内的全体成员都来义务帮忙，使其能够顺利渡过难关，能够抗灾保畜。"尼莫尔"社会组织的这一新的分工办法与合作精神，却又导致了新的贫富差距，家畜头数多的人家越来越富裕，不会经营者或劳动能力差的家庭越来越贫困。事实上，"尼莫尔"社会组织内部，把牧场和牛马羊骆驼再次分给各家牧户的主要原因，就是一些人家养成了不劳而获、好吃懒做、游手好闲的生活态度和作风，他们不参与劳动、不负责任、不承担义务，除了挥霍之外其他什么都不做，给整个"尼莫尔"社会组织的生产生活带来一定的负面影响等。正因为如此，也是为了更好地管理这些懒散游手好闲的家庭或家庭成员，"尼莫尔"社会组织内部才开始实行以牧户为单位重新分牧场、分配牲畜和相关生产工具的做法。

那么，随着鄂温克族草原牧区经济社会的不断发展，"尼莫尔"社会组织内部也出现了一系列革命性变化，表现为，一是"尼莫尔"社会组织的牧户人家数量进一步扩大，甚至出现20来户人家或由更多人家组合而成的畜牧业生产社会组织；二是"尼莫尔"社会组织的直系血缘关系概念不断被淡化，进而出现以非直系血缘关系者组合而成的"尼莫尔"，比如，有的"尼莫尔"社会组织内部除了直系血缘关系者之外，还有了亲家人、舅舅家里的人、女系家族成员等非直系血缘关系者；三是出现了相互关系要好，性格、情趣、劳动都很合得来的，非血缘关系的"尼莫尔"社会组织。

与此同时，还出现了以一位牲畜头数多的富裕人家或家族成员为主，由其他若干个贫困牧户组合而成的"尼莫尔"社会组织。很显然，那些贫困牧户都属于富裕牧户的合同工、雇佣工，也就是给富裕人家打工的劳动群体。其中，男劳力做放牧或体力活儿，女的做挤牛奶、缝制衣被、料理圈棚等活儿。但他们绝不是奴隶，他们均有人身权利，如果作为雇佣者的富裕牧户对他们不好或进行剥削，或不按劳动合同给工钱的话，这些贫困的牧户人家可以自己做主离去。不过，鄂温克族草原牧区的"尼莫尔"社会组织内部，富裕牧户与贫困牧户之间关系都保持得比较好，很少出现为了工钱或劳动合同的违规而产生矛盾或纠纷的现象。因为，雇佣者一般都按时按劳动合同，付给被雇佣者劳动报酬或其他生活资料。有的富裕人家，将劳动报酬，折算成牛马羊等牲畜给雇佣工或合同工，其结果是有些能干的雇佣工或合同工得到的牛马羊等牲畜越来越多，最后过上与富裕人家几乎一样的富裕生活。也有一些富裕人家的孩子与贫困人家的孩子，或者是同雇佣工与合同工的孩子们间建立婚姻关系，变成了一家人，自然也就解除了雇佣和被雇佣关系，成为"尼莫尔"社会组织的平等关系的合作伙伴。还有一种现象是，"尼莫尔"社会组织的一些较为富裕的人家，也会以短期雇用形式，或者说雇佣短工的名义，从本"尼莫尔"社会组织的劳动力内部，或从其他相邻的"尼莫尔"社会组织的贫困人家的劳动力中，雇用一个或几个短工。特别是，在冬天遇到雪灾、夏天挤牛奶、春天接羊羔打马印、秋天打牧草搭建过冬房屋或棚圈等繁忙时节，就会临时性地雇用短工来解决由劳动力紧张或不足带来的生产生活方面的困难和问题。而且，"尼莫尔"社会组织内的各户有婚丧大事，家人患上大病或被病魔纠缠不止，或遇到不测人祸时，大家都会竭尽全力来帮助，共同办好婚丧大事，共同战胜病魔及人祸。这时大家给予的帮助和支持，都是在"尼莫尔"社会组织的领导下实施的，完全是属于义务的和没有任何报酬的行为。

从某种角度讲，鄂温克族草原牧场上的"尼莫尔"社会组织在 19 世纪末期，进入发展的黄金时期。那时，如果某一个"尼莫尔"遇到特大或重大自然灾害时，本"尼莫尔"的各户牧民齐心协力抗灾保畜，24 小时轮流打更，将小羊羔、小牛犊、小马驹、小骆驼等平均分给不同牧户人家，分别放到各自游牧包里，保护受灾的小牲畜度过灾害。更加可贵的是，近邻没有受灾的"尼莫尔"社会组织，也会积极派来劳动力帮助受灾的"尼莫尔"，参与抗灾保畜的强力度劳动。当抗灾保畜结束后，遇到自然灾害的"尼莫尔"社会组织，就会拿出一些牲畜或肉类，答谢给予帮助的近邻。另外，春天给牲畜割势、打印、剪羊毛或剪马鬃等畜牧业生产最忙碌的日子，也有附近"尼莫尔"的人们来帮忙同样，所有人都是没有任何报酬的义务帮忙，干完活儿大家一起用餐，当附近"尼莫尔"帮忙的人们回去时，会给他们一些煮好的手把肉，让他们拿回家里和家人一起享用。还有，秋天入冬之前准备过冬的肉时，每一个"尼莫尔"的牧户们都要宰杀不少牛羊，特别是富裕牧户要宰杀十几只或几十只羊及好几头牛。此时，本"尼莫尔"的男女劳动力也都跑过来帮忙，男劳动力帮助宰杀牛羊或卸肉，女劳动力帮助处理牛羊内脏肠肚。甚至，在雪大的时候，也会有人过来帮助那些牲畜多的人家收拾牲畜圈棚里的积雪。在所有这些活动中，也有附近"尼莫尔"的人们来帮忙。

根据我们掌握的历史文献资料，鄂温克族草原牧场早期实施的"尼莫尔"社会组织，也有一定的灵活性、可变性、非稳固性因素。有的"尼莫尔"社会组织刚刚成立没有几年，就会出现重组的现象，也有的可能延续几十年或更长时间。这种社会基层合作组织延续时间的长短，完全建立在草原牧区鄂温克族牧户人家的诚信合作、相互协作、互相信任、平等享受劳动和劳动成果的基础上，否则较短时间就会出现裂痕而解体，要重新组合。相比之下，有直系血缘关系的"尼莫尔"社会组织延续的时间比较长。而且，辽阔无边的草原牧场上，"尼莫尔"社会组织的牧场之间，一般都保持一定距离，有的甚至相距几十公里或更大距离，其目的就是避免出现的"尼莫尔"社会组织间的矛盾和纠纷。草原牧区有了"尼莫尔"社会组织之后，不同"尼莫尔"的鄂温克族牧民内出现草场或畜牧业生产方面的任何问题或纠纷时，都要"尼莫尔"社会组织的领导出面相互磋商解决。如果遇到比较大又复杂的问题，且涉及面也比较广的话，就得让相关"尼莫尔"社会组织的领导阶层或班子成员联合召开会议，以会议形式商量解决。会议上一旦做出决定，各"尼莫尔"成员就会按照决定来处理面临的问题。

我们在前面也提出过，"尼莫尔"社会组织的鄂温克族牧民都有冬夏春秋移动游牧的牧场。在"尼莫尔"社会组织出现以前，这些牧场基本上是大家共同使用。有了该基层社会组织之后，所有牧场基本上划归了不同

"尼莫尔"。当然，也有一些边远牧场，没有被划入"尼莫尔"社会组织的管理范围，由不同的"尼莫尔"共同使用或协商使用。不过，绝大多数牧场，已经逐渐划入不同"尼莫尔"的管辖。特别是，对于秋季打牧草的草场，各"尼莫尔"社会组织都有十分明确的划定，绝不允许其他"尼莫尔"的牧户到此放牧，也不允许本"尼莫尔"的牧户到此放牧，只允许该"尼莫尔"的牧民们秋季打牧草。因为，秋季打牧草获取的牧草收成直接关系到该"尼莫尔"社会组织的牲畜能否安全过冬的大事。要是秋季打牧草的草场，在春夏被破坏或践踏，过冬牧草的收成就会大打折扣，进而直接影响该"尼莫尔"社会组织的牛羊马骆驼平安过冬。所以，每一个"尼莫尔"社会组织都十分重视秋季打牧草草场的保护与管理，为此经常派人去看管或观察秋季打牧草草场的安全情况。从这个意义上讲，传统概念下的"尼莫尔"社会组织，不仅保护并保证了本"尼莫尔"牧户们的正常生产生活，还为不同"尼莫尔"社会组织间，乃至整个草原牧场的安宁、稳定和发展发挥了不可替代的重要作用。而且，在抵御和反抗外来者的侵害与侵略斗争中，"尼莫尔"同样发挥了不可忽视的重要作用。

很有意思的是，鄂温克族草原牧区的"尼莫尔"社会组织发展到一定的历史阶段，也就是19世纪末期20世纪初期的时候，还出现了将富余劳动力组织起来，在"尼莫尔"社会组织辖区内水土丰美的土地上，或在相对稳定的牧场住地周围，开荒种田种菜的生产活动，他们在农场种植的绝大多数是玉米、土豆、白菜、圆白菜、大萝卜、红萝卜、豆角、大葱、西红柿、茄子等。在当时的历史条件下，每个"尼莫尔"社会组织种田种菜的农地都不是很大，未能形成大规模、大面积、大收成的农业经济生产活动，他们经营的小规模的农场，同样对牧户们的生活质量的优化、生活水平的改善与提高产生了一定的积极作用和影响。需要说明的是，"尼莫尔"的农场属于所有牧户们公有，农田耕作活动也是在"尼莫尔"社会组织领导及领导小组的管理与劳动力的分配下开展的，农田的所有收成都要按户及人头平均分配。

"尼莫尔"社会组织一直延续到20世纪40年代后期。而且，在自身发展过程中，"尼莫尔"社会组织经历了从直系血缘关系的组合到非血缘关系者的自愿组合的历史性变革。在此基础上，增强了草原牧区集体劳动的力量及合作精神，强化了大家的共事意识和凝聚力，充分发挥了抗灾保畜的功能和作用，减轻了自然灾害对畜牧业生产生活带来的负面影响和由此造成的损失。但是由于劳动力投入力度的不同，对于有限劳动力分配、使用的不合理，以及"尼莫尔"社会组织内部牧户自身发展的不平衡、不一致等因素，"尼莫尔"出现了一些家庭的牲畜不断增多，少数富裕牧户占有绝大多数牲畜，一些牧户牲畜日益减少而进入贫困的现象。由此自然导致了较为明显的贫富差异，贫困牧户在经济上开始依赖富裕牧户，长期以来一直保持的友好互助的生产关系开始瓦解，并进入以富裕牧户为核心的畜牧业生产关系，"尼莫尔"也成为以一户富裕牧户为中心且有若干贫困牧户的社会组织。进入这一历史发展阶段之后，"尼莫尔"社会组织内部也不断出现一系列雇佣者和被雇佣者之间的矛盾、纠纷、问题。雇佣者对被雇佣者的剥削手段也变得十分残酷，一些"尼莫尔"社会组织的矛盾演化为阶级矛盾。

新中国成立之时，虽然在鄂温克族生活的草原牧区还在一定程度上沿袭着"尼莫尔"社会组织及其生产生活方式与制度，但是富人和穷人之间的矛盾已经愈演愈烈，甚至出现穷苦牧户人家团结起来，反抗那些残酷剥削穷苦牧户的富裕牧户。新中国成立之后，完全取缔了从历史上传承下来的"尼莫尔"社会组织，建立了全新意义的牧业合作社及其畜牧业生产队。对于草原牧区鄂温克族而言，"尼莫尔"社会组织沿袭了很长的历史岁月，并对鄂温克族草原牧区经济社会的变革、草原牧区的发展发挥了极其重要的作用。但它已完成了历史使命。随着自身的不断变革，当面临一系列社会矛盾、纠纷、问题，甚至有的矛盾和问题直接影响到社会和谐发展的时候，"尼莫尔"自然而然地退出了历史舞台，把这个舞台让给了新的社会制度、新的草原牧区。

第三章　鄂温克族清朝时期的
社会组织

　　论述鄂温克族清朝时期的社会组织，就必须要谈到清朝时期的军事化八旗社会组织。众所周知，努尔哈赤统一女真各部后，依据女真社会制度传承下来的牛录①组织为基础，于明万历二十九年（1601）建立黄、白、红、蓝四个旗。明万历四十三年（1615），努尔哈赤为强化旗制社会，在原有四旗上面，又新增加了镶黄、镶白、镶红、镶蓝四个旗制，将后金的所有人都编入八旗社会组织，其中也包括鄂温克族。努尔哈赤统治建立的军民合一的军事化社会组织至此发展成为八旗社会组织，编入八旗的人均被称为"旗人"。清代建立的八旗军事化社会组织，在战时发挥了强有力

---

①　"牛录"，是满语，本来是表示"大披箭"之意。在当时，他们每次出兵征战，基本上按具体村寨为军事活动、军事编制的最基层单位来组织作战部队。而且，给每个村发放一枝军箭，持箭者为作战小分队队长，用女真语叫"牛录额真"。一般一个"牛录"由十人组成，不过也有不到 10 人或 10 人以上的"牛录"。"牛录"不是一个严格意义上的军事基层组织，而是根据战时需要编制而成的临时性作战小分队，正因为如此有很强的临时性、灵活性、暂时性和不稳定性。"牛录"的官兵打完仗就会自动解散，人们自然回归日常的生产生活。当时，努尔哈赤就是根据女真人这一社会化的而不正规的军事基层组织为依托，建立了相对稳定而较为严格的"牛录"军事基层组织，并以相对固定的"牛录额真"严格管理"牛录"这一军事小分队。后来由于战争规模的不断扩大，作战的迫切需要，清朝初期的"牛录"的统治区域也不断得到扩展，军事作战小分队"牛录"内兵丁也变得越来越多，甚至兵丁人数达到好几百人。不过，也有几十名兵丁的"牛录"。在这种现实面前，后来努尔哈赤将每一个牛录原则上定为 300 人。同时，他还下大力气淡化了"牛录"中的同姓、同一家族、统一血缘关系的结构内容和特征，将不同姓氏、不同家族、不同血缘关系的人们组合到同一个"牛录"，进而进一步强化了"牛录"的作战能力和战斗力。所有这些，使"牛录"不仅成为真正意义上的作战基层组织，同时也演化为社会稳固的基层组织。正因为如此，当时清朝政府的屯垦田地、征丁披甲、纳赋服役，都无一例外地以"牛录"为单位来安排和部署。再后来，努尔哈赤就是在"牛录"此基础上进行不断改组和重组，不断强化和拓展，进而创立了清朝的八旗社会制度。

的八旗军团战斗作用。在休战或不战的时候，八旗官兵学习军事知识，进行军事训练，掌握军事和作战本领。同时，他们还同家人一起参加各种农牧业生产活动，包括上山狩猎、养畜放牧、农田耕作、制造兵器等。八旗军事组织制度极大增强了官兵的战斗力，为政权的巩固、疆土的完整和安宁发挥了极其重要的作用。

随着清朝政权的建立，八旗军事组织制度也变得更加健全和完善。在八旗社会组织内部，建立健全了以牛录、甲山、固山为核心的三个层级的编制，分别以牛录额真①、甲山额真、固山额真为首领，进行军事化管理。同时，每一个固山还设有两个副职，称为梅勒额真。后来，女真语和满语里所说的牛录额真、甲山额真、固山额真分别由汉语的左领、参领、都统取代，左领和副参领属于清军四品军官、参领为三品军官、副都统是二品军官、都统则属于一品军官。一个左领管理 300 名兵丁；一个参领管理 5 个左领的军队，也就是 1500 名兵丁；一个都统管理 5 个参领的军队，相当 7500 名兵丁。另外，八旗军事组织内还包括官兵眷属，以及他们从事的生产活动。或许正是出于这一原因，八旗社会组织制度被称为军事化的社会组织制度。在清朝政府建立的八旗社会组织功能和作用中，还包括征税、劳动力的分工安排及派出、惩治罪犯、管理辖区旗人的财经政法等。总之，八旗社会制度作为清朝政府的军事化管理制度，也是清朝政府十分重要的社会组织形式，延续了近 300 年，直到 20 世纪初随着清朝自解而退出历史舞台。

第一节　索伦八旗社会组织

这里所说的索伦八旗社会组织，就是属于军事化管理体制内的索伦八旗社会组织。本节我们将要讨论的是"索伦"这一概念，以及为什么清朝政府将以鄂温克族为主的八旗军事组织叫"索伦"。

"索伦"（solong）是指在清朝政府建立初期被划入索伦兵营的鄂温克人。也就是说，起初被清朝政府称作"索伦"（solong ~ solon）的只是鄂温

---

① 额真是阿尔泰语，主要表示主任、首领、领导等词义，在这里应该表示"领导"之意。

克人，后来清朝政府建立索伦部时，为了进一步加强兵力和扩大作战队伍，把鄂伦春人、达斡尔人以及巴尔虎蒙古人等也划入其中，但并没有削弱鄂温克族官兵的核心地位和主体作用。那么，"索伦"（solong ~ solon）一词从何而来的呢？为何当时清朝政府将该军事化的社会组织叫"索伦""索伦部""索伦八旗"呢？

我们查找相关资料时发现，对"索伦"一词确实有不少说法和不同解释。有人认为，"索伦"（solong）一词来自满通古斯语族语言的动词词根"索利"（soli-），该动词词根主要表示"请""邀请"等意思，而"索伦"（solong）是在动词词根"索利"（soli-）后面，接缀从动词派生名词的形态变化构词词缀"讷"（-n ~ -ng）而派生的名词，直译为"被邀请者"，意指"从山林中请下来的人"。不过，从我国北方民族语音演化规律和语音同化原理来看，在满通古斯语族语言乃至阿尔泰语系语言中，很难找到像"索利讷"（soling ~ solin）音变成"索伦"（solong ~ solon）的变音实例，也难从语言学或构词学中找到让人心服口服的论据。有人把"索伦"（solong ~ solon）一词，与蒙古语动词"换""调换"（solin）的词根"索利"（soli-）联系起来。

还有人提到，"索伦"（solong ~ solon）一词，与早期通古斯诸民族的"索劳昆"（solokong）姓氏相关，认为"索伦"（solong）是"索劳昆"（solokong）姓氏的后代，"索伦"是"索劳昆"的音变形式，或者说是另一种汉字转写法等。我们知道，鄂温克族"索劳昆"姓氏的名称来自这部分鄂温克人曾经居住在俄罗斯雅库特自治州的"索劳昆"河畔。"索劳昆"河意为"直流"河。不过，对通古斯诸民族历史有所了解的人就会知道，被认为索劳昆姓氏的鄂温克人是较后时期从俄罗斯雅库特自治州迁徙而来的人数不多的鄂温克人，当时被称为"使鹿鄂温克"或"鄂温克的使鹿部"，后来，才被清朝政府编入"索伦别部"。可想而知，"索伦部"出现在"索伦别部"之前。而且，在鄂温克族里，属于索劳昆姓氏的人数不多，且主要生活在额尔古纳河右岸广袤的山林里，长年在山林中的牧场自然牧养驯鹿，他们早期的主要生活用品以及生产工具基本上来自俄罗斯。他们常常用野生动物的名贵皮毛同俄罗斯商人进行贸易，或把名贵皮毛卖给俄罗斯商人，再用手中的货币买来急需的生产生活用品。所以说，这部分鄂温克人同俄罗斯商人间的接触机会要比其他人更多一些。而且，这部分鄂温克人均有较深的俄语功底，不少人学过俄文且有较深的俄文知识。他们接触清朝政府的时间比索伦部的鄂温克人要晚得多。如此说来，"索伦"来自"索劳昆"氏族的称谓之说并不很恰当。

除此之外，有人把"索伦"一词的内涵解释为"射手""上游人""住在山林中的人们""住在河上游的人们"等，甚至有人把"索伦"（solong）一词同朝鲜人的他称"索伦高斯"（solongos）相联系。我们认为，这些说法或解释几乎都没有什么说服力。

其实，"索伦"（solong）一词的来历没有那么复杂，我们首先应该承认"索伦"是属于鄂温克族诸多他称之一，是清朝政府对鄂温克人的一种称谓。我们翻阅清代的历史文献资料时，发现那时清朝政府把鄂温克族就叫"索伦"或"索伦人"，把鄂温克族生活的地方就叫"索伦屯""索伦镇"等。可能是出于这个原因，1934年，鄂温克族集中生活的巴音托海镇等地才被起名为索伦旗，直到1958年才改为鄂温克族自治旗。所有这些充分说明，索伦指的就是鄂温克族，是满族统治者对鄂温克族的他称。换句话说，"索伦"（solon）一词是从满语动词词根"索劳"（solo-）派生而来。满语动词词根"索劳"（solo-）主要表示"顶住""支撑""支柱"等意思。在满语动词词根"索劳"（solo-）后面，接缀由动词派生名词的形态变化构词词缀-n"讷"，就会自然而然地派生出"索劳讷"（solon）一词。按照满通古斯语族语言语音结合原理，应该将"索劳讷"用汉字转写成"索伦"比较合适。因为，该词属于双音节词。跟索伦一词相关，在满语里还有"索伦杆"或"索伦杆子"之说，直译为"顶天立地的杆子"，意译应该是"通天杆子"。有人也将"索伦杆子"解释为"感恩杆子"。在早期的满族社会里，"通天杆子"主要用于感恩和祭祀天鸟和神鸟，感谢它们对于满族历史上的英雄人物的救命之恩。在满族民间，有关"通天杆子"还有一些神话传说。说到底，鄂温克族的"索伦"之称谓来自满语，属于鄂温克族的他称之一。

不过，清朝政府当时为什么称鄂温克人为"索伦"呢？对此问题我们可以从清代诸多历史资料和书籍中找到合适的答案。简而言之，由于当时鄂温克族军团为建立清朝立下汗马功劳，因此，清朝政府对鄂温克族军团十分器重，也十分敬重，故称他们为"索伦"（σολιν），以此称赞他们为清朝的建立及清朝政权的巩固发挥的"顶梁之柱"的作用。对此何秋涛在《朔方备乘》卷 2 中写道"不问部族概称索伦，而黑龙江人居之不疑，亦雅喜以索伦自号说者，谓索伦骁勇闻天下，故借其名以自壮"。后来，清朝政府成立以鄂温克族为核心的索伦部时，把一部分鄂伦春族、达斡尔族和巴尔虎蒙古人等东北民族或族群一同编进该部，从而进一步强化了索伦部的军事实力和战斗力。满语的"索伦"（σολον）一词被鄂温克人发音为 solong。然而，随着清朝统治阶级的衰败，鄂伦春族、达斡尔族、巴尔虎蒙古人等先后都从索伦部、索伦八旗中脱离出来，结果"索伦"（solong ~ solon）一词又单独指鄂温克人，成为专指鄂温克族的一种他称。直到 1957 年，我国政府根据鄂温克族的意愿，消除历史遗留下来的诸多他称时，一并废除包括"索伦"等在内的所有他称，正式恢复了鄂温克人自古以来的"鄂温克"（ewenke）的自称。

综上所述，"索伦"是清朝初期出现的鄂温克族他称，在此基础上清朝政府建立了"索伦部"乃至后来的"索伦八旗"。顺治年间（1644 ~ 1661），索伦八旗部分鄂温克人因军事需要迁到嫩江流域，由理藩院任命鄂温克族军事首领，授予副都统官衔同时发给官印。在乾隆年间，三千名索伦兵丁被派往云南，另外新疆伊犁和喀什噶尔等边城的驻防任务也都交给了鄂温克族八旗官兵。而且，早在雍正三年（1725），清朝政府还派鄂温克族军官去管理汉军八旗和蒙古八旗派，比如，雍正三年二月："升索伦副都统外三为正蓝旗汉军都统"，五月二日"升索伦总管那尔赛为黑龙江副都统"，五月十日"升索伦总管塔尔岱为白都纳副都统，仍兼任索伦总管事物"，呼兰城守卫鄂温克族勒尔克善，也是当时被提拔的官员之一。乾隆初年，因业绩显著而将呼伦贝尔关防总管兼右翼鄂温克族总管博尔本察任命为蒙古正黄旗都统，鄂温克族名将海兰察先后任镶黄旗蒙古副都统、镶白旗蒙古副都统、正红旗蒙古都统等。

康熙二十八年（1689）中俄签订《尼布楚条约》后，为进一步加强内蒙古呼伦贝尔中俄边境的军事防务，清朝政府从布特哈索伦部选调 1636 名鄂温克族官兵，加上达斡尔和鄂伦春及巴尔虎蒙古人共 3000 名官兵携带家眷前往呼伦贝尔，在伊敏河东、锡尼河北，大兴安岭以西，北至额尔古纳河一带边界进行防守。而且，在这一军事化社会组织内部，嘎山或嘎查（村）作为最底层的社会组织由牛录（佐）来管理，牛录则由旗一级行政部门来管理。鄂温克人守卫呼伦贝尔边疆的同时，积极开发温寒带草原和森林地区农业、畜牧业、林业、狩猎业生产，同周边各民族不断进行经济文化方面的交往，不断增加以农牧业产品、狩猎业产品、木材产品为主的商贸活动，这在很大程度上丰富了该地区的社会经济及文化生活。

生活在黑龙江上游的索伦八旗鄂温克族还建了许多村屯和城堡，同样和周边各族、各部落间建立密切往来，很快形成以鄂温克族英雄人物博穆博果尔为首的军事联盟，军事势力范围包括从黑龙江上游到尼布楚以南和呼伦贝尔以北的极其辽阔的土地，同时也给黑龙江上游的索伦八旗鄂温克族同其他鄂温克族创造了较为舒适安定而自然资源丰富的社会生存环境，在很大程度上进一步推动了当时鄂温克族社会经济文化的全面发展。与此同时，清朝政府还招兵买马重新组建黑龙江上游的索伦八旗，不断对索伦八旗强化军事管理和军事训练，不断硬性强化和完善纳税制度。重新编入黑龙江上游索伦八旗的鄂温克族军事化社会组织，同样承担着征战与生产的双重义务，并对我国东北地区的社会稳定、边疆安宁起到了不可替代的重要作用。很显然，随着清朝初期生产关系的改善、生产力水平的提高、社会的发展变化，划入八旗军事化社会组织管辖范围的鄂温克族也逐步进入封建社会，这使鄂温克族农区开始出现封建经济所有制形式。

第二节　清代布特哈八旗社会组织

布特哈是地名，主要有"狩猎""猎场""猎人"等词义。由于该地区的河岸陆地及草原森林中猎物多，江河湖泊里鱼类多，再加上狩猎者也多，所以鄂温克人将其称为"猎场"，也就是"打猎的地方"，用满通古斯语族语言就叫"布特哈"（butha）。后来，清朝政府在该地区以鄂温克族为主建立军事化的八旗社会组织时，就遵从满通古斯语族语言对该地区的叫法，称为布特哈八旗。自古以来，布特哈地区的主要居民就是鄂温克族，不过除了鄂温克族之外，还有达斡尔族和鄂伦春族。布特哈地区的鄂温克族，基本上以姓氏家族为单位组村而居，所以在嫩江两岸、讷谟尔河流域、大兴安岭东麓的广大地域，有不少以鄂温克族某一姓氏家族组建的村屯。他们主要从事农业、畜牧业和狩猎业生产活动。清朝政府看到布特哈地区的战略作用，以及鄂温克人的勤劳智慧、英勇善战，为了对布特哈地区进行军事化管理，从康熙六年（1667）开始，依照八旗军事化社会制度要求和规定，将布特哈的鄂温克等族以村屯为单位编成佐。先将鄂温克族敖鲁克腾的2000多人编成29个佐，任命温克德等29名鄂温克族人为佐领。然后，又把图勒图、阿布讷、索嫩木扎布、鄂和内4个鄂温克族村屯编成4个佐。被编入布特哈八旗不同佐的鄂温克人，在平时放下手中的武器参加劳动生产，完成向朝廷纳税纳贡的繁重任务，此外，还要接受军事训练，学习军事知识，提高作战本领和战术水平；到了战时，就会披上盔甲、拿起武器、赶赴战场、投入战斗。布特哈八旗隶属宁古塔昂邦章京辖地。康熙初年，清朝政府还在嫩江中游西岸齐齐哈尔屯设立过"布特哈打牲部"，并让孟额德、博克、扎木苏等鄂温克人管理该部，发给他们官印，在齐齐哈尔屯办公。不过，"布特哈打牲部"的政务归中央理藩院管，军务均由宁古塔将军管。

　　鄂温克族史学家那云平先生的一系列研究表明，康熙二十二年（1683），清政府设置黑龙江将军，调宁古塔副都统萨布素任黑龙江将军，划宁古塔将军所属的西部和北部地区归黑龙江将军管辖，"布特哈打牲部"归入黑龙江将军辖地。康熙二十三年（1684），"布特哈打牲部"始设总管、副总管，以原奉天将军安珠瑚为布特哈总管，设鄂温克族总管和副总管若干名，并赋予掌印治事大权，布特哈总管驻地仍设在嫩江中游西岸的齐齐哈尔屯，中央理藩院的陪官及事务值班与布特哈总管共同办公，管理布特哈牲丁；康熙二十四年（1685），"布特哈打牲部"归属中央理藩院和黑龙江将军双重管辖；康熙二十八年（1689），设立布特哈总管衙门，并迁至嫩江中游西岸的宜卧奇屯①，布特哈总管衙门设鄂温克族总管副总管若干名，实行鄂温克族与达斡尔族分管掌印治事制度；康熙三十年（1691），布特哈总管衙门直属黑龙江将军管辖，不再由中央理藩院直辖，收回布特哈印

---

　　① 宜卧奇屯为今内蒙古自治区莫力达瓦达斡尔族自治旗尼尔基镇。

鉴，换发木制官防印章；雍正九年（1731），组建了布特哈八旗，规定了旗色，布特哈八旗总管衙门驻地仍设在宜卧奇屯，实施了由鄂温克族等总管合议管理制度，总管衙门仍归黑龙江将军辖治，衙署下设左司、右司和掌印处。其中，左司负责民政事务，右司负责军务，掌印处掌关防及文书，左司和右司各置正堂、副堂 1 员，每司有笔帖式若干员，为司官，每旗均设有鄂温克副总管；光绪二十年（1894），布特哈总管衙门升为布特哈副都统衙门，衙署从宜卧奇迁至嫩江东岸的博尔多站①，布特哈副都统衙门设的副都统、副总管、协领、佐领、骁骑校等里都有鄂温克族任职。另外，还有披甲 3000 人。衙署设有户司、兵司、堂司和文案处。布特哈副都统衙门仍归黑龙江将军管辖；光绪二十五年（1899），布特哈八旗辖区以布特哈为轴心，东至木库山 344 里与黑龙江城搭界，南至纳约特沟源 120 里与省城齐齐哈尔搭界，西至兴安岭 485 里与呼伦贝尔城搭界，北至多布库尔河 490 里与墨尔根城搭界，东南至纳穆尔河源布伦山 450 里与呼兰城搭界，西南至索岳尔济山 800 里与呼伦贝尔及外蒙古喀尔喀车臣汗左翼前旗、内蒙古乌珠穆沁左翼前旗、称尔沁右翼中旗、右翼前旗搭界，东北至乌云和尔冬吉山 186 里与墨尔根城搭界，西北至诺敏河源特勒库勒山 520 里与呼伦贝尔搭界，南北纵 694 里，东西横 822 里，东南至西北广 990 里，西南至东北广 1040 里；光绪三十二年（1906），裁撤布特哈副都统衙门，以嫩江为界，分设东布特哈总管衙门和西布特哈总管衙门。东布特哈总管衙门驻地为博尔多，辖地为今讷河市、五大连池市、克东县、克山县等地。西布特哈总管衙门驻地在宜卧奇，后改驻尼尔基，辖地为今莫力达瓦达斡尔族自治旗、鄂伦春自治旗、阿荣旗、甘南县、扎兰屯市等地。东布特哈和西布特哈归属黑龙江将军管辖；宣统二年（1910）撤销东布特哈衙门，改设讷河直隶厅，留下只处理民族事务的机构东布特哈八旗筹办处，1913 年改讷河厅为讷河县，1915 年在东布特哈地区设克山县，1929 年在东布特哈地区又设德都设置局和克东设置局。1915 年，西布特哈地区筹建布西设置局，西布特哈总管公署与布西设治局并存，由总管兼理政务。同年，布西设置局与西布特哈总管公署迁至尼尔基，西布特哈总管公

---

① 博尔多站为今黑龙江省讷河市城西长青村。

署已无行政权，1933年撤销西布特哈总管公署。①

　　根据那云平先生的分析，到康熙二十年（1681），布特哈地区的鄂温克族几乎都被编入清朝政府建立的八旗军事化社会组织，分属布特哈八旗的47个佐。后来为了便于纳贡纳税，在原来编佐的基础上，根据鄂温克族居住地域和生产活动范围的不同，其内部分出五个较大区域：诺敏河流域的阿尔拉区、阿伦河及格尼河流域的涂格敦区、济沁河流域的济沁区、雅鲁河及音河一带的雅鲁区、绰尔河上游一带的托信区，并任命了参领以及首领。从当时的社会制度及其层级等次的划分来看，这五个区应该属于布特哈八旗总管衙门与佐间的行政部门。到了雍正九年（1731），清朝政府又将布特哈地区的鄂温克族五个区编入八旗。这使布特哈八旗的军事编佐达到97个。后来，因部分佐划归齐齐哈尔副都统和墨尔根副都统辖区，部分佐派往呼伦贝尔边疆地区驻防等，布特哈八旗佐编从97个减到61个。其中，27佐是鄂温克族，其他属于达斡尔族和鄂伦春族等，鄂温克族27佐无论是在军事政治、社会交往、活动范围，还是在生产能力、生产水平、生产手段等方面均占有很大优势。黑龙江和呼伦贝尔地区的鄂温克族基本上都归属了清朝政府制定的军事化八旗社会组织，接受了层级鲜明的军事化社会管理。左领、参领、副都统、都统等不同层级的八旗军事化官员的出现，使鄂温克族自古以来以姓氏家族为主的社会组织很快土崩瓦解。被纳入索伦别部的雅库特鄂温克人，以及后来从俄罗斯西伯利亚地区迁徙而来的通古斯鄂温克人等，与被编入索伦八旗的鄂温克人不同，他们在严格意义上没有受到清朝政府八旗制度的军事化管理，从而也没有直接受到清朝统治下的封建社会的影响。

　　以鄂温克族为核心建立的布特哈八旗军团骁勇善战、所向无敌，成为清朝军队中的一支尖刀军团，每有战事，清朝统治者就会调遣布特哈八旗官兵出征作战：康熙年间，收复雅克萨，抗击沙俄侵略者，平定噶尔丹叛乱、出征准噶尔；雍正年间，多次征讨准噶尔部；乾隆年间，平定新疆准噶尔叛乱、剿灭入侵云南的缅甸匪帮、平定四川大小金川、反击驱逐廓尔

---

① 那云平、杜柳山：《黑龙江鄂温克族村屯地名人物录》，黑龙江民族研究会鄂温克族分会印，2006，第21~40页。

喀（尼泊尔）入侵西藏，等等。从 17 世纪后期到 20 世纪初期，布特哈八旗鄂温克族官兵南征北战，参加数百次重大战役，他们的足迹踏遍全国 22 个省，参战鄂温克族八旗官兵多达 10 万余众。布特哈八旗鄂温克族将士在战场上的死亡人数不断增多，即使从后方增加新的鄂温克族兵丁，也难以补充鄂温克族在战斗中牺牲的人数。而留守布特哈八旗大本营的鄂温克族妇女、儿童和老人的生活，由于劳动力的急缺和生产力水平的低下而走向贫困，甚至到了极其贫穷的地步。鄂温克族人口急剧下降，生活水平也急速下滑，使这个本来彪悍、勇敢、富强、自信、智慧的北方民族沦为一个贫困、弱小、悲惨的民族。

布特哈八旗鄂温克族将士在维护国家主权、领土完整的反侵略战争中，在平定分裂叛乱，巩固民族团结的战争中，在剿灭地方割据势力、维护社会稳定战争中，做出了极其重要的贡献，同时也付出了巨大的牺牲。换言之，八旗兵役制度给布特哈八旗鄂温克族人民带来了巨大灾难，导致鄂温克族社会退化、经济滞后、生活贫困、人口下降。当时，鄂温克族上层社会及有识之士，向清朝政府多次反映布特哈八旗军事化社会组织内部出现的退化苗头，并请求清朝政府网开一面，让布特哈八旗鄂温克族将士有机会休养、修复战争带来的创伤和损失，然后更加勇敢地参加重大战役和战斗。然而，清朝政府反而不断增加布特哈八旗鄂温克族青壮年应征入伍人数，不断增加他们的征战、参战次数，不断增加驻守卡伦、巡查边境、屯兵驻防、移驻边陲的繁重军事任务，同时也不断加重献貂纳贡任务。比如，康熙二十三年（1684），清政府为加强黑龙江防务，抗击沙俄入侵者，先后从布特哈八旗调遣鄂温克族将士 1000 余人，屯垦黑龙江额苏里地区，参加修筑黑龙江城；康熙二十五年（1686），黑龙江将军调拨布特哈八旗鄂温克族等兵丁 1000 余人及家眷到墨尔根，筑建墨尔根城；康熙二十七年（1688），又抽调布特哈八旗鄂温克族 600 兵丁及家眷，移驻墨尔根城；康熙三十年（1691）建齐齐哈尔城时，从布特哈八旗抽调 4 佐鄂温克人，迁驻齐齐哈尔城；雍正十年（1732），清政府为强化呼伦贝尔地区的防守工作，从布特哈八旗调出鄂温克族将士 1636 人和其他兵丁一起到呼伦贝尔驻牧戍边，编制了索伦左右两翼八旗，统称呼伦贝尔索伦八旗；雍正十一年（1733），还调用布特哈鄂温克族将士 1000 余名，前往齐齐哈尔城北本尔得地区驻防；雍正十二年（1734），调用鄂温克族与其他兵丁到呼兰，建呼兰城并驻防，组建了呼兰城防八旗；乾隆二十八年（1763），清朝政府为减轻新疆驻军三年轮岗防护边疆的军事费用，以及免去轮岗官兵长途跋涉与征战带来的艰辛，分两批派遣鄂温克族等东北民族的官兵，携带妻儿家人，迁驻新疆，长期驻扎那里守护边疆。清朝时期，布特哈八旗鄂温克族将士及其家人被迫四处征战、屯兵驻防、驻守边陲，使布特哈八旗的鄂温克族被不断分割，鄂温克族人口分布从大聚居的局面变成了大分散小聚居的局面。由于频繁出征和大举迁徙，到清朝末期，布特哈鄂温克族人的居住地区大为缩小，鄂温克族村屯也开始逐渐减少，鄂温克族人口更是以惊人的速度下降。清朝初期，布特哈八旗的鄂温克族有几万人，到了1915年，布特哈八旗鄂温克族仅剩下500多户人家和3000口人。

清末民初，生活在布特哈八旗的鄂温克族，逐步摆脱军事化社会组织，恢复了本民族传统意义上的社会化组织结构，形成了家族姓氏或某一个大的群组为核心的村屯。布特哈地区从事农业或牧业生产的鄂温克族自觉地废弃八旗军事化社会组织，开始恢复清朝时代之前的以家族为主的社会生活。比如，居住在讷谟尔河口以南、嫩江中游东岸索格勒、阿米勒、吾都、额木肯、博肯、给罗尼、木日根克义、白罗日等村屯的武力斯日、金科日、萨玛格日、郭博勒、涂格敦、索多勒姓的布特哈八旗鄂温克人均恢复了嘎布卡浅①。居住在嫩江支流讷谟尔河流域的怀内杜拉尔、俄内杜拉尔、怀讷索鲁古尔、俄莫勒索鲁古尔、互讷维索鲁古尔、托木等村屯的杜拉尔、阿本千、姆鲁特姓的布特哈八旗鄂温克人都变成讷谟尔浅；居住嫩江支流甘河下游西南巴彦、萨玛村的萨玛刻日、杜拉尔、敖拉姓的布特哈八旗鄂温克人都变成甘河浅；居住在嫩江支流诺敏河流域嘎都沁、都古塔拉、杜拉尔、布坤、乌扎、拉力、杜尔苏、木古、罕古尔呼、库尔奇村屯的杜拉尔、萨玛格日、敖拉、武力斯日姓的布特哈八旗鄂温克人都变成诺敏浅；居住在诺敏河支流格尼河流域得力克尔、依力博得、萨拉安嘎、朱肯柱、牙尔斯、沃勒莫尔丁等村屯的涂格敦、那哈塔、卡尔他基日姓的布特哈八旗鄂温克人都成为格尼浅；居住在嫩江支流阿伦河流域嘎都西、

---

① "嘎布卡"鄂温克语，地名。"浅"鄂温克语，表示"人们"之意。

嘎达奈、查巴奇、文布奇、白音陶海、亚尔特、依奇汗、吉木伦、那哈塔、莫尔丁、霍尔奇、索洛克奇、章塔尔、那吉、库莫、浩特等村屯的杜拉尔、涂格敦、那哈塔三个姓八个家族的布特哈八旗鄂温克人都成为阿荣浅；居住在嫩江支流音河流域维古奇、海拉铁、孟克店、旧三站村屯的杜拉尔、达图、巴亚格日、卜力杰日、卡尔基日、阿本千、何音、哈赫日、依克基日姓的布特哈八旗鄂温克人被称其为音浅；居住在嫩江支流济沁河流域萨玛格尔、博尔克、哈拉、莫库奇、萨拉库村屯的白格日、杜拉日、哈赫日、卜力杰日、伊格基日姓的布特哈八旗鄂温克人叫济沁浅。

由于人口减少，再加上外在因素的影响，布哈特八旗鄂温克族的聚居区域逐渐缩小，村屯的数量也在急剧减少。清末光绪年间，沙俄兴建中东铁路时圈占了雅鲁河两岸鄂温克人生活的村屯、牧场和猎场，并砍伐森林筑路。结果，沿线各站外来人口不断增多，开始大面积开荒种田，严重破坏了鄂温克人自古以来经营的牧场、农场、猎场，致使雅鲁河流域的哈拉苏、杜拉萨、阿利吉、卧牛河车站、扎兰屯、吉兰萨、成吉思汗站、古利横、尼古扎聂勒、碾子山、曹哈尔、依玛基诺、龙头尔格、西四连、朱家坎、济沁达图、呼地17个村屯的鄂温克人被迫迁徙到雅鲁河以东的音河流域和雅鲁河以西的济沁河流域，结果雅鲁浅只剩下哈拉苏、阿利吉两个村屯的布特哈八旗的鄂温克人。

在清朝政府下令取消黑龙江江河流域和森林地带开耕种田的禁令，大力推行招民开荒政策之后，内陆地区移民大批迁徙到布特哈八旗鄂温克族生活的地域，开荒种地，使情况更是雪上加霜。到了民国初期，林区草原开垦面积不断扩大、破坏面积也越来越大，加上森林树木不断被砍伐，给森林草原的绿色植被、生态平衡、环境保护以及野生动物的生存带来了极大危害。随着外来人口增多，社会治安变得更加混乱，盗匪横行乡村，破坏鄂温克族生活的家园，洗劫了鄂温克族为数不多的一点粮食和生活用品。这使谟尔河沿岸村屯的鄂温克人的生产生活陷于极度困难，许多鄂温克人放弃原来居住的村屯，游居于辽阔无边的草原以及神秘无限的山林。

"九一八"事变后，局势变得更加混乱，兵匪四处横行，原布特哈八旗的部分鄂温克人深受其害。民国时期，布特哈地区成立了兴安东省，辖区划分出莫力达瓦旗、巴彦旗、阿荣旗、布特哈旗、喜扎嘎尔旗，因在省和旗两级行政机构任职的不少是鄂温克族，所以有一些鄂温克族从东布特哈讷谟尔河流域的村屯迁徙到兴安东省，其中有些鄂温克族从嫩江东岸沿江地区西迁到莫力达瓦旗。到 1940 年，讷谟尔河流域的鄂温克人几乎都西迁到莫力达瓦旗或巴彦旗等地定居，也就是说，从 20 世纪 20 年代后期到 40 年代中期，除嘎布卡以外的东布特哈地区鄂温克族几乎都西迁了，讷谟尔河流域的鄂温克村屯基本上名存实亡。

中华人民共和国成立后，居住在扎兰屯、阿荣旗的不少鄂温克族陆续搬迁到内蒙古自治区呼伦贝尔盟鄂温克族自治旗、鄂伦春自治旗，以及莫力达瓦达斡尔族自治旗，嫩江中游东岸的鄂温克族村屯没剩下几个，剩下的村屯也自然与其他民族混居了。

总而言之，布特哈这一以八旗军事化制度管理的社会组织，为了建设、保卫祖国，付出了极其沉重的代价，使鄂温克族英雄儿女献出了宝贵的生命。强大、彪悍、智慧、勇敢、善战的鄂温克族是这片沃土的开拓者和建设者，是布特哈地区早期温寒带黑土地上农耕文明、商贸文明、社会文明的创造者，这将永远铭刻在鄂温克族历史的丰碑里。

第三节　索伦驻防呼伦贝尔

康熙二十八年（1689），中俄签订了《尼布楚条约》，规定额尔古纳河为中俄界河。从此以后，呼伦贝尔边境线的安稳，乃至整个呼伦贝尔的安全，都直接关系清政府的边境安宁和领土完整。因此，雍正十年（1732）春末夏初，清朝政府为强化呼伦贝尔疆土防务，经雍正皇帝批准从布特哈八旗中选定训练有素、精熟枪箭、英勇善战、军纪严明，同时熟悉草原森林地形、善于在复杂环境生存和作战宜于固守边防战线，能为保卫国防效劳的3000 名鄂温克族等精兵强将携带家眷驻防呼伦贝尔。其中，除了鄂温克兵丁之外还有部分巴尔虎蒙古族兵丁、达斡尔族兵丁和鄂伦春族兵丁。在清朝政府派来 3000 名将士之前，在呼伦贝尔草原森林中就生活着鄂温克族，他们主要从事畜牧业生产活动，也承担着呼伦贝尔草原森林的守护任务。

生活在呼伦贝尔草原森林的这部分鄂温克族，经常受到沙俄的威胁。沙俄从 1581 年开始向西伯利亚扩张，并于 1598 年吞并西伯利亚西部之后，出兵占领了叶尼塞河一带，到了 1613 年，沙俄强占了勒拿河流域。1632 年，沙俄在此修建了北亚第一个城市雅库次克城堡，并设立督军府。1639 年，沙俄扩张到鄂霍次克海沿岸，很快就占领了贝加尔湖一带。1689 年，沙俄与清朝政府签订了《尼布楚条约》，占有了贝加尔湖以东地区并继续东扩，吞并了楚科奇半岛，还越过白令海峡，占领了阿拉斯加，后来，沙俄认为阿拉斯加没有什么军事利用价值而将之卖给美国。正是通过不断的扩张，俄国一跃成为世界上领土面积最大的国家。

在这种现实面前，清朝政府加强了对呼伦贝尔边境的防护，沙俄暂时停止了东扩，边境疆土也恢复了宁静。鄂温克族等呼伦贝尔的八旗官兵，为守护边疆，开发草原森林，做出了很大牺牲，付出了艰辛劳动，为呼伦贝尔辽阔土地的完整和安宁，为呼伦贝尔人民的安居乐业，为各民族友好、团结、和谐共存及呼伦贝尔地区的生产生活、经济社会的繁荣发展做出了重要贡献。

根据研究资料①，索伦八旗官兵派遣到呼伦贝尔之后，被编成呼伦贝尔左右两翼共八个旗。其中，左翼为四个旗 25 个佐，主要防护中俄边境线；右翼同样是四个旗 25 佐，主要防护喀尔喀边缘沿哈拉哈河一带，以鄂温克族将领博勒本察为总管。左翼总管设在南屯，右翼总管设在西屯。左右翼八旗各设副总管，每旗管若干个佐，每个佐设佐领 1 人、骁骑校 2 人、领催 2 人，笔巾式 1 人，佐下还有嘎辛达。② 呼伦贝尔八旗官兵驻守中俄边境军事要地的边防哨所，每一个边防哨所派驻 1 名官员和 20～30 名兵丁。索伦八旗官兵入驻呼伦贝尔以后，黑龙江将军还在齐齐哈尔与呼伦贝尔之间设置了西勒图、纳齐希、乌尔楚克齐、额赫昂阿、巴里玛、博和图、霍洛齐、门都克伊、牙克石、济拉麻泰、呼伦贝尔海拉尔 11 处驿站。每处驿站驻兵丁 10 人左右，官员 1 人。巴里玛至海拉尔之间有 6 个驿站，由呼伦贝尔八旗官兵驻守。他们的任务是传递机要公文，保卫军事交通要道。不过，这些驿站在当时也为各地和呼伦贝尔地区的商贸往来发挥了积极作用，成为呼伦贝尔与各地政治、军事、经济和文化交流的重要通道。

---

① 那云平、杜柳山：《黑龙江鄂温克族村屯地名人物录》，黑龙江民族研究会鄂温克族分会印，2006，第 41～46 页。

② 嘎辛达是满通古斯语支语言通用词。其中，嘎辛的意思为"村"，嘎辛达的意思为"村长"。

另外，根据清朝政府的决定，边防哨所官兵每 3 个月轮换更替 1 次，总管、佐领每个月要巡查各个哨所，黑龙江将军衙门每年或每三年要派军事特使巡查边防警戒情况。这种防守哨所和巡视边境制度，延续至清朝末期。实际上，一直到民国初期，索伦官兵都在呼伦贝尔地区及边境线上发挥安内御外的积极作用，比如，民国六年（1917），沙俄入侵呼伦贝尔，要到原驻防呼伦贝尔的索伦官兵的有力反击，他们打败了 4000 多名沙俄入侵者。

众所周知，呼伦贝尔草原地势平坦，有纵横交错的河流、星罗棋布的湖泊，以及资源丰富的大森林。这里不但适合开展游牧生产，而且适合开展温寒带地区农牧业生产。

在发展草原畜牧业经济的初期，清朝政府采取了帮助发展畜牧业的积极政策，给索伦驻防呼伦贝尔的八旗官兵发放不同数量的牛、马、羊。这些牛、马、羊，再加上官兵被派遣时带来的牲畜，成了发展呼伦贝尔畜牧业经济的基础。在当时，虽然，呼伦贝尔大草原生活着一些鄂温克族原住民，但这里的许多草原还属于未完全开发的处女地，确实是处在风吹草低见牛羊的原始生态环境中。不过，经过索伦驻防呼伦贝尔八旗官兵的努力开拓和经营，这里逐步变成富饶美丽的大牧场、大的畜牧业生产活动基地。尤其应该提出的是，鄂温克族官兵到了呼伦贝尔大草原之后，驯养了体型健硕、多力善骋的草原野马，为清朝政府乃至后来为解放战争提供了数量众多、品种优良的索伦战马。索伦驻防呼伦贝尔的八旗官兵还在草原和森林结合地带，开发温寒带农耕生产，从开始种植土豆、萝卜、白菜、圆白菜、葱、豆角等蔬菜，发展到种植玉米、高粱、豆子、小麦等粮食作物，开辟了温寒带地区农耕生产的新天地，为我国温寒带地区农业生产探索出了一条成功的发展道路。

索伦驻防呼伦贝尔八旗官兵的到来，在很大程度上增加了呼伦贝尔地区的人口数量。从 1734 年起，他们在伊敏河与海拉尔河汇合处，也就是在海拉尔正阳街一带兴建了"呼伦贝尔城"，并与海拉尔西大街新建的索伦八旗副都统衙门相互配套，使呼伦贝尔城逐渐成为呼伦贝尔地区的政治、军事、经济和文化中心。而且，围绕呼伦城，索伦八旗官兵及眷属集中居住在西屯、南屯、七间房屯、那拉苏图屯、木兰木克顿屯、扎罗木德屯、莫和尔图屯 7 个村屯，他们的村屯按军事化社会组织的制度进行管理。与此相关，免渡河等驿站和哨所，后来也逐渐发展成为一定规模的小城镇。应索伦八旗驻防官兵及眷属生活所需及经济社会发展所需，越来越多的内地商人通过八旗军事通道来呼伦贝尔经商，其中就包括从北京、河北、山西来的"八大家"，他们主要购买珍奇的野生动物、肉制品、奶制品、野生果脯、黑木耳、草原白蘑、皮毛衣物、中草药原料、手工铁器，还包括一些粮食作物，等等。当然，这些商人也会带来内陆地区的食品、茶叶、绸缎、衣物、生活用品用具、枪弹及狩猎生产工具、畜牧业生产工具、农业生产工具、药品等。越来越多的商人和手工业者聚居呼伦贝尔城，逐渐形成了海拉尔地区商贸集市。每年八月从各地来的商人聚集到海拉尔，与索伦八旗官兵及其眷属和呼伦贝尔原住民做买卖。所有这些，在一定程度上对呼伦贝尔经济社会的发展起到了重要作用。毋庸置疑，这些商贸往来，在很大程度上促进了呼伦贝尔索伦八旗军事化社会组织的商品经济及社会的发展。

索伦八旗官兵驻防呼伦贝尔之后，不但兴办八旗满文学堂和蒙古文学堂，同时还废弃了科举教学与考试制度，改为八旗官立初高级两级小学，学生多数是来自南屯、莫和尔图的鄂温克族。到了清朝后期，这些学堂里除教满文和蒙古文，还开始教汉语文，由此培养了不少鄂温克族的有识之士。鄂温克族知名人士还办私立小学，请俄罗斯教师教授俄文、数学和自然科学等，其中一些毕业生还赴俄罗斯深造。

日本帝国主义侵占呼伦贝尔以后，于1932年6月1日撤销了呼伦贝尔副都统公署，设立了兴安北分省公署，6月7日，废除了索伦八旗制，将索伦左翼镶黄、正白二旗和镶白第一佐改设索伦左翼旗，将索伦右翼4个旗改设索伦右翼旗。1933年7月12日，索伦左翼和索伦右翼，加上厄鲁特、布利亚特旗合并为索伦旗，旗公署设在海拉尔市，次年迁至南屯，也就是现在的巴彦托海镇。但索伦旗设有日本参事官，一切事务都由参事官说了算。索伦旗下设有东西南北四个区，西区有辉、红花尔基、西屯，南区有厄鲁特、维特很两个旗，东区有锡尼河，北区有南屯、莫和尔图、扎格达木丹、特尼河。日本帝国主义残酷无情的掠夺、剥削、压迫、搜刮，使索伦驻防呼伦贝尔八旗官兵及其眷属多年并经营的游牧生产遭到严重挫折，很多往日富饶的牧场变得面目全非，人们的生活极其贫困。就是在这样困难、复杂的环境里，鄂温克族人民也从未放弃与外国列强和反动势力的英勇斗争，用鲜血和生命保卫着呼伦贝尔的草原森林。

总之，索伦八旗官兵进驻呼伦贝尔草原，安营扎寨、自力更生，成功开展了呼伦贝尔温寒带地区畜牧业生产和农业生产。1948 年 1 月，呼伦贝尔地方自治政府被取消，改称呼伦贝尔盟，索伦旗隶属呼伦贝尔盟，旗治所仍设在巴彦托海。索伦旗下设巴彦托海苏木（原胡吉日托海苏木）、巴彦嗟岗苏木（原莫和尔图苏木）、锡尼河苏木、伊敏苏木、辉苏木五大苏木。

第四节　西迁新疆伊犁的索伦营

清乾隆年间，一部分索伦官兵及其眷属被调迁伊犁，在新疆伊犁边疆地区组建索伦军团兵营，后被简称为西迁索伦兵营。起初，西迁索伦兵营官兵主要由鄂温克族组成，后来加入部分达斡尔族和锡伯族官兵。西迁新疆伊犁的索伦营官兵及其眷属，几乎都是黑龙江布特哈八旗军事化社会组织辖区的鄂温克族。

早期，这部分鄂温克族生活在嫩江流域，主要从事畜牧业、半牧半农业、农业、渔猎业、采集业等多种生产经营活动。被清朝政府编入布特哈八旗之后，由于他们勇敢善战，能够很快适应复杂艰苦的自然环境而分别被调到复杂多战的地区驻防。留居该河流域的鄂温克人，有一部分被编入守护该地区的八旗，还有很小的一部分留在村屯，完成清朝政府下达的繁重差事。康熙年间，清政府在嫩江流域设立了由黑龙江将军管辖的管理部门。

清朝政府精选索伦营精兵强将让他们携眷调迁伊犁，有充分而相当全面的考虑。比如，索伦营官兵喜好打猎、善于骑射，骁勇善战，是八旗军中的精锐军团。早在乾隆二十二年（1757）平定天山以北准噶尔部之初，就有人提议选派索伦官兵驻守伊犁，当时乾隆未采纳。时至乾隆二十七年（1762），伊犁地方的形势已发生变化，设置将军总理天山南北军政事务，除屯田的绿营兵和维吾尔族人外，已派驻一定数量的八旗满族和蒙古族换防官兵，也派驻了一部分携眷察哈尔蒙古兵，民族构成多元化，外来人口逐渐超过当地厄鲁特人口数量，已无"染其条习"之患。另外，伊犁地域辽阔、水草丰美、宜农宜牧，并有较好的狩猎场所，将"骁勇"的鄂温克人披甲携眷移驻伊犁，不仅有利于加强边防，而且便于他们生计和行围操演，能够保持其旺盛的战斗力。

在索伦兵丁移驻伊犁 29 年后，即乾隆五十六年（1791），伊犁将军保宁奏称："索伦等原本技艺高超，自移驻伊犁以来，每年换防各地、巡查边界、驻守卡伦、行围狩猎等野外官差甚多，本地生长之年轻人，并不亚于陈索伦人等，皆勤学技艺，奋勉当差。"乾隆二十八年（1763）正月二十三日，黑龙江将军接到挑选布特哈索伦八旗鄂温克族将士等携眷移驻伊犁的上谕和军机处咨文后，首先召集布特哈总管管辖下的所有牛录鄂温克族官兵宣布："现将尔等移驻伊犁，特系圣主施恩，使尔等生计宽裕起见。如今虽赏尔索伦等二千份钱粮，然皆为半个钱粮。现若移驻伊犁，则可获全额钱粮，盐菜银，又赏给立业牲畜及整装等项。"接着，从布特哈索伦八旗的鄂温克族和达斡尔族官兵中，各选了 500 名年轻力壮的精兵强将。为了能使其顺利携眷移驻伊犁，在每百人之中拣选两人为头目，令其管理军旅的所有具体事宜。同时，选派布特哈总管 1 员、副总管 1 员、佐领 10 员、骁骑校 10 员管带护送。起程前，黑龙江将军又按军机处议奏准行的办法，给所精选拟迁将士及管带护送官员均发放整装等项银两，以便置办迁移途次应需牲畜和物品。至于索伦八旗官兵的起程迁移事宜，因伊犁地区急需驻防官兵，同时也需要预先备办安置事宜，经军机大臣奏定，分两批迁移，第一批官兵不携带家眷先期起程，要求当年抵达伊犁。第二批官兵携带所有家眷随后起程，要求次年抵达伊犁。然而，在办理起程事宜的过程中，黑龙江将军发现，若第一批官兵不携眷迁往，则有诸多不便。遂具奏折奏称："惟索伦等有跟役者少，在平常游牧时，其妻孥等趱赶驮载蒙古包及拉车之牲畜。今选派首批起程之五百索伦兵等，俟本年返青后，若携家眷迁往，不仅不分散力量，且对兵丁有益。第二批起程之五百名索伦等，俟青草长出后，养肥牲畜，于四月底或五月初起程。"黑龙江将军的这一建议，经军机大臣议奏，奉旨准行。另外，在备马发给拟迁伊犁的索伦八旗官兵和家眷时，布特哈地方民间拥有的马匹有限，需要动用一部分官牧场马匹，或搭给一部分黄牛使用。因此，乾隆二十八年（1763）二月十三日，布特哈总管等呈文黑龙江将军衙门提出："由布特哈地方移驻伊犁之兵一千名，按其人口计算，共需给马四千匹，布特哈官兵、闲散、西丹等所有四岁以上骟马、儿马、生骒马，均置买得给，虽可足数，但此次移驻兵丁之家眷无法乘骑及驮物，不甚得力。先期起程之五百名索伦官兵，尽量得给以乘骑和驮物之马后，令其起程外，后期起程之五百名达斡尔官兵，若搭给剩余生骒马，则达斡尔妇女原本不会使用马匹，以致不甚得力……现从本处官牧群内，挑取堪以乘骑之骟马、儿马、骒马拨给，每匹价银八两。若仍不敷，则酌拨被选兵丁之家人留马匹，便于其妇女等赶驾车辆，且在家留下之布特哈官兵也存有少许马匹，于其捕貂当差皆有裨益。"黑龙江将军采纳布特哈总管建议，妥善解决了索伦八旗官兵及家眷迁移所需牲畜的问题。

乾隆二十八年四月初十，开春返青后，被编入第一队的 500 名索伦精兵强将，在选派护送的总管及佐领、骁骑校等 11 名官员的率领下，携带其家眷总共 1421 人，从黑龙江嫩江流域起程，开始了漫长艰辛的西迁新疆的过程，经过漠北蒙古车臣汗部、土谢图汗部，于八月中旬抵达赛音诺颜部乌里雅苏台。按照军机处指令，乌里雅苏台将军拨给日夜不停地赶往新疆伊犁的索伦八旗官兵 6 个月的食粮、茶叶、盐菜银，并换下其疲瘦之马 270 匹，当地官牧场选马换给。同时，在管带护送总管的呈文请求下，由当地官牧场又特别补拨给 250 头骆驼，每两户各借畜 1 头，以供乘骑和驮载物品，并规定抵达伊犁后归还当地官牧场。八月底，这支队伍从乌里雅苏台起程，战胜旅途中的一切艰难险阻继续西行，经过扎萨克图汗部和科布多后，发现所带食粮在抵达伊犁之前不敷用，故总管呈文伊犁将军，请求道："索伦地方本无骆驼，只靠马牛驾车，于青草长出前，四月初十日，即行起程，马牛尚未长膘，途次有疲惫丢弃者，其所剩马匹内，至乌里雅苏台后，由彼处将军、参赞大臣仅换给二百匹。此外，因乌里雅苏台迤西车辆无法行进，努门车我又呈请将军、大臣等，以我之名具奏，每户合给驼一只计，共借给二百五十只。于是，由乌里雅苏合领取至十二月初十日前之三个月米石、三个月茶叶，共六个月行粮，而后起程。唯五百名官兵之家眷众多，每户合给驼一只，驮载许多行粮，负重行进，且所有妇女老少大半徒步行走，竟不能速行，每日只走二十、三十里。故视众人之力，牧放牲畜徐徐行走，越过察干鄂博，沿额敏河而上，于来年正月内，方可抵达伊犁。因而原携带行粮少许不敷，请将军、参赞大臣置办少许行粮，迎送接济。"伊犁将军接到此呈文后，于十二月初一，委派官兵携带米面，直赴额敏河地方接济，同时，又委派官兵携带米面，前往博罗塔拉，以备接济。经伊犁将军委派官兵前去接济，乾隆二十九年（1764）正月十九日，第一批索伦八旗官兵携眷顺利抵达伊犁。乾隆二十八年五月初三日，即第一批索伦官兵起程后的 24 天，被编为第二批的 500 名达斡尔族官兵携其家眷共 1417 人，从黑龙江嫩江流域起程，于乾隆二十九年七月二十六日顺利抵达伊犁。至此，布特哈索伦八旗的 1000 名精兵强将携眷跋涉万里，战胜千难万险，历时 9 个月全部到达新疆伊犁。

索伦八旗官兵到达伊犁之前，伊犁河北岸已开始修筑将军驻城，并派驻满族、蒙古族、汉族八旗官兵进行护卫。决定移驻索伦八旗官兵后，伊犁将军考虑到驻防布局和携眷官兵的日常生活问题，重新安排和划定所有八旗兵营部的军事辖区及生产生活区域。根据新的部署，把第一批到达的索伦八旗官兵安置在霍尔果斯河以西沙玛尔、齐齐罕、土尔根、撒橘等地；第二批到达的达斡尔官兵安置在霍尔果斯河以东克阿里木图、霍尔果斯、富斯克等地。同时，将 1000 名携眷索伦官兵等编成 6 个牛录，其中鄂温克族官兵分为 3 个牛录，达斡尔族官兵同样分成 3 个牛录，归属左右两翼，统称为索伦营。该营设领队大臣、总管、副总管各 1 员，佐领、骁骑校各 6 员，负责管理营务。到了乾隆二十二年（1767），伊犁将军重新调整军事组织，将索伦营原有的 1000 名官兵分编为八旗，每旗各设 1 个牛录，除原有佐领 6 员、骁骑校 6 员外，增设佐领 2 员、骁骑校 2 员，并从披甲内选取领催 8 名，连同原有领催 24 名，共计 32 名，每牛录各有领催 4 名、披甲 121 名；在此基础上，还颁发了新总管关防和佐领图记，以及镶黄、正黄、正白、正红、镶白、镶红、正蓝、镶蓝八种颜色式样的旗；随后，因管理卡伦事务需要，从鄂温克族和达斡尔族里选出 9 名效力奋勉、知晓卡伦事宜的优秀者，给戴六品空蓝翎轮驻卡伦。至此，伊犁索伦营的建制基本确立。然而，到了乾隆五十六年（1791），乾隆帝特颁上谕曰："伊犁索伦、达斡尔营兵丁移驻以来，一切差使均极奋勉，且于喀什噶尔、塔尔巴哈台换防差务，皆甚得力。唯近几年生齿日繁，每月所食一两饷银，难免不敷供养。著加恩伊犁索伦、达斡尔兵丁，每月各赏食二两饷银，并添设养育兵三百名，每月给食饷银一两，以示朕抚爱旗奴之意。"后经伊犁将军奏请变通办理，索伦营领催、披甲每月原食饷 1 两外，各增加饷银 1 两，共计 2 两；拨给 300 份养育兵钱粮，添设养育兵 200 名，每月给食饷银 1 两；其余 100 名养育兵之额，添设前锋 40 名，其中 4 名为前锋校，每月给食饷银 2 两 5 钱。乾隆五十七年（1792），又经将军奏准，每旗增设委员 2 员、空金顶 8 名。道光八年（1828）平定张格尔之乱后，为了进一步加强新疆地区的防备力量，经钦差大臣那彦成建议，由军机大臣长龄奏准，索伦营增添披甲 100 名，并于左右两翼各设防御 1 员，专管前锋。这样，伊犁索伦营的建制进一步完善且最终确立。

毋庸置疑，伊犁索伦营是一个军事化了的社会组织，与满族、锡伯族、察哈尔蒙古族和厄鲁特蒙古族四个军营共同组成伊犁驻防八旗军，具有军事、行政管理和进行生产活动三项职能。从这个意义上讲，伊犁索伦营官兵除执行军事任务外，平常承担的主要任务包括以下六个方面。一是驻守伊犁北则卡伦①，涉及惠远城西北一带 10 个岗哨的安全和护卫，其中霍尔果斯、齐齐罕、奎屯、博罗呼济尔、崆郭罗鄂伦、辉发 6 个为常设岗哨，旧霍尔果斯安达拉、齐齐罕安达拉、河岸、奎屯色沁 4 个为非常设岗哨②，以上 10 个岗哨，每年共派 212 名索伦营官兵驻守，每个岗哨各派 16 ~ 32 名官兵看守。二是巡查伊犁西南的布鲁特游牧场以及伊犁西北和东北的哈萨克游牧场，每次都由伊犁将军选派的领队大臣率领从各军营推选出的 300 名官兵参加巡查，其中，就有索伦营官兵 50 余名。每次出行，往返需 1 ~ 2 个月。三是完成塔尔巴哈台防护任务，参加者中有索伦营骁骑将校 1 员和兵丁 130 名，但根据战时需要官兵数量会有减少。四是防护新疆天山南部重镇喀什噶尔地区的安全，其中有索伦营佐领 1 员、骁骑校 1 员、领催 4 员、兵丁 96 名。五是完成开垦屯田任务，索伦营官兵除出兵打仗和看护岗哨，还肩负军粮自我供给的任务，所以他们还要轮流参与牧放官牧场牲畜和开垦屯田的劳动，而耕种收获的粮食不交公，均归耕索伦营官兵

---

①　卡伦指军事哨所或岗哨，甚至也可以表示军事要塞。
②　非常设岗哨也叫临时性岗哨，需要时设岗哨，不需要时可以将岗哨撤掉。

及其眷属自己食用。六是参与牧放牲畜劳动，主要牧养索伦营鄂温克族官兵骑用的 1000 匹马、屯田所需的 274 头牛、食用的将近 13000 只羊，他们经营的牧场就是伊犁将军分给他们的草地。不过牲畜头数在不同时期会上下浮动。总而言之，索伦营鄂温克族官兵从黑龙江千里迢迢携眷移驻新疆伊犁，在近一个半世纪内，经历千辛万苦、护卡巡边、驻守城池、开垦屯田，为保卫和建设西北边疆做出了不可磨灭的贡献。

在这里还应该提出的是，早在嘉庆二年（1797）时索伦营就出现了严重的兵源危机，无法补充兵缺。为了解决这一棘手问题，伊犁将军奏称："伊犁索伦营人口增长向来不佳，竟有绝嗣之户，以往挑选披甲，已难得强壮闲散之丁。不料去年传染出痘，该营闲散丁亏损约四百名，现余闲散丁无多，亦俱年幼。是故，今挑选披甲，竟不得年力精壮者。伏思，索伦营兵系一支劲旅，若不稍加调整办理，而以幼丁为兵充数，或致兵数减少，均不成事体。奴才留心细查，近数年来，锡伯营人口甚旺，现堪以披甲之闲散丁颇多。索伦、锡伯俱系东三省之人，风气相近，若锡伯营闲散丁移补索伦营，现即可得强壮之兵，而自幼与索伦合居一处，日久练习，自然俱成壮健之兵。"遂奉旨准行，"于锡伯营十八岁以上、三十五岁以下强壮闲散丁内，选出即可挑甲者一百六十户，移至索伦营，按各该牛录闲散丁之多寡，分补挑甲"。不过，到了道光十三年（1833），由于连续不断的战争带来的无情伤亡和疾病，索伦营再度出现严重的兵源危机。索伦营领队大臣呈文伊犁将军说道："索伦营人口增长向来较差，道光六年、十年，喀什噶尔出征官兵内阵亡者二百三十余名，其所遗之缺，皆选身材较高之闲散，补充兵缺当差。现有闲散丁，皆年幼尚未长成。故八旗披甲缺，委实不能选补，可否仍照前例，由锡伯营再拣选闲散丁一百名，连同家眷一并移入索伦营，以备拣选披甲。"经伊犁将军转奏，"照前办之例，由锡伯营拣选闲散丁一百名，连同家眷一并移入索伦营，均匀分至该牛录"。先后两次共选锡伯闲散丁 260 户移入索伦营，使其兵源危机得到了一定程度的缓解。

同时，伊犁索伦兵营官兵形成多元化发展趋势。同治年间，伊犁地区战乱不断，沙俄乘机入侵伊犁，侵占了霍尔果斯河以西索伦兵营牧场。索伦营官兵携其家眷纷纷逃到塔尔巴哈台。光绪八年（1882）收复伊犁后，塔尔巴哈台的索伦营官兵有一部分回到伊犁，并编入刚刚恢复的索伦营，留在塔尔巴哈台的索伦营官兵，则编入当地新满营军事化社会组织。新疆伊犁索伦营的鄂温克族主要生活区域有塔城、索伦古城、喀拉哈巴克乡、别肯托和德村、阔斯哈巴克村、上满致巴克村等地，除此之外的地方也驻扎过鄂温克族官兵。

　　1911年辛亥革命后，清朝政府退出历史舞台，但伊犁索伦营军事化社会制度仍保留了一段时间。在民国后期和全国解放以后，许多鄂温克族从原来清朝政府时期设定的军事化社会组织中脱离，搬迁到新的行政管理区。尽管如此，在原有的生活区还是留下了一定数量的鄂温克族。一些地方或地名在20世纪50年代以后发生了变化，有的地区完全改换成新的名称。比如，像新疆伊犁霍城县和塔城地区的所谓达斡尔族和锡伯族中，就有不少清代伊犁索伦营的鄂温克族将士后裔。虽然达斡尔族早在康熙六年（1667），就想把自己从"索伦"总称下剥离出来，取用本民族的"达斡尔"族称，但由于长期在索伦营军事化社会组织内生活，所以未能完全摆脱"索伦"这一社会化的称呼。新中国成立后，在新疆伊犁地区索伦营的鄂温克族和达斡尔族的族称被混淆了，致使很多索伦营的鄂温克族被划入锡伯族或达斡尔族。其实，像新疆伊犁地区的萨玛基尔、白伊格日姓的达斡尔族均属于鄂温克族。现在这些地区，只有极少鄂温克族改回了本民族称呼，绝大多数人还在使用锡伯族或达斡尔族的族称。①

---

① 西迁新疆伊犁的索伦营这一节文稿资料主要参考了中国第一历史档案馆研究员吴元丰发表于《故宫学术期刊》2002年第19卷第3期的论文。

第四章 鄂温克族现有行政辖区

本章讨论新中国成立以后鄂温克族现有行政辖区，主要是鄂温克族自治旗、鄂温克族苏木和民族乡。本章在分析鄂温克族自治旗和苏木时，没有涉及居住于其他某一村屯的鄂温克族，也不涉及鄂温克族先民在历史上生活过的一些村屯或个别地区。众所周知，在我国鄂温克族自治的旗县级行政辖区只有一个，还有鄂温克族苏木或民族乡，其中，鄂温克族苏木只有一个，鄂温克民族乡有 7 个，另外还有一个与达斡尔族共建的民族乡。鄂温克族在历史上生活过的村屯有很多，在这一学术研究领域，我们要做的工作还很多，以后可以继续开展更有广泛意义、更加全面系统、更深入细致的研究。

第一节 鄂温克族自治旗

鄂温克族自治旗是我国三个少数民族自治旗之一，也是鄂温克民族实行民族区域自治的地方，是鄂温克族最多的地方，也可以说是有史以来鄂温克族先民生活岁月最长的地方之一。清朝政府在鄂温克族集中生活的地方建立了军事化社会组织"索伦部"。清政府把索伦部的一部分鄂温克族将士派遣到呼伦贝尔去保疆卫土，以鄂温克族为核心的索伦部军团到呼伦贝尔后，将城址定在海拉尔，命名为"呼伦贝尔城"，也就是今天海拉尔河东的呼伦贝尔旧城。东北沦陷后，1932～1933 年，伪满政府将索伦八旗、布利亚特旗、厄鲁特旗合并建立了索伦旗，隶属兴安北省，当时的索伦旗辖区除了包括现在的鄂温克族自治旗所有土地面积之外，还包括免渡河镇、牙克石市市区、特尼河苏木、海拉尔区建设街道和哈克镇等地区。

到了 1945 年，这些地方一并划入呼伦贝尔自治省；1948 年呼伦贝尔自治省改称内蒙古自治区呼伦贝尔盟。在此后的 10 年，索伦旗辖区的某些地方又被重新调整，其中包括 1948 年划出的海拉尔建设街道、1949 年划出的特泥河苏木、1950 年划出的哈克镇、牙克石市市区、免渡河镇；1958 年 8 月 1 日索伦旗改称鄂温克族自治旗，行政辖区有辉、伊敏、锡尼河东、锡尼河西、南屯、巴彦嵯岗 6 个苏木和 1 个公私合营牧场；1961 年，由锡尼河东苏木分出孟根楚鲁苏木，南屯苏木分出巴彦塔拉苏木。

1968 年 2 月，自治旗革命委员会成立。1969 年 8 月 1 日，鄂温克族自治旗随呼伦贝尔盟划归黑龙江省管辖。"文革"期间，鄂温克族自治旗苏木这一级行政单位均改成人民公社。1973 年，巴彦嵯岗人民公社分出大雁办事处，1975 年大雁办事处改名为大雁镇。这时的鄂温克族自治旗辖有大雁 1 个镇和辉、伊敏、锡尼河东、锡尼河西、孟根楚鲁、南屯、巴彦塔拉、巴彦嵯岗 8 个人民公社，以及 1 个公私合营牧场。1978 年南屯人民公社改为巴彦托海人民公社。

1979 年 7 月 1 日，随着呼伦贝尔盟从黑龙江省重新划归内蒙古自治区，鄂温克族自治旗也重新隶属内蒙古自治区管辖。1980 年 12 月，鄂温克族自治旗撤销旗革委会，完全恢复了鄂温克族自治旗人民政府。当年，巴彦托海人民公社改称巴彦托海镇，旗内各公社革命委员会也被人民公社管理委员会取而代之。这使鄂温克族自治旗管辖范围主要包括巴彦托海镇和大雁镇，以及辉、伊敏、锡尼河东、锡尼河西、孟根楚鲁、巴彦塔拉、巴彦嵯岗 7 个人民公社。1984 年 10 月 18 日，旗人民政府撤销巴彦塔拉人民公社，成立巴彦塔拉达斡尔民族乡；撤销孟根楚鲁公社建置，恢复苏木建置，分别设立锡尼河东苏木和孟根楚鲁苏木。同年 10 月 25 日，旗第五届人民代表大会宣布撤销人民公社，建立乡、镇、苏木人民政府。1985 年 2 月，还筹建了红花尔基镇，同年成立伊敏河办事处。1986 年 12 月 1 日，红花尔基镇人民政府成立。1988 年 4 月，伊敏河镇人民政府成立；5 月 27 日，新成立阿尔善诺尔苏木人民政府；9 月，旗人民政府将辉苏木所辖乌日切希、额格都宝龙、伊拉拉塔 3 个嘎查划归阿尔善诺尔苏木，并将阿尔善诺尔苏木更名为北辉苏木。1990 年 6 月，改大雁镇为大雁矿区，至此，鄂温克族自治旗行政管理辖区包括 1 个矿区 3 个镇、1 个乡、7 个苏木，具体讲，就是大雁矿区和巴彦托海镇、伊敏河镇、红花尔基镇，以及巴彦塔拉达斡尔民族乡和伊敏苏木、辉苏木、北辉苏木、锡尼河东苏木、锡尼河西苏木、孟根楚鲁苏木、巴彦嵯岗苏木。经过 1993 年和 1997 年以及此后多次对旗界问题的磋商，确定了鄂温克族自治旗与牙克石市、海拉尔、陈巴尔虎旗之间的界线，废止了过去不同历史年代划定的旧界限。

2001 年 4 月，鄂温克族自治旗撤销北辉苏木，其行政辖区并入辉苏木管理范围；撤销孟根楚鲁苏木，并入锡尼河东苏木管辖。2001 年 10 月，呼伦贝尔盟撤盟设市后，鄂温克族自治旗自然划归该市管辖。2005 年，全旗辖 1 个矿区、3 个镇、1 个民族乡、5 个苏木，即大雁矿区和巴彦托海、伊敏河、红花尔基三个镇，以及巴彦塔拉达斡尔民族乡和伊敏、锡尼河东、锡尼河西、辉、巴彦嵯岗 5 个苏木，旗人民政府所在地为巴彦托海镇。2006 年，大雁矿区和巴彦嵯岗苏木合并为巴雁镇，锡尼河东苏木和锡尼河西苏木为锡尼河镇，红花尔基镇并入伊敏苏木。结果，鄂温克族自治旗辖 4 个镇、1 个乡、2 个苏木，即巴彦托海、巴雁、伊敏河、锡尼河 4 个镇和巴彦塔拉达斡尔民族乡以及辉、伊敏 2 个苏木。2010 年，并入伊敏苏木的红花尔基镇又分了出来。2011 年 5 月，合并不久的巴雁镇又分成大雁镇和巴彦嵯岗苏木；锡尼河镇被撤销，划分为锡尼河东苏木与锡尼河西苏木。那么，经过多次的调整和重新规划，现在的鄂温克族自治旗行政辖区内包括 5 个苏木、1 个民族乡、4 个镇，4 个镇指巴彦托海镇、大雁镇、伊敏河镇、红花尔基镇，5 个苏木指巴彦嵯岗苏木、锡尼河西苏木、锡尼河东苏木、伊敏苏木、辉苏木，1 个民族乡就是巴彦塔拉达斡尔民族乡。另外，还有 44 个行政嘎查。

鄂温克族自治旗东边与牙克石市接壤，南与扎兰屯市、兴安盟的科右前旗交界，西和新巴尔虎左旗为邻，北邻海拉尔区、陈巴尔虎旗。这里除了主体民族鄂温克族之外，还有汉族、蒙古族、达斡尔族、鄂伦春族、满族、朝鲜族、回族、锡伯族、俄罗斯族等 20 多个民族。旗政府设在呼伦贝尔市海拉尔区正南方向 9 公里的巴彦托海，距呼伦贝尔市机场有 10 公里。不过，旗政府所在地巴彦托海，过去一直被称为南屯。该旗使用语言除鄂温克语索伦方言，还有汉语东北官话、达斡尔语，以及巴尔虎蒙古语和布列亚特蒙古语等，使用文字蒙古文和汉文，旗广播电台使用鄂温克语、蒙古语、汉语三种语言。旗内有普通中学 11 所，职业中学 2 所，小学 10 所，幼儿园 20 所。其中，有蒙古文授课的学校和汉文授课的学校，鄂温克语作为民族语言特色教育来授课。

鄂温克族自治旗境内，除了偏远边境地区的牧场、山林之外，可以说交通四通八达、通信网络已经覆盖，还有大雁火车站和伊敏火车站。畜牧业经济和农业经济是该旗第一产业，工业是第二产业，加工业会服务性产业是第三产业。旗内兴建了伊敏华能煤电公司、大雁煤业公司、红花尔基林业局三大企业。除此之外，这里还有辉河湿地生态自然保护区，以及红花尔基樟子松自然保护区，辉河湿地生态自然保护区。

鄂温克族自治旗有树木茂密的大兴安岭，辽阔无边的绿色草原，星罗棋布的湖泊泉眼。改革开放以后，这里的经济突飞猛进，牧业立旗、工业富旗、生态兴旗、科教强旗和旅游旺旗成为当地人的重要发展战略，进而在很大程度上加速了工业化、畜牧业产业化、城镇化进程，不断优化投资环境，强化产业结构调整、科技推广和城镇建设步伐。在此基础上，鄂温克族自治旗树立了工业大旗、奶业大旗、生态大旗、文化大旗和旅游大旗的奋斗目标，有力推进了畜牧业产业化、工业化、城镇化进程，为牧业工业化、牧区城镇化、牧民知识化、整体现代化奠定了坚实基础。尤其是鄂温克族自治旗旗所在巴彦托海镇已发展成为灯火辉煌、楼群林立、商业发达、现代公路纵横交错的美丽富饶的现代化小城市。所有这些再一次说明鄂温克族是一个勤劳、勇敢、智慧和充满创造力的民族。他们用不灭的信仰、不屈的精神、永不放弃的信念与追求，用智慧的头脑和勤劳的双手，一次又一次地克服困难，建立自己美丽的家园。

总之，已经进入新的历史发展阶段的鄂温克族自治旗，用全新的精神面貌不断创造更加美好的未来，从而使这片土地更加充满活力，变得更加灿烂辉煌。同时，他们的社会制度建设更加健全，社会更加文明、更加和谐、更加进步，社会建设更加全面，下面分别阐述该旗辖区范围内的镇乡情况。

1. 巴彦托海镇

巴彦托海镇是鄂温克族自治旗政府所在地，占地总面积为 546.82 平方公里，可利用草场面积 456.42 平方公里左右，位于该旗北部位置，伊敏河下游，距呼伦贝尔市海拉尔区 9 公里，总人口约有 2.4 万人。这里春秋风大凉爽，雨水多，冬季下雪大而时间长，年积雪期约 180 天。

巴彦托海是阿尔泰语系满通古斯语族语言和蒙古语族语言共同使用的词语，主要表示"富裕的河湾"或"美丽的河湾"之意。早时，此地不叫巴彦托海，而是叫胡济日托海，意思是"碱性河湾"或"碱性大的河湾"。起初，这里的居民不多，所以也称胡济日托海艾里，是指"建兴河湾小屯"，日伪时期在这里还建过胡济日托海苏木，1946 年索伦旗临时政府把这里改为巴彦托海苏木，1958 年根据人们当时的习惯叫法，又改称南屯人民公社。这是因为，巴彦托海苏木位于海拉尔正南 9 公里处，因此人们习惯把它叫作海拉尔的南屯。当然，这种叫法也符合当地人们把这里称作"小屯子""屯子"的习惯。1978 年，经自治区人民政府批准设立巴彦托海人民公社。

巴彦托海镇是鄂温克族自治旗政治、经济、文化、教育中心，也是鄂温克族、鄂伦春族、达斡尔族、蒙古族、汉族、满族、回族、朝鲜族、锡伯族、俄罗斯族等多民族共同生活的地方。根据我们现已掌握的资料，巴彦托海镇包括 12 个居民委员会，6 个嘎查和 1 个牧场，镇内有纵横交错的柏油公路，完美系统科学的交通设施，以及网络通信系统，还有十分完善的现代化供电供水供暖系统，自来水供水能力达到 100 吨/日。巴彦托海镇教育、文化、卫生、金融、商业等十分齐全。全镇建有 5 所中学、4 所小学、1 所幼儿园、1 所敬老院、3 座医院，还设有政府综合服务大楼、文化馆、图书馆、博物馆、文体中心、电影院、医疗保健中心、老干部活动室、计划生育辅导站、兽医站、农牧业机械服务站等机构。巴彦托海镇的乡镇企业主要有乳品厂、皮革厂、砂石厂、机械修造厂工程公司等。畜牧业经济同样是该镇的主体经济。

2. 伊敏河镇

伊敏河镇位于鄂温克族自治旗中部，东至伊敏河畔，北与锡尼河西苏木毗邻，南靠伊敏苏木。行政辖区总面积为 207.6 平方公里，总人口 2.8 万人。

伊敏河镇原属该旗伊敏苏木伊敏嘎查和永丰嘎查的牧草地，这里曾经还有过一个美丽的湖泊，曾是水草丰美的牧场。1973 年，国家地质勘探队在此发现了储量十分可观的地下煤炭资源。1976 年，一座现代化露天规模化新型矿区开始筹建，经过 5 年时间，伊敏河露天矿区于 1981 年建成。1985 年 4 月，鄂温克族自治旗在矿区设立了伊敏河矿区办事处。1998 年 4 月，该旗将伊敏河矿区升级为镇一级行政辖区，并命名为伊敏河镇。

全镇辖有团结、新建、牧场、建材、矿泉、创业、兴安和友联 8 个居民委员会。居民除了主体民族的鄂温克族，还有汉族、蒙古族、回族、满族、朝鲜族、达斡尔族、鄂伦春族、壮族、藏族、锡伯族、土家族和俄罗斯族等。1979 年海拉尔到伊敏镇的铁路，以及 1984 年海拉尔到伊敏镇的公路交通的建设完成，给该镇的经济发展带来极大活力和生命力。与此同时，现代化供电供水供暖设备的健全，通信网络系统的普及，使这里的人们过上了现代化的城镇化生活。

国家大型煤电联营企业华能伊敏煤电有限责任公司就坐落在伊敏镇，自 1976 年 7 月开发建设以来，历经多次公司化改造，现由中国华能集团公司全资拥有。公司现下设发电厂、露天矿等 21 个生产单位和职能部门，确立起了统一经营、统一核算、集中管理的扁平化管理机制，形成了以煤电一体化生产为主，物业管理、多种经营、企业办社会互为依托，全面发展的产业格局。伊敏河镇以由伊敏现代化露天矿区发展而来的华能伊敏煤电有限责任公司为依托，实现了快速、健康、环保、稳步、可持续长期发展，成为伊敏富饶辽阔草原上的一个美丽的小镇，也自然而然地成为伊敏草原牧区教育、文化、卫生、金融、商业中心。这里还建有 1 所技术学校、2 所中学、4 所小学和 6 所幼儿园，以及职工医院、劳动服务中心、福利院等。尽管伊敏镇已经步入工业化、现代化、城镇化发展阶段，但还是没有丢掉畜牧业经济这一传统支柱产业。近些年来，该镇的畜牧业经济得到较快发展，生产方式发生了翻天覆地的变化，从而使畜牧业总产值逐年递增，为本地区经济社会进步贡献了力量。

3. 大雁镇

大雁镇，也叫大雁矿区，因为该镇是以煤炭生产为主业的新兴城镇，因此人们习惯于叫它大雁矿区。大雁镇位于鄂温克族自治旗东部的大兴安岭西坡，以及海拉尔、牙克石和陈巴尔虎旗交界的三角地带，滨洲铁路和301 国道线上。该镇距旗政府所在地巴彦托海镇 75 公里，总面积为 433 平方公里。

大雁镇，起初属于索伦部左翼镶黄旗和正白旗牧场，索伦旗成立之后，被划入当时的莫和尔图苏木辖区。1948 年 2 月，特尼河苏木、莫和尔图苏木合并为巴彦嗟岗苏木，大雁镇同时划归巴彦嗟岗苏木。1957 年，鄂温克族自治旗政府在此地另设了一个国营种马场——大雁种马场。1961 年，巴彦嗟岗苏木与大雁种马场合并，可是刚过两年，又于 1963 年分开。在大雁建矿前，这里水草丰美，是非常理想的牧场，也是南来北往的大雁歇脚栖息的地方。后来，人们在这发现了储量可观的优质煤矿，开始建设煤矿。建设者们在煤矿建设的初期阶段，经常看到丰美的水草边成群成群的大雁栖息，就把这里叫成了大雁。然而，伴随该地区煤矿开发和煤炭产业的不断壮大，以及煤矿工人和本地人口的不断增长，加上社会管理需求也不断加大。

该镇管辖范围涉及雁中、雁东、雁南、雁北 4 个社区，总人口达到 7 万多人，其中除主体民族的鄂温克族外，还有汉族、蒙古族、达斡尔族、满族等 16 个民族。在这里，不仅有极其丰富的地下矿藏资源，还有 6 万亩的林区及 22 万亩的牧场，还有自治区一级的泉水潺潺、风光优美、景色宜人的五泉山自然风景保护区，被誉为鄂温克草原上的"黑珍珠"。镇里除煤炭矿区经济优势，还有已成一定规模的农区农业经济、牧场畜牧业经济及林业经济。另外，还以煤炭这一地方性强势产业为依托，发展了 9 家集体企业、8 家联营企业、786 户个体企业，共 803 家乡镇企业，主要从事服务业。

大雁镇有完善齐全的医疗卫生、社保及教育机构，是周边地区和牧区的教育、文化、卫生、金融、商业中心。该镇的教育事业发展很快，现已有 1 所高中、6 所初中、7 所小学和若干个学前班幼儿园和普通幼儿园。在汉语教学方面，在该地区处于领先地位，从而给全国各地的大学输送了不少优秀大学生。

4. 红花尔基镇

位于鄂温克族自治旗的东南部，处于大兴安岭西坡中低山区与呼伦贝尔草原的接合部，距旗政府所在地巴彦托海镇 115 公里。全镇总面积 291.98 平方公里。红花尔基镇建于 1985 年，下辖 3 个居民委员会和头道桥村村委会。红花尔基樟子松林是全国乃至亚洲最大的，而且是唯一集中连片的樟子松林，所以这里素有樟子松故乡之美誉。该镇对樟子松林实施封育培植计划，以此扩大樟子松森林面积、提升樟子松森林覆盖率，2003年，该镇晋升为国家级樟子松自然保护区。镇内河流纵横，水资源极为丰富，主要有伊敏河、红花尔基河、辉河、奎腾河，主要流向为自西向东。

红花尔基镇经济以林业为主，以牧业为基础产业，还有以个体经营的农业。这里虽然处于山林深处，但同样实现了交通电信电网畅通，现代化供电供水供暖。红花尔基镇的居民有鄂温克族、蒙古族、达斡尔族、鄂伦春族、汉族、回族、满族、朝鲜族等，总人口有 4000 人以上，其中，绝大多数是鄂温克族和蒙古族、汉族。镇内有 1 所中学、2 所小学、1 座医院及设备完善的金融、商业、邮电、运输服务部门。毋庸置疑，红花尔基镇的主要产业是林业，同时也有个体农业、牧业、加工业、木料加工业、农副产品加工业、畜牧业产品加工业、旅游业等小型产业。其中，农业和畜牧业经济发展较快，民族特色、地域特色、山林特色旅游业也给该镇的经济社会发展注入一定活力。红花尔基镇现已成为鄂温克族自治旗山林美丽城镇、独具特色的樟子松自然生态保护区，以及山林旅游理想胜地。

5. 辉苏木

位于鄂温克族自治旗西南部，距巴彦托海镇 120 公里，南与兴安盟科右前旗为邻，西与新巴尔虎左旗隔谢沃特河相望，北部与巴彦塔拉达斡尔民族乡接壤，东与锡尼河西苏木和伊敏苏木交界，总面积 2955.6 平方公里。这里为平原和丘陵相间地貌，南部和东南部都是森林，并有丰富的水资源，境内主要河流有辉河、辉腾河、希贵图河，还有一些大大小小的湖泊。辉河两岸有丰富的芦苇塘和碱性牧草地。草原牧场十分辽阔，并盛产草原白蘑。辉苏木因辉河而得名，辉河由南向北穿越辉苏木美丽富饶的草原牧场流向下游。由于辉苏木湖泊较多，湖泊里又有许许多多的天鹅，所以鄂温克族人民把辉苏木称为乌日切之乡。乌日切（Uriqie）是鄂温克语，指"天鹅"。

1932 年，辉苏木的草原牧场属于索伦右翼镶红、镶蓝两旗管辖。1933年 7 月，八旗制社会管理体制被取缔以后，兴安北省建索伦旗的同时在辉苏木辖区内新设了南辉与北辉两个苏木。1948 年 3 月，南辉苏木和北辉苏木合并成立辉苏木。1958 年，辉苏木成立人民公社，1984 年，辉人民公社撤销，恢复了原来的辉苏木。1988 年 9 月，辉苏木辖区北部的乌日切希、额格都宝龙、伊拉拉塔 3 个嘎查分离出来，设立了阿尔善诺尔苏木。然而，到了 2001 年，辉苏木辖区内的两个苏木又合并为一个苏木。这里除主体民族鄂温克族之外，还有蒙古族、达斡尔族、汉族、鄂伦春族、满族等民族。辉苏木辖有完工托海、辉道、哈克木、乌兰宝力格、喜贵图、巴彦乌拉、伊勒利特、嘎鲁图、乌兰图格、查干诺尔、阿尔善诺尔 11 个嘎查小学，还有卫生所和辉河林场。该苏木交通、电网已经覆盖，并有中心学校、幼儿园、医院、文化站、邮局、银行、商业服务设施和机构。畜牧业经济是这里的主要产业，除此之外，个体性质的畜牧业机械服务、农业机械服务、粮食加工、奶食品加工、肉食品加工、皮毛服装加工及地方特色饮食产业发展较快。

6. 伊敏苏木

位于鄂温克族自治旗中南部，地处大兴安岭北坡，南与扎兰屯市和牙克石市相界，东与锡尼河东苏木为邻，北为伊敏河镇、西与辉苏木接壤。境内河流纵横交错，其中，主要有伊敏河、维特根河、红花尔基河、维纳河、塔日气河、牙多日河、桑多日河等，伊敏河纵贯该苏木和嘎查，将伊敏苏木分成河东河西两大部分。该苏木的草原牧场十分辽阔，牧场占地面积有 2606.24 平方公里。这里春季风大雨水少，秋季也是风很大雨雪不大，夏季温和而短促，有一定雨水量，冬季雪多雪大十分寒冷，严寒从深秋开始会一直延续至初春，也就是说，到了立春季节还保留冬季的严寒，秋天还未结束就会地冻飘雪。

伊敏苏木因敏河而得名，伊敏苏木所在地于 1732 年建厄鲁特旗，到了1934 年兴安北省撤销厄鲁特旗，建立阿贵图苏木和毕留图苏木，隶属当时的索伦旗管辖。1948 年 3 月，这两个苏术合并为伊敏苏木。1958 年，伊敏苏木改为伊敏人民公社。然而，1984 年又恢复了伊敏苏木的名称。伊敏苏木政府所在地，距鄂温克族自治旗巴音托海镇有 120 公里。苏木辖区内有吉登、红果勒吉、毕鲁图、巴彦塔拉、阿贵图、维特很、伊敏、永丰 8 个嘎查。该苏木尽管有 8 个嘎查，但每一个嘎查的人口都不多，总人口加起来也就是 5000 人左右。在这里，居住的主要有鄂温克族、蒙古族、达斡尔族、汉族、朝鲜族、满族等民族。苏木所在地设有中心小学、医院、商场、邮局、兽医站、银行、文化站等，交通和电网设施比较完善，也有牧业机械服务、农业机械服务、副食品加工、农副产品加工、肉食品加工、乳制品加工、民族特色服饰加工，以及小饭店、小旅馆、肉店、个体运输等服务性第三产业。伊敏苏木的主体经济是畜牧业，与此相配套的农业、林业、旅游业的发展也很快，进而给本地区经济社会发展注入了新的活力和生命力。

7. 锡尼河西苏木

该苏木位于鄂温克族自治旗的中西部，伊敏河的西岸，距旗政府所在地 25 公里，总面积为 3165 平方公里。该苏木政府所在地为穆兰德克德恩，原属索伦右翼正黄与正红旗牧草地。

1790 年，一部分厄鲁特蒙古人迁至此地，并被原住民的厄鲁特蒙古人称作"锡尼很人"（shinehen），意思是"新来者"。后来，由于鼠疫等疾病的危害，厄鲁特蒙古人的人口大大减少。再加上山区盗匪经常骚扰和掠夺财物家产，迫使这一带的厄鲁特蒙古人南迁。1922 年，布利亚特蒙古人迁入这一地区，很快成立了布利亚特旗。1934 年，当时的政府将旗改为锡尼河苏木，隶属索伦旗。1948 年，锡尼河苏木、哈日噶那苏木合并为锡尼河苏木。后来，又把锡尼河苏木分为东西两个苏木。1958 年又将东西两个苏木合并成锡尼河人民公社。1960 年，将锡尼河人民公社分为锡尼河东公社和锡尼河西公社。1984 年，撤销锡尼河西公社，设立锡尼河西苏木。

该苏木辖区内有特莫呼珠、好力堡、巴彦胡硕、西博 4 个嘎查。苏木所在地设有蒙古语初级中学 1 所、小学 3 所、医院 1 所，还有石油供应站、银行营业所、文化站、商店、机械管理站、邮局、兽医站等。全苏木共有人口 4000 多，主要为鄂温克族、蒙古族、达斡尔族和汉族。在蒙古族中，以布利亚特蒙古人为主。畜牧业是该苏木的主体经济，还建有小型乳品加工、肉食加工、民族服饰加工、民族饮食加工，以及畜牧业机械服务、餐饮业服务、住宿服务、旅游服务等第三产业。

8. 锡尼河东苏木

位于鄂温克族自治旗东南部，东北与巴彦嵯岗苏木相连，西北与锡尼河西苏木毗邻，东与牙克石市相邻，西南与伊敏镇和伊敏苏木为界。苏木土地面积 5869.9 平方公里，苏木所在地叫孟根楚鲁，距旗所在地巴彦托海镇约 36 公里。苏木南部有森林，林地面积 1179.86 平方公里。北部是辽阔的草原牧场，牧场面积为 2288.07 平方公里。年平均气温 -2.4℃ 左右，积雪期约 180 天，年降水量 350 毫米。境内河流较多，主要有锡尼河、维特很河、牙多尔河、维纳河、哲尔德河等。

1934 年，锡尼河苏木成立。1948 年春，锡尼河苏木与哈日嘎那苏木合并成锡尼河苏木，后来该苏木又划为锡尼河东和锡尼河西两个苏木。1958 年这两个公社合并成锡尼河人民公社。1960 年再次分为锡尼河东公社与锡尼河西公社。1984 年将这东西分离的两个公社改为苏木，即恢复了原来的锡尼河东苏木说法。

该苏木总人口达到 5000 人，辖区范围内有布日都、罕乌拉、哈日托海等纯牧业嘎查和自然屯，居住着蒙古族、鄂温克族、达斡尔族、汉族、锡伯族、满族、俄罗斯族等民族，其中布里亚特蒙古人口占优势。这里还设有学校、卫生院、文化站、粮站、供销社、兽医站、电视转播台、农牧机械站与畜牧业机械展等机构。锡尼河东苏木以物产丰富、土地优质而著称。得天独厚的资源优势，给畜牧业经济的发展提供极其优厚条件，使作为主体经济的畜牧业经济取得长期稳步、可持续的发展。另外，苏木地底下蕴藏丰富的煤炭资源，储量十分可观，煤炭资源开发前景十分广阔。锡尼河东苏木有完善而遍布的道路、桥梁、通信、电力、电信、网络基础设施。2002 年兴建的孟根楚鲁自来水工程解决了人畜饮水问题。该苏木建有 8 公里长的砂石路，对生存生活自然环境进行美化、绿化，修建了连接伊敏河两岸的孟根楚鲁大桥，进一步优化了外部投资环境，有力推动了畜牧业经济及第三产业。这里有与法国维希矿泉能够相媲美的、具有治疗功效的维纳河矿泉。该苏木的生活环境和生产环境理想，所以给煤炭、乳业、肉业、草业、旅游业发展注入了强大的生命力。

9. 巴彦嵯岗苏木

巴彦嵯岗苏木北面与海拉尔市哈克乡接壤，东北方向同大雁矿区为邻，东与牙克石市为界，南和西南与锡尼河东苏木为邻，西靠巴彦托海镇，地理坐标为东经 120°04′45″~120°52′22″，北纬 48°43′57″~49°11′06″。苏木所在地叫莫和尔图，总面积为 920.12 平方公里，其中，草场面积是

721.77 平方公里，森林面积有 143.86 平方公里。年平均气温 – 2.4℃，积雪期 180 天左右，年降水量达到 350 毫米。

巴彦嵯岗苏木的"巴彦嵯岗"（bayin changan）一词是复合词，也是阿尔泰语系满通古斯语族语言和蒙古语族语言的通用语。其中的"巴彦"（bayin）表示"富裕"，"嵯岗"（changan）含有"白的""洁白的""纯洁的""无私的"等意思。作为地名的复合词"巴彦嵯岗"（bayin changan）应该表达"洁白的富裕""纯洁的富裕""无私的富裕"等意思。那么，作为该地区的乳名莫和尔图（mehertu）一词是鄂温克语，源于"莫和尔图河"，有关该河名的解释，一种说法是说同"蚯蚓"有关系，据说该河两岸潮湿的草地上有许多"蚯蚓"，鄂温克语里将"蚯蚓"就叫莫和尔图（mehertu），因此人们就叫该河流为"莫和尔图河"，意思说"有许多蚯蚓的河流"；另一种说法是说，在早期鄂温克语里莫和尔图（mehertu）一词还含有"弯曲的"概念，由于该河流是一条弯曲较多的河流，所以人们就叫它"弯曲的河"，用鄂温克语说莫和尔图河（mehertu doo），同时把莫和尔图河流域及周边地区称为莫和尔图地区。

巴彦嵯岗苏木在历史上属于索伦左翼镶黄和正白两个旗的牧场地，1948 年 2 月在此地建了苏木一级的行政辖区，并称为巴彦嵯岗苏木。1960 年 2 月，该苏木与大雁马场行政辖区合并，可过了两年，也就是于 1962 年又各自分开，设巴彦磋岗人民公社，1984 年撤销人民公社之称恢复了苏木的名称。巴彦嵯岗苏木辖区有莫和尔图嘎查、扎格达木丹嘎查和阿拉坦敖希特嘎查。据 2010 年人口统计，共有人口 2 万余人，以鄂温克族为主，另有汉族、蒙族、达斡尔族、鄂伦春族、满族、朝鲜族、回族等民族。这里有苏木小学、卫生院、文化站、粮站、供销社、兽医站、电视转播台、农牧机械站与畜牧业机械站、银行营业所、林业站等机构。畜牧业经济是本地区主要产业，其他有农业经济、林业经济、乳食品加工、肉食品加工、民族特色服饰加工、地方旅游业、饮食服务业、运输业等服务性产业。

10. 巴彦塔拉达斡尔民族乡

位于鄂温克族自治旗北部，离旗所在地 14 公里，总面积 418.48 平方公里，其中，牧场地占 388.25 平方公里，森林面积有 4.16 平方公里。年平均气温一般保持在 – 2.4℃，最高气温基本不超过 36℃，最低气温在

－46℃左右，积雪期约 180 天，年降水量保持在 120 毫米左右。不过，这些年降水量逐年下降。巴彦塔拉达斡尔民族乡早期属于巴彦托海的行政辖区，1961 年以后才单独划分为乡一级行政部门，当时就叫巴彦塔拉人民公社。1984 年 10 月，旗政府撤销人民公社，设立巴彦塔拉达斡尔民族乡。该乡是鄂温克族自治旗辖区范围内唯一的达斡尔民族乡，辖区内有巴彦布拉尔、巴彦诺尔、巴彦朝格、巴彦温都尔、巴彦伊兰、巴彦纳文 6 个嘎查。

该乡是一个以达斡尔族为主的民族乡，1984 年建乡时达斡尔族占全乡总人口的 69.4%，后来移来不少汉族和蒙古族，使该地区的达斡尔族人口比例有所下降。据 2010 年人口统计数据，巴彦塔拉达斡尔民族乡人口有 3000 左右。乡里设有小学、卫生院、文化站、粮油点、商店、银行营业所、兽医站、水文站、农机服务站和变电站等。主体经济是畜牧业，乡里经营农产品及畜牧业生产生活用品加工、乳食品加工、肉食品加工、农副产品加工、建筑原料加工、旅店、饭店等乡镇企业和服务型行业。由于该苏木所处的位置属于鄂温克族自治旗的交通要道，所以这里的交通十分发达，也有完善的电力、电信、电网系统。

第二节 鄂温克族苏木乡一级行政辖区

本节我们主要讨论鄂温克族苏木、鄂温克族乡一级行政辖区。也就是说，鄂温克族生活的地区除了旗一级的自治行政部门，还有苏木一级的行政辖区。不过，鄂温克族集中生活的旗一级的行政部门叫自治旗，而鄂温克族集中生活的苏木或乡一级的行政辖区不叫自治苏木或自治乡，就叫×××鄂温克民族苏木或×××鄂温克民族乡等。比如，陈巴尔虎旗鄂温克民族苏木、杜拉尔鄂温克民族乡。根据我们现已掌握的第一手资料，在我国苏木和乡一级鄂温克民族行政辖区共有 8 个，其中鄂温克民族苏木只有 1 个，鄂温克民族乡有 7 个。从严格意义上讲，牧区鄂温克族集中生活的乡一级行政辖区就叫苏木，林区或农区鄂温克族集中生活的行政辖区就叫乡。

一 陈巴尔虎旗鄂温克苏木

内蒙古自治区呼伦贝尔草原陈巴尔虎旗莫尔格河流域有一个鄂温克族

集中生活的苏木，也是我国唯一的鄂温克民族苏木。该苏木的地理坐标为东经 118°～112°，北纬 48°40′～50°15′，位于陈巴尔虎旗东北部，与牙克石和额尔古纳市毗连。全苏木占地面积为 7552 平方公里，其中草牧场面积 5540 平方公里，是全旗面积最大的苏木。1949 年 10 月，以游牧于特尼河、孟根楚鲁、海拉尔河之间的鄂温克人为主，同时还将零星分散的少数蒙族、汉族、俄罗斯族纳入其中组建了特尼河苏木。1952 年 5 月，特尼河苏木人民政府，从特尼河村迁至莫尔格勒河畔的那吉村，同年 10 月 8 日特尼河苏木改名为莫尔格勒苏木。1953 年，陈巴尔虎旗第一届人民代表大会，根据莫尔格勒苏木鄂温克族人民的心愿，又将莫尔格勒苏木改称鄂温克苏木。1958 年改称鄂温克人民公社。1960 年鄂温克人民公社迁至现在的苏木所在地阿达盖村。1984 年恢复了苏木人民政府。苏木所在地为阿达盖，西南距巴彦库仁镇 80 公里。该苏木占地面积大，牧草极其茂盛，水资源十分丰富，有莫尔格勒、哈吉、恩和三条河流经过这里。这里又是三河牛和三河马的发源地之一。苏木辖有恩和、哈吉、那吉、毕鲁图、阿日善、辉屯、雅图克、孟根诺尔 8 个嘎查。苏木以鄂温克族为主体民族，还有蒙古族、汉族、满族、达斡尔族、回族、俄罗斯族等民族。苏木总人口为 2602 人，其中鄂温克族人口 1685 人，占总人口的 64.8%。

这里四季鲜明，经常刮大风，但雪大雨少。而且，从 9 月中旬开始下初霜，到来年 5 月下旬才结束下霜期，所以有霜期长达 250 天或更长，无霜期一般在 110 天左右。他们主要从事定居和游牧相结合的畜牧业生产，即一部分人在定居点加工和经营与畜牧业生产活动密切相关的生产工具的副属性产业，另一部分人在秋、冬、春三季过游牧生活。而且，那些体弱瘦小的牲畜一般都留在定居点圈养，而那些健康肥壮的牛马羊或骆驼一年四季在根河以南、莫尔格河以北、三旗山以西、完工以东的辽阔的牧场上游牧。牧场的东北部靠近大兴安岭山林地带，东部还有白桦林和松树林。由东北流向西南的莫尔格河几乎横穿鄂温克苏木，是鄂温克苏木草原牧场的母亲河，也是这片草原永葆生机、活力的生命之河。这里的气候、气温变化比较大，冬季不仅风大雪也很大，经常出现可怕的寒流和暴风雪天气，从 11 月至第二年 3 月的 5 个月间，平均温度在 -18℃以下，最低温度达到 -50℃左右。下雪季节从 10 月就开始，有时一直下到来年 5 月底。

所以，这里的河流封冻期较长，牧场雪融发绿较晚。冬季是游牧最为艰难的时期。每年的 4 月到 6 月属于春季，春初同样风大有寒气，也经常下雪或下雨雪，平均温度在 9℃ ~ 10℃，但气温低时也会有零度以下的天气，温度高时也达到 18℃ 左右。春季的牧场最忙，生产活动包括接生羊羔马驹小牛犊、给新生的牛马羊打印记、剪羊毛给羊消毒等；该苏木的夏季从 7 月开始到 8 月就结束，时间比较短，平均温度保持在 16℃ 以上，不过随着全球气候的变化，夏季也会出现 30℃ 以上的高温天气。不过，这里的夏季雨水不是很多，风也不会很大，所以夏季的天气比较干燥。夏季牧场的工作主要包括收割和储存过冬的牧草、让牲畜长膘长肥长肉、训练牧马犍牛、搭建或修理棚圈，特别是从 7 月 15 日至 8 月 15 日这一个月是收割储存冬春牧草的季节。秋季从 9 月开始，11 月初结束，其间如果没有收割好冬春季节的牧草还要继续收割，更为重要的是准备过冬房屋和棚圈、选定过冬春季节的游牧场、准备过冬用的肉食奶食、缝制过冬穿用的衣物等。因此说，秋季也是一个十分繁忙的劳动季节。

过去这里的鄂温克人被称为"通古斯人"或"通古斯鄂温克人"，甚至称作"哈木尼干人"或"那麦德人"等。其中，使用最广且最具代表性的他称是"通古斯"。也就是说，这部分鄂温克人曾经生活在俄罗斯境内的通古斯克河畔，所以就叫他们为居住在通古斯克河畔的鄂温克人。据考证，"通古斯克河"的"通古斯克"与阿尔泰语系语言中表示"清澈"之意的形容词"通古斯克""通古勒格"有同源关系。由于"通古斯克河"是指"清澈的河"，由此应该将通古斯鄂温克人解释为："生活在清澈河畔的鄂温克人。"尽管不同历史年代不同民族或族群，给这部分鄂温克族用了不少他称，但他们的先民始终都自称"鄂温克"。根据我们的调研资料，很早以前鄂温克苏木的鄂温克族居住在黑龙江流域，故乡在阿穆尔海沿岸及石勒克河北岸，后来经贝加尔湖以东的通道和沿着额古纳河一步步迁徙到今天生活的地方。这部分鄂温克人早期生活在俄罗斯境内，受俄罗斯各方面的影响比较大，他们放牧的牲畜与俄罗斯的优良种畜交配，使牲畜品种不断得到改良。新中国成立以后，我国实行优秀而先进的民族政策，在很大程度上提高了他们的劳动积极性与生产效率，使他们的畜牧业生产得到快速发展。苏木所在地很快成为当地鄂温克族的政治、经济、文化中

心，这里不仅有苏木党委政府，还有了派出所、森林经营所、汽车与机械
工具修理部、医院、学校、邮局、商场、饭店等。陈巴尔虎旗鄂温克苏木
培养了近 30 名鄂温克干部，占苏木干部的 50% 以上。而且，苏木达（乡
长）、副苏木达（副乡长）几乎都是鄂温克族，苏木干部和公务员中鄂温
克族约占 85%。

在上级政府的大力帮助下，鄂温克苏木的畜牧业生产得到快速发展，
牲畜头数不断增加，1945 年时这里只有 1000 头牲畜，1950 年达到 3300
头，1956 年达到 2 万多头，每人平均占有 24 ~ 25 头牲畜。与此同时，鄂
温克苏木广泛进行各种疾病防治工作，每个嘎查都成立了卫生所，有受过
教育或培训的医护人员和接生员，基本上防止了各种疾病的蔓延，在很大
程度上降低了婴儿死亡率，使他们的人口逐年上升。尤其是过上半定居半
游牧生活后，鄂温克苏木出现了人畜两旺的生活景象，饲养五畜①的棚圈
条件、技术设备、管理水平都有了明显提高。他们让瘦弱的五畜在定居点
圈养过冬春，在游牧点放养健康且生命力强的五畜。科学的畜牧业生产方
式，燕麦饲料、豆饼、苞米等急需饲料的充足供应，以及收割牧草工作的
机械化操作，所有这些都在很大程度上保障了畜牧业产业的快速发展。根
据我们的调研，鄂温克苏木的鄂温克族有两个大牧场，一个是莫尔格河流
域的哈吉和灰腾牧场，它属于夏季最理想的牧场，也是淡水资源最多的牧
场，四季都可以充分利用；另一个是色格尔基牧场，这是个载畜量很高的
冬季牧场，牧场上有相当丰富的油性碱草和碱土，牲畜吃了这些碱草或碱
土，长得毛光水滑，提高耐寒抗寒能力，非常适合严寒冬季的草原牧场上
牲畜的过冬需求。但是，色格尔基牧场上淡水资源不多，多数是碱性水，
牲畜都不愿意喝或干脆不喝，多数情况下吃雪或喝井水，所以一旦过了冬
春季节，天开始变暖时牧场的畜群都被赶到哈吉和灰腾牧场放牧。

鄂温克苏木的鄂温克族牧民从小开始就在具体实践中学习、掌握畜牧
业生产技能和畜牧业知识。女孩从 7 岁开始跟母亲学挤奶，她们初学挤奶
时，母亲让女儿挤培训好的三岁的乳牛，并准备好小桶奶和小凳子，然后
母亲手把手地教女儿挤奶技巧。女孩如果到了 10 岁还不会挤奶，会被人们

---

① 五畜是指草原畜牧业生产中将牛、马、羊、山羊、骆驼叫五畜。

认为以后没有出息。男孩一会走路就开始学骑马，到 7 岁时基本掌握骑马本领，开始时骑没备马鞍子的老实马或小矮马，10 岁以后就可以骑马放羊了，18 岁以后就去放牛、马等大牲畜，还要掌握训练烈马等高难度技术活儿。如果牧人家有烈马，可自己的儿子不会训练烈马，就会被人们认为是丢人现眼的事。18 岁以后的男孩除完整掌握驯服烈马的技术之外，还要学习难度很大又需要智慧和勇气的套马技术，以及给马割势烙铁印、屠宰牲畜等技术。在这些方面有本事的年轻人不仅得到人们的尊敬和赞美，更是成为年轻女孩子追求的对象。鄂温克苏木的妇女还有梳八条辫子的习惯，以及婚前穿肩角凸出来的掐腰长袍，婚后要穿平肩掐腰长跑。男的除了严寒季节穿毛皮长袍或穿长毛朝外的大哈之外，其他时间都可以穿用呢子做的宽松大方的不扎腰带的长袍。或许是因为常年骑马走草地的关系，不论男女老少都喜欢穿长筒皮靴子。同样男女老少都戴三角帽子，三角帽上有菱角，两边有帽耳，冬天用皮毛制作，夏天用呢子制作，冬天戴的三角帽还要封面并有红丝线帽穗。他们还用很有特点的两轱辘马车、四轱辘马车和四轱辘牛拉篷车等。

这里所说的嘎查也就是指"村"，下文概括性分析该苏木嘎查的基本情况。

1. 哈吉嘎查

位于鄂温克苏木西南 50 公里处，东南与恩和嘎查相接，西与巴彦哈达苏木接壤，是属于纯鄂温克族嘎查。1947 年，莫和尔图与特尼河两个苏木合并为巴彦嗟岗苏木。1948 年，在特尼河和莫和尔图地区建立了哈吉巴嘎，这里所说的巴嘎也就是现在说的嘎查，哈吉嘎查是 1948 年鄂温克苏木最早建的"嘎查"。1949 年将索伦旗的特尼河、莫尔格勒河二地区划给了陈巴尔虎旗，并建立了特尼河苏木。再后来，又从哈吉巴嘎分解出若干巴嘎，留在哈吉地区的仍称哈吉巴嘎。1958 年哈吉巴嘎改称哈吉生产队，10 年后将恩和生产队并入哈吉生产队，不过没过两年合并的两个生产队又分开各自成独立的生产队。改革开放之后，1984 年，哈吉巴嘎改为哈吉嘎查。哈吉系鄂温克语，表示"狭小"之意，哈吉河因此得名，哈吉河本身是一条十分狭小的河流，所以生活在这里的鄂温克人就叫该河为"哈吉河"，意思是"狭小的河流"。该嘎查地处大兴安岭西麓低山丘陵地带，有白桦与山杨混合构成的山林，山林中有黑熊、猞猁、狼、野猪、狍子、黄羊、山兔、老鹰、沙斑鸡、乌鸡、山蛇等野生动物。嘎查占地面积是 840 平方公里，其中 80% 以上属于草原牧场。这里的土质为草原草甸栗钙土壤，加上水源十分丰富，极其适宜发展畜牧业生产。根据 2013 年人口统计，该嘎查有 58 户人家，共有 150 口人，鄂温克族占 86%。哈吉嘎查已经通电，并迈入畜牧业生产机械化发展的道路，还有嘎查办公室、牧民活动中心、小商场、小卖部、医疗所等。

2. 孟根诺尔嘎查

位于鄂温克苏木西北部，大兴安岭西北麓低山丘陵地区，莫日格勒河谷地带，有稀疏的灌木丛和白桦林山杨林。孟根诺尔嘎查距苏木所在地 60 公里，距 S201 公路 25 公里。孟根诺尔嘎查因孟根诺尔而得名，孟根诺尔是满通古斯语族语言和蒙古语族语言通用语，其中的"孟根"指"白银"，"诺尔"表示"湖"，"孟根诺尔"是复合名词，有"银色的湖"之意。该嘎查总面积为 227 平方公里，草原牧场面积占 32.4 万亩，占总面积的 95%。1964 年，孟根诺尔生产队成立，后来与雅图克生产队合并成立"乌兰陶格生产队"。1971 年，两个生产队分开，恢复了原来的名称。1984 年，孟根诺尔生产队改称孟根诺尔嘎查。据 2013 年人口统计，该嘎查有 81 户人家，总人口为 258 人，其中鄂温克族占 95%。孟根诺尔嘎查已基本实现现代化畜牧业生产。

3. 阿日善嘎查

位于鄂温克苏木所在地南 25 公里处，地处大兴安岭西麓中低山区，海拔较高，气温较低。阿日善嘎查是纯鄂温克族嘎查，因有一处天然阿日善矿泉而得名。在阿尔泰语系满通古斯语族及其蒙古语族语言里，"阿日善"意为"圣泉"。20 世纪 60 年代，阿日善嘎查与毕鲁图、辉屯、哈达敖包等 4 个生产队合并成"布勒呼木得勒生产队"，也就是当时所说的"团结队"，1970 年，经过重新划分，又恢复了阿日善生产队，1984 年改称阿日善嘎查。该嘎查位于鄂温克苏木东南，距苏木所在地 25 公里，嘎查占地面积 560 平方公里，其中草场面积有 480 平方公里，占土地总面积的 85.7%。据 2013 年人口统计，阿日善嘎查共有 93 户人家，总人口为 244 人，其中鄂温克族占 71%。嘎查内已通电，畜牧业生产已经迈入机械化阶段，并有了嘎查办公室、牧民活动中心、小商场、小卖部等。

4. 雅图克嘎查

位于鄂温克苏木东北方向的 60 公里处，大兴安岭西北麓低山丘陵区，距 "S301 国道" 20 公里，与额尔古纳市接壤。嘎查总面积 256 平方公里，可利用草场 233 平方公里，占总面积的 93% 左右。这里的土质为草原草甸栗钙土壤，并有星星点点的湖泊、泉眼、泡子、沼泽地等，所以水资源相当丰富，十分适宜放牧和发展畜牧业经济。根据我们掌握的第一手资料，嘎查所在地称为 "雅图克"，该词属于鄂温克语，主要表示 "曲折的" "费劲的" "麻烦的" 等含义。这里是纯牧区，是一个纯鄂温克族嘎查，据 2013 年人口统计，全嘎查共有住户 114 户，总人口为 316 人，其中鄂温克族有 82 户、人口达到 305 人，剩下的住户是精通鄂温克语的蒙古族。嘎查所在地有嘎查办公室、牧民活动中心、小商场、小卖部、医疗所等。

5. 恩和嘎查

该嘎查位于苏木西 32 公里处，地处大兴安岭西北麓低山丘陵地区，有白桦树与杨树混合林。恩和嘎查土地面积为 390 平方公里，草牧场面积 211 平方公里，占总面积的 54%，另有机动草场 1 万亩，土质为草原草甸栗钙土壤，适宜于发展畜牧业经济。这是个纯鄂温克族嘎查，驻地为仙丹乃布拉日村。20 世纪 50 年代初，恩和生产合作社成立，1958 年，在此基础上纳入周边散居游牧户，发展成为恩和生产队，20 世纪 60 年代末被并入哈吉生产队。1974 年，恩和生产队从哈吉生产队分出来，改革开放以后，也就是于 1984 年，改称恩和嘎查。"恩和" 一词为鄂温克语，是由 "额勒克"（elke）一词演化而来，鄂温克语里 "额勒克" 是形容词，表示 "缓慢的" "稳当的" "太平的" "宽广的" 等含义。据 2013 年嘎查人口统计，恩和嘎查有 97 户人家，286 口人，其中鄂温克族有 281 人，其他是蒙古族，但都精通鄂温克语。此地经济是纯粹的畜牧业经济，有永久性砖棚圈等，而且，这里的畜牧业基本实现机械化生产，充分发挥着畜牧业经济的地域性优势。嘎查所在地有嘎查办公室、牧民活动中心、小商场、小卖部、医疗所等。

6. 辉屯嘎查

位于鄂温克苏木东北 12 公里处，大兴安岭西北麓低山丘陵地区及桦树林与山杨林地带。该地土质多为草甸栗钙土壤，加上湖泊、泉流、泡子等水资源较丰富，十分适宜发展畜牧业经济。辉屯嘎查有狼、狐狸、猞猁、狍子、黄羊、山兔、蛇、乌鸡等野生动物。辉屯嘎查有草场面积414883亩，耕地面积6000亩。"辉屯"是个蒙古语形容词，主要表示"冷的"之意，据说该地区有一眼冷水泉，由此而得"辉屯"之名。毫无疑问，辉屯也是一个纯鄂温克民族嘎查，这里的人们都喜欢住用圆木制作的"木克楞"房。据2013年嘎查人口统计，辉屯嘎查共有84户住户、人口253人，其中鄂温克族占嘎查总人口的83%。这里也初步实现了畜牧业机械化生产，实现了通电通路及砖瓦棚圈养牲畜。嘎查所在地有嘎查办公室、牧民活动中心、小商场、医疗所等。

7. 毕鲁图嘎查

位于苏木东南16公里处，大兴安岭西北麓低山丘陵地区，有白桦林和山杨林，土质为草原草甸栗钙土壤，水资源十分丰富，野生动物有黑熊、狼、狐狸、猞猁、狍子、黄羊、山兔、蛇、山鸡等。这里最适宜发展畜牧业经济，这也是一个纯鄂温克族牧民生活的嘎查。毕鲁图嘎查建于1948年，主要发展畜牧业经济。"毕鲁图"是满通古斯语族和蒙古语族语言共同使用的名词，主要表示"磨石"之意，因附近山上盛产磨石而得名。据2013年嘎查人口统计，嘎查共有78户住户、人口为228人，其中鄂温克族占总人口的92%。这里已经通路通电，畜牧业基本实现机械化生产。嘎查所在地有嘎查办公室、牧民活动中心、小商场、小卖部、医疗所等。

二　敖鲁古雅鄂温克民族乡

内蒙古自治区根河市敖鲁古雅鄂温克民族乡，地理坐标为东经123°~127°，北纬51°~53°，位于大兴安岭腹地，S301省道边，根河市西南4公里处的远郊，与原好里堡镇、原得尔布尔镇、金河镇三镇交接，占地面积为1767平方公里，地形特点东高西低，有东北西南走向的丘陵和林间牧场，平均海拔700~1100米，属于寒温带湿润型森林气候，四季温差比较明显，但冬季漫长，年平均气温在 -6.5 左右，极端高温气候达到32°上下，极端低温为 -48.8°~-50°，年降水量300~450毫米，年平均无霜期是35~85天，积雪期210天，积雪厚度达1米以上。敖鲁古雅鄂温克民族乡有其极为丰厚的森林资源，辖区森林面积达 377 万亩，森林覆盖率达到 88%。林中有松树、桦树、杨树、柳树、柞树及奥克登树、布鲁登树、拉黑尔树、布鲁杜维克树等①树木；有红豆果、灯笼果、野葡萄、稠李子、山丁子、野草莓、山红果等山林野生果实；有各种野菜和木耳、黄蘑、松蘑、油蘑、白蘑、山蘑等菌类；有熊、獐、狼、山狗、野猪、狐狸、山猫、蛇、犴、野鹿、黄羊、狍子、山兔、雪兔、灰鼠、松鼠、野鸡、野鸭子及极其丰富的淡水鱼类。敖鲁古雅鄂温克民族乡水资源十分丰富，有激流河、敖鲁古雅河、塔利亚河、牛耳河、金河、乌鲁吉气河、孟贵河等几十条大小河流。这里是根河林业局第三木材场生产车间旧址，三面环山一面临河，风景优美。

历史上，敖鲁古雅鄂温克民族乡的鄂温克族曾被称为"驯鹿部""驯鹿人""驯鹿鄂温克人""雅库特人""雅库特鄂温克人"等。"驯鹿部""驯鹿人""驯鹿鄂温克人"从字面上都易于理解，意思就是"牧养驯鹿的人"，但"雅库特人""雅库特鄂温克人"的"雅库特"是从哪里来的呢？这是因为敖鲁古雅鄂温克人的先民早期曾在俄罗斯雅库特自治州的雅库特河沿岸生活，换言之"雅库特鄂温克人"的"雅库特"一词源自俄罗斯雅库特自治州的雅库特河。"雅库特"（yakut）属于突厥语，表示"宝石"之意。雅库特河盛产宝石，喜欢采集"宝石"的突厥人纷纷来到该河两岸采集"宝石"，同时把这条河也称为"雅库特河"，直译应该是"宝石河"，意译就是"盛产宝石的河"。自古生活在这条河岸边的鄂温克人就被突厥人称为"雅库特人"，即生活在"宝石河的人"或"生活在盛产宝石河岸边的人"。后来，突厥人明白他们是鄂温克人后，又称他们为"雅库特鄂温克人"。所以，俄罗斯的一些西伯利亚民族学家或采集"宝石"的商人，将这部分鄂温克人习惯性称为"雅库特人"或"雅库特鄂温克人"。

敖鲁古雅鄂温克族虽然只有 233 人，但他们同样是我国鄂温克族三大组成部分之一。这三大组成部分在历史上分别叫索伦、通古斯、雅库特，

① 奥克登树（okdon）、布鲁登树（buldun）、拉黑尔树（lahir）、布鲁杜维克（bulduweike）树等树都是敖鲁古雅鄂温克语命名的叫法，在植物学等词典里没有找到相关称谓或树名，均属于十分珍奇而稀有树类。

后来又被称为辉河、莫日格勒河、敖鲁古雅河的鄂温克。这种分类同他们的历史、语言、文化、生产、地域等方面都有直接关系。比如，辉河鄂温克人，也就是所谓索伦鄂温克人，是较早从俄罗斯西伯利亚及远东地区迁入我国，在清朝时期被编入索伦部军民合一的军事化社会组织，从事农业和畜牧业生产，主要生活在农村牧区，他们的口语受汉语、达斡尔语影响较大。莫日格勒河畔鄂温克苏木的鄂温克人与敖鲁古雅鄂温克人，也就是所说的通古斯鄂温克人和雅库特鄂温克，是较晚时期从俄罗斯迁移到我国境内。其中，鄂温克苏木的鄂温克人是从草原上赶着牲畜来到莫日格勒河一带，在呼伦贝尔大草原上经营纯粹的畜牧业经济，他们的母语及宗教信仰受蒙古语和蒙古族喇嘛教的影响较大。敖鲁古雅鄂温克民族乡的鄂温克人是经兴安岭山林赶着驯鹿群来到我国境内，同样经营的是纯粹意义上的山林牧养驯鹿的畜牧业经济，他们的语言及宗教信仰则在一定程度上受到俄罗斯语及俄罗斯东正教的影响。与此同时，在衣食住行、风俗习惯等方面也存在各自的特征。

17 世纪以后，沙皇俄国不断派遣远征的哥萨克军队，到东西伯利亚鄂温克人生活区烧杀抢掠，进行残酷剥削和压迫。经过数十年的抗争失败后，这部分鄂温克人告别故乡，于 1820 年沿着东西伯利亚勒拿河流域的山林迁徙到我国境内的黑龙江上游漠河地区，1858 年迁至额尔古纳河南岸大兴安岭北部的森林地带。受 1689 年签订的《尼布楚条约》的直接影响，生活在额尔古纳河两岸的牧养驯鹿的鄂温克人相互间的交往变得越加困难，林间驯鹿牧场的使用也受到越来越多的限制和干扰。所有这些都在一定程度上影响了驯鹿产业的发展和驯鹿品种的优化。1914 年第一次世界大战爆发，中俄国境线的管理得到进一步强化，中断了两国牧养驯鹿人的联系与往来。日本帝国主义侵占时期，尤其是 1937 年以后，日军强制性切断了中俄边境地区的贸易往来，改为日本特务机关直接收购驯鹿及猎获产品，并将当时的额尔古纳旗政府驻地奇乾作为军事活动中心，继续对鄂温克族进行残酷压迫和经济剥削，使牧养驯鹿的鄂温克人生活雪上加霜，陷入食不果腹、衣不遮体的水深火热的生活之中。为了躲避日益残酷的剥削和压迫，鄂温克人赶着仅有的驯鹿逃到深山老林，几乎过上与外界隔绝的山林原始生活，人口由 300 余人骤减到 136 人。种种遭遇点燃了驯鹿鄂温克人的无法熄灭的愤怒与反抗之火。1945 年 8 月，当苏联红军攻打奇乾日本军营时，15 名驯鹿鄂温克族人组成游击队，积极主动协助苏联红军打击日寇。在艾牙苏克河战役中，经过激烈战斗日军全部被鄂温克族游击队歼灭，使鹿鄂温克人组成的反法西斯游击队为战争的胜利做出了贡献。

上文提到的奇乾属于鄂温克、汉族、俄罗斯商人经商的商贸活动区。这里三面环山、一面临河，森林密布，也是早期鄂温克人躲避战乱、休养生息的宝地。俄国发生十月革命后，从俄逃难而来的部分白俄罗斯商人或富豪就在此居住，还开辟了农业生产和牧业生产，经营各种珍奇毛皮生意。直到新中国成立前，这里都是鄂温克商人和俄罗斯商人进行各种贸易的重要场所，也是牧养驯鹿的鄂温克人的重要活动中心，是驯鹿鄂温克族居住最多的一个地方。正因为如此，新中国成立后由政府把奇乾选定为牧养驯鹿的鄂温克人的定居点。牧养驯鹿的鄂温克人常年同俄罗斯商人进行各种交易，早期他们的先辈还受过俄式教育，在俄罗斯人经营的农场或加工厂当过工人，还有的当兵为沙皇帝国效过劳。因此，他们都有较高的俄语俄文水平，衣食住行及生活习惯等都受到俄罗斯的影响。再加上鄂温克人与俄罗斯通婚较多，出现不少跨国婚姻及混血孩童。

1948 年 1 月，呼伦贝尔盟政府将额尔古纳左旗和额尔古纳右旗合并为额尔古纳旗，旗政府所在地设在三河镇，牧养驯鹿的鄂温克人当时归属第四区管辖。从 1952 年开始，政府为了强化巡护森林、森林安全、森林防火，禁止森林乱砍乱阀、木材盗伐，以及进一步严厉打击山林珍稀动物偷猎行为，给山林中牧养驯鹿的鄂温克人全部更换了新枪支，同时交给他们护林防火重任，给他们发放护林费补贴，对他们实行免费医疗，为他们选定相对稳定的牧养驯鹿的优质牧场等。这些工作在很大程度上调动了鄂温克牧民生产生活和护林防火的积极性。1957 年 2 月，经呼伦贝尔盟第二届人民代表大会决定，并得到内蒙古自治区批准，在奇乾成立了鄂温克民族乡，牧养驯鹿的鄂温克人这才有了自己的乡一级政府，有了本民族乡长和副乡长以及其他乡政府干部，还有供销社、医疗所、学校等。为改变牧养驯鹿的鄂温克人在山林中无固定居、所终年过游牧生活的现状，政府出人、出力、出钱给他们搭建冬暖夏凉的原木"木克楞"房，引导牧养驯鹿鄂温克人的多余劳动力和家属下山定居，1957 年年底，约有一半人在奇乾定居了下来。1959 年，政府又拨专项经费，在奇乾修建 33 间 "木刻楞"
房。到了 1960 年春，就有 40 余户人家搬进了新住房，同年秋又有 18 户人
家定居，这时驯鹿鄂温克人除个别人家外基本上实现了定居生活。1960 年
9 月，在这里成立了奇乾人民公社，鄂温克牧民牧养的私有驯鹿，由人民
公社全部收回再进行分配，也就是说，驯鹿归属了人民公社集体所有。
1961 年，人民公社将驯鹿牧养权落实到山林中的各个牧场的牧养点。1964
年，由于中俄关系恶化，边疆形式紧张，上级政府下达紧急搬迁任务，要
求他们搬迁到阿龙山林业小镇，不到一个月时间，整个人民公社全部搬迁
到位，上级政府还紧急下拨专款在他们的新居点成立服务站，设立招待
所、食堂、诊疗所等配套设施，牧民们也只能在阿龙山一带的山林中牧养
驯鹿。1965 年初，中俄边境战事缓和后，呼伦贝尔盟公署再次下文让他们
迁到满归镇，成立了满归鄂温克乡，行政事务归属于阿龙山镇管辖，乡政
府设在满归。1965 年 9 月，经呼伦贝尔盟、额尔古纳旗批准，35 户鄂温克
牧民迁到满归林业局 17 公里处的老敖鲁古雅地区，乡政府为牧民们搭建了
砖瓦结构的新房。1967 年 4 月，在这里还成立了东方红猎业生产队，驯鹿
及枪支弹药等均归集体所有，生产资料从个体所有转向集体所有。1968 年
8 月，建立满归镇，打造乡镇合一的新发展模式。1973 年 6 月，在满归镇
行政区内划拨部分用地，新建敖鲁古雅鄂温克民族乡，乡政府所在地就设
在敖鲁古雅河河畔。

　　改革开放初期，1980～1983 年，政府投入专项资金把旧 "木刻楞" 全
部翻盖成砖瓦结构的房屋，还给 4 个牧养驯鹿点配备了 "活动板房"，以
改善鄂温克人山上山下的居住条件。1984 年驯鹿全部承包给了个人。同
时，敖鲁古雅鄂温克民族乡政府还制定了 "以驯鹿业为主，发展多种经
营" 的建设规划，进一步实施驯鹿承包责任制，充分调动鄂温克族牧民的
生产积极性，使他们牧养的驯鹿头数逐年增多。2000 年，国家实施 "天然
林保护工程"，给民族乡带来了新的发展机遇。地方政府科学地认识到，
鄂温克族牧民生活区域基础设施已老化陈旧，加上现有的生活与城市化、
现代化、电气化、智能化生活差距太大，而要改变这一现状需要投入十分
巨大的资金，因此，市政府大胆提出整体移民计划，进而根据国家西部大
开发和 10 万人口以下少数民族乡村一次性脱贫的 "兴民富民" 规划，向

国家申请敖鲁古雅鄂温克民族乡一次性脱贫搬迁的项目计划，并很快得到国家相关部门的审批通过，最终促成了 2003 年 8 月 10 日敖鲁古雅鄂温克民族乡的"生态移民"。紧接着他们着力打造农业建设，2004 年年底，该乡经营的农场面积达到 1204 公顷，其中，小麦播种面积 167 公顷，产量达 301 吨；马铃薯播种面积 69 公顷，产量 242 吨；油菜播种面积 720 公顷，产量 1134 吨；蔬菜播种面积 7 公顷，产量 31 吨。另外，乡政府还进一步加强地方性小型工业企业建设，其中就包括鹿产品精深加工、木材加工、水泥厂、酒厂、面粉厂、工艺品厂等。工业销售收入超百万元，企业从无到有、从小到大，彻底改变了牧养驯鹿的鄂温克人没有工业企业的历史。同时他们开展生态文化、民俗文化旅游，2006 年夏季，根河市政府精心打造"敖鲁古雅"和"中国最后一个狩猎部落"旅游黄金品牌，吸引了上万名旅游者前去观光，仅一个夏季就创收近千万元。2006 年 6 月，根河市将周边的好里堡镇与得尔布尔镇并入敖鲁古雅鄂温克民族乡，乡人民政府设在得尔布尔镇。除了以上谈到的好处外，这次"生态移民"也是想从根本上解决山林中牧养驯鹿产业面临的生产生活及劳动力再分配等一系列社会问题。地方政府清楚地看到，山林里牧养驯鹿的传统产业很难做强做大，也很难满足鄂温克人日益增长的物质生活需求。换句话说，面对市场经济带来的激烈的竞争与挑战，他们面临的核心问题就在于如何更好地安排数量较多的剩余劳动力，增加牧养驯鹿鄂温克人的劳动收入，改善他们的生活环境和生活条件，让他们过上更加美好、幸福的生活。所以，内蒙古政府批文下来后，根河市党政部门和乡政府共同努力，在较短时间里打造出一个通路、通电、通煤气、通暖气、通自来水的全新的敖鲁古雅鄂温克民族乡。

敖鲁古雅鄂温克民族乡兴建了乡政府大楼、派出所、学校、广播站、卫生院、文化站、驯鹿文化博物馆、敬老院等设施，出现了宾馆、酒店、民族风味饭店、民族特色商场、民族工艺制作室、小商场、小卖部等。每户鄂温克族人家，均分配到 88 平方米左右的原木结构且具浓厚鄂温克族森林文化特色的"木刻楞"房，总建筑面积达到 204800 平方米。这使山林牧场上自然牧养驯鹿的鄂温克族有了更加温馨、温暖、舒适、现代化的住所。更加可贵的是，在政府出面、积极引导、市场化运作下，乡政府在行政区划内兴建了环保性能强的鹿茸加工厂、鹿心滋补酒厂、华丽木制品厂、民间工艺品厂、鹏宇高技术纸品厂、现代木炭厂、液化石油气贮配站、鑫源面粉厂、现代化纸板厂、顺天利卜留克开发有限公司等 12 家乡属企业。另外，乡辖区内还引进石油公司油库、液化石油气贮配站、肉品加工场、林场、农场等 8 家企业。毫无疑问，这些乡办企业和外来企业给该乡经济社会的发展注入了强盛活力和生命力，使那些在驯鹿牧场上闲散的剩余劳动力均找到适合自己的工作岗位，其中有的当上旅游专业户，有的搞传统文化用品制作和商业经营，有的经营民族文化餐饮业、驯鹿文化家园，有的缝制民族服饰、进行民族艺术品加工，有的养殖奶牛、肉牛、肉羊和狐狸、貂等。除此之外，也有人到乡属企业、乡政府、广播站、卫生院、文化站、博物馆、敬老院、宾馆酒店工作，还有人做起了小商场、小卖部、蔬菜店生意等。敖鲁古雅鄂温克族民俗文化旅游产业发展很快，对此我们在前面也提到过一些，比如森林民俗文化旅游、早期游猎文化旅游、兴安岭自然景观旅游、牧养驯鹿点体验驯鹿文化旅游、撮罗子文化旅游、敖鲁古雅牧养驯鹿部落旅游、桦树皮文化旅游、森林传统文化旅游等，新兴旅游场所、旅游内容、旅游项目如雨后春笋般地涌现出来。这一切使在山林牧场上牧养驯鹿的鄂温克牧民直接受惠，经济收入十分可观。通过发展民俗文化族游产业，鄂温克人一方面宣传他们纯绿色的民族传统生产生活及文化，另一方面也为他们保护优秀而古老传统文化注入了强盛的活力，进一步增强了他们的文化自信和文化自觉。往日萧条、孤单的驯鹿牧场和牧养点成为该乡热闹快乐、游客不断、收入丰厚、充满活力的新的经济增长点。2010 年后，敖鲁古雅鄂温克人在自家驯鹿牧场和牧养点都开发了旅游产业，与此相配套的手工制作的各种驯鹿文化旅游纪念品也受到旅游者们的欢迎和青睐，甚至旅游纪念品个体商店发展到 20 多家，年销售收入已达 100 万元以上，每户收入达到 5 万元以上。所有这些，充分发挥了敖鲁古雅鄂温克民族乡每一位鄂温克人的聪敏、才智、勤劳，使每一位鄂温克人都获得了经济社会发展的幸福感。

敖鲁古雅鄂温克民族乡行政辖区内有依力古力村、毛力克村、孟库依村、齐斯毛斯克 4 个牧养驯鹿点，也就是人们所说的山林中自然村落，在这 4 个驯鹿牧养点生活的都是牧养驯鹿的牧民，人口不多，一般保持在

5～10人。而且，这些驯鹿牧养点的牧民，均住在政府提供的现代化冬暖夏凉的帐篷里；牧民根据山林牧草牧场需求，还要根据季节变化，在山林中四处迁徙，地方政府会根据他们新居点的各种需要及时送去生产物资、生活用品、粮食蔬菜瓜果、季节性衣物等。

绝大多数牧养驯鹿鄂温克人已经下山，搬迁到敖鲁古雅鄂温克民族乡生活，过上现代化敖鲁古雅人的生活。据2014年全乡人口统计，这里的住户达到456人家，总人口是1290人，其中鄂温克族有233人，其他1057人属于汉族、达斡尔族、蒙古族、满族、回族、俄罗斯族、鄂伦春族7个民族。民族乡里兴建初期，作为配套工程，乡政府拿出8000平方米土地建了乡民族学校，内设小学部和初中部，并都安排了配套教学队伍。但由于乡所在地离根河市太近，根河市教学质量又高，敖鲁古雅鄂温克民族乡的人们都愿意将适龄儿童或初中生送到市里学校就读。因此，没有几个人在乡里的学校读初中，这种情况下，乡民族学校撤销了初中部，只保留了小学部。然而，到2007年9月开学时小学部也只剩下9名学生。根河市教育局从实际情况出发，将敖鲁古雅鄂温克乡民族学校与根河市第二小学合并为"敖鲁古雅鄂温克民族学校"，该乡的鄂温克族学生全部到该小学读书，原来乡民族学校的教职工也都被分配到了根河市不同小学或中学。该乡民族学校校舍经过重新改造装修，成为敖鲁古雅宾馆。过去，该乡各种传染病，特别是肺结核病十分严重，在很大程度上影响人们的健康和生命，自从整体"生态移民"到根河远郊后，该乡不仅有了以结核病防治医疗为中心的现代化卫生院，鄂温克族牧民全部被纳入城镇医疗保险，还为每一位鄂温克人建立健康医疗档案卡，每年免费接种乙肝疫苗等预防性疫苗。总之，经过30余年辛勤努力，这里换了人间，牧养驯鹿鄂温克族牧民过上了幸福美好的生活。

1. 王英猎民点

又称马连东猎民点，在满归林业局高地林场，距敖鲁古雅鄂温克民族乡262公里，现居一家3口人，牧养110头驯鹿。

2. 刘峰猎民点

在满归林业局高地林场，距敖鲁古雅鄂温克民族乡260公里，现一家4口人，牧养30头驯鹿。

3. 达玛拉猎民点

在阿龙山林业局阿乌尼林场，距敖鲁古雅鄂温克民族乡 170 公里，现四家 6 口人，牧养 96 头驯鹿。

4. 留霞猎民点

在阿龙山林业局，距敖鲁古雅鄂温克民族乡 210 公里，现两家 3 口人，牧养 44 头驯鹿。

5. 索国光猎民点

在阿龙山林业局，距敖鲁古雅鄂温克民族乡 200 公里，现两家 3 口人，牧养 65 头驯鹿。

6. 侯树林猎民点

在阿龙山林业局，距敖鲁古雅鄂温克民族乡 165 公里，现两家 3 口人，牧养 65 头驯鹿。

7. 杨双虎猎民点

在阿龙山林业局，距敖鲁古雅鄂温克民族乡 203 公里，现两家 2 口人，牧养 66 头驯鹿。

8. 马利亚索猎民点

在阿龙山林业局，距敖鲁古雅鄂温克民族乡 180 公里，现两家 3 口人，牧养 86 头驯鹿。

9. 达瓦猎民点

在金河林业局，距敖鲁古雅鄂温克民族乡 110 公里，现一家 2 口人，牧养 110 头驯鹿。

10. 阿荣布猎民点

在金河林业局，距敖鲁古雅鄂温克民族乡 80 公里，现两家 3 口人，牧养 46 头驯鹿。

11. 古文强猎民点

在金河林业局，距敖鲁古雅鄂温克民族乡 70 公里，现两家 3 口人，牧养 28 头驯鹿。

12. 布冬霞猎民点

在根河林业局，距敖鲁古雅鄂温克民族乡 60 公里，现两家 4 口人，牧养 79 头驯鹿。

13. 何磊霞猎民点

在根河林业局，距敖鲁古雅鄂温克民族乡40公里，现两家3口人，牧养27头驯鹿。

14. 古革军养鹿点

在根河林业局，距敖鲁古雅鄂温克民族乡170公里，现一家3口人，牧养79头驯鹿，同时经营森林牧养驯鹿文化旅游。

15. 乡驯鹿养殖点

在根河林业局，距敖鲁古雅鄂温克民族乡80公里，现两家4口人，牧养59头驯鹿，同时经营森林牧养驯鹿文化旅游。

三 杜拉尔鄂温克民族乡

杜拉尔鄂温克民族乡地理坐标为东经123°32′54″~123°56′02″，北纬48°42′16″~49°14′55″，海拔高度为638.3米，处于低山丘陵地带，三面依山一边傍水，地势由北向南呈梯形降低，诺敏河从北向南为乡东界。该乡位于内蒙古自治区呼伦贝尔市莫力达瓦达斡尔族自治旗①西北部，大兴安岭东麓，诺敏河西岸，南连宝山镇，北接鄂伦春自治旗诺敏镇，西边还与阿荣旗得力其尔乡相接，东边也有莫旗的库如奇乡与阿尔拉镇，距旗所在地尼尔基镇150公里，占地面积529.48平方公里。这里四季变化鲜明，但冬季时间较长，一般从本年度的11月至来年的3月均为风寒地冻、冰雪覆盖的冬季，4~5月是春天，6~8月属于夏季，剩下的9月和10月两个月是秋天。也就是说，冬天5个月，夏天3个月，春秋各2个月。尽管如此，每个季节都有十分显著的天气变化和气候特征。比如说，春季升温较快，风大且干旱少雨，夏季温度较高但多雨闷热，秋季雨水急风力较猛霜来早，冬季漫长，风雪大、有严寒。这里年平均气温保持在-11℃~10℃，夏季气温达到38℃，严冬季节达到零下-46℃，霜期从第一年的9月初到第二年的5月下旬，长达9个来月。年平均降水量为400~500毫米，降水量多的年份可达800毫米、降水量少的年份仅有300毫米，降水量最多的是在7~8月，可保持在100毫米左右。该乡土地肥沃，以暗棕黑土地为

---

① 莫力达瓦达斡尔族自治旗往下简称"莫旗"。

主，适合发展农牧林产业，同样适于各种植物的生长。全乡林地面积 49.9 万亩，草场面积是 16.4 万亩，河流与滩涂所占面积为 2.4 万亩，以及荒坡、沟谷和沼泽地 2.7 万亩。这里适宜农、牧、林、渔和旅游产业全面发展的理想沃土，地下还有玛瑙、翠玉、珍珠岩和花岗岩等珍贵的矿产。

　　杜拉尔鄂温克民族乡的杜拉尔应该源于 17 世纪之前曾居住于黑龙江支流牛满河上游的杜拉尔河岸边的鄂温克人，由此把他们称为"杜拉尔人"，后来又变成杜拉尔姓。杜拉尔河在当时的瑷珲城东约 300 里处。"杜拉尔"（dular）一词，《清朝通典·姓氏略·满洲八旗姓》称"多拉尔"或"杜拉尔"是满语，表示"住在河边的人"，他们的先民世居于黑龙江上游的伊敏河、辉河、扎鲁木得河一带，所以就叫他们为"杜拉尔"。其实这种解释不无道理，在通古斯诸语里"河"就叫"都""多""杜"（duwa > duo > doo > do），"人们"叫"瓦拉尔""乌拉尔"（walar > ular）。把这两个名词结合到一起就会成为"都乌拉尔""多乌拉尔""杜乌拉尔"（do + ular = do + ular > doular > dular ~ dolar），从语用学和语音演变规律的角度来讲，"多乌拉尔""杜乌拉尔"（doular > dular ~ dolar）很容易发音成或演化为"多拉尔""杜拉尔"（doular > dular ~ dolar）等，指"生活在河边的人""住在河边的人""沿河而居的人"等。另外，在阿尔泰语系早期满通古斯语族和蒙古语族语言里，"多拉尔"一词还可以表示"清澈的"或"碧波荡漾的"，因而也可以将"杜拉尔河"解释为"清澈的河流"或"碧波荡漾的河流"等。《黑龙江志稿》中说"杜拉尔"与金氏旧姓"都烈"有关，后改为"杜"，该说法同样合乎情理，只是没有说得太清楚或到位。众所周知，通古斯诸语里尊敬或亲昵他人时，在"姓"或"人名"的第一个字或词首音节后面使用"烈"（lie）这个词。例如，在杜姓杜拉尔的"杜"、人名"涂满嘎"的"涂"及"那达卡"的"那"后面均使用"烈"，变成"杜烈""涂烈""那烈"等包含尊敬或亲昵的叫法。这就明确地告诉我们，"都烈"或"杜烈"的"烈"不是姓氏用语，是人们对于称呼者表示尊敬、强化情感、表达亲昵心理的特定用语。故《黑龙江志稿》将金氏旧姓"都烈"与杜姓联系起来论述不无道理。总之，"杜拉尔"跟"杜拉尔河"有关系，"杜拉尔河"又和历史上生活在河两岸的人们有关。毋庸置疑，莫旗杜拉尔鄂温克民族乡是因为杜拉尔鄂温克人居住于此而得名。

杜拉尔鄂温克人的先民走过的历史与整个鄂温克族的历史息息相关，对此就不做更多论述了，在《鄂温克族简史》及跟鄂温克族相关的历史档案、清代书籍、研究著作里都讲得比较清楚。在这里，我们只是想概括性地讲，当今生活在杜拉尔鄂温克民族乡的鄂温克族，在 17 世纪以后离开鄂温克族索伦营，应清朝指令，由黑龙江上游南迁至大兴安岭东麓山区诺敏河西岸进行军事戍边，抵抗和赶走沙皇帝国的入侵者，保卫我国东北边疆及疆土的完整。虽然，在此之前，这一带还没有人定居下来，但事实上从更早的时期起，这里已成为杜拉尔鄂温克族先民的理想猎场。那时，他们经常在该地区进行游猎活动。到了 17 世纪中期他们才在现在的杜拉尔鄂温克民族乡所在地居住下来，由于该地区三面环山一面又有诺敏河，是十分理想的军事基地和要塞，再加上土地肥沃，非常有利于开荒种田，所以他们开始在这一带安营扎寨，一边修整和恢复多年跟随索伦部军团，在战场上严重受损和疲惫不堪的部队，一边保卫和维护兴安岭东麓地区的安全，与此同时在这片沃土上开荒种田。杜拉尔鄂温克民族生活区在康熙二十八年（1689）属于布特哈总管衙门管理，雍正九年（1731）曾被划入阿尔拉赫巴管辖范围，民国时期又隶属于当时的建布西设治局第四区辖区。1931年，日本帝国主义侵占我国东北之后，于 1932 年成立了莫力达瓦旗，杜拉尔鄂温克族生活区域划入其辖区。尽管如此，勇敢善战的杜拉尔鄂温克族从未停止过对于侵略者和外国列强的反抗，他们组织游击队，开展游击战，有时协同东北抗联打击日本入侵者，立过不少的战功，同时也付出了沉重的代价和巨大的牺牲，当时人民生活极端贫困，疫病流行，杜拉尔鄂温克族人口急剧下降。到 1946 年该地区被解放时，只留下 6 个村屯，不足600 的人口。土改时期，杜拉尔鄂温克民族生活区归属莫力达瓦人民政府阿尔拉努图克管辖，1956 年 11 月 18 日，杜拉尔鄂温克族民族乡正式成立，乡政府所在地定在查哈阳村。1958 年，根据上级政府的相关文件，杜拉尔鄂温克族民族乡改称杜拉尔鄂温克族人民公社。1976 年，乡政府搬迁至查哈阳村。改革开放后，也就是于 1984 年，重新恢复了杜拉尔鄂温克民族乡的乡名。同时，划定乡属包括 5 个少数民族村在内的 12 个行政村及30 个自然屯。据 2005 年乡人口普查，该乡总户数为 231 户，总人口是

7458 人，其中鄂温克族人口是 570 人。可是，到了 2010 年第六次人口普查时，该乡的鄂温克族人口减到 448 人。该地区的鄂温克族主要分居于杜克塔尔村、后沃尔奇村和达哈浅村三个行政村。杜拉尔鄂温克民族乡除了鄂温克族，还有汉族、达斡尔族、满族、蒙古族、锡伯族、鄂伦春族、回族、朝鲜族等民族。我们掌握的第一手调研资料显示，该乡的绝大多数鄂温克族属于杜拉尔姓。所以人们说，这里是名副其实的杜拉尔姓氏的鄂温克族生活的乡村。

杜拉尔鄂温克民族乡的鄂温克族人民很就掌握了在温寒带地区种植稷子及麦子的技能，后来又学会了种植谷子、玉米、高粱、大豆、马铃薯等。对于该乡的鄂温克族来说，农业经济占有不可忽视的重要地位，是他们最为重要的生产方式。全乡农田面积一直保持在 21 万亩左右，产粮达到 2100 万公斤，特别是近几年，逐步实现机械化种田，不断更新种植技术之后，粮食产量逐年提高。畜牧业生产是该乡的辅助性产业，人们充利用现有牧场，着力发展以牛羊为主的地方性畜牧业经济，大小牲畜的头数连年快速增长，从而给经营牧场的牧民们带来一定的经济利益。另外，狩猎业、渔业和林业等产业是他们的传统产业，这些辅助性产业在早期发挥过极其重要的作用，因为早期珍稀野生动物较多，有十分重要的市场价值，给他们带来过丰厚的经济利益；后来随着山林珍稀动物的不断减少，他们又开发了淡水渔业产业；当渔业产业遇到挫折或市场走势不理想时，杜拉尔鄂温克族又开辟了山林伐木业，把山林中的木材砍伐下来，像木排一个接一个地捆绑好，顺江河流向不断运往内陆地区或沿着大江大河建起的大小城市，卖给那些需要木材的建筑商人，也得到不少的经济利益。然而，随着人类文明的不断进步，随着杜拉尔鄂温克人生活环境和条件的不断变化，作为辅助性产业经营的狩猎业、渔业、木材砍伐业都一一退出历史舞台，作为自主产业农业的经济获得长足的可持续发展，与此相配套的蔬菜种植业、黄烟种植业也获得较好的市场效益。当然，畜牧业经济也是该地区历史悠久的辅助性产业，此前由于连年战争，畜牧业经济受到毁灭性打击。20 世纪 50 年代以后才有了一些起色，现在已经成为本地区重要的辅助性产业，对于杜拉尔鄂温克民族乡的经济社会的发展发挥着日益重要的作用。改革开放以后，随着退耕还林、植树造林、生态保护、环境优化等一系列政策的颁布和落实，原来被破坏的森林和植被又恢复了生机，诺敏河畔又出现渔业丰收的场景，年产水产品达 26 吨。

现在的杜拉尔鄂温克民族乡，已经实现了村村通路、通电、通有线电视广播，电视覆盖率达到 100%。全乡有 7 所学校，其中小学 6 所，初级中学 1 所；还新建了农业科技与服务站、文化站、文体活动室、图书阅览室，以及 3 所卫生院等，同时，还建了 10 个村级卫生网点，均配备了村医，解决了村屯常见病与多发病的诊治工作。由于乡政府很重视全民健康和民族体育事业，所以像赛马、射箭、摔跤、搬棍、颈力等民族传统体育项目很快普及到村屯和家庭，特别是"曲棍球"运动很受大家的青睐，经过申请，莫旗在杜拉尔鄂温克民族乡民族中心学校设立了旗曲棍球训练基地，培养造就了相当数量的"曲棍球"体育健儿，多年来向旗和自治区乃至国家输送了多名优秀"曲棍球"运动员。总之，杜拉尔鄂温克民族乡自从成立以来，在国家和上级各级政府的关心帮助和支持下，在全乡各族人民的辛勤劳动和不懈努力下，变成了一个全新的，经济社会快速、稳步、健康、理想发展的民族乡。

1. 查哈阳村

查哈阳村是杜拉尔鄂温克民族乡乡政府所在地，是民族乡的政治、经济、文化、商贸中心。该村位于诺敏河西岸，距莫旗政府所在地有 83 公里。东西走向延伸的村落略呈矩形。作为乡政府所在地，有乡政府办公楼、村委会办公房、杜拉尔中心学校、林场、卫生院、电信所、粮库、邮电所、文化站、派出所、农机所、农机推广站、农机经营管理站、畜牧站、土地管理所、供电所和加油站等。另外，该村还有药铺、小百货店、小卖部、农机修理铺、牲畜屠宰场、牛奶站、各种批发零售商店、商贸集市、早市、食品店、蔬菜店、水果店、小饭店、理发店等。该村总户数为 220 户，总人口是 765 人。居民以鄂温克族居多数，另外也有汉族、达斡尔族、蒙古族等。查哈阳村下面还有两个自然屯。该村的支柱产业是农业，农业耕地总面积为 28767 亩地，主要种植小麦、稷子、大豆、玉米等农作物。畜牧业经济是该村的辅助性产业，主要饲养优良品种的牛羊和一些马匹，还有养猪场。

2. 杜克塔尔村

杜克塔尔村位于乡政府所在地东北 1 公里处，东边是诺敏河，南面与查哈阳村相接，北有尼西空村，总面积 26.7 平方公里，其中耕地面积为 11290 亩，林地 7500 亩，草场占 21000 亩，有 94 户人家和 269 口人，该村居民以鄂温克族为主，另有达斡尔族、汉族、蒙古族等民族。杜克塔尔村的主要产业是农业，一般都种植谷子、玉米、黄豆等农作物。同时该村大力发展作为辅助型产业的畜牧业经济。

3. 前沃尔奇村

前沃尔奇村位于乡政府所在地最南端，与宝山镇相接，东边是诺敏河，西边跟博荣店太平塔为界，南面与查哈阳村连接，北和后沃尔奇村为邻，全村总面积是 25 平方公里，其中耕地面积为 19339 亩，林地 15000 亩，草场占 14000 亩，有 162 户人家和 561 人口，有鄂温克族、达斡尔族、汉族、蒙古族、满族等，但其中达斡尔族人口居多。前沃尔奇村的支柱产业是农业，主要种植各种豆类及白瓜子、葵花籽、土豆及各种蔬菜。此村还着重扶持辅助性产业，包括畜牧业、家庭养殖业、粮油加工业、家庭淀粉厂等村办企业。

4. 后沃尔奇村

后沃尔奇村位于乡政府所在地南边，后沃尔奇村北面就是乡政府所在的查哈阳村，东边是诺敏河，南边是南沃尔奇村，西边是初鲁格奇和西沃尔奇村。村辖区内有独角龙、后沃尔奇、博荣三个自然屯。总面积为 27 平方公里，耕地面积是 31646 亩，草场占有面积为 14000 亩，林地面积有 15000 亩。该村有 182 户人家和 694 口人，有鄂温克族、达斡尔族、汉族、满族等民族。这里的主要产业是农业，几乎家家户户都有自己的农田，除了种小麦、谷子、玉米之外，还种各种优质豆类及土豆和蔬菜。畜牧业经济作为辅助性产业，作为本土化经济同样发挥相当强的活力，另外村里也开办了一些个体性质的粮食加工等小型产业。

5. 尼西空海拉松村

尼西空海拉松村位于该乡的中北部，东邻诺敏河，西与阿荣旗相接，辖区内有五家子屯、兴发屯、特温浅屯等，耕地面积为 15955 亩，有 219 户人家和 902 口人，除了鄂温克族，还有汉族、达斡尔族、蒙古族等。该村的辅助性产业为畜牧业，有些养畜大户，主要养牛、羊、猪等牲畜。村里有卫生室、集贸市场、农机修理铺、自来水办公室、村办学校等。根据我们掌握的资料，尼西空海拉松村在整个杜拉尔鄂温克民族乡内，属于相当富裕的村。

6. 西沃尔奇村

西沃尔奇村位于乡政府所在地西南 20 公里，东有前沃尔奇村，西有阿荣旗得利其尔乡，南有宝山镇太平山村，北有半布库村，所辖面积 19 平方公里，辖区有 4 个屯，有 178 户人家和 834 口人，居民有鄂温克族、达斡尔族、汉族、蒙古族等。支柱产业同样是农业，耕地面积 22062 亩。畜牧业是辅助性产业，村里有小学和卫生室，以及由客运专业户、农机设备修理铺、小卖部、小商场、小饭店等。

7. 初鲁格奇村

初鲁格奇村位于乡政府所在地西南 12 公里，东有大克浅村，西有阿荣旗得利其尔乡，南有西沃尔奇村，北有查哈阳村，耕地面积 40590 亩，辖区有 4 个屯，有 380 户人家和 1300 口人，居民有鄂温克族、达斡尔族、汉族、蒙古族等。该村以农业为主，以牧业为辅，也有养蜂专业户、客运专业户、农机设备修理铺、小卖部、小商场、小饭店等，还有小学和卫生室。

8. 瓦西格奇村

瓦西格奇村位于乡政府所在地北 11 公里，东有诺敏河，西有阿荣旗二号甸，南有特温浅村，北有吾都海拉松村，耕地面积 16835 亩，辖区有 2 个屯，总人口为 728，有鄂温克族、达斡尔族、汉族、蒙古族等。该村也是以农业为主，以牧业为辅，但同样有养蜂专业户、柳编产业、客运专业户，除农机修理站、小卖部、小商场、小饭店等之外，还有卫生室。

9. 吾都海拉松村

吾都海拉松村位于乡政府所在地 20 公里，东有诺敏河，西有阿荣旗二号甸，南有瓦西格奇村，北有鄂伦春自治旗诺敏镇，耕地面积 21328 亩，辖区有 4 个屯，有 154 户人家和 586 口人，有鄂温克族、达斡尔族、汉族、蒙古族、鄂伦春族等。该村有小学和卫生室。这里同样以农业为主，以牧业为辅，另有农机修理站、小卖部、小商场、小饭店等。

10. 特温浅村

特温浅村位于乡政府所在地 10 公里，东临诺敏河，西同阿荣旗得利其尔乡相望，南与尼西空海拉松村相接，北面是瓦西格奇村，耕地面积11130 亩，辖区有 4 个屯，有 109 户人家和 534 口人，有鄂温克族、达斡尔族、汉族、蒙古族等。该村有小学和卫生室。这里的支柱产业同样是农业，牧业是辅助性产业，另，村里有农机修理站、集贸市场、小卖部、小商场、小饭店等。

四　巴彦鄂温克民族乡

该鄂温克民族乡地理坐标为 49°15′ ~ 49°40′，东经 124° ~ 125°，处于莫旗和鄂伦春自治旗交汇的地区，G111 公路从乡里穿过，属于莫旗管辖，距旗政府所在地尼尔基镇 140 公里，位于莫旗红彦镇的东侧，塔温敖宝镇西边，哈达阳镇以南，鄂伦春自治旗大杨树镇之北。该民族乡土地总面积是 1400 平方公里，土壤以黑土为主，其中耕地 51 万亩，林地面积 32 万亩，草场面积 45 万亩，水域面积 3 万亩。巴彦鄂温克民族乡地处丘陵山区，这里山丘连绵，有大青山、杨木山、德博斯克山等山峰，而且，大小河流纵横交错，除有发源于大兴安岭沃其山麓的嫩江主要支流甘河贯穿全乡南北之外，还有巴格列河、卡布塔那河、乌鲁齐河、达尔滨河、奇库木台河、葛根河、石头沟河等大小河流。天气季节性变化比较明显，属温寒带大陆性气候，夏季最高温度 30℃，冬季最低温度 - 40℃ ~ - 45℃，全年无霜期保持在 100 ~ 120 天，一般都 9 月上旬就有霜，10 月底就下雪，11月中旬河水冰封，封冻期从 11 月中旬开始到第二年的 4 月中旬，积雪日长达 160 余天。所以，该地区冬季较长，几乎有 5 个来月的时间，4 月中旬到 6 月中旬是春天，6 月中旬至 8 中旬为夏季，剩下的 8 月中旬和 11 月中旬是秋天，春秋风大，夏末和秋初有一定降雨量，全年降水量为 450 毫米左右。

巴彦鄂温克民族乡的鄂温克人是为了保卫我国东北边疆及疆土的完整，抵抗和赶走沙皇帝国的入侵者，被清朝政府派遣到这里来的。康熙六年（1667），他们被编为"布特哈部"，雍正九年（1731），被编为"布特哈八旗"的"镶黄旗"，光绪三十二年（1906），归入西布特哈总管衙门管辖。巴彦鄂温克民族乡的生活区域是鄂温克族先民的猎场。清朝顺治年间，他们被派遣到这里后，一边保卫边疆，一边开荒种粮。可以说，他们是这块沃土最早的开发者。日本帝国主义侵占东北之后，1933 年，日伪当局为了更加残酷镇压鄂温克族，在额尔河设立了巴彦旗公署和巴彦努图克。勇敢善战的鄂温克族，自己组建山林游击队，开展游击战争，打击日本侵略者，一些游击队员还参加了东北抗联，为消灭和赶走巴彦地区的日寇发挥了积极作用，当然他们也付出了十分沉痛的代价，鄂温克族不少优秀的年轻游击队员牺牲在抗日战场上。1946 年，该地区获得解放。1949 年，巴彦旗被政府撤销，生活在巴彦地区的鄂温克人被纳入莫旗管辖。1958 年 10 月 1 日，经内蒙古自治区人民委员会批准，巴彦鄂温克民族乡正式成立，乡政府就设在满都呼浅村。20 世纪 60 年代，巴彦鄂温克民族乡改为巴彦鄂温克族人民公社，一直到 20 世纪 80 年代初，于 1984 年 7 月才恢复了巴彦鄂温克民族乡的名称，同时乡人民政府迁到满都呼浅村。

巴彦鄂温克民族乡的"巴音"（bayan ~ bayin）是满通古斯语族语言和蒙古语族语言中普遍使用的形容词，主要表示"富饶的""富裕的""富有的"等意思。根据我们掌握的资料，巴彦鄂温克民族乡共有 17 个村，鄂温克族集中生活在其中的 2 个村，达斡尔族较多的村有 4 个，其他 11 个村里汉族居多。根据我们 2014 年掌握的人口统计资料，全乡总户数是 4612 户，总人口为 17842 人，是一个以鄂温克民族为主体，汉族人口居多的鄂温克民族乡，另外，还有达斡尔族、蒙古族、满族、鄂伦春族、回族等民族。而且，该乡村村通电、通电话、通路、通公交车，家家有电视，还喝上了自来水，用上了方便干净安全的燃气。该乡也是以农业经济为主的地区，农业生产实现了机械化和现代化，该乡努力发展新型农业经济，农业经济综合实力不断提高，农业财政收入得到逐年稳步提高。农作物品种主要是小麦、大豆、玉米、马铃薯以及各种蔬菜。与此同时，该乡着力提升传统产业的经济价值和造血功能，使一直以来作为辅助性产业经营的畜牧业得到更大规模、更快速度的发展，优质品种牛羊的棚圈饲养给本地区经济发展注入了新的活力。过去以伐木放排和狩猎为辅助产业的人们，现已变成种树造林、护林防火的人员，有的还开始经营民族特色、地方特色、温寒带农家文化特色、传统文化特色、山林文化特色、游牧文化特色、季节文化特色的旅游产业，也有的人从事民族服饰加工、民族特色生产生活用品制造、民族饮食服务、民族艺术品制作等产业。所有这些，不仅解决了那些靠狩猎、伐木放排过日子的人们的生产生活问题，同时对于本地区鄂温克族优秀传统文化的弘扬、宣传、保护和挽救，乃至对于生态保护、环境优化等均产生深刻影响和强有力的推动作用。

随着巴彦鄂温克民族乡经济社会的快速发展，乡里除了相当漂亮的乡政府办公楼，还有了派出所、银行、邮政所、文化站、广播站、医院、中心校、文体娱乐活动中心、文化中心大楼。一些村里还有了初级小学、卫生室和乡村医生。乡里还大力发展本民族各种节日活动，包括瑟宾节、冰雪节、敖包节、村屯节、秋季丰收节等。在这些节日里，乡民们开展民族服饰展览和表演、母语比赛、母语歌咏比赛、民族歌舞表演、萨满舞表演、秧歌表演等活动，还进行曲棍球、赛马、摔跤、搬棍、劲力、抢枢等具有传统民族文化特色的比赛项目，使他们的精神文化生活变得更加丰富多彩，给他们营造出快乐、幸福、美好的精神生活氛围。毫无疑问，巴彦鄂温克民族乡已经迈入经济社会稳步健康理想发展的轨道，呈现出政治稳定、经济繁荣、社会进步、民族团结，人民群众安居乐业、农村经济强力推进、社会事业健康发展的良好态势，进而成为鄂温克人生活的绿色家园，是一个充满生机与活力的少数民族乡。

1. 石头沟村

位于莫旗巴彦乡东南 18 公里处，西邻葛根台村，南与同心村相邻，北邻巴彦农场六队，往东距红彦镇 10 公里，全村总面积约 4.5 平方公里，耕地 26000 亩，人工造林 2250 亩，天然林保护树林 5000 余亩。该村总户数为 248 户，总人口是 1150 人，主要有汉族、鄂温克族、达斡尔族，但以汉族为多。农作物主要以大豆为主，辅助作物有小麦、玉米、杂豆、马铃薯等，辅助型产业是牧业。该乡还有小校、医疗室、广播站，并已通路、通电、通电视、通手机。

2. 乌塔村

位于该乡人民政府所在地满都村以北 9 公里，111 国道从村中穿过。辖地 8 平方公里，其中耕地有 30000 亩。该村总户数是 263 户，总人口为 1100 人，有汉族、鄂温克族、达斡尔族，但以汉族为主。农作物以大豆为主，辅助作物有小麦、玉米、杂豆、马铃薯等。这里的辅助型产业是牧业。

3. 达尔滨村

位于乡政府所在地北部，距县城 150 公里，占地面积 38 平方公里，耕地面积 27653 亩，林地 2000 亩，现有总户数 248 户，总人口 678 人，有鄂温克族、达斡尔族、汉族、蒙古族等民族，以达斡尔族人口居多。该村以农业生产为主，种植玉米、大豆及各种蔬菜，辅助型产业是牧业。该村已通路有力电，用上了电话手机，看上了电视，还有了学校、医疗室、广播站、农贸市场、小商场、小卖部、小饭店等。

4. 达拉滨村

位于齐齐哈尔加格达奇铁路线达拉滨车站南 200 米，距巴彦乡 35 公里，耕地面积为 26000 亩，林地占 232.5 亩。该村总户数为 286 户，总人口 1071 人，其中有鄂温克族、达斡尔族、汉族，汉族占绝大多数。这里以农业生产为主，种植玉米和大豆等农作物。牧业是他们的辅助型产业。

5. 平安村

位于乡最北端，与鄂伦春自治旗大杨树镇毗邻，西与奎勒河镇隔甘河相望。辖区耕地面积为 42150 亩，林地面积是 187 亩，总户数为 415 户，人口有 1254 人，有蒙古族、鄂温克族、达斡尔族、汉族等民族，汉族居多。该村以农业生产为主，种植玉米和大豆等农作物。牧业同样是辅助型产业。村里有学校、医疗室、广播站、农贸市场、商店、小卖部、小饭店。

6. 巴依额热村

位于甘河西岸，距乡政府所在地西南约 4 公里处，乌鲁其小河与甘河汇合处北侧，沿河东西分布。全村人口为 89 户 511 人。村里有鄂温克族、达斡尔族、汉族等民族。该村山水相依，水草丰美，自然条件较好，周围丘陵连绵，东靠甘河，南接敖包山。村里主要经营农业经济，兼搞牧业。村里有小学校、医疗室、广播站、小商店、小卖部、小饭店等。

7. 满都呼浅村

该村为白彦鄂温克民族乡政府所在地，位于甘河东岸，地势平坦，东西向延伸，属河谷平原地区。村里总户数为 347 户，总人口是 1378 人。村里有鄂温克族、达斡尔族、汉族等民族。该村山水相依，水草丰美，天然条件较好，周围丘陵连绵，东靠甘河，南接敖包山。耕地面积 27700 亩，村里主要经营农业经济，农作物以麦子、谷子、玉米、大豆为主，还种植各种蔬菜。而且，作为辅助性产业，畜牧业经济发挥着相当重要的作用。村里有小学校、医疗室、广播站、小商店、小卖部、小饭店等。

8. 萨玛依热村

也叫"萨玛依热氏族村落"，也是甘河流域较早形成的村落之一。鄂温克人都叫"萨玛街"，位于甘河西岸，距乡政府所在地西南约 7.5 公里。该村依山傍水，周围山丘接连，北有毕尔坎小河，东靠甘河西岸，东南边的山上还有建村时栽植的落叶松林，村西是一片平川，村南有查勒巴奇山。萨玛依热村地势向东西延伸，略呈矩形。全村总户数为 107 户，总人口是 320 人。他们主要从事农业，兼搞牧业。村里有小学、医疗室、广播站、小商店、小卖部、小饭店等。

五　萨马街鄂温克民族乡

该乡地理坐标为东经 122°38′，北纬 47°32′，属于扎兰屯市管辖，位于扎兰屯市西南 63 公里处，东边有扎兰屯市蘑菇气镇，南与该市的洼堤镇相接，西侧有同样是该市的浩绕山乡，北边是鄂伦春民族乡接壤，乡人民政府设在萨马街。地势为东西走向，呈长方形，西北地理位置较高，东南地理位置较低，东南地区多为丘陵山冈，西北地区以中低山为主，东西最宽处约 52 公里，南北最长处约 56 公里，属于温寒带大陆性半湿润气候，无霜期 115 天左右，年平均日照 2600～2900 小时，年平均降水 450 毫米，霜冻期大多在 10 月上旬。土质多小黑土成粒状结构，靠近济沁河流域多半由黄沙和黑黏土构成，土壤结构以黑土为主，适宜种植大豆、玉米、小麦及其他经济作物。昼夜温差较大，济沁河由西北向东蜿蜒流过。这里水资源十分丰富，除了济沁河之外，还有哈拉河和根多河及其支流，山泉、水溪、泡子等星罗棋布。

这片土地富有而美丽，到处是树木花草，主要有桦树、杨树、柳树、柞木、榆树、灌木、稠李子树、山丁子树、榛子树、灯笼果树等树木，森林里还长有稠李子、山丁子、榛子、灯笼果、山杏、草莓等野果。森林和水边还有兴安杜鹃、胡枝、毛榛、柳叶绣线菊等特有灌木。其中最为著名的草本植物有大叶樟、苔草、蚊子草、地榆、鹿蹄草等，也有蕨菜、黄花菜、野韭菜、野葱、野蒜、柳蒿芽、木耳、蘑菇、猴头等可食用植物和菌类。中草药药材也很丰富，主要有黄芪、桔梗、防风、苍术、柴胡、赤芍等几十种。这里野生动物也有不少，特别是天然林环保工程实施以来，森林里的野生动物种类和数量不断增加，曾经一度消失的野生动物也出现在森林深处，给森林带来无限生机，比如，熊、狼、野猪、狐狸、獾子、猞猁、貉子、野鹿、黄羊、狍子、野兔、蛇、灰鼠等，森林中还有各种飞禽，如乌鸡、飞龙、沙半鸡、鹌鹑、布谷鸟、喜鹊、百灵鸟等。在济沁河、哈拉河、根多河与湖泊里有水獭、哲罗鱼、草根鱼、细鳞鱼、狗鱼、鲫鱼、鲤鱼、鲶鱼等淡水鱼类，还有鸳鸯、野鸭、大雁等水禽。这一带地下矿产资源也非常丰富，用本地区鄂温克人的话说，这里是农、牧、林发展的理想土地。

我们在调研中发现，萨马街鄂温克民族乡里姓萨的鄂温克人较多。据他们讲，萨姓是属于鄂温克族早期"萨马基尔"（samagir）家族姓的第一音节的读音"萨"（sa），"萨马基尔"后来用汉语转写成"萨马街"，也就是将词尾的"基尔"缩写成"街"。另外，也有因为"萨马基尔"（sa-magir）的词尾音节首辅音 g 音弱化演变为 y 音，被发音为萨玛依尔（sa-mayir）的现象。正是因为姓萨的鄂温克人最早来到这里，开发了这片土地，后来的人们就称这里是"萨马基尔鄂温克人生活的地方"或"萨马基尔村""萨马基尔屯"等，再后来就被简称为"萨马基尔"，到最后就变成了"萨马街村""萨马街屯"等。从历史的角度来看，该地区是鄂温克族萨马基尔家族最早开发的猎场。17 世纪中叶，皇太极将萨马基尔姓的鄂温克人编入"索伦牛录"，他们沿曾经的打猎线路，经雅鲁河下游向上游迁徙，来到济沁河流入雅鲁河的河口一带居住下来。可是到了康熙六年（1667），萨马基尔鄂温克人又被重新编入"布特哈①打牲部"下属的济沁阿巴。这里出现的"阿巴"（aba > awa）一词在通古斯诸语及蒙古语族语言里均有使用，一般表示"围猎"之意，但也有"狩猎"的意思。雍正九年（1731）编制"布特哈八旗"时，萨马基尔鄂温克人同济沁阿巴编入

---

① 布特哈（butaha），是早期满通古斯语族语言，主要表示"渔猎"之意，但也可以指"狩猎"这一词义。

"正蓝旗"。到了清代中后期，随着居住区域猎物不断减少，猎场不断遭到破坏，萨马街鄂温克人将主要精力放在了一直以来经营的农业生产方面。清光绪十七年（1891），萨马基尔鄂温克人把居住点基本上固定在今天的萨马街鄂温克民族乡。由于这里依山傍水、有森林草地，自然资源相当丰富，加上气候环境和条件十分适合开展温寒带地区农业经济，所以到这里从事耕地种田的人不断增多。1901 年，中东铁路开工后，雅鲁河流域的另一部分鄂温克人也迁到此处，进而形成以萨马基尔鄂温克人为主的一定规模的鄂温克族村落。1933 年，也就是在日伪时期，鄂温克族村被命名为萨马街嘎查，被划入济沁河努图克管辖范围。1940 年，萨马街嘎查改称为萨马街努图克，隶属布特哈旗管辖。萨马街的鄂温克人不仅与沙皇帝国打了十几年仗，还在日本军国主义侵占我国东北时，自愿组成山林游击队，开展游击战，不断偷袭、袭击、攻打在富拉尔基、扎兰屯等地盘踞的日寇。萨马基尔鄂温克人山林游击队，参加富拉尔基江桥保卫战，打死打伤百余名日本侵略者。日本投降后，在战争中成长并壮大起来的萨马基尔鄂温克人山林游击队，按照内蒙古骑兵第五师的军事指令，经过激战彻底打退国民党第七旅，打通了乌兰浩特的军事要道，积极协助内蒙古东部各族各界革命人士参加自治政府成立大会，同时也打乱了国民党反动派屠杀内蒙古革命人士，破坏自治政府成立大会的阴谋及军事计划。不过，在激烈的战斗中，也牺牲了不少萨马基尔鄂温克人游击队优秀战士，他们的家人后来都成为烈士家属。

　　解放后，这里恢复了往日和平安详的生活，但萨马街鄂温克人还延续着萨马街努图克的建制，由布特哈旗直接管理。1949 年 12 月，萨马街努图克辖区内有 3 个嘎查。1950 年 5 月 30 日，萨马街努图克的马鹿沟嘎查改称为马隆沟嘎查。1952 年，马隆沟嘎查又分出马隆沟和护林 2 个嘎查。1956 年 9 月 15 日，萨马街努图克辖区已有了马隆沟乡和下属的团结、护林 2 个嘎查。1958 年 3 月 28 日，根据相关文件精神，努图克建制撤销，在马隆沟乡和团结嘎查的基础上新建了萨马街乡，乡政府所在地在萨马街，再后来，萨马街乡改称为萨马街人民公社，以及萨马街人民公社革命委员会等。1974 年 3 月，萨马街人民公社革命委员会增设炮台碴子、哈拉口子 2 个生产大队。改革开放以后，1980 年，萨马街人民公社革命委员会被撤销，改称人民公社管理委员会。过了四年，在1984年元月，布特哈旗撤销，改为扎兰屯市，萨马街人民公社管理委员会被划入扎兰屯市辖区。同年9月27日，经内蒙古自治区民政厅批准，萨马街人民公社管理委员会改为萨马街鄂温克民族乡，乡人民政府所在地同样选定在萨马街。

萨马街鄂温克民族乡成立30多年，以农业产业作为经济社会发展的主要方面，其经济指标逐年上升，经济收入不断提高。该乡的农作物主要有小麦、谷子、玉米、大豆、马铃薯等，与此同时，还大力发展蔬菜种植产业，这也成为本地区农业经济发展的新支撑点。现在萨马街鄂温克民族乡耕地面积达到143385亩，粮食总产量达到4555吨，实现农业产值1114余万元。该乡的辅助型产业是畜牧业，且以饲养牛、马、绵羊为主。改革开放后，作为辅助型产业的畜牧业经济得到持续性发展，给本地区人民的生活带来十分可观的经济收益。更加可喜的是，与农牧业传统经济相配套的新型加工业迅速崛起，具有本地特色、民族特色的农产品、肉食品不断进入市场。养鸡、养鸭、养猪等养殖产业的迅速成熟和壮大，使肉鸡、肉鸭、肉猪、鸡蛋、鸭蛋市场很快活跃起来，成为本地区经济社会发展的新支点。可观的经济收入，激发了养殖专业户的积极性，有力推动了与此相关的产业。传统辅助型产业——狩猎业和伐木业等都已经退出历史舞台，封山育林、植树造林、环境保护与优化成为人们的生活理念，杜绝了山林树木的乱砍滥伐现象，这使由战争、自然灾害、生活极度困难时期造成的环境破坏、山林破坏得到了控制，山林又重新恢复了生机，回到了往日山绿水清的美好景色，那些曾经被毁坏的植被又茂盛了起来，曾经消失的野生动物又回到了林子里，曾经被污染的河流又回到鱼群舞跃、鸭子戏水的美景。

萨马街鄂温克民族乡现在村村通路通电通公交车，乡所在地有了乡政府办公楼及医院、文化站、广播站、卫星地面接收站、中心校、幼儿园、邮局、林管所、派出所、银行、电信所等，同时居民还喝上了自来水，用上方便干净的燃气灶。更加可贵的是，该乡的每个村都通电、通电话，有了电信所、有线电视、邮政室、卫生网点等。

1. 团结村

位于乡南0.25公里，面积38平方公里，耕地面积1.2万亩，草场面积 1.7 万亩。有 657 户人家，总人口为 1643 人，有鄂温克族、汉族、达斡尔族、蒙古族、鄂伦春族、朝鲜族、藏族等。该村的主要产业是农业，以种植玉米、大豆、白瓜子、角瓜、绿豆、黑豆为主，辅助型产业是畜牧业和林业。

2. 猎民村

位于乡政府所在地，面积 1180 平方公里，耕地面积 0.8 万亩，草场面积 8 万亩。有 134 户人家，总人口为 332 人，有鄂温克族、汉族、达斡尔族、鄂伦春族、朝鲜族等。该村的主要产业是农业，以种植玉米、大豆、白瓜子、角瓜为主，辅助型产业是畜牧业和林业，还有民俗旅游产业。

3. 护林村

位于乡东北方向 13 公里里，面积 148 平方公里，耕地面积 2.2 万亩，草场面积 1.38 万亩，有 813 户人家，总人口为 2018 人，有鄂温克族、汉族、达斡尔族、蒙古族、朝鲜族等。该村的主要产业是农业，以种植玉米、大豆、白瓜子、角瓜、绿豆、黑豆为主，辅助型产业是畜牧业和林业。

4. 马龙沟村

同样位于乡东北方向，面积 151 平方公里，耕地面积 1.8 万亩，草场面积 1 万亩，有 695 户人家，总人口为 1004 人，有鄂温克族、汉族、蒙古族、达斡尔族、满族、锡伯族等。该村的主要产业是农业，以种植玉米、大豆、白瓜子、角瓜、绿豆、黑豆为主，辅助型产业是畜牧业和林业，还有运输业和冷水鱼养殖产业等。

5. 哈拉口子村

位于乡西北方向 10 公里处，面积 122 平方公里，耕地面积 1.3 万亩，草场面积 2.5 万亩，共有 328 户人家，总人口为 738 人，有鄂温克族、汉族、蒙古族、达斡尔族、满族等。该村的主要产业是农业，以种植玉米、大豆、白瓜子、角瓜、绿豆、黑豆为主，辅助型产业是畜牧业和林业，还有运输业和冷水鱼养殖产业等。

5. 红炮台新村

位于乡西北方向 20 公里处，面积 1.4 平方公里，耕地面积 1 万亩，草场面积 4.3 万亩，共有 313 户人家，总人口为 757 人，有鄂温克族、汉族、蒙古族、达斡尔族、满族等。该村的主要产业是农业，以种植玉米、大豆、白瓜子、角瓜、绿豆、黑豆为主，辅助型产业是畜牧业和林业，还有运输业和冷水鱼养殖产业等。

六　查巴奇鄂温克族乡

该乡属于阿荣旗管辖，地理坐标为东经 123°01′~123°53′，北纬 48°30′~49°01′，位于大兴安岭南麓，阿伦河东岸，阿荣旗驻地那吉①镇东南52 公里处，南有霍尔奇镇，西侧是三岔河镇，北面有博克图及国营林场。这里属于温寒带半湿润性气候，最高气温达 37℃，最低气温是 -39℃。查巴奇鄂温克族乡占地总面积是 726.3 平方公里，其中耕地面积 24.6 万亩，林区或山林面积 55.5 万亩，草场草甸为 28 万亩。地势北高南低，高度在海拔 400~1149 米，阿伦河上游地带有花岗岩、花岗玢岩、石英岩、安山岩、玄武岩等，阿伦河及支流文布奇河、大疙瘩奇河均属淡水河，沿河两岸形成河川草甸子、地势平坦、土质肥沃，土壤为暗棕色黑土、草甸黑土、沼泽黑黏土，且有机物含量高，适合植物和农作物生长。

该地区一年四季气候变化比较明显，春季为 4~5 月，天气多变、多风又温差大，降水较少，大风天约有半个月，春天也有下雪或刮风雪的时候；夏季为 6~8 月，降水较多，气温较高；秋季是 9~10 月，秋高气爽，降水量少，早晚温差大，深秋季节时常降小雪，9 月中旬就有初霜；冬季很漫长，从头年的 11 月到第二年的 3 月初几乎都属于寒冷的冬天，而且有一定降雪量，刮西北风的时候也较多，所以风雪天也有不少。

查巴奇鄂温克族乡山比较多，并均有一定高度。比如，有平顶山、时尼奇山、黄格尔达山、乌色奇山、新力奇顶子山、央格尔山等 20 多座，海拔在 900 米到 1168 米。该乡自然资源十分丰富，除了起伏重叠的山峦、纵横交叉的河流之外，还有茂密森林、林间草原草甸、沼泽等，森林植被主要有落叶松、樟松、柞树、白桦、黑桦、蒙古栎、山杨、稠李子树、山丁子树等，森林边缘和大小山坡上还长有榛子树、胡枝子、兴安杜鹃、长果刺梅等树种或灌木，林间草原草甸长有大话马先蒿、紫花鸢尾、黄花菜、

---

① "那吉"（naji），鄂温克语，表示"鱼窝子"。

金老梅、粉刺柳、野火球、山野豌豆叉分蓼、短瓣金莲花、柳叶绣线菊等几十种优质牧草。而且，沼泽地植被也有不少，比如有小叶樟、细叶繁缕、驴蹄草、大叶樟等草本植物。与此同时，山林和草甸生长的中草药里有黄芹、黄芪、党参、防风、赤芍、紫湖、桔梗、龙胆草等近百种，以及稠李子、山丁子、灯笼果、野草莓、榛子、木耳、蘑菇、蕨菜、黄花菜、野韭菜、野葱等野生水果、菌类、野菜。由于这十几年不断强化退耕还林、森林生态保护、生态环境优化等工作，这一带森林草原植被快速恢复，给森林野生动物的生存提供了有利条件，甚至一些曾经消失的野生动物又重新出现在森林里。现在这里的野生动物里就有狼、狐狸、猞猁、野猫、驼鹿、马鹿、棕熊、狍子、野猪、雪兔、雉鸡、飞龙、鸳鸯等。所有这些，都给查巴奇鄂温克族乡的经济社会的发展注入了无限生机。

查巴奇鄂温克族乡的"查巴奇"（chaalabaqi ＞ chalabaqi ＞ chalbaqi ＞ chabaqi）一词是鄂温克语，表示"有白桦树的地方"。也就是说，地名"查巴奇"（chabaqi）是在有"白桦树"含义的名词"查巴"（chaba）后面，接缀从名词派生名词的构词词缀"奇"而构成，变成表达"有白桦树的地方"词义的地名了这种说法，与鄂温克语里说的"扎格达奇"（zhagadaqi ＞ zhagdaqi）一词的构词结构完全同，该语言中"扎格达奇"（zhagadaqi ＞ zhagdaqi）的"扎格达"（zhagada ＞ zhagda）。是指"松树"，后面接缀"奇"（ － qi）之后，成为含有"有松树的地方"概念的地名。另外，在鄂温克语的一些方言土语中，也有将"查巴奇"（chabaqi）说成"萨巴奇"（saalabaqi ＞ salabaqi ＞ salbaqi ＞ sabaqi）或"萨巴希"（saalabaxi ＞ salabaxi ＞ salbaxi ＞ sabaxi）的现象，但词义都一样。

查巴奇鄂温克族乡及其周围更广泛的山林是该乡鄂温克族先民的自然猎场在此狩猎的历史悠久。清初，他们被编入索伦部，后被编入布特哈八旗镶白旗，他们的自然猎场也成为布特哈八旗的围猎场。康熙五十七年（1718），清朝政府从镶白旗兵营中抽调500名将士，远征新疆平定准格尔叛乱。雍正十年（1732），又抽调1600余名将士及带家属，前往呼伦贝尔戍边。日本帝国主义强占领我国东北时期，查巴奇鄂温克族人民自觉组成山林游击队，顽强抵抗日伪军，给他们沉痛打击。1933年阿荣旗公署建立，隶属伪兴安东省管辖范围，同时成立了查巴奇乡。1936年查巴奇被划入图布新努图克管辖。1940 年东北抗联第三路军第三支队在查巴奇乡组建了抗联联系点,强有力地支持了东北抗联的活动。

新中国成立后,查巴奇乡积极开展土改运动。1951 年查巴奇、文布奇、东沟、嘎达奈 4 个自然屯共建 13 个互助组,广泛开展农业生产。1954 年查巴奇成立查巴奇、文布奇、东沟 3 个农业社,1955 年该地区成立了大时尼奇林场。1956 年经内蒙古自治区人民政府批准,成立了查巴奇鄂温克民族乡,乡政府设在查巴奇村。1959 年查巴奇鄂温克民族乡并入查巴奇林场。1961 年又成立查巴奇鄂温克族人民公社,下设查巴奇一队和二队、文布奇队、东沟队 4 个生产队。1972 年由于流动人口不断增加,该公社生产队发展成 6 个,还有了农业机械管理站和猎民队,随后还有了邮政所、农业银行营业所、信用合作社、计划生育办公室。该地区于 1931 年就开办了小学,1963 年有了卫生所。

改革开放以后,这里的经济社会发展很快,1984 年,恢复了查巴奇鄂温克民族乡的乡名,乡政府同样设在查巴奇村。该乡是一个以鄂温克族为主体的少数民族乡。辖区内有 13 个乡直机关,11 个行政村,37 个自然屯,40 个村民小组,以及查巴奇、大时尼奇、阿力格亚、库伦沟 4 个国营林场。乡政府所在地已经有了设备齐全、现代化的办公楼、中心学校、医院、文化站、广播站、卫星接收站、邮局、林管所、派出所、银行、电信所等,同时居民还喝上了自来水,用上了方便干净的燃气。那些行政村也基本上通路通电通电信了。2010 年该乡的猎民村、河西村、民族村、文布奇村、团结村、榆树村、郭家窑村、大石碰村、小石碰村 9 个村被自治区认定为革命老区村,查巴奇鄂温克族乡也被认定为革命老区乡。除了主体民族鄂温克族之外,还有蒙古族、达斡尔族、鄂伦春族、汉族、满族、回族、朝鲜族、锡铂族等族。根据我们掌握的资料[①],查巴奇鄂温克族乡有 3906 户人家,总人口为 12279 人。其中少数民族人口 3838 人,占全乡总人口的 31.2%;鄂温克族人口是 887 人,占乡总人口的 7.2%。该地区交通便利,301 国道和绥满高速公路穿过该乡,村村通路。该乡有耕地面积 24.6 万亩、林地 55.5 万亩、草场 28 万亩。农业是特定区域性主导产

---

① 2010 年该乡提供的人口统计资料。

业，该乡主要种植大豆、玉米、谷子、向日葵及豆角、黄瓜、圆白菜、大白菜、小白菜、西葫芦、南瓜、胡萝卜、红萝卜、大萝卜、卜留克、茄子、大蒜、西红柿西瓜、香瓜、土豆、红薯、大青椒、尖椒、辣椒等温寒带蔬菜瓜果，大力推动食用菌种植产业和绿色有机食品基地。与此同时，该乡不断开发农产品加工，进一步加快地域特色的农产品和蔬菜瓜果进入国内市场的步伐。另外，各种养殖业，尤其是奶牛养殖、肉牛养殖、肉羊养殖，以及梅花鹿、野猪、猪、鸭、鸡、獭兔、鱼等养殖产业发展较快。当地大力发展旅游业，开发了鄂温克族博物馆、牧人寨景区旅游、鄂温克家庭民俗旅游、河西村旅游、猎民村传统文化旅游、老神树观光旅游、山林文化旅游、民俗文化村旅游、民俗风情休闲旅游业、休闲旅游度假基地旅游、彩虹谷旅游、仙人洞山庄及洞内石雕和洞外自然景观旅游等内容，利用"6·18瑟宾节"、鄂温克族冰雪节、鄂温克族传统歌舞节等民族传统节日活动，为本地区经济社会发展寻找新起点、新亮点、新增长点。不难看出，这些新兴产业的不断成熟和发展，打造出了以温寒带农业文化、民族文化、地域文化、传统文化为寄托，以民族团结、社会进步、市场繁荣、经济发展为目标的崭新的查巴奇鄂温克族乡。

1. 民族村

在查巴奇鄂温克族乡所在地，位于阿伦河东岸，西靠阿伦河与河西村隔河相望、北与林区相接、东与河东村相连、南与文布奇村连接，村东有301国道。该村共有570户人家和2565口人，除鄂温克族，还有汉族、蒙古族、达斡尔族、满族、回族、朝鲜族、鄂伦春族等。经济以农业为主，农耕面积为21965.55亩，主要种植稷子、小麦、玉米、大豆等农作物和蔬菜、黄烟等，兼营饲养奶牛和肉牛、肉羊等畜牧业产业，以及经营运输、客运、农机修理、服装加工、粮食加工、食品加工、小卖店、小饭店、豆腐房、理发店等服务产业。有人从事护林防火、植树造林等工作。由于民族村在乡政府所在地，所以各种城镇设备设施，包括学校医疗和各种服务都共享。

2. 猎民村

该村同样在查巴奇鄂温克族乡所在地，共有63户人家，总人口为312人，除鄂温克族，还有汉族、蒙古族、达斡尔族等。该村以牧业为主，经营牧场，牧草收割基本实现现代化。过去，他们的辅助型产业是狩猎。政府禁猎之后，这里开始经营机械化种粮，耕地面积为7726.95亩，主要种稷子、小麦、玉米、大豆等农作物和各种蔬菜。作为主业的畜牧业经济发展比较快，而且奶牛、肉牛、肉羊、马匹饲养已有一定规模，加上与此相关的奶食品、肉食品、皮毛制品、皮毛服饰加工业兴起，以及猎民文化和畜牧业文化特色旅游产业的快速发展，这些都对本村经济收入的提高、生活水平的改善都起着十分重要的作用。

3. 河东村

位于乡政府所在地东4公里处，西侧隔301国道与民族村相望，南边有文布奇村，东与小石碴村相接。该村共有105户人家，总人口是449人，生活着鄂温克族、汉族、蒙古族、达斡尔族等。生产活动以农为主，农耕面积为8982.4亩，主要种植小麦、玉米、大豆等农作物，其中，大豆种植占农田面积的70%左右。这里是大豆种植专业村。另外，村民也饲养肉羊肉牛，采集中草药、山蘑和榛子等，成为在该村占有重要地位的辅助型产业。村里也有小饭店、小卖部、农机修理部、农副产品加工等服务型小产业。

4. 河西村

该村东边是阿伦河，西和南与霍尔奇镇相连，北面是林区，共有344户人家，总人口为1238人，有鄂温克族、汉族、蒙古族、达斡尔族、满族等，辖区内有6自然屯，生产活动以农业为主，农耕面积为18570.75亩，主要种植小麦、玉米、大豆等农作物，其中，大豆种植面积占粮田面积的70%以上。这里也是大豆种植专业村。作为辅助型产业主要饲养奶牛、肉牛、肉羊和肉猪，同时也经营肉食品加工产业。也有人搞中草药采集和榛子采集产业，以此提高经济收入。还有一些人开小饭店和小卖部、农机设备维修、农副产品加工、运输的服务型产业。该村还有初级小学和卫生室。

5. 榆树沟村

位于乡政府所在地东南21公里处，西侧有文布奇村，南有团结村，东邻亚东镇柳毛沟村，北靠大石碴村，总面积为72.5平方公里。辖区有4个自然屯，共有181户人家，总人口是750人，其中有鄂温克族、汉族、蒙古族、达斡尔族、满族等。生产活动以农业为主，农耕面积为 17519.4 亩，主要种植小麦、玉米、大豆等农作物，其中，大豆也占农田面积的 70% 以上，也是大豆种植专业村。畜牧业作为辅助型产业发展较快，村民除了饲养奶牛、肉羊、肉牛之外，还养猪和养马。与此同时，不断推进护林防火、退耕还林、造林绿化、生态环保工作，取得十分显著成绩。村里通路通电通电话，也有了学校、医务室、村广播站、小饭店、小卖部、农机修理部、农副产品加工等。

6. 团结村

位于乡政府所在地东南 56 公里处，南面跟郭家窑村相接，北有榆树沟村，东邻亚东镇柳毛沟村，西边是文布奇村，总面积为 56 平方公里。该村共有 165 户人家，总人口是 602 人，其中有鄂温克族、汉族、蒙古族、达斡尔族、满族、朝鲜族等。生产活动以农业为主，农耕面积为 11534.1 亩，主要种植小麦、玉米、大豆等农作物，其中，大豆种植面积占农田地的 75% 以上。该村是个地地道道的大豆种植专业村。与此同时，该村积极发展畜牧业产业，其中肉羊饲养占重要位置，其次是肉猪饲养业，再就是奶牛与肉牛饲养产业。村里基础设施不断完善，给村里的运输、小饭店、小卖部、农机修理部、农副产品加工等产业的进一步发展注入了活力，取得了一定经济效益。村里还有学校、医务室和广播站等。

7. 郭家窑村

位于乡政府所在地东南，南面有霍尔奇镇后山根村，北与文布奇村相接，东有霍尔奇镇前进村，西边是疙瘩奈村，东侧还有 301 国道。该村共有 211 户人家，总人口是 760 人，有鄂温克族、汉族、蒙古族、达斡尔族等。生产活动以农业为主，农耕面积为 21870.9 亩，主要种植小麦、玉米、大豆等农作物和各种蔬菜。其中，大豆种地面积占农田地的 72% 以上，是大豆种植专业村。该村的家畜饲养、采集业、农副产品加工等辅助型产业发展比较理想，也取得了应有的经济效益。还有农业机械维修、运输、小饭店、小卖部等。

8. 文布奇村

又称文木奇村，位于阿伦河上游左侧，那吉屯东南 9 公里处，村落处于从东北向西南延伸的缓坡地区。东边是团结村，南有郭家窑村，北边有河东村。这里曾是鄂温克族聚居的村落，已有 300 多年的历史。根据前几年的人口统计，该村共有 191 户人家，总人口是 794 人，有鄂温克族、汉族、蒙古族、达斡尔族、朝鲜族等。该村早期以牧业为主，以狩猎业和林业为辅。后来，因禁猎和封山育林，传统意义上的狩猎业和伐木业已被农业、采集业及服务型产业取代。文布奇村主要种植小麦、玉米、大豆等农作物和各种蔬菜，其中，大豆种地面积占农田地的 72% 以上，该村也是一个大豆种植专业村。

9. 大石砬村

位于山林地区，也就是在大文布奇沟顶的老爷岭山下，东边是亚东镇三岔河，南与是榆树沟村为邻，西与小石砬村相接，北有得力其尔乡。该村南北长 13 公里，东西宽 5.2 公里，总面积是 67.6 平方公里，其中，耕地面积为 20537 亩，山林面积 43000 亩，占村总面积的 43%，还有 700 亩经济林，退耕还林 120 亩，林间草甸子 30000 亩。由于该地区是属于山林地带，所以气候比较寒冷，无霜期只有 100 天左右。该村居民有鄂温克族、汉族、蒙古族、达斡尔族等。他们的支柱产业是农业，主要种植大豆和玉米及耐寒力强的季节性蔬菜，但以种大豆为主。该村畜牧业经济作为辅助型产业发挥着相当重要的作用，主要饲养肉羊、肉牛、肉猪和奶牛。另外，有人从事护林防火、种树造林、采集、农副产品加工等工作。

10. 小石砬村

位于山林地带和大文布奇沟的中段，东有大石砬村，西与嘎达奈村相连，南边是文布奇村，北侧是河东沟，总面积是 54.9 平方公里。其中，耕地面积为 20359 亩，山林面积 21960 亩，还有林间草甸子。这里同样属于山林地带，气候变化大，天气较寒冷，冬天漫长，无霜期也只有 100 天左右。小石砬村共有 164 户，总人口为 636 人，村里有鄂温克族、汉族、蒙古族、达斡尔族等民族。该地区还是以农业为主，主要种植大豆和玉米及耐寒力强的季节性蔬菜，不过以种大豆为主。辅助型产业有饲养业、采集业，以及农副产品加工、农业机械维修、客运、小饭店、小卖部等。

11. 嘎达奈村

也作疙瘩奈村。该村位于阿伦河上游右侧，乡政府所在地东南 6 公里处，属东西走向的地形。东边是文布奇村，西侧有霍尔奇镇那克塔村，南面同霍尔奇镇后山根村相连，北与民族村隔河相望，总面积是 16 平方公里。其中，耕地面积为 13377.3 亩，有阔叶林和河提林，还有草甸草场。该村的总户数为 185 户，总人口是 720 人，村民以鄂温克族为多，另有汉族、达斡尔族、蒙古族、满族等民族。他们主要从事农业生产，基本上都种小麦、谷子、玉米、大豆，以及温寒带季节性蔬菜，但以种小麦为主。辅助型产业有畜牧养殖、植树造林、旅游、农产品加工、畜牧产品加工、农机设备维修、客运、小饭店、小卖部、个体商店等。

七 得力其尔鄂温克民族乡

该乡的名称也有人写成"德勒克尔"。得力其尔鄂温克民族乡地理坐标为东经 123°32′~123°47′，北纬 48°35′~48°48′，位于内蒙古自治区阿荣旗东北部，距旗所在地那吉镇北 85 公里，格尼河上游东岸，东侧还有莫力达瓦达斡尔族自治旗的宝山镇及杜拉尔鄂温克民族乡，南边是阿荣旗亚东镇，西与阿荣旗三岔河隔格尼河相望，北靠林区并与得力其尔林场交界。得力其尔鄂温克民族乡西北高、东南低，属高山、丘陵、漫岗地形，地势起伏较小，坡度一般小于 15°，地理形态为南北狭长。格尼河贯穿全境，格尼河水量充足，两岸草甸宽阔平坦，适宜种植水稻和发展畜牧业生产。全乡土地总面积为 340 平方公里，耕地面积是 24.38 万亩，有次生林 64 万亩，可放养柞蚕和蜜蜂。全乡属温带大陆性气候，全年平均日照 2900 小时，无霜期为 90~115 天，年降水量 400 毫米，平均气温 1.5~1.6℃。气候特点是冬季寒冷漫长，夏季温凉短促，春季干燥风大，秋季冷暖温差大，秋霜早。土壤有机质含量 6.7%，含氮 0.4%，含磷 5.9%，含钾 2.6%，这种含氮磷钾的肥沃土壤，既有利于各种农作物的生长，又有利于各种草木的生长，宜农宜牧。林木以柞木为主，其他还有白桦、黑桦、杨树、柳树、稠李子树、山丁子树、榛子树、山杏树、长果刺梅树及灌木丛等，草甸牧草品种多、营养丰富，有山野豌豆、叉分蓼、短瓣金莲花、柳叶绣线菊等优质牧草和植被。而且，林木地带和草甸牧场上生长的中草药种类丰富，有黄芹、黄芪、党参、防风、术、赤芍、紫湖、桔梗、龙胆草等近百种，森林及河套树林里还有稠李子、山丁子、灯笼果、野草莓、榛子、杏、木耳、蘑菇、猴头蘑、蕨菜、黄花菜、野韭菜、野葱等野生植物。森林里还有狼、狐狸、猞猁、驼鹿、马鹿、棕熊、狍子、黄羊、野猪、雪兔、雉鸡、棒鸡、飞龙等野生动物。在淡水河及湖泊里，有哲罗鱼、鲫鱼、鲤鱼、草鱼、狗鱼、白鱼、老头鱼、红尾巴鱼等鱼类及野鸭、鸳鸯等水禽。丰富的自然资源和优美自然环境已成为该地区经济社会发展的重要条件。

得力其尔鄂温克民族乡的鄂温克人，也叫"格尼河流域的鄂温克人"，早在清朝之前就在格尼河流域及森林地区狩猎。换句话说，这一带最早是他们开发的自然狩猎场。17世纪初，沙俄在这一带发动战争，扰乱边疆社会的安宁和生活。清朝政府充分认识到强化格尼河流域安全的重要性，也知道这一带是得力其尔鄂温克人开发的自然猎场，得力其尔鄂温克人对这一带的地形、地貌、环境都比较熟悉，所以于清顺治十年（1653）派这部分鄂温克从黑龙江上游的生活区迁至格尼河流域定居，守卫边塞。到了康熙六年（1667），他们又与阿伦河流域的鄂温克人一同编入"布特哈打牲部"属下的涂格敦阿巴，雍正九年（1731），涂格敦阿巴编为"布特哈八旗"的"镶白旗"，光绪三十二年（1906），得力其尔鄂温克人归属于当时从"布特哈八旗"新分离出来的西布特哈管辖。该地区的鄂温克人作为索伦部军营的将士，南征北战，参加大小无数次战役，立下过赫赫战绩。日本军国主义占领东北后，他们又自愿组成山林游击队，攻打日伪军定居点或军事要地，他们中的部分优秀游击队员还加入到东北抗联，格尼河流域成为东北抗联的主要战区之一，广泛而深入开展山林抗日游击战，狠狠地打击了布特哈地区盘踞的日寇。

得力其尔鄂温克民族乡的主体民族是鄂温克族。除了鄂温克族，还有汉族、达斡尔族、蒙古族、鄂伦春族、满族、朝鲜族、回族、锡伯族、藏族等民族。1973年，因当时内陆地区经济萧条和生活困难，有相当多的人口从山东、辽宁、黑龙江等地迁入得力其尔鄂温克民族乡，这不仅增加了该地区人口数量，也给周边生态环境和自然资源带来一定的负担，形成了以鄂温克族为主体，汉族占绝对多数的鄂温克民族乡。现在该乡总人口为14305人，其中汉族就有12178人，占总人口的85.13%，少数民族人口只占14.87%。在少数民族中，鄂温克族有328人，占总人口的2.29%。全乡辖区内有9个行政村、21个自然屯和48个村民小组。乡人民政府所在地为忠诚堡村，乡政府所在地有 13 个乡直单位，以及 4 个外驻单位。村落沿平川南北向延伸，略呈矩形。

得力其尔鄂温克民族乡是一个以农业为主体的农业大乡。农业是该乡的基础产业和主导产业，全乡拥有耕地面积 24 万亩，主要种植大豆、玉米、水稻、谷子等粮食作物，还种植豆角、黄瓜、圆白菜、大白菜、小白菜、西葫芦、南瓜、胡萝卜、大萝卜、茄子、大蒜、土豆、红薯、大青椒、尖椒、辣椒、西红柿、西瓜、香瓜等温寒带地区季节性蔬菜瓜果。近年来，该乡又发展了中草药种植产业。而且，农业生产基本上走上优品种、高产量、规模化、机械化、现代化发展道路。在此基础上，不断加大农副产品开发力度，现已形成以大豆产品、玉米产品、马铃薯产品、柞蚕产品、白瓜子产品、山野菜产品等为主的加工工业。作为辅助型产业，畜牧饲养产业也取得了鼓舞人心的经济效益，特别是畜牧业成为该乡的富民产业后，该乡不断强化乡村防疫网络建设，积极引导养畜户种草养畜和棚圈建设，改变传统粗放性养畜方式，有效保护了牧场草甸，使以肉羊、肉牛、肉猪、大鹅为主的饲养产业，以及不断发展的奶食产品和肉食产品等，均有了十分雄厚的市场经济基础和理想的产业发展前景。

过去，林业对该地区的经济社会发展发挥过相当重要的作用，然而全面实施"天然林保护"及"封山育林、植树造林、退耕还林"工程之后，该地区积极开展植树造林、护林防火工作，彻底制止乱砍滥伐、毁林开荒等行为，对该乡的生态环境保护，对恢复山清水秀的自然景观起到了不可忽视的重要作用。更让人高兴的是，随着自然环境、生态环境、森林环境的不断优化，该地区积极发展旅游业，开发了美人湖旅游、乌兰泡旅游、圣水山庄旅游景点旅游、浩饶山风景区、森林小火车旅游、鄂温克族山林文化旅游、鄂温克族狩猎文化旅游等各种特色旅游线路。与此相关，乡里还大力发展文化产业，主要以鄂温克族"瑟宾节"、鄂温克族歌舞活动、鄂温克族民间艺术文化、鄂温克族传统服饰文化，民族特色和地域特色文化，以及东北"抗联"战斗过的地方与革命老区等红色旅游为主题，开展不同角度、不同内涵、不同层面、内容丰富、形式多样的文化产业，同样收到一定经济效益。

得力其尔鄂温克民族乡的每一个村都通了路和电及公交车，用上了固定电话和移动电话。乡所在地有了自来水、燃气灶，还有了文体广电中心，电视转播台，全乡电视覆盖率达 100%。乡里有相当现代而办公设备齐全的办公楼，还有邮局、银行、派出所、文化站、中学、小学、公办幼儿园、医院和社区服务站。得力其尔乡还是享誉全市的"篮球之乡"，另外还有群众业余文化队伍 5 个，群众性文化生活丰富多彩。总之，得力其尔鄂温克民族乡以全新的面貌，步入全新的和全面的发展阶段。

1. 新立村

位于乡政府所在地南 4 公里处，辖区面积 20 平方公里，辖太平山屯、新立屯 2 个自然屯，共有 203 户、911 人，有鄂温克族、汉族、布依族、达斡尔、蒙古族、满族等民族。现有耕地面积 1.45 万亩，林地面积 225 亩，水面积是 800 亩，草场面积为 300 亩。该村以水稻、玉米、大豆种植为主导产业，还有肉羊养殖业辅助性产业。

2. 忠诚堡民族村

位于乡政府所在地，辖区总面积 40 平方公里，下辖忠诚堡村、东兴堡村、七道泉子村 3 个自然屯，共有 912 户，总人口是 3437 人，有鄂温克族、汉族、达斡尔、朝鲜族、蒙古族、满族等民族。这里的耕地面积是 3.5 万亩，林地面积 1300 亩，水面面积为 400 亩。村民以水稻、玉米、大豆种植为主要产业，还经营肉羊养殖产业。

3. 兴南镇村

位于乡政府所在地以北 3 公里处，辖区面积 36 平方公里，共有 245 户，总人口为 1036 人，包括鄂温克族、汉族、达斡尔族、锡伯族、朝鲜族、蒙古族、满族等。耕地面积 2.7 万亩，林地面积 3000 亩，水面面积 450 亩，草场面积 300 亩，村民主要种植大豆、玉米、水稻等，同时兼营肉驴、肉羊养殖业。

4. 东北沟村

位于乡政府所在地东北 8 公里，辖区面积 28 平方公里，下辖庄河点、马家点、黄家点和管家点 4 个自然屯，共有 206 户、958 人。该村人口有汉族、朝鲜族、蒙古族、满族等。现有耕地面积 2.3 万亩，林地面积 6000 亩，该村主导产业是种植业，村民种植玉米、大豆、小杂、中草药等，还有畜牧业，村民养殖肉牛、肉羊、生猪、小笨鸡等。

5. 得力其尔民族村

位于乡政府以北 10 公里处，辖区面积 28 平方公里，下辖得力其尔屯、奶牛小区屯和蒙红新村屯三个自然屯，共有 379 户、1445 人。其中，包括鄂温克族、汉族、达斡尔族、锡伯族、朝鲜族、蒙古族、满族等民族。现有耕地面积 2.3 万亩，林地面积 7892 亩，水面面积 1883 亩，草场面积 16785 亩。农业以种植大豆和玉米为主，村里还经营肉牛、肉羊、白鹅养殖等产业。

6. 杜代沟村

位于乡政府以北 15 公里处，辖区面积 55 平方公里，下辖杜代沟屯、小杜代沟屯 2 个自然屯，共有 638 户、2093 口人，有鄂温克族、汉族、达斡尔族、朝鲜族、蒙古族、满族等民族。现有耕地面积 4 万亩，林地面积 500 亩，水面面积 750 亩，草场面积 1000 亩。农业生产以种植谷子、麦子、玉米、大豆为主，同时经营肉牛、肉羊养殖产业。特色产业以黑木耳种植、野山榛栽培繁育为主。

7. 龙头山村

该村位于乡政府以北 15 公里处，辖区面积 58 平方公里，下辖前龙头山、后龙头山 2 个自然屯，共有 381 户、1652 人，有鄂温克族、汉族、达斡尔族、蒙古族、满族等民族。现有耕地面积 4 万亩，林地面积 4000 亩，农业以玉米、大豆、小杂粮种植为主，也有肉牛、肉羊、生猪养殖产业。

8. 马河村

乡政府所在地西北 28 公里处，辖区面积 84 平方公里，下辖杨维沟屯、牧奎屯、马河屯、马河农场等 4 自然屯，共有 525 户、1636 口人，有鄂温克族、汉族、达斡尔族、回族、蒙古族、满族等民族。现有耕地面积 5.1 万亩，林地面积 31500 亩，水面面积有 200 亩，草场面积是 20000 亩。村民主要经营谷子、玉米、大豆等的种植产业，同时经营肉牛、肉羊、生猪养殖产业，还将黑木耳种植作为特色产业。

9. 马河猎民村

位于乡政府所在地西北 25 公里处，辖区面积 10 平方公里，共有 93 户、276 人口。这里有鄂温克族、汉族、鄂伦春族、达斡尔族、蒙古族、满族等民族。现有耕地面积 1.05 万亩，草场 1600 亩。该村以种植玉米和大豆及各种蔬菜为主，还从事养殖牛、羊、马等为主导的辅助型产业。

八　兴旺鄂温克族乡

兴旺鄂温克族乡过去叫"嘎布卡"或"嘎布喀"，该乡所处的地理坐标应在北纬47°57′~48°55′，东经124°18′~125°59′，位于讷河市西南52公里，嫩江中游东岸，甘南县莫旗富裕县交界处，乡政府驻地距市区36公里，东边是和盛乡，南有富裕县，西与嫩江甘南县及莫旗隔江相望，北面有拉哈镇，地势结构南北距离长，东西间距相对窄，全乡总面积为372.8平方公里，乡政府所在地叫团结村。辖区东侧有G111国道，西侧有G111国道，齐齐哈尔到加格达奇的铁路经过该乡的团结站和清水山站。该地区是半湿润大陆性季风气候，年平均气温保持在-0.7℃左右，年平均降水量450.9毫米左右，无霜期在120~125天，水资源非常丰富，除了嫩江及其支流之外，还有9个湖泊。草甸面积占地45000亩，森林面积为24196亩。森林与草甸上的草本植物品种多样，多达上百个种类，营养也都很丰富，还有短瓣金莲花和柳叶绣线菊等优质牧草。另外，在森林地带和草甸上生长着各种名贵药材，包括五味子、芍药、龙胆、草黄芹、黄芪、党参、防风、赤芍、紫湖、桔梗草等近百种。随着"天然林保护工程"的深度推进，自然环境和生态环境的不断优化，特别是森林植被的不断恢复，各种野果、菌类、野菜的不断增多，这里的野生动物种类和数量不断增加，曾经消失的野生动物也重新出现在森林中，给森林带来了无限活力和生机。比如，在兴旺鄂温克族乡辖区的森林里除了狐狸、猞猁、狍子、黄羊、野猪、貉子、兔子、野鸡、飞龙、松鼠之外，还出现了棕熊、狼、驼鹿、马鹿、雪兔、棒鸡、天鹅等珍稀野生动物。在那纵横交错的大小淡水河及湖泊里，有哲罗鱼、鲫鱼、鲤鱼、鲢鱼、草鱼、狗鱼、白鱼、老头鱼、红尾巴鱼等鱼类，水獭、水貂、野鸭、鸳鸯等时有出现。丰富的自然资源和优美的自然环境已成为该地区经济社会发展的重要支撑和条件。而且，这里的地下矿藏资源也很丰富。

在历史上，南至百罗日，北起讷谟尔河口都属于嘎布卡的土地。我们调研时，该乡的鄂温克族老人告诉我们，他们祖祖辈辈在这里生活，已有300多年的历史了，有的老人说可能比这个时间更长。清初，不堪忍受沙俄统治者的压迫，他们的先民渡过黑龙江南下，迁徙到嫩江中游东岸，沿江共建了百露屯、杨树屯、榛子街屯、摆渡屯等 8 个村屯。由于这一带统称为嘎布卡，所以这 8 个村屯的鄂温克人被称为"嘎布卡的鄂温克人"，用鄂温克语说是"嘎布卡浅"。"嘎布卡浅"的"嘎布卡"（gabka > gawka）是鄂温克语名词，表示"峡谷"或"山谷"等词义。"嘎布卡"的后缀"浅"（-qian）是从名词派生名词的构词词缀，有"人"或"人们"之意，"嘎布卡浅"（gabkaqian > gawkaqian）一词，应该表达"生活在峡谷里的人们"或"生活在山谷里的人们"等词义。从这个意义上说，"嘎布卡"是生活在嫩江中游东岸的 8 个鄂温克族村屯的总称。不过，当时这些村屯隶属布特哈总管辖区。根据我们的调研，这些村屯完全是依照清朝八旗军事化社会的设定，按姓氏家族为核心组建的，同时编入扎兰正白旗。嘎布卡地区的村屯，在光绪三十二年（1906）归东布特哈总管衙门管辖，宣统二年（1910），又被划归讷河理事通判厅所辖，民国二年（1913）隶属讷河县，后来又被纳入讷河县第三区管辖范围。东北沦陷，日寇侵占东北后，这一地区由拉哈站接管，后来又被祥云村接管。在这极其特殊而苦难的历史时期，生活在嘎布卡的鄂温克族组成游击队，开展游击战，强有力地打击了日寇，同时，积极参加东北抗联，为抗日战争的最后胜利做出了贡献。1945 年抗战胜利后，嘎布卡地区的鄂温克族被划归为拉哈区管辖，新中国成立后改为新设立的讷河县第十五区管理，1956 年 4 月成立占仁索伦族乡。1958 年 9 月占仁索伦族乡改成团结人民公社，同时将邻近的 2 个汉族乡合并到人民公社里。1984 年 4 月再次改名为团结乡。1987 年 3 月这部分鄂温克人从团结乡分离出来，纳入刚刚新成立的兴旺鄂温克族乡，成为黑龙江省鄂温克族聚居的特定区域。1987 年经黑龙江省政府批准，成立了讷河县兴旺鄂温克族乡，乡辖包括沿江、龙江、兴旺、鄂温克、建国、新兴、百路等 12 个行政村，74 个自然屯，其中索伦村和百路村是鄂温克族集中生活的村落。全乡总人口为 36000 人，其中少数民族人口是 1796 人，鄂温克族人口只有 816 人。在地该区，除鄂温克族之外，还有汉族、满族、蒙古族、达斡尔族、朝鲜族、锡伯族、柯尔克孜族、回族 8 个民族。

兴旺鄂温克族乡鄂温克族的传统产业是狩猎业和采集业。后来，随着森林野生动物的不断减少，以及森林植被的不断破坏，这两个传统产业难以为继，使得兴旺鄂温克族乡的鄂温克人必须改变生产方式，重新选择新的产业、新的谋生手段、新的发展道路，需要调整生产模式和产业结构。就这样畜牧业成为他们的新选择，他们在美丽富饶的草原牧场，下大力气饲养羊、牛、马等家畜，而且很快获得十分可观的经济效益。与此同时，他们也开始开荒种田，推动农业生产，大量种植适合于温寒带地区自然气候的谷子、稷子、糜子、大豆、玉米、高粱、马铃薯等农作物，没过几年农业生产也取得鼓舞人心的收获。当然，这和该地区土地肥沃、水资源十分丰富有必然联系。如今，当地人依然把农业作为支柱产业来经营，乡政府提出要走以农为主、以牧为副的经济发展道路。现在，兴旺鄂温克族乡的耕地面积有 268000 亩，主要种植水稻、小麦、荞麦、燕麦、谷子、稷子、糜子、大豆、玉米等，但以水稻和玉米为主。他们还种植葵花、西葫芦、南瓜、红萝卜、大萝卜、茄子、红薯、甜菜、豆角、土豆、黄瓜、圆白菜、大白菜、青椒、大蒜、香瓜等温寒带季节性蔬菜瓜果。天然河套平原水草丰美，土地土质肥沃，世居嘎布卡的鄂温克族，依靠得天独厚的自然条件，过着自给自足的生活。该地区江河湖泊中鱼类数量众多，捕鱼也成为他们不可忽视的一项辅助型产业，乡里出现了不少养鱼专业户，渔业也给他们带来了不少的经济利益。随着草原草甸和森林植被的恢复，采集业，包括药材采集、野果野菜采集，又焕发了生机，成为辅助型产业之一。随着本地区经济社会的快速发展，以及在上级政府和国家的大力支持，兴旺鄂温克族乡村村通了路，有了电、电话、电视机。乡政府所在地不仅有了现代化办公设备齐全的办公楼，还用上了自来水和燃气灶，乡里有了文体广电中心、电视转播台、邮局、银行、派出所、文化站、中学、小学、幼儿园、医院、社区服务站、商场、集贸市场、旅馆、饭店等。这些给兴旺鄂温克族乡全面发展注入了强盛的活力和生命力。

1. 新兴村

位于乡政府驻地西南 11 公里处，村委会在西兴屯，也是鄂温克族比较集中生活的村落。新兴村东有黑龙村，南靠富裕县，西与新江林场村相接，北有兴旺村比邻。新兴村辖区有 4 个自然屯，9 个村民小组。这里有 776 户人家，总人口 2819 人。占地面积为 22.4 平方公里，耕地面积 31000

亩。主要农作物有水稻、玉米、大豆，以及甜菜、马铃薯、葵花和各种蔬菜。所属村屯主要有西兴屯、腰兴屯、大平房屯、东兴屯等。

2. 索伦村

位于乡政府所在地往西北 9.5 公里处，村委会在占仁屯。索伦村东依河江村，南靠兴旺村，西有嫩江，北与嫩江村相接。该村辖区有 3 个自然屯，5 个村民小组。这里是以鄂温克族为主的村，有 264 户人家，总人口为 1080 人。占地面积有 8.1 平方公里，耕地面积是 8454 亩，主要农作物有玉米、大豆、水稻、杂粮及甜菜、马铃薯、葵花等。所属村屯有小后屯、臻子街屯等。

3. 民强村

位于乡政府所在地最东端 10 公里处，村委会在治安屯。该村东侧是和盛乡仁厚村，南边有钢铁村，西靠凤鸣村和永久村，北面是同义镇保国村。村辖 4 个自然屯，7 个村民小组，有 743 户人家，人口为 2728 人。总面积为 15.7 平方公里，其中耕地面积是 22047 亩，主要作物有玉米、大豆、杂粮、甜菜、马铃薯、葵花等。所属村屯有公安屯、保安屯、龙安屯等。

4. 凤鸣村

位于乡政府所在地东 4.5 公里处，村委会在双合屯。该村东和民强村相邻，南有钢铁村，西靠团结村，北边是永久村。村辖 7 个自然屯，9 个村民小组，有 865 户人家，总人口为 3412 人。占地面积是 23.9 平方公里，耕地面积 24242 亩，主要农作物有玉米、大豆、杂粮，还有甜菜、马铃薯、葵花等。所属村屯有东金山屯、西金山屯、青龙屯、杨树林屯、史地营子屯、赵地营子屯等。

5. 百路村

位于乡政府驻地西南 25 公里处，村委会在百露屯。北与嫩江比邻，东和新江林场村相邻，西与嫩江为界，南靠富裕县村。辖 1 个自然屯，1 个村民小组，有 223 户，802 人。占地面积为 8.6 平方公里，耕地面积 11311 亩，主要作物有水稻、玉米、大豆、杂粮，还有甜菜、马铃薯、葵花等。

6. 河江村

位于乡政府所在地北 7 公里处，村委会在十里河子屯。该村东和天津村相接，南靠兴旺村和团结村，西有索伦村，北与天津村比邻。辖 8 个自然屯，8 个村民小组，有 840 户人家，总人口为 3217 人。占地面积有 18.2 平方公里，耕地面积是 24363 亩，主要农作物有玉米、大豆、水稻、杂粮，还有甜菜、马铃薯、葵花等。所属村屯有十里河子屯、张海楼屯、安家屯、崔仁屯、老万屯、周家粉房屯、文明屯、林江屯等。

7. 天津村

位于乡政府所在地往北 6 公里处，村委会在天津屯。该村东和永久村相邻，南靠团结村，西与河江村相接，北有拉哈村。辖区内有 7 个自然屯，14 个村民小组，有 640 户人家，总人口为 2645 人。占地面积 13.5 平方公里，耕地面积为 19101 亩，主要农作物有玉米、大豆、水稻、杂粮、甜菜、马铃薯等。所属村屯有天津屯、穷棒岗屯、王狗皮屯、长发屯、前五撮房屯、后五撮屯、杨占长窝堡屯等。

8. 永久村

位于兴乡政府所在地向东 6 公里处，村委会在佟文刚屯。该村东和民强村相邻，南靠凤鸣村，西与团结村为相接，北有同义乡新合村。辖区内有 7 个自然屯，7 个村民小组，有 630 户人家，总人口为 2630 人。占地面积是 17 平方公里，耕地面积为 23058 亩，主要农作物有玉米、大豆、水稻、杂粮，以及甜菜、马铃薯、葵花等。所属村屯有佟文刚屯、合安屯、李大牛车屯、袁家窝棚屯、赵铁匠屯、邹信屯、夏家屯等。

9. 钢铁村

位于兴乡政府驻地南 13 公里处，村委会在邓家屯。东面有盛乡复兴村，南边是和盛乡华升村，西与康乐村相接，北有凤鸣村。该村辖区有 6 个自然屯和 6 个村民小组。钢铁村有 620 户人家，总人口是 2840 人。占地面积是 15.1 平方公里，耕地面积为 21484 亩，主要农作物有玉米、大豆、水稻、杂粮，以及甜菜、马铃薯等。所属村屯有邓家屯、马场屯、西幸福屯、东幸福屯、胜利屯、东凤屯等。

11. 黑龙村

位于乡政府所在地南 8 公里处，村委会在前冯地营子屯。村东和钢铁村相接，南面是富裕县东胜村西与新兴村，北有团结村。辖区内有 10 个自然屯，12 个村民小组。该村有 1200 户人家，总人口是 5520 人。占地面积

34 平方公里，耕地面积为 46259 亩，主要农作物有玉米、大豆、水稻、杂粮，以及甜菜、马铃薯、葵花等。所属村屯有前冯地营子屯、后冯地营子屯、前青龙山屯、后青龙山屯、腰马场屯、北兴屯、新发屯、后马场屯、康乐屯、小西山屯等。

12. 兴旺村

位于乡政府所在地向西 6 公里处，村委会在范家屯。兴旺村东面有团结村，南边是新兴村，西与新兴村与新江林场村相接，北有索伦村。该村辖区内有 9 个自然屯，13 个村民小组。这里共有 1065 户人家，总人口是 4146 人。占地面积为 32.75 平方公里，耕地面积 37047 亩，主要农作物有玉米、大豆、水稻、杂粮，以及甜菜、马铃薯、葵花等。所属村屯有范家屯、麻帘屯、两半屯、王家店屯、新立屯、杨树屯、马场屯、建国新村、窑地屯等。

13. 团结村

位于乡政府所在地，村委会在忠义屯。该村东与永久村相接，南靠黑龙村，北有河江村和天津村，西面是兴旺村。该村辖区内有 7 个自然屯，10 个村民小组。全村有 701 户人家，总人口是 2714 人，占地面积为 17.9 平方公里，耕地面积有 21029 亩，主要农作物有玉米、大豆、水稻、杂粮，以及甜菜、马铃薯、葵花等。忠义屯、油坊屯、三撮房屯、大草甸子屯、高富屯、四马架屯、胡家屯、孟家沟屯。

第三节　鄂温克族集中生活的村屯

本节主要介绍与鄂温克族生活密切相关的村屯，及历史上鄂温克族生活过的村屯。由于这些鄂温克族村屯的资料十分有限，所以我们只能简明扼要地进行介绍。另外，还应该说明的是，我们在这里所说的鄂温克族的村屯，只涉及内蒙古自治区和黑龙江省，不涉及其他省市区鄂温克族的村屯。我们在下文的介绍中，尽量避免在前面讨论过的村屯。

一　内蒙古地区与鄂温克族相关的村屯

1. 格尼浅屯

现称亚东镇，位于格尼河西岸，那吉屯东北 47 公里处，由于这部分鄂温克人最早生活在"格尼河"岸边而得名。"格尼"一词鄂温克语，表示"思恋"之意，"格尼浅"（geniqian）表达"思恋河岸边生活的人们"。1936 年，格尼浅屯设立。1947 年，被划入图布新区委会。1958 年成立格尼人民公社。1984 年改称亚东镇，辖 12 个村委会，2 个居民委员会，53 个自然村。村内有鄂温克族、汉族、蒙古族、满族、回族、朝鲜族、达斡尔族等民族。村面积 420 平方公里，地处低山丘陵，镇区西部沿山，东部为平川，东西向延伸，呈矩形聚落，居民主要从事农业。

2. 哈亚村

位于格尼河中上游左岸，"哈亚"为鄂温克语，有"慢坡山风"之意。涂格敦氏族曾在此地居住过。

3. 斡尔奇村

位于格尼河中游右岸，"斡尔奇"为鄂温克语，意为"有杨树的地方"。鄂温克人在清朝时期生活过的村庄。

4. 斡勒莫日登村

又称"沃勒莫尔丁村"，无论是"斡勒莫日登村"，还是"沃勒莫尔丁村"都是鄂温克语，表示"长有杨树的河湾子"之意。该村位于格尼河下游右岸的河谷，西面依山，北有河流，呈东西向分布的地势。曾经是敖拉热姓氏家族聚居的村落，该村为不规则块状聚落。

5. 伊勒本德村

现叫"尔本德村"，位于格尼河中游右岸，"伊勒本德"为鄂温克语，意为"围猎的地方"。该村是涂格敦氏族聚居的村落，现属亚东镇管辖，村子在该镇西北 11 公里处。

6. 冷伯日格村

位于格尼河中游左岸，"冷伯日格"为鄂温克语，表示"长毛动物""笨重的动物"。那哈塔氏聚居的村落。

7. 那哈塔村

位于格尼河中游左岸。那哈塔是鄂温克族三大姓之一，是那哈塔聚居的村落，村名由姓得来。地处丘陵地带，村沿山脚东南西北延伸，略呈矩形。

8. 萨拉达特村

现在叫作"山里屯村"，位于格尼河中游左岸。萨拉达特村的"萨拉达特"是鄂温克语，表示"放排木终点站"之意。是杜拉尔、何尔特基尔姓鄂温克族聚居的村落，因为早年这里的鄂温克人从事放排木产业，由此该村也就叫作萨拉达特村。

9. 库位村

位于阿伦河上游支流左侧的平原地区，查巴奇西北21公里处，村沿库伦河东岸向南北延伸。这里属于库伦沟林场驻地。根据我们掌握的资料，"库仁"是鄂温克语，表示"围猎""围墙"等含义。1956年林业部门在此建林场后，该地区主要经营林业，居民几乎都从事林业生产。改革开放，封山育林，退耕还林之后，特别是启动天然林保护工程以后，这里的林业工人开始经营养殖业、旅游业和其他服务型第三产业。

10. 呼莫村

位于阿伦河中游左岸，"呼莫"属于鄂温克语，表示"山冈"之意。清代，这里是鄂温克族杜拉尔姓的人氏居住的村落，现在新发村东山丘陵一带，隶属新发乡管辖。

11. 伊其罕村

位于阿伦河上游左侧，鄂温克族杜拉尔姓居住村落。"伊其罕"属于鄂温克语，意为"盛产磨石的地方"，建村已有300余年历史。

12. 伊拉达村

位于阿伦河上游左侧，是鄂温克族杜拉尔姓、涂格敦姓的人们早年居住的村落。清代著名鄂温克将领海兰察之父母雍正十年（1732）从该屯迁移到呼伦贝尔索伦左翼旗，移民戍边已有270多年。

13. 章塔尔村

位于阿伦河中游右岸，那吉屯西南4公里处。"章塔尔"是鄂温克语，表示"十垧地"之意。清初为鄂温克族那哈塔、杜拉尔、尤克基尔（简称姚氏）等姓氏家族生活的村落。1913年设为布西设治局的警察分驻所驻地，1918年布西第五区分所设在章塔尔，1926年雅鲁县第三警区设于章塔尔，1936年属图布新努图克兴隆沟嘎查，1947年属三道沟努图克，设章塔尔农会。1962年属那吉镇，1969年属新发朝鲜族乡。村落沿公路两侧南北向延伸，略呈矩形。

14. 扎日霍气村

又称"扎尔古奇"，位于阿伦河中游右侧。"扎日霍气"是鄂温克语，表示"缓流小河谷"之意。该村里早期生活的一般都是杜拉尔家族的鄂温克人，后来也有其他家族的人口，建村已有 300 多年。

15. 吉木伦村

该村也写作"知木伦村"，位于阿伦河中游右侧，早期主要是杜拉尔家族和涂格敦家族的鄂温克人生活的地方。该村以横斜一条小河而得名，建村已有 300 多年，属霍尔奇镇管辖。

16. 伦图呼村

位于阿伦河中游右岸，"伦图呼"是鄂温克语，表示"尖山子"之意。这里的杜拉尔家族和阿尔本浅家族的鄂温克人是在清末从雅鲁河迁居过来，建立的村落。

17. 努希特村

位于阿伦河上游左侧。"努希特"是鄂温克语，表示"暮色苍茫之地"之意。这里的杜拉尔家族、哈赫尔家族、伊格基尔家族的鄂温克人是在清代先后从雅鲁河中游迁移而来，开发并建立村屯生活百年以上。

18. 莫尔顶村

也写作"莫日登村"，位于阿伦河东岸，霍尔奇镇西北 1 公里处，四面环水。莫尔顶村的"莫尔顶"是鄂温克语，表示"河湾子"之意。这里是杜拉尔家族、涂格敦家族的鄂温克人开发建村，生活 300 多年的地方。他们的先民走过从狩猎生产到畜牧业生产，又从畜牧业生产走入农业生产的漫长历史发展岁月。

19. 那克塔乡

位于阿伦河上游右侧，那吉屯西北 36 公里处。那克塔乡的"那克塔"是鄂温克族的一大家族姓。这里原属霍尔奇辖区，后来由于人口增多，单独成为乡一级政府。1984 年才正式建乡，辖区内有 10 个村，49 个自然村。该乡的面积为 484 平方公里，地处低山丘陵地带，沟川纵横，境内有小索尔奇河，两岸榆树和柳树等林木丛生。经济以农业为主。2006 年撤乡并镇，又划归霍尔奇镇管辖。

20. 西尼奇村

又称"大时尼奇村"，位于查巴奇山北约 42 公里处，阿伦河北岸。地处低山丘陵地带，依山傍水，东西延伸，略呈块状。西尼奇村的"西尼奇"是鄂温克语，表示"落叶松茂密的地方"之意。1956 年地方政府在此建林场，这里的鄂温克人也被纳入林场管辖范围。

21. 索洛霍奇村

又叫"索古西村"，位于阿伦河中游左侧，索洛霍奇村的"索洛霍奇"是鄂温克语，表示"左边"之意。这里的那哈塔姓、达额特姓、阿本浅姓的鄂温克人在清代末期从雅鲁河中游迁居此地，已有一百多年。

22. 松吉特村

位于阿伦河中游右侧，红花梁子东 10 公里处。松吉特村的"松吉特"是鄂温克语，表示"野韭菜"之意。最早开发此地的是那哈塔家族的鄂温克人，后来也迁来其他姓氏家族的鄂温克人。他们的先民，约在康熙年间迁到这里，现已有 300 多年的历史。村西北靠山，东南平地，西南东北向延伸，呈矩形。主要从事农业经济。

23. 小索尔奇村

鄂温克语称"尼西洪索洛霍奇"，表示"小河上游"之意。1900 年前后，杜拉尔家族的部分鄂温克人经由雅鲁河流域卧牛河口，迁居到这里，后来，被划归那哈塔乡所辖范围。该村北面靠山，南有河流，东西向延伸，呈矩形村落。

24. 霍尔奇镇

位于阿荣旗阿伦河上游左侧，那吉屯北 27 公里处，阿伦河谷平原。霍尔奇镇的"霍尔奇"属于鄂温克语，表示"山环水绕"之意。早年里有 18 户鄂温克族人家，后建霍尔奇努图克，20 世纪 50 年代末改为霍尔奇人民公社，1984 年 12 月改为霍尔奇镇，辖区有 12 个行政村，58 个自然屯，面积为 520 平方公里。

二　黑龙江地区与鄂温克族相关的县、乡及村屯

1. 嫩江县

位于兴安山地与松嫩平原过渡地带，黑龙江省西北部，黑河市西部，东接小兴安岭并与瑷珲区、孙吴县、五大连池市毗邻，北依伊勒呼里山并与呼玛县交界，南连松嫩平原还与讷河市接壤，西临嫩江，与莫力达瓦达斡尔族自治旗、鄂伦春自治旗隔江相望，距离黑河市 250 公里。地

理坐标为东经 124°44′30″~126°49′30″，北纬 48°42′35″~51°00′05″，南北长度 274 公里，东西宽度 151 公里，总面积为 15107.2 平方公里。嫩江县隶属黑龙江省黑河市管辖，所在地区有低山丘陵、天然林海、茂盛植被、丰饶资源。这里是鄂温克族世居的地方，特别是康熙年间，这里建了许多鄂温克族村屯。但随着历史的发展，鄂温克族生活的区域不断减少，原有的许多鄂温克村屯，在不同年代划归不同的市县管辖，也就是说，嫩江地区鄂温克族在历史上生活的地方已浓缩在两镇两乡辖区之内。

（1）哈谢日特爱勒屯

位于嫩江县东北 25 公里处，坐落在嫩江上游左岸。康熙二十一年（1682），鄂温克族杜拉尔姓的协领率家族建立的村庄，后迁来其他姓氏家族的鄂温克人和达斡尔人，使村里的人口增加了不少，最后发展成为今天的联兴乡哈什太村。最初村名叫"哈日谢尔日勒特"，在鄂温克语里表示"急流冲击岸边柳丛"之意，这跟该地区科洛河的湍急河流经常冲击河岸密布的柳树有关。随时间推移，村名由"哈日谢尔日勒特"演化为"哈谢日特"。前面我们说过"爱勒"一词表示"村"或"屯"。该村西边是嫩江，南面是科洛河，东和北面都是平原。世居此地的鄂温克人开始经营畜牧业和狩猎业，兼营捕鱼、采集、流放排木；后来经营农业，畜牧业和渔业成为辅助型产业。后来这里的人们陆续西迁至茂密山林地带或草原，现散居于黑龙江省、内蒙古呼伦贝尔盟境内。

（2）怀讷特恩联爱勒屯

位于墨尔根城东北 12.5 公里，坐落在特恩联河北，科洛河南，嫩江东岸 2 公里处，北距哈谢日特 12.5 公里，东边是平原地带。怀讷特恩联爱勒村用汉语说就是"北奇岭"。该村是康熙年间，由鄂温克族克乌日浅杜拉尔姓的部分鄂温克人建立的。由于该村建在特恩联河之北，所以就叫"怀讷特恩联爱勒村"，其中"怀讷"指"北"，"特恩联"是河名，"爱勒"表示"屯"。那么，这三个词加在一起，就是"北河村"的意思。这里三面环水，盛产鱼类。但是，江河泛滥时，他们的农田和村寨经常遭受洪涝灾害。20 世纪 60 年代初，因连续几年遭水灾，村民们迁至莫旗纳文镇哈达阳村生活。

（3）博克图爱勒屯

该屯名也叫博克图村，位于嫩江镇北5公里处，坐落在嫩江东岸，北距怀讷特恩联爱勒屯7.5公里。康熙年间，由克乌日浅杜拉尔家族的部分鄂温克人与其他民族同胞共建。村南和村东是平原，北靠孤山，西边是嫩江，嫩江水从村西流过，是个依山傍水的好地方。博克图村的"博克图"是鄂温克语，表示"孤山"之意。该地区的鄂温克族人，开始以畜牧业为主，兼营渔猎，后来才从事农业生产。随着历史发展，许多鄂温克族相继迁往莫旗、鄂伦春自治旗，鄂温克族自治旗定居，现村内没有剩下多少鄂温克族人家。

（4）都日本浅村

位于嫩江镇西5公里处，坐落于嫩江南岸。光绪年间，由塔俄日浅杜拉尔姓的鄂温克族人为主构成。因建村时只有四户人家，所以就叫"都日本浅"，其意为"四家子"。虽然后来也迁来不少达斡尔族和汉族，但村名没有变。现在就叫嫩江镇四家子村。

（5）阔鲁日阿木苏日屯

汉语称"霍龙口子"，又叫"新立村"，位于墨尔根东北20公里处，坐落于科洛河流入嫩江的河口附近。阔鲁日阿木苏日屯的"阔鲁日"指科洛河，而"阿木苏日"是表示"口"之意。那么，"阔鲁日阿木苏日"表达"科洛河之口"或"科洛河口"。光绪年间，由克乌日浅杜拉尔氏鄂温克人所建，后来他们中的绝大多数人搬迁到莫旗。

（6）博霍尔屯

也叫"博乌热屯"，现在就叫"博霍村"，位于嫩江镇城东25公里处，坐落在科洛河南岸，博乌热山之北。毫无疑问，该屯因"博乌热山"而得名。博乌热山的"博乌热"是指"猎鹿"之意。康熙年间，由杜拉尔家族的部分鄂温克人共同开发建立。1974年春，该屯的鄂温克人全部迁到莫旗哈达阳镇。

（7）霍库恩日多印爱勒屯

现在用汉语改称"繁荣村"，位于嫩江镇西10公里处，坐落在嫩江南岸，西临大沟河套和白脸山，东部和南部地势平坦，东距都日本浅5公里，地处嫩江中游强起伏台地区。顺治年间，克乌日浅杜拉尔氏鄂温克族人从黑龙江北岸南迁至此，建霍库恩日多印爱勒屯，建村初期村民全为鄂温克人。该村的西面有多条河沟。当时，达斡尔族人称这里的鄂温克人为"霍库恩日"，所以说"霍库恩日多印爱勒屯"的"霍库恩日"是指"鄂温克人"，"多印"表示"河套"之意，"爱勒"是说"屯"，合在一起就是"鄂温克河套屯"或"鄂温克人居住的河套屯"的意思。到后来，一部分达斡尔族迁居到该屯定居。民国和伪满时期，部分鄂温克人迁到莫旗靠山区生活。1956 年留住此地的鄂温克人被划入新建的腾克木鲁民族乡。1958 年始，不断涌入外来人口，汉族人口渐渐增多。1974 年，这里的鄂温克人绝大多数搬迁到莫旗，村中只留下十几户鄂温克人。现该村成为嫩江县前进镇唯一的民族村，就叫"繁荣村"。

（8）克伊日木楞爱勒屯

该屯现在是临江乡大石砬子村，位于嫩江镇西 15 公里处，坐落在嫩江中游南岸，地处低山丘陵地带，北临嫩江与莫旗隔江相望，南与率俄提村接壤，东与霍库恩日多印爱勒屯隔白脸山为界，西与奇热克勒村毗邻。而且，该地区东西两侧有连绵逶迤的山丘，南边有河沟小溪和沼泽池塘，处于两山之间，西山之上生长着茂密的椴树，是个风景宜人的好地方。顺治到康熙年间，鄂温克族克乌日浅杜拉尔氏的一支的鄂温克人渡江南下，迁徙到此地建屯定居，随后有达斯欢浅那哈塔姓部分鄂温克人迁居本屯。该屯名"克伊日木楞爱勒"的"克伊日木楞"是指"锯齿"，该词与"爱勒"一结合就成了"锯齿村"。据说，远看西山上连成一片的椴树形似锯齿，所以人们就叫了这一屯名。由于后来的移民越来越多，1974 年后，鄂温克族大部分迁居到莫旗，或鄂温克族自治旗。最后该村改称为"大石砬子村"。

（9）率俄替爱勒屯

该屯现在叫前进镇新华村，位于嫩江镇西南 12.5 公里，北距克伊日木楞爱勒屯 4 公里，东距霍库恩日多印爱勒屯 4 公里。地处嫩江中游强起伏台地区，村四周都是岗坡地，林木丛生。屯南有一座双峰山，当地人称双山，屯北有座敖包山，形似头南尾北的卧虎，屯东北是起伏的台地。屯西南有一泉流，泉水流淌汇成小河，从村前绕至村东，流经一片柳树林，沿台地向北注入嫩江。雍正年间，杜拉尔家族的部分鄂温克人到此建屯。他们把"野蒿"叫"率俄替",所以初到这里见到满地的野蒿后,他们就把这一带叫作"率俄替",其意是"长满野蒿子的地方"。后来,由于这里移民不断增多,1974 年,鄂温克人集体搬迁到莫旗。迁到这里的汉人将该屯称为"水桦台",应该是"率俄替"的变音说法,解放后村名更改为"新华村",沿用至今。

（10）奇热尔克勒爱勒屯

也称"奇热乐克勒屯",现在叫临江乡"向阳村",位于嫩江镇西 17.5 公里,坐落在嫩江南岸。乾隆年间,克乌日浅杜拉尔家族的部分鄂温克族人来这里开发建屯。由于这里靠奇热尔克勒山,所以就按照这一山名起了屯名。光绪年间,鄂温克族迁至莫旗。之后,汉人迁入此地,同时将屯名改为"小石砬子",20 世纪 60 年代又把屯名改为"向阳大队",现今变成了"向阳村"。

2. 逊克县

（1）洪库热爱勒屯

位于逊河镇东南,坐落在逊毕拉河南岸,西与双河村相距 9 公里。洪库热爱勒"的"洪库热"一词是属于达斡尔人对于鄂温克人的他称,这里所说的"洪库热爱勒"是指"鄂温克屯"之意。后来,汉族移民多了,就把这里改称为"栖林屯",意为"森林人的屯"。最初,到这里开辟建屯的是杜拉尔家族的部分鄂温克人,后来也来了不少其他姓氏的鄂温克人和达斡尔人,可是到了 1932 年,栖林屯的鄂温克人陆续西迁。现在这里没有留下几户鄂温克族人家。

（2）乌底沟屯

位于奇克镇东南 30 公里处,距西北的松树沟屯 5 公里,坐落在逊河的支流库尔滨河畔,东距黑龙江 25 公里。乌底沟屯也称"无底沟屯"。道光年间,由于战乱,杜拉尔家族的鄂温克人一小部分人迁居这里。1930 年,该屯的鄂温克人迁入小兴安岭山区,乌底沟屯成为汉族村,现属松树沟乡管辖。

3. 五大连池市

（1）索罗斡热村

该屯现为团结乡永安村,位于小兴安岭北段西南侧,讷谟尔河上游北岸,五大连池市府所在地青山镇西北 24.5 公里,北 6 公里处是卧虎山火山口，东北 9 公里处是药泉山，东南 4 公里是石龙河汇入讷谟尔河的河口处，西面与托莫浅村相接。顺治六年（1649），从黑龙江上游北岸精奇里江流域迁至这里的部分杜拉尔鄂温克人建了索罗斡热村，建村初期分东西两个屯，东屯叫"德热索罗斡热"，西屯叫"多瓦热索罗斡热"。德热索罗斡热内部又分前后两个屯，南屯叫"额莫乐索罗斡热"，北屯叫"怀纳索罗斡热"。索罗斡热屯是由这些屯组合而成的一个大屯。起初，居住在索罗斡热屯的全是杜拉尔家族的鄂温克人。据说，大哥及其子孙居住在"怀纳索罗斡热"屯，二哥及其子孙居住在"额莫乐索罗斡热"屯，三弟及其子孙居住在"多瓦热索罗斡热"屯，可见索罗斡热村是同一家族的鄂温克人。很显然，索罗斡热村的"索罗斡热"是由"索伦"这一鄂温克族他称派生并演化而来的名称，"斡热"是后缀，表示"人们"或"们"之意，索罗斡热是"索伦人们"或"索伦们"之意，换句话说就是"鄂温克人"，索罗斡热村说的是"鄂温克人的村"或简称为"鄂温克村"。这里是个富饶美丽的地方，北靠丘陵岗地，南有平川沃野，东边是石龙河。20 世纪初，大量移民涌入此地，索罗斡热村的鄂温克人西迁，迁至讷河县达斡尔族村屯居住，1918 年绝大多数鄂温克人迁居莫旗巴彦村，1938 年剩下的鄂温克人也全部迁到当时的巴彦旗葛根努图克，建齐如木台村定居。现在的索罗斡热村基本上没有鄂温克族，即使有也融入汉族，因此永安村也就成了汉族村。

（2）托莫浅村

现属于团结乡新民村，位于五大连池市府所在地青山镇西北 35 公里处，坐落在讷谟尔河上游北岸，北面 2.5 公里处是莲花山，南有讷谟尔河，东距索斡热屯 10 公里，地势北高南低。顺治年间，杜拉尔姓的鄂温克族托莫浅人来这里开发建屯，是讷谟尔河流域鄂温克人建屯较早的屯子之一。后来"托莫浅屯"变成"托莫浅村"，并由三个自然屯组合而成。东托莫浅，汉称东山湾，现为东升村；腰托莫浅，汉称腰屯或腰山湾，现为新升村；西托莫浅，汉称西山湾，现永生村。这三个屯中最早建立的是腰托莫浅，也写成"托莫浅""吐米浅""托密浅""托木浅"等。后在托莫浅以东建东托莫浅了，以西建西托莫浅，这样居于中间的托莫浅自然就成为腰托莫浅，鄂温克人将这三个相邻的自然屯统称为托莫浅村。世居于此地的是杜拉尔姓氏的鄂温克人，还有小部分乌力斯氏的鄂温克人。到了 20 世纪初，这里的鄂温克人迁到西布特哈地区，落脚到现在的莫旗腾克乡宜斯勒屯村。1949 年，又有部分鄂温克人迁至莫旗阔奇屯，再后来剩下的鄂温克人搬迁到鄂伦春自治旗诺敏镇定居，结果在托莫浅村几乎没有鄂温克族了，成为以汉族居民为主的新民村。

（3）杜拉斯勒屯

现在叫新兴村，位于五大连池市府所在地青山镇西北 4 公里处，讷谟尔河上游南岸。顺治年间，萨玛基尔和杜拉尔家族的部分鄂温克人迁居此地，开发建屯。显而易见，杜拉斯勒屯的"杜拉斯勒"之说是达斡尔人对于"索伦鄂温克人们"的称呼，意思是"索伦人们"或"索伦鄂温克人们"。该屯分前后两个自然屯，前自然屯叫"额莫乐杜拉斯勒"，简称为"前屯"，后自然屯叫"怀纳杜拉斯勒"，简称"后屯"，前后两个自然屯相距 0.5 公里，鄂温克人将这两个自然屯统称杜拉斯勒屯。前屯居住的是萨玛基尔姓鄂温克人，后迁来杜拉尔姓鄂温克人。20 世纪 30 年代以后，该屯的鄂温克人先后搬到巴彦旗葛根努图克，建立葛根布拉尔屯定居。后屯的鄂温克人在这一时期，陆续迁到讷河和莫旗。到了 1940 年，迁居讷河县的鄂温克人，再次迁徙到莫旗巴彦鄂温克族乡的葛根台村和满都呼浅村。当时的额莫乐杜拉斯勒屯，现称为"新兴村前屯"，怀纳杜拉斯勒，现称"新兴村后屯"。杜拉斯勒屯，已成为汉族居住的村屯，屯名统一改称新兴村。

4. 甘南县

（1）萨玛爱勒屯

位于甘南县东阳镇东南，嫩江中游西岸。顺治年间，萨玛伊尔家族的一支鄂温克人在此开发建屯。由于开发此地建屯生活的都是萨玛伊尔家族的鄂温克人，所以也就叫作萨玛爱勒屯。1947 以后，该屯的鄂温克人搬迁到索伦村，20 世纪 50 年代末这里变成以汉族为主的屯子。现已划归甘南县管辖，归属甘南县东阳镇，村名叫萨玛街村。

（2）桂勒特屯

现称隆胜村，位于甘南县东阳镇东南，嫩江中游西岸。顺治年间，鄂温克族涂布敦家族和敖拉家族迁至此地开发建屯。桂勒特屯的"桂勒特"

是鄂温克语，意为"有山杏的地方"。因为该地区的树林里山杏很多，所以就叫"桂勒特"。世居此屯的涂布敦鄂温克人和敖拉鄂温克人，20 世纪50 年代以后陆续迁居到索伦村。这里早期是嘎布卡所辖的鄂温克屯，现属甘南县所辖，屯名也改为"隆胜村"。

5. 齐齐哈尔市

（1）齐齐哈尔城

也就是现在的齐齐哈尔市区，历史上称"卜奎城"或"卜魁城"，现在叫"鹤城"。该城位于黑龙江省西部，嫩江中游东岸 2 公里处，南距哈尔滨市 350 公里，北抵墨尔根城 220 公里，地处嫩江中游平原带。总面积436 平方公里。康熙二十七年（1688），索伦鄂温克总管玛布岱等咨文理藩院，请求建城。康熙三十年（1691）正月，康熙帝下旨索伦总管，选择嫩江东岸卜奎站为筑城地址，组织施实筑城。这是一座木城，分内城外廓，"齐齐哈尔"或称"卜奎"。"齐齐哈尔"原是屯名，布特哈总管驻地在齐齐哈尔屯，所以城名也用了此名。但由于该诚建在卜奎。卜奎是村名，也是驿站名，但实际上也是人名。卜奎也写成"博克""布库""布枯"等，卜奎是索伦鄂温克卜喇穆姓人，清康熙年间，任布特哈索伦副总管，率族人在嫩江东岸屯垦建田，由此被称为卜魁村。当时从黑龙江城至茂兴驿道20 个驿站中卜魁村还被纳入第 13 站，就是历史书上所说的"卜魁站"。卜奎村和卜奎站名的叫法均来自鄂温克族卜魁这一人名。康熙三十七年（1698），墨尔根副都统喀特护移驻齐齐哈尔城，500 名满洲兵和 220 名汉军随喀特护移驻齐齐哈尔城。康熙三十八年（1699），黑龙江将军从墨尔根城移驻齐齐哈尔城，随黑龙江将军移驻齐齐哈尔的鄂温克官兵 4 个佐及眷属。自此，齐齐哈尔城为黑龙江将军驻地，成为"褚城之都会"。齐齐哈尔城的鄂温克八旗官兵，因战事频繁连年不间断征调，驰骋疆场，伤亡惨重。至清嘉庆年间，鄂温克族各佐男丁锐减，甚至达到有佐无兵的状态。到清末乃至民国在原齐齐哈尔城所在地剩下的鄂温克族人只有 300 多名。民国初，齐齐哈尔城成为黑龙江督军府所在地。伪满时期，在齐齐哈尔城的基础上发展成齐齐哈尔市。

（2）呼音浅村

现称碾子山村，位于齐齐哈尔城西北 110 公里，朱家坎西北 35 公里，中东铁路沿线。顺治年间，从黑龙江北岸南迁的鄂温克族，在雅鲁河中游左岸开发建屯。呼音浅村的"呼音浅"是鄂温克语，源自"豪英高格德"，有"英雄豪杰之峰"之意。由于这一带出了许多英雄豪杰，所以把旁边石峰山称为"英雄豪杰之峰"，后来也成为屯名和村名。雍正十年（1732），由布特哈八旗调出鄂温克族官兵1636人，由总管博尔本察和达巴哈二人带领，进驻呼伦贝尔草原驻牧戍边时，呼音浅屯的鄂温克族几乎全部迁到呼伦贝尔索伦旗，定居在辉河和伊敏河流域。清末，关内汉族迁入呼音浅屯，发现豪英峰山石非常坚硬，可凿碾盘和碾滚，因此将"豪英峰"改称"碾子山"，而呼音山也随之改称碾子山。

（3）昂阿插喀村

现称昂昂溪，位于齐齐哈尔市西南市区。昂阿插喀村的"昂阿插喀"是鄂温克语，意为"宿营地"。康熙年间，以索伦鄂温克人因反抗清政府被流放到昂阿插喀地区开荒种田。清军入关后，这部分鄂温克人沿嫩江支流雅鲁河向西北迁徙，在雅鲁河下游至上游建村屯、济沁河山林地带建村屯、绰尔河上游到大兴安岭的柴河和杜拉尔河建村屯等地居住。

第五章　鄂温克族的家族姓氏文化

第一节　姓氏文化的社会关系

根据历史文献资料，鄂温克族各部族间的关系比较复杂，但各部族之间尚不到发生战争，以及相互残酷屠杀的境地。早期鄂温克族分为诸多不同的部族，在生活环境、生产方式、人员结构、社会组织等方面均有不同，甚至在语言方面也存在一定差异，但是不同部族或不同地区的鄂温克族之间，很少因为资源占有等问题发生矛盾或冲突。有人说这和他们生活的美丽富饶的自然环境有关，也有人说这跟他们的"万物有灵论"的萨满信仰有关。

清朝后期，鄂温克族内部已经发展出 14 个较大的姓氏，那时他们主要分居于我国东北兴安岭、呼伦贝尔草原、黑龙江三江流域，以及俄罗斯西伯利亚及远东地区的大小河流两岸。因此，他们的姓氏绝大多数跟河流有关，他们往往用某一条河流的名称为部族起名。例如，居住在"雅鲁河"（yaalu doo）的鄂温克人叫作"雅鲁浅"（yaaluqiang），"雅鲁"（yaalu）是鄂温克语，表示"清澈、干净"等意思，doo 指"河"，"雅鲁河"（yaalu doo）即"清澈的河"。而"雅鲁浅"（jaaluqiang）是在形容词"雅鲁"（yaalu）后面接缀由形容词派生名词的构词词缀"人、人们"（–qiang）而构成，该词主要表示"住在雅鲁河岸边的人"。他们把在"阿伦河"（arung doo）、"格尼河"（geni doo）、"讷敏河"（naming doo）、"莫合尔图河"（meheretu doo）、"特尼河"（teni doo）、"杜拉尔河"（dulaar doo）、"贝尔茨河"（beyirqik doo）、"金河"（king doo）等大小河流两岸生活的鄂温克人，称为"阿伦浅"（arungqiang）、"格尼浅"（geniqian）、"讷敏浅"（naminqiang）、"莫合尔图浅"（mehertuqiang）、"特尼河浅"（teniqiang）、"杜拉尔浅"（dulaarqiang）、"贝尔茨浅河"（beyirqikqiang）、"金浅"（kingqiang）等，由此形成了鄂温克族的不同姓氏。鄂温克人的部族都由两个或两个以上的较大姓氏组成，索伦鄂温克人内部就有杜拉尔、涂克敦、那哈他三个较大的姓氏家族。毫无疑问，当初被称为索伦的鄂温克人是清代鄂温克族的主要组成部分，其内部不同姓氏和部族间的划分和相互间的关系都比较复杂。比如，从我们刚谈到的三大姓氏中就分离出阿伦部、根浅部、音浅部、讷莫尔浅部、拉哈浅部、莫合尔图浅部、特尼浅部、纳敏浅部、伊敏浅部、加拉姆台浅部、济沁浅部、雅鲁浅部、辉浅部等。根据有关说法，索伦鄂温克人的一部分，自古以来就生活在兴安岭和呼伦贝尔草原相连的辽阔土地上，这部分鄂温克人经常为了牧场和猎场同蒙古人产生冲突或争斗。当时，这部分鄂温克人被蒙古人称为"林中人"或"林木中百姓"。雍正年间，清朝政府从黑龙江鄂温克族的杜拉尔、涂克敦、西格登、哈赫尔四大姓氏中，选出几千名精兵强将，连同其家眷一起派往呼伦贝尔草原驻防，这使呼伦贝尔地区的鄂温克族姓氏变得更加复杂，不同姓氏间的接触和交往变得更加频繁。这也给同一个姓氏间不能建立婚姻关系的鄂温克族男女青年，创造了许多自由恋爱、选择配偶的机会。

从西伯利亚经蒙古草原迁徙到呼伦贝尔的通古斯鄂温克人，常年生活在呼伦湖、达赉湖以及莫日格勒河两岸的辽阔草原上。据不完全统计，这部分鄂温克人里有杜拉尔、道拉特、那米他、那哈他、奥布特克基尔、玛鲁基尔、乌者恩、巴鲁给金、齐布齐努特、靠诺克特、巴亚基尔等姓氏及部族。

额尔古纳河流域的雅库特鄂温克人，也就是现在所说的敖鲁古雅鄂温克人，在沙皇帝国统治时期，为逃避沙俄的残酷盘剥和掠夺，先后从西伯利亚远东地区赶着牧养的驯鹿迁徙到了兴安岭。这部分鄂温克人，从西伯利亚远东地区迁徙来的时候人口就不多，所以其中的姓氏关系也不太复杂。据老人讲，那时只有布利托帖尔、卡尔塔昆、索罗共、盖力克等几个姓氏。不过，到后来，从索罗共姓氏家族里又分出马嘎罗、恩靠依、索木索、特吉孟等分支家族。

鄂温克族无论姓氏家族大小，都有各自的首领和萨满。不过，这些首领或萨满绝大多数是世袭的。也就是说，在鄂温克族的社会组织里，被选为首领或萨满的人，一般说来应该是前任首领或萨满的直系后代，或与前任首领、萨满有血缘关系的人。只有达到这一条件者，才有资格成为首领或萨满的候选人。另外，要是在前任首领或萨满的后代或直系亲属中实在找不到合适的候选人，经部族领导阶层和德高望重的长者共同协商，推选出各方面条件都具备而能力非凡的候选人，然后大家通过举手的形式进行选举。部族长主要主持部族内部的日常事务，经常召集本部族的全体成员开会，或召集部族中的核心人物开会等，商榷和处理本部族内部的各项事宜。姓氏家族或部族内的萨满的作用主要是，对身体或精神方面有问题的人进行精神治疗或特别治疗，或者是对思想意识方面出现问题，犯过错误的人等进行说教工作。萨满在鄂温克族的姓氏家族及部族社会中，除了用精神治疗法或特异功能治疗法等手段医治患者，还能够发挥稳定社会、安抚民心、调解矛盾、化解问题等方面的作用。对于办事不公正、办事能力和效率较差、不称职、有问题的部族长，各部族通过召开部族全体成员会议等形式，对其进行批评教育或严厉警告，对于屡教不改者，通过姓氏家族或部族大会予以罢免。召开部族大会时，他们还会请来本姓氏家族或本部族的萨满，让萨满向上天之神和祖先神等诉说部族长的不称职行为，并祈求上天之神的理解和允许，使他们能够找到更好、更善良能干的部族长。与此同时，大家在姓氏家族及部族核心成员的指导下，经过商定并以举手的形式选出新的部族长。

鄂温克族每个姓氏家族或部族均有各自特定的称谓，还有象征该姓氏家族或部族精神世界的信仰偶像。但是，每一个姓氏家族或部族的信仰偶像都不同，有虎、狮子、豹、熊、狼、鹰、天鹅、龙、蛇等。另外，每一个姓氏家族或部族都有共同祭祀的祖先神。各姓氏家族或部族对于大家认同的信仰偶像都十分敬仰，严禁对其说不礼貌、不文明、不尊敬的话语，同时不允许恐吓或猎杀它们。他们希望各姓氏家族或部族之间，相互尊敬彼此的信仰偶像。

随着人类历史的变迁和社会的不断发展，鄂温克族自古以来固守的姓氏名称与写法也发生着变化。这种变化与清朝末期，特别是民国时期户籍制度的改革、户籍登记制度的变化等密切相关。生活在农区和林区的鄂温克人受到的影响最为明显，受当时户籍登记要求的直接影响，他们将自己姓氏的写法进行简化，像汉族一样只写姓氏家族的第一个读音。例如，他们把"杜拉尔"（Dulaar）姓氏简化成"杜"姓，将"涂格顿"（Tugdung）、"那哈他"（Nahatta）、"萨玛吉尔"（Samagir）、"哈赫尔"（Haahar）、"郭布勒"（Gobulu）、"金科日"（Zhinkir）等姓氏简化为"涂""那""萨""哈""郭""金"等。也有的根据部族姓氏的意义内涵来简化称谓。例如，他们把"卡尔基尔"（Karzhir）和"阿王浅"（Aawanqian），根据意义内涵简称为"何"姓与"吴"姓。而生活在呼伦贝尔草原的鄂温克人，由于长期和蒙古族共同生活，与蒙古族建立了婚姻家庭关系，以及受藏传佛教的影响较大等因素，他们给孩子们起名时多用蒙古人名或藏传佛教的人名。由于他们从不在自己的蒙古语人名或在藏传佛教的人名前写本姓氏家族的名称，所以从他们使用的人名上，根本看不出来他们属于鄂温克族哪个部族或哪个姓氏家族。只有跟他们深入交流后，才能弄明白他们的姓氏家族或部族名称。现在的鄂温克族的主要姓氏，及其各自的简写形式与规则，请见表1。

表 1　鄂温克族主要姓氏

拼写法	汉字写法	汉字简写法	拼写法	汉字写法	汉字简写法
Dulaar	杜拉尔	杜、多	Shigdeng	西格登	西、习、希
Tugdung	涂格顿	涂	Ulishi	吴力西	武、吴、乌
Aawanchiang	阿王浅	王、吴	Samagir	萨玛吉尔	萨
Haahar	哈赫尔	哈	Ola	敖拉	敖、奥
Heyir	合音	何、贺	Bayagir	巴雅吉尔	巴
Murut	木鲁特	木、穆	Yekegir	依克吉尔	依、伊
Boyagigir	宝雅基吉尔	宝、保、鲍	Katagir	卡塔吉尔	卡、哈、何
Nahatta	那哈他	那	Gudegir	古德吉尔	古、谷、顾
Gudering	古德林	古、谷、顾	Bargiang	巴尔金	巴、坝
Chibchinut	齐布奇努特	齐、祁、奇	Zhingir	金吉尔	金、晋
Golaqi	郭拉奇	郭、古、高	Sologong	索罗共	索、苏
Kardagung	卡日塔共	卡、哈、何	Mongol daatta	蒙古勒大图	孟
Eddug daaatta	额古德格大图	鄂、额	Nisuhung daatta	尼苏宏大图	尼、倪
Dulti	道拉特	道、刀	Zhinkir	金克尔	金、晋

从表 1 可以看出绝大多数鄂温克族的姓氏都有两个以上的写法，他们根据汉族百家姓中的姓氏，结合本民族姓氏第一音节的读音，将姓氏进行转写。结果，他们的姓氏名字都被汉化了。例如，"杜拉尔·巴图·苏克"（Dulaar·Batu·Suke）、"涂格顿·屯图·马吉格"（Tugdung·Tuntu·Mazhig），都是鄂温克族姓氏名字的传统写法。这两个人名中的"杜拉尔"（Dulaar）与"涂格顿"（Tugdung）是家族姓氏，前者属于"杜拉尔"家族，后者的家族姓氏叫"涂格顿"；两个名字中的第二个词"巴图"（Batu）和"苏克"（Suke）分别是这两个人父亲的名字，就是说这两个人是"巴图"和"苏克"的孩子；最后的"屯图"（Tuntu）与"马吉格"（Mazhig）才是这两个人自己的名字。这两个鄂温克族的人名，根据刚才的解释进行叙述的话，就会变成"'杜拉尔'家族'巴图'的孩子'苏克'"以及"'涂格顿'家族'屯图'的孩子'马吉格'"。因此，鄂温克人为了简化人名的写法，又考虑到人名中应该包含的一些信息，就会把"杜拉尔·巴图·苏克"（Dulaar·Batu·Suke）和"涂格顿·屯图·马吉格"（Tugdung·Tuntu·Mazhig）简写为"杜·巴·苏克"（D·B·Suke）和"涂·屯·马吉格"（T·T·Mazhig），只写家族姓氏和父名的第一个音，并用汉字转写第一个字；或者再简化成"杜·苏克"（D·Suke）和"涂·马吉格"（T·Mazhig），只写家族姓氏的第一个音，完全省去父亲的名字。然而，现在完全汉化为"杜克"和"涂格"了。对于鄂温克族如此复杂的人名写法，不同的人有着不同的认识和解释。许多人认为，这种人名写法比较全面和清楚，人们不用多问就能够从一个完整的人名中了解到该人的家族姓氏及父亲是谁等信息。另外，也有人认为鄂温克人采用这种人名写法是因为在鄂温克族里，同姓同名的人较多，比如说姓"杜拉尔"的人里有好几个叫"苏克"的，为了区分，所以在家族姓氏和人名中间加入了父亲的名字。但是，他们从不在家族姓氏和人名中间写母亲或爷爷、奶奶等人的人名。

第二节 姓氏文化的社会内涵

众所周知，不同民族，在人名的使用上，都有其特定的解释和说法，人名都有着特定的文化内涵。鄂温克族也是如此，他们往往从本民族语言与文化历史中，寻找表达某一愿望或爱好的词语来给孩子们起名。"人名"不仅是陪伴人一生的符号，而且人名留存于历史长河中的时间比人的一生还要长久。对许多民族来讲，给孩子起名是一件很重要的事情，甚至在许多民族的传统习俗里，都有盛大而隆重的起名仪式。鄂温克族给孩子起名，大都选择有特殊意义或体现当时社会文化及意识形态的词语。对于他们来说，任何人的名字都是经过慎重选择的产物，表达了他们对于美好生活的无限向往在他们的人名里往往包含很多与民族学、地域学、自然景观或自然现象以及跟社会学、宗教学或政治学等相关的内容与要素。

前面我们已提到，鄂温克族有着善于借鉴和包容外来文化的优秀传统，这一民族特性不仅体现在他们日常生活中使用的语言中，同时也体现在他们选用的人名中。他们把对未来的美好期待寄托在孩子的身上，因此常常选择能够代表时代发展与进步的的词语，来给孩子起名。

鄂温克族早期使用的人名，通常与他们接触的自然界，以及跟他们早期的生产生活及生活环境有着不可分割的内在联系，一些人名与他们的信仰以及祖先姓氏等有着十分密切的关系。

表2 同自然界及植物名称相关的人名

序号	汉字写法	拼写形式	词义	有关说明
1	扎格达	Zhagda	松树	
2	查拉巴	Chaalabang	白桦	
3	乌日、乌拉	Ur	山	
4	乌日恒、乌拉汗	Urheng	丘	小山
5	哈达	hada/had	岩山	岩石
6	包恩宝格尔	Bombogor	小山丘	小山包
7	吉登	Zhideng	较高的山脉	
8	额宁塞	Eninse	母亲河	叶妮赛河
9	毕拉、薛拉	Bira	河	
10	淖恩、诺恩	Noong	嫩江	
11	阿荣、阿伦	Arong	阿荣河	
12	伊敏	Iming	伊敏河	

表3　同动物及生产工具相关的人名

序号	汉字写法	拼写形式	词义	有关说明
13	敖鲁	Ollo	鱼	
14	色日、色勒	Sere	鱼叉	渔猎时用的工具
15	阿拉尔、阿勒尔	Alaar	鱼网	
16	库特	Koto	猎刀	
17	阿兰嘎、阿仁嘎	Aranga	陷阱	狩猎用的陷阱

表4　同地名相关的人名

序号	汉字写法	拼写形式	词义	有关说明
18	希波尔	Shibeer	西伯利亚	
19	兴嘎	Shinga	兴安	指大小兴安岭
20	胡伦、呼伦	Hulung	呼伦湖	

表5　同信仰的自然物及自然现象相关的人名

序号	汉字写法	拼写形式	词义	有关说明
21	西文、希温	Shiwuung	太阳	
22	奥希特、敖西格特	Oshikto	星	
23	伊兰	Ilaang	光	指光或光线
24	阿嘎顿、阿格东	Agadong	暴雨	暴雨、疾风暴雨
25	阿格迪、阿嘎帝	Agdie	雷	打雷的雷
26	西兰、西冉	Shierang	霞	
27	博格达、宝格达	Bogda	天神	上天之神、天子、天王

　　从鄂温克族的早期人名中，我们可以在某种程度上了解鄂温克族早期的生产生活，甚至可以了解他们的精神生活。他们热爱自己赖以生存的山水、树木、花草，珍惜大自然创造的一切生命，崇拜祖先。对大自然的热爱和对祖先的崇拜融为一体，深深地埋在他们的精神世界之中，并成为他们精神活动的重要组成部分，融入日常生活的方方面面。在鄂温克族的早期人名中，用本民族语言起名的现象占绝大多数。为了证明这一点，我们还查阅了跟鄂温克族有关的历史资料，进一步证明了我们分析的正确性，在清代的文献资料中，鄂温克族使用的人名基本上都来

源于母语。表 6 中列举了一部分在清代鄂温克族世袭章京家谱中的人名。

表 6 清代鄂温克族世袭章京家谱中出现的人名

序号	汉字写法	拼写形式	词义	有关说明
28	楚普海	Chubhie	小山顶	
29	那拉三	Nalasan	阳坡	
30	刀鲁般出	Dolbonchi/dolbanchi	北斗星	
31	思勒舍	Shilse	雨露	露水
32	儿布林	Erbulin	粗大	
33	敏甘	Mingang	千	
34	居勒孙宝	Zhulesenbu	前行者、顺利者	先驱者
35	菌查	Zhuncha	预言者、预知者	
36	姆阵哥	Muzhinge	诚心者	
37	额鲁合布	Elheb	饱满	
38	西恶特	Shiwentte	尖利	
39	娜车哥	Nachug	向阳、光明	
40	高恩太	Gowentie	英俊	
41	毕力昆	Bilikung	光滑	
42	苏鲁金宝	Surzhinbu	威严	

表 6 列举的人名可见，在鄂温克族早期人名中来自本民族语言的名字使用得较多。从中可以看出，绝大多数人名跟他们曾经生活的自然环境，所接触的自然现象与自然物有关。另外，也有一些名字跟他们的心理、情感、愿望及宗教信仰和家族姓氏相关。我们从这些人名中也能够发现，鄂温克族向往幸福安康的生活，崇尚真善美，热爱大自然，热爱家乡的传统美德及文化内涵。

第三节 姓氏文化的外来社会文化影响

从 17 世纪 30 年代起，鄂温克族与满族在政治、经济、文化等方面产生了多层面的接触与交流。从此往后，鄂温克族开始广泛接受来自满族的文化，这使他们不但在语言文化方面发生了较大变化，而且在日常生活及思想观念方面也发生了较大的转变。满族的语言文化以及社会制度等逐渐影响，甚至是渗透鄂温克人的日常生活。鄂温克语和满语属于同一个语族，所以在语音、词汇、语法等方面有很多共性和同源性，这两种语言的共有基本词汇达到 70% 以上，鄂温克族和满族完全可以用彼此熟悉的母语进行简单交流，如果再学些满文，同满族人接触的时间稍微多一些，那么鄂温克族就能毫无语言障碍地同满族对话。在那个时代，鄂温克族的贵族阶层，以学满语、穿满族服装、梳满族长辫为时尚，就连普通群众也都崇尚满族人的风俗习惯，极力模仿满族人的生活方式，希望像他们一样生活。在这样的社会潮流之下，鄂温克人用满语给孩子取名的现象逐渐增多，满语人名成了当时鄂温克社会的流行趋势、时尚标志之一（见表7）。

表 7　以满语起名的人名

序号	汉字写法	拼写形式	词义	有关说明
1	塘古达、唐古达	Tanguda	百	
2	安巴	Amba	大	
3	阿林、阿玲	Aling	山	
4	阿格东、阿古敦	Agdung	坚固的、坚硬的	顽强的
5	那木苏如、那木苏汝	Namusurie	海龟	
6	高兴嘎	Goshinga	慈悲	
7	巴达冉嘎	Badaranga	兴隆的	兴盛的、旺盛的
8	伊常嘎、伊庆嘎	Ichinga	精美的	
9	伊新嘎、依新嘎	Ishinga	富有的	
10	那庆、那钦	Nachin	平的	
11	额勒登	Eldeng	光	
12	沃和、沃克	Wehe	石头	
13	艾新、爱新	Ajshin	金	
14	高利明、高力明	Golming	长	长久的、长远的
15	布勒嘎、布拉嘎	Bulha	美丽	
16	刚嘎	Ganga	高	
17	王嘎、王戈	Wanga	香	
18	桂富纳	Gujpun	指环	
19	索敏	Soming	刻骨铭心的	
20	古宁嘎	Goninga	有思想的、有理智的	思想意识

　　我们在这里只是列举了一小部分，事实上在那时用满语名字的鄂温克人有很多。我们通过这些满语人名，可以充分地认识到当时的鄂温克族受满族社会、经济、政治以及语言文化的极大影响。他们尽量选用符合特定心理需求，体现美好愿望的满语词汇来给孩子起名，以此表达他们对未来生活的憧憬与期待，希望他们的子孙后代能像当时的满族人一样兴隆发达。同时，这也说明了鄂温克族积极主动地包容外来文化与文明，努力融入当时的主流社会。至今鄂温克族人名中还能见到满语人名，尤其是老人，还是习惯给孩子们起满语人名。用鄂温克老人的话说，鄂温克族和满族原来就是一家人，后来孩子们多了才分的家，因此鄂温克语和满语就是一个语言的两个分支，也就是从一个语言分离出来的两个很近的亲属语，用鄂温克语和满语给孩子们起名没有什么区别。

　　17 世纪后期开始，清朝政府在我国东北地区大范围传播藏传佛教，而且，还在东北少数民族生活区域内建造藏传佛教的寺院，对寺院内的僧侣实施免税、免兵役、免劳役等各项特殊优待政策。因此，当时一部分鄂温克人为躲避各种不堪重负的税收及兵役、劳役而进入寺院剃发为僧。这种现象一直延续到 20 世纪 40 年代。曾经在寺院里当过僧侣的鄂温克老人告诉我们："早在 1732 年的时候，现在的内蒙古鄂温克旗境内就开始建造佛教寺院。由于清朝政府大力支持藏传佛教的传播，在当时鄂温克人中信仰藏传佛教的人不断增多。藏传佛教的流传给鄂温克人的思想意识带来了较大的影响，很快佛教文化就成为鄂温克族信仰文化的一个不可忽视的组成部分。"在这一特定历史条件和社会环境下，藏传佛教在鄂温克族的精神文化世界里占据了一定地位，因此他们给孩子起名时往往选择与藏传佛教有关的名词，或者直接用在藏传佛教的信仰世界里常见、常说、常用的词汇等。（见表 8）。

表 8　以藏语起名的人名

序号	汉字写法	拼写形式	词义
1	普日部、普日布	Purbu	佛教乐器
2	桑杰	Sanzhie	佛陀
3	道勒马、道乐玛	Dolma	度母
4	诺尔布、诺日部	Norbu	宝物

续表

序号	汉字写法	拼写形式	词义
5	敖斯尔、奥斯尔	Osor	光
6	达瓦	Dawa	月
7	尼玛	Nima	太阳
8	希尔巴、希日巴	Shirba	东方人
9	诺尔金、诺日金	Norzhin	贡品
10	米戈马尔	Migimar	星期

清朝末期，在清政府的大力宣扬和鼓动下，藏传佛教在鄂温克族等东北少数民族地区的传播进入了鼎盛时期。随着藏传佛教的不断推广，藏族文化也开始在鄂温克族的生活区域内传播开来。特别是，以就地取材的中草药为主要原料的藏药有奇特功效，深受鄂温克族等东北少数民族人民的欢迎，他们认为藏传佛教和藏医药在他们的物质生活和精神生活中发挥着必不可少的作用。所有这些都跟鄂温克族在精神生活领域受到的影响有关，也和他们善于包容和吸纳外来的优秀文化有着十分密切的内在关系。他们用开明、开放、包容的心态面对一切，积极、主动地接触和汲取先进文化的成果，从而求得自身的生存与发展。给孩子起藏语名字正是鄂温克族人民开放、包容文化心态的体现。

受藏传佛教及藏传文化影响最大的是从事畜牧业生产的鄂温克人。在当时，受清朝政府推行的宗教政策的影响，生活在内蒙古呼伦贝尔草原上的索伦鄂温克人一面信萨满，一面接受藏传佛教。而且，把藏传佛教看成仅次于萨满信仰的精神信仰，并在起名时体现了出来。特别是那些有权势和地位的高门贵族，起用具有藏传佛教或藏族文化色彩的人名，以此表现他们的权贵、地位与文化。甚至，有的人不仅给孩子们起藏语人名，就连自己的母语名字都改成藏传佛教的人名。例如，他们把原来的本民族人名变成"小名"或"乳名"或者成为"家用名"，把新起用的藏语人名变成"大名"或"社会用人名"。据史料记载，顺治年间，一部分鄂温克人迁徙到嫩江沿岸一带，理藩院任命"扎木苏"为鄂温克人的领官，授以副都统官衔并发给他清朝政府地方官印。"扎木苏"是鄂温克族贵族官员的人名，很显然这是一个藏语名字，意思是"大海"。能够成为鄂温克族领官的人，应该是当时鄂温克族中的贵族，由此可见，藏传佛教在当时的鄂温克族社会文化中所占的重要地位。然而，牧区鄂温克人告诉我们，那时鄂温克人对藏传佛教的信仰有三种情况。其一是真信藏传佛教，但不放弃本民族传统的萨满信仰，这种人占的比例比较小，在高门贵族中相对多一些，他们认为藏传佛教要比萨满信仰现实和管用。其二是信萨满，同时信藏传佛教。这类信仰者确实有一些，而且多数是属于八旗官兵或学过满文的中层阶级，他们认为萨满信仰和藏传佛教有许多共同之处。他们解释说，藏传佛教是佛教同藏族传统信仰本教相结合的产物，本教讲求"万物有灵论"，信仰"上天之灵"，这些信仰内涵，后来都融入藏传佛教，因此藏传佛教也承载着本民族传统信仰的内涵。鄂温克族的萨满信仰也讲求"万物有灵论"，信仰"上天之灵"。他们把上天叫"卜干"（bugan）或"卜伽"（buga），上天之神叫"卜伽勘"（bugakan）或"卜伽达"（bugada），后来，"卜伽勘"（bugakan）的发音演化为 bugkan > bukkan ~ bukkang 等。在此基础上他们还提出，藏族传统意义上的信仰本教（ben）的"本"也有可能同通古斯诸语的"卜干"（bugan）>"卜安"（buan）>"卜恩"（buen）>"本"（been）有关。其三是表面上信奉藏传佛教，事实上信的是萨满。这种信仰者在鄂温克族里一直占绝对多数。他们认为自己民族有萨满信仰，没有必要再信其他民族的宗教信仰，对于他们来说，萨满信仰是最符合人类精神活动和需求的信仰。人类的生存离不开大自然，大自然是人类生存的唯一依靠，信仰大自然以及"万物有灵论"是萨满信仰的核心。因此他们认为不信仰大自然及自然界一切有灵性的生命，就不能够和大自然和谐相处，就难以从信仰的角度爱护和保护大自然，会给大自然造成无穷无尽的破坏，会给人类带来生存困难或灭顶之灾。

　　鄂温克族在姓名文化方面，也受到了蒙古文化的影响。如前所述，鄂温克族与蒙古族间的接触与往来已有很长的时间。在不同的历史时期，蒙古人对鄂温克族使用过不同称呼。例如，在 13 世纪，蒙古人称鄂温克人为"兀良哈"或"林木中百姓"，后来布里亚特蒙古人称他们为"喀木尼堪"等。18 世纪 30 年代以后，鄂温克族与蒙古族间的关系变得更加密切，相互间的接触与交流也变得更加频繁。18 世纪末，牧区从事畜牧业的鄂温克人开始学习蒙古文。到了 20 世纪，鄂温克人学习蒙古文已成为他们接受外来文化教育的一个重要渠道。前文，我们通过分析鄂温克族语的蒙古语借词，阐述过蒙古语言文化在鄂温克语里发挥的作用。同样，从鄂温克族的人名结构及人名文化特征中，我们也能够看出蒙古语言文化对于鄂温克族语言文化的影响。特别是在从事畜牧业生产的鄂温克族人名中，有许多来源于蒙古语的人名（见表9），这些人名既有老年人的，也有年轻人及儿童的。相比之下，老年人起用蒙古语人名的现象略多一些，而年轻人及儿童起用蒙古语人名的现象略有减少，他们起用汉语人名的现象有所增多。

表 9　以蒙古语起名的人名

序号	汉字写法	拼写形式	词义	有关说明
1	巴特尔、巴特	Baatur	英雄	
2	苏德、索德、苏道	Sodo	聪慧	
3	恩克、恩和	Enke	和平、平安	安和
4	特格希	Tegshi	平等	
5	斯钦	Seching	聪明	
6	葛根、戈根	Gegeng	亮	明智的
7	格日乐、格尔勒	Gerel	光	
8	萨如拉	Saruul	明亮、辽阔	
9	敖道、敖德	Odo	星星	
10	娜冉、娜仁、那仁	Naran	太阳	
11	那日苏	Naras	松	
12	孟克、孟和	Munke	永远	
13	阿拉塔尔图	Aldartu	荣誉	有名、知名
14	青格勒	Chingil	喜悦	
15	巴雅尔、巴依尔	Bayar	欢喜	
16	吉日嘎勒、吉日格勒	Zhirgal	幸福、快乐	
17	呼格吉勒	Hugzhil	繁荣、兴盛	欢乐、快乐
18	特木其勒	Temchil	奋斗、斗争	

现在，在内蒙古呼伦贝尔地区从事畜牧业生产的鄂温克族人，起用蒙

古语人名及有蒙古语人名的人非常多。特别是在内蒙古呼伦贝尔地区的辉河鄂温克人、伊敏鄂温克人、巴彦查干鄂温克人、莫日格勒鄂温克人里，用蒙古语起名的现象比较普遍。这与这些地区的鄂温克族青少年从小上蒙古语文学校，通过蒙古语文学习文化知识有关，也与这些地区的干部职工在日常工作中使用蒙古语言文字等有密切关系。他们的教材、会议文件、会议通知、会议报告用的都是蒙古文。老年人，特别是牧区的老年鄂温克人也主要看蒙古语电视节目，听蒙古语广播节目。这一切都影响着他们的语言文化。在牧区鄂温克族中，同蒙古族建立婚姻关系的家庭越来越多，这些有鄂蒙婚姻关系之家的孩子，几乎都起用蒙古语人名。他们认为，呼伦贝尔地区的鄂温克族与蒙古族共同生活在畜牧业经济社会的文化圈里，所以在语言方面有许多共同内容。另外，孩子们都上蒙古语文学校，接触到或学到的蒙古语言文化较多，给他们起用蒙古语人名对他们有好处。这都体现了鄂温克族善于学习外来语言文化，善于构建和谐文明社会，善于与时俱进的积极的生活态度。

鄂温克族中也出现起用汉语人名的现象。事实上，鄂温克族与汉族往来已有漫长的历史了。或许正是这个缘故，在鄂温克族中有不少用汉语取名的人。而且，我们还发现，起初他们用汉语人名时，大都是在本民族家族姓氏的第一音节后面用汉语人名，也就是说，所谓汉语人名的第一个字是本民族姓氏称谓的简写形式，这等同于汉语的"姓名"中的"姓"，在其后面才使用从汉语借入的人名，例如：

"涂格敦·德福"（Tugdung·Deefu）＞简称为 Tu·Deefu＞"涂德福"（Tudeefu）

"吴力西·寿贵"（Ulishi·Shuugui）＞简称为 U·Shuugui＞"吴寿贵"（Ushuugui）

"纳哈塔·福海"（Nahatta·Fuhai）＞简称为 Na·Fuhai＞"那福海"（Nafuhai）

"敖拉·长福"（Awra·Chanfu）＞简称为 Aw·Chanfu＞"敖长福"（Awchanfu）

"杜拉尔·林山"（Dulaar·Linshang）＞简称为 Du·Linshang＞

"杜林山"（Dulinshang）

"萨玛吉尔·喜荣"（Samazhir·Shirung）＞简称为 Sa·Shirung＞

"萨喜荣"（Sashirung）

清朝中期以后，清政府为了开发东北地区，从内地调大批汉人驻东北。随之，汉族语言文化以及汉人带来的生活方式、农业生产技术，也融入鄂温克人的日常生活。一部分鄂温克人从牧养驯鹿的畜牧业生产方式转变为农业生产方式，由猎民、牧民变成了农民。当时，这些鄂温克农民中有不少人使用汉语名字。19世纪末，汉族又一次大量涌入东北地区，使鄂温克人起用汉语名字的现象越来越普遍。这时他们的汉语名字，在形式上也完全采纳了汉语人名的，例如，涂福农、杜田、萨粮田、萨宝田、那小良、吴丰良、涂小农等。20世纪初期，移民到鄂温克地区的汉人越来越多，鄂温克人在更广范围、更深层次接受了汉文化的影响。许多农区鄂温克人与汉人交流时，都能够使用汉语。在强大的汉语言文化的影响下，鄂温克家族姓氏也发生了较大变化，农区鄂温克人家族姓氏已逐渐简化为单一音节成分，也就是说，"杜拉尔"（Dulaar）、"涂格顿"（Tugdung）、"吴力西"（Ulishi）、"那哈他"（Nahatta）等家族姓氏被简化为"杜"Du、"涂"Tu、"吴"U、"那"Na等姓。还有，在农业区生活的一些鄂温克人取汉语名字时，有省略本民族家族姓氏的习惯，也就是说，他们在起用汉语人名时，不使用与自己家族有关的姓氏称谓或相关符号，只用从汉语借来的人名，例如：

福善　富光　荣贵　宝成　宝荣　宝柱　宝山　常顺　珠善
长福

明德　明福　明贵　明泰　贵花　金花　全福　来福　通福
明宝

在这些人名中，"福""荣""贵""顺""善""兴""宝"之类的汉字使用频率很高，说明当时的鄂温克人不仅在语言文化方面接受了汉族语言文化的影响，而且在思想观念方面也接受了汉族文化的影响。

20世纪50年代后，农区鄂温克人的汉化程度更高了。学龄儿童读汉语文学校的现象也不断增多，汉语成为他们日常生活的主要交流语言之一。这一时期，取汉语名字的鄂温克人增加了不少。由于受当时社会环境的影响，不少农区鄂温克人取了革命化的汉语名字，例如：

　　革命　　胜利　　红花　　红旗　　红星　　红花　　红光　　黎明　　曙光
东风
　　东方　　东升　　东光　　红日　　光明　　国庆　　卫国　　前进　　文化
跃进

　　从鄂温克族自然起用的汉语人名及人名中隐含的意义结构，能够看出鄂温克族与汉族间往来的悠久历史。因此，汉族语言文化对鄂温克族语言文化的影响非常大。特别是对于现在的鄂温克人来讲，汉族语言文化已成为他们接受外来语言文化的一个重要渠道。在当今社会中，包括广播、电视、电脑、手机等在内的一切现代化生活用品使用的都是汉语言文字，从某种意义上讲，在当今中国离开了汉语言文字在生产生活的许多方面都会遇到麻烦。加上鄂温克族同汉族建立婚姻家庭关系的增多，汉语已深入牧区农村的鄂温克族家庭生活，他们的孩子也自然而然地起用汉语人名。不可否认，受到汉语言文化的强势影响，在农业区以及城镇化生活区，鄂温克族语言文化已经处于严重濒危的状态；在林区，鄂温克族语言文化也已经严重汉化，进入濒危状态；在牧区，鄂温克族语言文化被保存得较好。鄂温克族的语言文化虽然在一定程度上受到蒙古语言文化及汉语言文化的冲击，但还是保存着本民族语言文化的特色，也还有使用本民族语言的社会环境。

　　从鄂温克族的人名文化及其发展变化中，我们也能够看出该民族与俄罗斯人接触的一些早期痕迹。不过，这种接触与影响对于鄂温克族来讲影响不是太大。在我国的黑龙江省与内蒙古与俄罗斯交界的边境地区，俄罗斯人从19世纪之初就开始传播东正教，居住在中俄边境的通古斯鄂温克人、雅库特鄂温克人在一定程度上受到了东正教文化的影响。俄罗斯东正教的传教士们为了让鄂温克族信东正教，会破坏鄂温克族的萨满信仰，在鄂温克族人民中间宣扬信奉东正教的好处等，千方百计地让鄂温克人去东正教教堂做礼拜。在那种特定的环境和条件下，生活在中俄边境的一部分鄂温克人开始信奉东正教，只要有新生儿出生，他们就会把孩子抱到东正教教堂受洗，并且接受牧师为孩子起用俄语人名。那时，还有一种实际情况是，如果鄂温克人不给孩子起用俄语人名，掌管户籍的俄罗斯人就不让孩子入户登记，只有起用俄语名字的人才有权利正式建立户籍档案。这就是当时在这部分鄂温克人中，起用俄语人名的现象增多的客观原因。那时在中俄边境生活的鄂温克族常用的一些俄语人名，请见表10。

表 10 用俄语起名的人名

序号	汉字写法	拼写形式	词义	俄语
1	鲁萨、鲁莎	Rusa	露水	роса
2	伊瓦、伊娃	Iwa	柳树	ива
3	娃伊拉、瓦伊拉	Wayila	信仰	вера
4	吴晔坎	Wuyirken	巨人	великан
5	米拉	Miira	和平	мир
6	库西枯	Kushike	猫	кошка
7	儒娜	Ruuna	月光	луна
8	玛鲁卡	Maruk	邮票	марка
9	阿里亚、阿丽娅	Aliya	歌剧抒情调	Ария
10	卡丽娜	Kalina	绣球花	кАлина
11	尤拉	Yuura	百灵鸟	юлА

从表10的人名中，我们能够从某一方面看出俄罗斯语言文化对于鄂温克族语言文化的影响。一直到现在，在被称为通古斯或雅库特的鄂温克人当中，还存在给孩子们起用俄罗斯语人名的现象。对此他们解释说，这是那段受俄罗斯统治时期的记忆，另外他们还认为俄罗斯名字比较好听，甚至喜欢用在语音与语调方面跟俄罗斯语相近的本民族语或蒙古语人名。例如，女孩子的人名后面经常使用像俄罗斯语女孩名等同的"娅""娃"等语音成分。这一点，既与他们曾经强制性的受到俄罗斯语言文化影响有关，还跟苏联社会主义时期，对我国东北地区的文化渗透密切相关。新中国成立初期，两国之间的经济文化交流比较频繁，大量的苏联古典文学作品、新文学作品以及电影被翻译成汉文或蒙古文等传播到我国，特别是我国东北地区。对于生活在东北地区的鄂温克人民来讲，在文化生活与精神

生活比较匮乏的年代，俄罗斯的这些作品无疑丰富了鄂温克人的精神文化生活，使他们从中获得了精神享受与快乐。随着这些文学影视作品的不断传入，鄂温克族人民的思想观念、意识形态、审美观及价值观等都受到了很大影响。渴望美好生活的鄂温克人认为，给孩子起俄语人名，是一种进步思想的表现，是追求幸福生活的象征。这一思想至今还在产生影响，俄语人名仍然在一些鄂温克族人中使用。

说到鄂温克族使用外国人名，还应该谈到 20 世纪 30 年代初至 40 年代初的 10 余年，日本为了加强对东北地区的控制，在东北各地（包括内蒙古呼伦贝尔地区）建立了许多学校，派专职教员教日本语言文化。他们除了对那些鄂温克族学生进行日文教育，还把鄂温克族学生的姓名都改成日语名。例如，那时在伊敏、南屯、海拉尔、扎兰屯、牙克石、齐齐哈尔的日本语学校里读书的鄂温克族学生中，用日语的 hana（花）"哈娜"、sakura（樱花）"萨库拉"、sora（天空）"苏拉"、haru（春）"哈茹"、yama（山）"亚玛"等起名字的人有不少。不过，那时的鄂温克族学生只在学校里使用自己的日语名字，放学回家后就用本民族语的名字。虽然在学校里，日本教员不允许鄂温克族学生们叫本民族语的名字，但本民族学生之间还是经常使用本民族语的名字，只有课堂内或教日语的老师在的时候，才使用日语名字。1945 年日本投降前夕，鄂温克族生活区的这些日本语学校就相继关闭，鄂温克族学生停止接受日化教育，他们在日本语学校使用的日语名字也被废除，几乎不再使用日本语的名字了。可以说，日本语言文化对鄂温克族影响的时间短、范围小，受影响者多为小学生及其家长。

我们也发现，现在的鄂温克族中，那些有文化、有地位的鄂温克族起母语人名的较多，但这一层次的人较少。另外，现代鄂温克语人名中，体现现代社会及现代人思想意识的内容也有不少。生活在鄂温克旗、陈巴尔虎旗等地，从事畜牧业产业的鄂温克族选用蒙古语人名的情况较为普遍；而生活在敖鲁古雅等地，经营驯鹿业及农业、林业产业的鄂温克族，选用汉语人名的现象较多。

鄂温克族在不同生活环境中，由于长期受来自不同外来文化的影响，所以他们的人名在语音结构及其所承载的意义内涵方面均存在较大区别。人名也是人类社会的产物，因而也会反映出那一时代的特征、社会文化背景、人们的追求与价值取向等。从早期到现代的鄂温克族人名变迁中能够看出，鄂温克族在不同历史年代与不同文化环境中，选用不同民族语来给孩子起名的基本考虑。我们还可以通过人名文化，了解鄂温克族在不同岁月和不同环境中，坚持对于美好生活的追求与向往，并把这种希望以人名形式寄托于未来与后代的基本理念。

第六章　鄂温克族的婚姻文化

在鄂温克族历史文化中，社会婚姻文化占有不可忽视的重要地位。在人类社会组织系统中，家庭是最小的单位，也是最为基本和最为基础的组成部分。然而，在家庭这一社会最基层的组织结构中，婚姻发挥着举足轻重作用。从某种意义上讲，婚姻的美满、幸福与否直接关系着家庭的稳定和发展。换言之，婚姻的美满幸福与家庭的幸福与稳定有必然联系，家庭的幸福和稳定又与社会的稳定和发展有关系。因为社会由一个个家庭组成，千万个家庭就组成了社会。那么，在人类文明的进程，历史文化的自我成熟和发展中，作为同社会组织、社会结构、社会稳定密切关系的婚姻文化及其婚姻制度、婚姻习俗很值得我们关注和深入思考。不同民族在历史上建立过不同的婚姻制度，有的伴随人类社会的发展不断成熟、不断完善，有的则被淘汰。事实上，社会婚姻文化是我们在讨论社会组织、社会关系一定要深入思考的问题，因为它和社会最基层结构——家庭有着必然的联系，家庭是社会的组成单位。下面，我们从婚姻制度文化及其婚姻关系、婚前准备及婚礼习俗、婚后相关习俗、婚姻制度及婚礼习俗的发展变化方面讨论鄂温克族的婚姻文化。

第一节　婚姻制度文化及其婚姻关系

鄂温克族历来严格实行一夫一妻的婚姻制度，同时严格禁止同一姓氏家族内建立婚姻关系。如果同一姓氏之间出现婚配关系，将会受到社会舆论的强烈反对，甚至被驱赶出该群体。至今，鄂温克族仍然实行家族外婚姻制度。不过，在鄂温克族里也有姨表婚的现象，姐妹俩都嫁到同一个姓氏的家族，其子女之间不能建立婚姻关系。如果姐妹俩的孩子分别嫁给了不同的姓氏家族，那么她们的孩子可以结婚。女孩嫁到另一个家族，管婆家的嫂子叫"鄂恳"（eken），与自己亲姐姐的称谓"姐姐"完全相同，并把丈夫哥哥的孩子叫"哲"（zhe）或"菊"（ju）。在鄂温克语里，"哲"与"菊"分别表示"外甥"和"侄子"的意思。在过去的鄂温克族婚姻结构中，还会出现某一家族的亲姐妹俩嫁给另一个家族的亲兄弟俩的婚姻现象。

鄂温克族将和自己有婚姻关系的人都叫"虎大"（huda），把妻子姐妹的丈夫及同辈已婚妇女的丈夫都叫"巴吉"（baji）。众所周知，不同民族或不同地区的婚姻家庭，往往能够反映出不同的生活习俗，以及不同的社会现象、不同的文化形式和内容、不同的伦理道德与人生价值取向等。婚姻和家庭作为社会最小的组织细胞，除与夫妻子女有直接关系，还与夫妻双方的长老、父母、兄弟姐妹等有极其复杂而多层面的关系，而他们的联结纽带就是婚姻关系和血缘关系。自古迄今，家庭都是人类自身生产和再生产的一种社会组织形式，但是它的作用远不至此。在社会生产生活中，在传统文化和道德风尚的教育中，家庭都有其特殊的功能。按照历史唯物主义的观点，婚姻家庭制度就其性质来说，属于上层建筑，常常受到某种生产方式的制约。婚姻家庭制度有固有的特性，即约定俗成的自然属性和社会属性等。鄂温克族的婚姻和家庭也是如此。鄂温克人生存的特定社会环境，决定了其婚姻家庭及婚俗的多样性和复杂性，并包含该民族自古传承的许多物质的和精神的文化要素和内涵，所以研究他们的婚姻家庭及婚俗能够在一定程度上了解该民族的历史文化及传统风俗习惯。

鄂温克族是一个讲求男女平等的民族。在他们看来，妇女创造了人类，妇女是最伟大、最无私、最纯洁、最高尚、最博爱、最美丽的，没有妇女就没有人的世界和人的生活。在婚姻关系与家庭生活中，他们尊重女性，女性的地位较高。这种优良传统也自然而然地表现在他们的家庭生活之中。据说，鄂温克族女孩选择自己心爱的伴侣时，不论家境贫困与富有，只要对方心地善良、性格爽朗、包容性强、社会舆论好、正派耿直、热爱劳动就行。而且，找本民族同胞或近邻民族的较多，同远处或没有太近关系的民族间建立婚姻关系较少。在鄂温克族的婚姻史上，过去父母包办的婚姻占绝对多数，在其早期婚姻史中占主要部分。进入现代社会后，鄂温克族人民自由恋爱结为夫妻的较多。

在早期，每当家里的男孩到了婚姻年龄，家里大人就会着急地四处打听人家的姑娘，急着给儿子找个理想如意的好媳妇。当他们看中了谁家的女儿，就会从家族成员中寻找能说会讲的一男一女，并请有经验的人做媒人，带上好酒和一些好的野味、糖果到女方家登门求婚。媒人带去的所有礼物，必须要成双成对。媒人到女方家求婚时，开始不讲明来历，只是从各方面了解女方家的情况，并结合女方家人感兴趣的话题进行交流，当感觉到女方家的各方情况符合他们的具体要求时，媒人才会拿出带来的求婚礼物，讲明登门主要目的。若是女方家感到很突然，一时拿不定主意或不同意这桩婚事的话，就不会接受男方媒人送来的礼物，甚至连对方用双手敬的酒都不会接受。反过来，他们自己拿出酒水，用传统的接待来客的习俗招待男方家里派来的媒人。有经验的媒人，会按照女方家的安排和意愿，在不谈此事的前提下开始吃喝，当吃喝到一定程度，抓住女方家的兴奋点，再一次提及他们此行目的，大谈特谈男方家和男孩优势。女方家听到客人来的目的，就会让女儿回避。在他们看来，婚事八字还没一撇，尽量不能让女儿知道。他们怕女儿知道后，婚事不成或被父母谢绝，从而给女儿的心灵留下伤痛或心理影响。所以，刚开始谈论女儿的婚事时，家长们都会让女儿回避。但是，女孩们都会察觉其中奥秘，以及客人来家里的目的，因此，有时她们会躲到父母看不见的暗处，偷听家人和来客之间的谈话。

女方家了解了男方家的家族姓氏、家庭状况、社会关系、经济情况之后，如果同意俩人建立恋爱关系，或者同意将女儿嫁给媒人提出的小伙子的话，女孩的父亲就会在媒人送来的酒瓶上系个红布条。然后，女方家里就会请来左邻右舍或近处的亲朋好友，摆上宴席请男方家派来的媒人吃饭，席间女方家人和亲朋好友不断给媒人敬酒，每杯酒必须都要一干而尽，目的是考验男方家是否有诚意来求婚。男方家的媒人知道对方的想法和意图，为了把婚事办成，会尽量满足女方家的敬酒要求。就这样一会儿工夫，男方家的媒人就被灌得酩酊大醉。反过来说，要是媒人不按照女方家的要求，把所敬的杯中酒干完，或者只喝一半或不喝，女方家就会认为男方不是诚心来求婚，甚至会撤回开始答应的婚事。媒人回来后，把情况一五一十地告诉给男方父母。无论婚事是否办妥，男方家人都要摆酒宴答谢媒人。若是办成了，酒宴结束时还要赠送礼物。一般都给烟酒，但也有给做衣物的布料，或者给一只羊或给谢金的。

第二节　婚前准备及婚礼习俗

男女青年确定订婚后，男方家里为了增进双方感情，会经常到女方家里串门或送礼物，特别是逢年过节，更是会全家出动到女方家里送礼物，或请女方家人到男方家做客或吃饭。无论男方家里人谁来，准备出嫁的女孩都必须回避，不能见男方家的人。女方家人被邀请到男方家去时，也绝不会带着女儿去。他们认为在没有举办婚礼之前，不应该让男方家的人对于女儿了解或知道得太多。知道得太多，就会影响女儿的婚事或未来的幸福。对此女方家的解释是，如果女儿身上有什么毛病、缺点、不足，被男方家发现了就会被退婚。如果女儿很好，男方家为了让她当儿媳妇便会采取各种各样的办法。

男女双方的父母经过多次往来，在对对方有了一定程度的了解，建立了一定情感的前提下，男方父亲会出面提出具体的结婚日期，如果男方父母觉得不好意思或感到不合适，也可以请媒人到女方家里定具体的结婚日期。其间，要当新娘的女孩始终不能见男方家里的人。尽管有这种婚俗，但男方家或新郎会千方百计地直接或间接地接触新娘，了解新娘各个方面的情况，从而对于新娘有一个较为全面地认识。男方家以及与男方家有直接血缘关系的亲属，都要先后搬到离新娘家较近的地方，就是与女方家相隔千山万水，也要不远千里、不惜代价地来到女方家周围住下来，做各种婚前准备。

结婚当天，新郎和家族主要成员都要到女方家，新郎到女方家后向未来的岳父母及其家人请安、敬烟。新娘的母亲则给新郎擦汗的洁白的毛巾，以此表达美好愿望，希望女婿"像白白的毛巾一样，用一颗洁白的心灵对待妻子的同时，要热爱劳动、勤劳治家！"另外，新娘的母亲还要给新郎一个精心缝制的钱褡，希望他们将要成立的新家越来越有钱、越来越富裕，从而过上幸福美好的生活！紧接着，女方家就开始宴请男方家人。在宴请开始前，先让新郎、新娘每人喝一碗肉粥，而喝粥时不是喝自己碗里的粥，而是俩人交换喝。不过，在牧区，也有新郎与新娘互敬鲜牛奶的习惯。通过这一仪式，新郎与新娘才算正式见面，才开始相互认识，并相互赠送表示纯洁爱意的信物。

在早期，新娘一般给新郎赠送自己亲手制作的一个雕有各种吉祥物及涂有各种自然颜色的圆型桦树皮盒，以此祈福她未来的生活在各方面都像初升的太阳、十五的月亮那样幸福美满。新郎要赠送给新娘一块上面绣有象征美好愿望和祝福的、鲜丽图案的手帕。现在都变成了相互赠送金戒指了。随着男女双方赠送婚礼信物的结束，新郎和新娘各牵一匹白马，或者新娘牵着新郎送给她的白马，新娘领着新郎按太阳运行的方向绕行父母家三圈，以此表示她对于养育自己的家与家人的深深谢意和祝福。在鄂温克人看来，在婚礼等重大活动中相互赠送白马，特别是新郎赠给新娘白马，或者其他亲朋好友赠给新婚夫妇白马，都象征着最坦诚、最美好、最高尚、最圣洁的祝福、期盼和愿望。新娘领着新郎绕自家走完三圈之后，双双走入新娘家，给家里的火神磕头，祈求火神保佑女孩的未来生活过得幸幸福福、红红火火；紧接着还要给双方父母及老人磕头、敬酒并接受长辈们的美好祝福；最后拜见参加婚礼的所有亲朋好友，并一一敬酒。新婚夫妇一般要给每人敬双杯酒，并把杯中酒都饮净。如果实在喝不了，至少每杯酒要喝一小口。若对杯中酒一点也不喝，就意味着对婚礼的不尊重，不满或不同意该婚礼或婚事。所以，参加婚礼的人，基本上都要喝这两杯酒，以此表示对于新婚夫妇的美好祝愿。早期婚宴中，所喝的是酒精度数很低的，几乎喝不出什么酒精味的奶酒。甚至，更早的时候，鄂温克人的婚礼上是以鲜奶来表示彼此间的美好祝福和祝愿，并由萨满来主持婚礼。后来才逐渐改为喝酒，改为由男方家父亲或主婚人来主持。如今，大家在婚宴中喝的都是高度酒，由婚介公司来操办婚宴。

在婚宴上，新郎、新娘给父母和老人敬完酒，还要给前来参加婚宴的亲朋好友敬酒，并接纳他们赠送的礼物。如果，亲朋好友赠送的是牛马羊或驯鹿，就会当面告诉他们赠送的牛马羊等头数。当婚礼将要结束，婚礼宴席即将开始时，家人要领着新郎与新娘，当着送礼者介绍他们赠送的牛马羊或驯鹿等。在他们的传统婚礼仪式中，倘若不在送礼者面前将赠送的婚礼礼物说清楚，就意味着对于送礼者的不尊敬或不礼貌。新郎家的人还要根据亲朋好友送来的婚礼礼物的轻重，在婚宴结束的时候回敬给他们一些礼物，以此表示新婚夫妇最真诚的谢意。在鄂温克族传统婚礼的最后，大家从屋子里走出来，围着熊熊燃烧的篝火边唱边跳，歌舞内容都是祝福新婚夫妇的美好未来及幸福生活。不管炎热的夏天还是寒冷的冬季，都要把婚礼篝火歌舞延续到深夜。伴随婚礼篝火慢慢熄灭，婚礼仪式也就走向尾声。婚礼结束后，男方家的人回到各自住处，而新郎留下帮助新娘家收拾婚宴场地，当天晚上要与新娘住在岳父母家里，以此表示对于新娘父母的尊重，以及对于他们养育女儿的感恩。

第二天用完早餐以后，新娘领着新郎向家人磕头道别，此后新郎骑上白马领着同样骑白马的新娘驰向俩人新家。他们起程时，新娘家的亲属还要过来送行，这时新娘家的父母把婚宴中亲朋好友们赠送的礼物全部交给他们，并把作为陪嫁送给女儿的牲畜和衣物赠送给女儿和女婿。如果新郎新娘很难把礼物带走，比如亲朋好友赠送的牛马羊等牲畜，那么，新娘家里人还要派其他家庭成员帮助他们送到男方家。男方家派人在半路迎候，男方家父母在家门口等候。新娘下马向新郎家的父母问安，新郎的母亲在新娘的前额上轻轻地亲一口，以此表示对于儿媳的接纳。接着母亲领着儿子和儿媳走进屋子，让他们先给祖先神磕头，接着给家里的长辈磕头，然后给火神和男方家的父母磕头。这些仪式结束之后，男方家的父母就会忙着设婚宴，早早来到男方家的男方家亲戚帮助筹备婚宴。当婚宴的酒席准备得差不多了，参加婚礼的人也陆续到来，男方父亲领着一部分亲戚和媒人到半路接应女方家参加婚宴的人们。大家都到齐之后，男方家就会开始隆重的婚宴。男方家的婚宴要比女方家的婚宴规模大，人多、饭菜丰盛，也热闹。过去，萨满要跳神舞祈福，接着媒人介绍儿媳的家人和亲戚，最后介绍新娘。现在，萨满跳神舞祈福仪式已没有了，媒人向男方家亲人介绍新娘家人和新娘。

在鄂温克族的婚俗礼节中，也有女方家不办婚宴，在结婚当日的早晨，把女儿送到男方家的情况，即结婚当日新娘父母带着准备好的陪嫁，包括母亲给女儿亲手缝制的衣物被褥，以及父亲送给女儿新家的牛羊马等牲畜来到男方家。新娘家在婚礼之前，通知所有亲戚朋友，还要从自己家族里选定两位相貌出众的未婚女孩作为女儿的左伴右侣，就这样送女儿的队伍会由几十号人马组成。如前面所说，新郎家派来的人会在半路迎候送新娘的队伍，并要一一下马敬酒。新娘家的人到了新郎家，首先要拜见新郎家的老人及父母并相互递烟，接着新郎家的媒人宣布婚礼开始，新婚夫妇穿上婚礼服装，给男女双方父母及所有参加婚宴的亲朋好友敬酒。男方家的婚宴，甚至要进行到午夜才结束。很有意思的是，新娘将自己带来的陪嫁带进屋内时，男女双方的小伙子们就会一拥而上，争夺新娘的新枕头。这种婚姻游戏，在农区鄂温克族婚礼中出现得较多。在该婚姻游戏中，倘若女方家的小伙子们争夺到了新娘的新枕头，男方家还要摆第二次酒席宴请女方家的小伙子们，否则女方家来参加婚宴的人就会把新娘的新枕头拿走，这自然意味着男方没有能力将自家媳妇的新枕头要回来。不过，出于礼节或游戏规则，女方家的人最后还是会将新娘的新枕头还给人家。在争夺新娘新枕头的游戏中，倘若男方家的小伙子们夺到了新枕头，女方家的小伙子们就会表示认输。第二天早晨，男方还要摆第二次婚宴，请新娘家的老人长辈及其父母和其他长辈喝喜酒。第二天的第二次婚宴酒席结束时，男方家的老人将会从煮好的羊头上割下左边的羊耳，从屋里向外扔，以此表示婚宴基本结束。然后，男方家的人把女方家的人送到半路，分手时还要给每人敬两杯酒。过去，在冬季的婚礼那天，男女双方送亲和迎亲队的头人，必须在皮长袍外面套穿一件叫"胡儒木"的、袖子很宽的短皮衣。这也是鄂温克族早期婚礼的一种礼节，若不穿"胡儒木"，就意味着对婚礼的不尊重。所以，男女双方的迎亲或送亲的代表性人物，都得穿用5~6张精选的大羊毛皮制作的"胡儒木"，也就是短毛皮衣。不过，也有人不穿"胡儒木"，而是穿用绸缎面料缝制的羊羔皮袄。对此，大家起初不太认可，但也不会有太大的非议。鄂温克族始终认为，无论对于谁而言，婚礼、婚宴是一个实实在在的事情，没有必要搞得那么花里胡哨。

第三节　婚后相关习俗

男方家的婚宴结束时，女方家的小伙子们在上马前会趁男方家人不注意时将男方家婚宴的主杯，也就是家里长老用的银酒杯或用骨头特制的酒杯偷偷揣在怀里拿走，然后赶紧策马而去。这是鄂温克族婚礼上很有挑战意味的游戏，这意味着女方家的小伙子瞧不起男方家的小伙子们，连自家长老的尊杯都保护不了，还能看好自家的新媳妇吗？不过，早有准备的男方家的小伙子们，知道自家长老的银酒杯被女方家的小伙子揣走的事情后，就会快马加鞭地追赶女方家已渐渐远去的马队，目的是把拿走的银酒杯抢回来，不能让人家的小伙子们小看自己。男方家的马队赶上女方家的马队以后，就会展开十分激烈的抢夺银酒杯之战。许多时候，男方家的小伙子经过一场激烈抢夺之后，能够把被拿走的银酒杯抢回来。不过，也有不管怎么努力、怎么拼搏也抢不回来银酒杯的情况，这时，男方家领头的男青年会下马，宣布停止抢夺银酒杯的活动，同时走到女方家小伙子们的领队马下，行礼恳求他们把手里的银酒杯还给主人。这种恳求会马上无条件地被答应，女方家的小伙子们会把拿走的银酒杯拿出来还给他们，男方家的小伙子们会一起下马表示谢意，给他们敬酒，最后双方相互拥抱，高高兴兴地道别。还有一种情况是，女方家人从婚宴退下来准备走时，男方家的人要给女方家人敬上马酒，而女方家的人趁机将男方家人敬酒的杯子抢走，当然男方家人也会千方百计地把被抢走的酒杯再抢回来。他们都知道，这只是婚礼上的一个娱乐性质的活动，同时他们心里也明白这是不同的牧场和村庄，甚至是不同姓氏家族的小伙子间的一场公开而正面的较量，是比试他们勇气、胆略、智谋、马术、团结及奉献精神的很好机会。所以，所有参加婚礼抢银酒杯娱乐活动的小伙子都会尽最大的努力，不惜任何代价地把银酒杯拿到手，成为人们能够竖起大拇指赞赏的英雄，成为草原女孩子们赞美、倾慕、爱恋的小伙子。

婚宴结束后，新郎的母亲首先领着儿媳走进游牧包里向火神磕拜，接着领儿媳绕锅台走三圈，意味着把这家的锅台交给了儿媳。然后，还要在祖先神面前，将儿媳的发型从原来的辫子改为髻子。儿媳还要自己动手熬一锅奶茶，让家里的老人和公婆品尝。一般情况下，大家都表示认可和接受新儿媳熬的奶茶味道。从此，女孩就正式成为男方家的儿媳，在这里开始她的新生活。不过，婚礼结束后的第三天，儿媳还要领着丈夫回自己的娘家，看看养育自己的父母。一般情况下，他们要快到中午的时候来，在娘家吃完午餐才回家。当然，有的人家里事多，工作比较忙，也有一大早就领着丈夫回家看父母，只是简单地喝点早茶就回自己家的情况。

结婚满一个月、三个月、半年、一周年时，儿媳妇基本上都要领着丈夫回娘家看父母，除此之外，在一些重大节日或过年时，也要领着丈夫回娘家看看。女儿每次回娘家时，都要带些肉、奶食品、烟酒糖果，有时还给父母及家里人带衣物、牛羊等。这一切，都要依据男方家的经济条件，以及家里的具体情况来定。富有的人家要拿的多一些，较穷的人家拿的少一点，但不能不拿礼物，否则会受到社会舆论的谴责，从而被人们看不起，被大家认为是不孝子女。因此，女儿领丈夫回家，多少也得拿点礼物。妻子的父母也会给女儿和女婿回赠一些东西。在以后的日子里，男女双方父母之间，一直保持这种礼尚往来。

第四节　婚姻制度及婚礼习俗的发展变化

在鄂温克族的每一个历史发展阶段和历史时期，都有男女自由恋爱后建立幸福美满家庭的情况。从某种意义上讲，鄂温克族自古以来并没有明确否定过自由恋爱和婚姻。在鄂温克族生活的地区，人们会遇到女孩不经过婚礼仪式和程序，直接到男方家开始新生活的现象。这种情况下，男方家父亲会拿着礼物到女方家表示歉意，并允许孩子们的婚事。这种情况下，女方家的父母一般不会马上认可或同意，往往会把孩子们的婚期向后拖延，短则往后拖延一年或一年以上，长则往后推迟三年或三年以上，但一般不会拖延四～五年。女方家会强烈要求婚宴的日子由他们来定，同时对婚礼规模或形式内容提出要求。男方家基本上尊重女方家的意见和要求，婚礼按照女方家父母定的日子举行，婚礼规模也不会太大，也不会进行得十分热烈，宴请的人也不会太多，来的一般都是直系亲属。用他们的话说，只是走个形式而已。婚后的一周内，新婚夫妇骑上白马，要挨家挨门地拜见和答谢双方亲属。

在这里还要提到的是，鄂温克族也有入赘婚，这种婚姻关系一般都是在男女双方父母事先多次商量的基础上，男方按照双方商定的日子叫来十分亲近的亲属，带着一些婚礼礼物把儿子送到女方家。女方家这时摆好婚宴接待女婿家的人。新婚夫妇要按照惯例以及婚姻习俗给双方老人、父母、亲戚一一敬酒，并接受大家的美好祝福和礼物。入赘婚礼，基本上是在以下三种情况下进行的（1）女方家只有一个女儿，而男方家孩子很多；（2）女方家非常富贵，而男方家不太富裕；（3）男方是孤儿，在社会上无依无靠等情况下举行。婚宴结束后，新娘家的父母会把女婿当儿子来对待，并赋予他许多的权利，比如家庭牧场的管理、牛马羊的放牧、家庭用人的选定；等等。女儿生的孩子，一般随母亲家族的姓氏，女婿不同意也不会强求，按女婿意愿给孩子起用父性名字。

早期鄂温克族也有过娃娃亲，孩子们很小的时候父母们就给他们定亲。等到女孩 17 岁时，男方开始给女方家里送厚礼，还经常邀请女方全家人吃饭。在每次宴请时，除男方家的家庭成员，舅舅或姨姨们也要参加，以此烘托用餐的气氛和热闹场面。鄂温克族的娃娃亲结得都比较早，基本上都在 18 ~ 20 岁结婚。娃娃亲婚事里，女的比男的大的有不少，有的女的要比男的大好几岁。但总的说来，由于娃娃亲都属于知根知底的人，所以婚姻都比较稳定，生活都比较幸福。

过去，在鄂温克族的婚姻制度里，还有"兄妻弟娶"的制度，也就是哥哥死了以后，弟弟可以娶嫂子为妻。也就是说，哥哥患病或非正常死后，要是这时弟弟已经到了结婚年龄，但还没有结婚或女朋友，那么父母经过与儿媳商定，让弟弟娶嫂子为妻。如果弟弟同意该婚事，他就和嫂子到她娘家，向女方家的老人和父母提出他们要结婚的意愿，女方家人同意的话他们就可以成为夫妻，不同意他们就要放弃这一打算。双方父母同意后，他们不能搞任何婚姻仪式，只是由双方父母分别告知亲戚朋友。他们共同生活半年以后，才会双双骑着马挨家挨户地拜见双方亲属，并进一步说明他们的婚姻关系及结为夫妻的缘由。与此同时，在鄂温克族传统的婚姻制度里还明确规定，如果妻子死了可以娶妻子的妹妹为妻，但绝不能娶妻子的姐姐。同时还规定，如果弟弟死了，做哥哥的不能娶弟弟的媳妇为妻。在他们传统的婚姻观念中，坚定地认为娶妻姐或娶弟媳都是属于违背伦理道德的行为，认为不符合他们所约定俗成的婚姻制度。

在鄂温克族传统婚姻制度里，人一旦结婚了一般不允许离婚，要是两个人实在共同生活不下去了，到了非离婚不可的地步，也必须是女方先提出离婚，不允许男方先提出离婚。另外，就是女方先提了离婚，但是男女双方的父母不同意，也不允许他们离婚。离婚时，如果孩子小，就让女方带孩子，男方每个月给孩子抚养费。要是男方不同意给抚养费，家里人就不同意他们离婚，什么时候男方同意给孩子抚养费，什么时候家人才同意他们离婚。要是孩子大了，父母离婚时要征求孩子的意见，孩子选择谁就会跟谁生活。要是他们离婚的主要责任在于男方，离婚时女方会把自己带来的财产全部带走，甚至要带走俩人共同生活时积累的所有财产，男方则从一穷二白开始重新建立一个新的家庭。在他们的早期婚姻制度里，也规定若是已婚女人跟别的男人跑了，被本家族人抓回来交给她的丈夫，她丈夫要是不想和她继续维持婚姻关系，本家族的人就会将她从自己生活的区域正式赶出去。

鄂温克族婚姻历史中，也有逃婚现象。比如，被媒人或其他人介绍认识的男女双方，要是见面或接触后对对方不满意，或一方早已有了自己的心上人就会逃婚。逃婚者往往会带着自己的心上人，逃到远离家园的地方一起生活。过了若干年，等他们逃婚的风波平息，逃婚男女双方的父母也基本认可之后，他们才会带着孩子回到父母家，向家人和亲属公开婚姻关系。不过，不会举行任何婚宴和婚礼活动，只是男女双方的父母及近亲坐在一起吃顿饭，也就算认可。

前文也说过，早期鄂温克族选择配偶时，主要从本民族的不同姓氏的人中寻找对象，绝不允许在本民族本家族成员或本姓氏的人中择偶，就是有了这种恋爱关系也会被双方父母拆散。在他们的婚姻制度及观念中，这种婚姻不符合人类生儿育女的基本法则。由此，他们坚决反对从本姓氏或家族成员中择偶。比如说，杜拉尔（dular）姓氏家族的人，不许娶或嫁杜拉尔（dular）姓氏家族的人，可以嫁给姓涂格顿（tugedun）或萨玛吉尔（samagir）等姓氏家族的人。除此之外，鄂温克族与鄂伦春族、达斡尔族、蒙古族等相邻民族，有着十分复杂而多层次的婚姻关系。鄂温克族同鄂伦春族与达斡尔族之间建立婚姻关系的历史十分悠久，像兄弟或兄妹俩娶或嫁同一家的姐妹俩或兄妹俩等的实例有不少。这三个民族间建立婚姻家庭的较多，所以人们常说鄂温克族与鄂伦春族之间属于"姑表亲"，而鄂温克族与达斡尔族之间属于"姨表亲"。鄂温克族同蒙古族建立婚姻家庭关系的也有不少。在早期，鄂温克族同汉族等其他民族结婚的较少，只是在汉族移民到他们的生活区域之后才有了婚姻关系。特别是从 20 世纪 70 年代以后，跟汉族结婚的鄂温克族越来越多。在农区，鄂汉家庭几乎占了一半。很有意思的是，如果鄂汉家庭的父亲是汉人的话，他们的孩子按照鄂温克族家庭姓氏使用的规定，要用汉族父亲的姓氏，但民族成分一般会写鄂温克族。比如，孩子的父亲姓刘，孩子也要姓刘，而民族写鄂温克族。这样，孩子就成为姓刘的鄂温克族。事实上，鄂温克族里没有"刘""王""张"等姓，而现在这些汉族姓在鄂温克族里都有了，而且越来越多。反之，也有一些鄂汉家庭的孩子使用母亲家族姓的现象。例如，母亲姓杜拉尔的杜，孩子也跟着母亲的家族姓杜。

现在鄂温克族青年从谈恋爱到订婚再到结婚，已与我国流行的婚礼文化基本相同，甚至同西方的婚礼形成相近。男女青年自由恋爱，到公园、电影院、茶屋、餐厅、咖啡屋、歌厅约会，谈恋爱谈得差不多了，就会告诉双方父母想结婚的日期，父母基本上按照孩子们的意愿选定一个好日子办婚礼。结婚时，要找一个相当不错的大酒店、大饭店，把双方的亲朋好友都请来，若已工作就会把双方单位的同事都请来，婚礼主持人介绍新郎新娘、双方父母和重要人物，接着新郎新娘一一给大家敬酒，婚礼就正式进入相互敬酒祝福的热闹气氛。有的人家把婚宴委托给婚礼公司来办，这种婚礼形式与社会上流行的婚礼形式完全一样。生活在农村牧区的鄂温克族，现在办婚宴时也尽量到乡镇的饭店、宾馆来办，很少在自己生活的村庄办婚礼，其婚礼形式也和城市的婚礼没有多大差别。鄂温克族同其他民族建立婚姻关系的人越来越多，也出现了跨国婚姻。另外，在鄂温克族婚礼上的饮食内容也有了很大变化，过去是以肉食为主，现在是以各种美味凉菜、炒菜为主，还有海鲜、西餐等。总而言之，鄂温克族生活的地区属于多民族、多文化、多种风俗习惯相互交融的地区。特别是我国改革开放以后的这些年，由于不断受到主流文化的强势影响、外来移民的不断增多，以及外来语言文化的快速渗透，鄂温克族传统意义上的婚姻习俗几乎被现代社会流行的或者说现代人的婚姻习俗取而代之。

第七章　鄂温克族的丧葬文化

在社会历史文化的讨论中，丧葬文化与习俗也是个值得研究的话题，它同社会组织、社会制度有不可忽视的内在联系。人们对死亡的认识、对人死后进行的各种社会化的活动，几乎都和社会历史文化，和当时的社会结构、社会制度、社会组织有关系，甚至跟宗教信仰、风俗习惯、地域和地理位置有关系。我们可以通过丧葬习俗，了解不同年代、不同时期的社会制度、社会组织、社会文化，还可以了解不同时代、不同地域、不同民族的宗教信仰、风俗习惯等。毋庸置疑，考古研究对此做出了巨大贡献。那么，鄂温克族社会也有他们约定俗成的丧葬文化与习俗，这与他们的社会历史及社会制度、社会组织、宗教信仰、民族心理、生存环境存在内在联系。

第一节　丧葬习俗及其社会历史文化

在鄂温克族的传统观念里，人的生老病死是一切生命共有的自然现象，没有什么奇怪或想不开的事。与此同时，他们还认为一个人的生命从来到这个世界到从这个世界离开是由上天计算好的，好赖都是人的一生。好好活着，过一个充满真善美的人生，死后灵魂可以升到天上，可以跟日月同辉；要是不好好度过人生，做那些伤天害理的事情，死后灵魂就会落入地狱，受到妖魔鬼怪的摧残和折磨。当然，这种意识的产生与他们的"万物有灵论"信仰密切相关。总之，人活着就应该积点德，这样死后也会得到人们的惦念和追思，灵魂也会得到升华。

夏季炎热，人们怕尸体腐烂，会在当日举行葬礼，当日发丧；春秋天或在冬季，将死者的尸体放入棺材里停灵三天或七天。送葬时，要用牛车或马车将棺材运到埋葬地，埋葬尸体时，一般把死者的头向西北方向放置。而且，必须由逝者的儿子牵着牛或马徒步行走，要是有几个儿子就从老大开始轮换着来牵拉棺材的牛车或马车，其他孩子及亲属都要走在棺材车的后面，无论路途多么遥远，送葬的人都不能骑马或乘车，要轮换赶车以表达孝心。如果路途中遇到河流，必须往河里扔纸钱，敬水神。在早期，人死后要请萨满选择坟地，送葬的车队必须由萨满引路，将尸体埋葬前还要由萨满跳神为死者举行埋葬仪式，请求上天能够接受死者善良的灵魂。有的人家还用金银锡铂纸制成象征日、月、星的模型放在死者头顶部的位置，以此表示死者在上天以后，在另一个世界里，与日、月、星一样照亮世界。死者下葬后的三天，家人依据葬礼习俗要从死者生活过的地方迁走，要是马上搬迁有困难，也要把游牧包从现住地往前移动一定距离。同时，在死者临死前躺过的游牧包内的位置上立着放一块有人头、形状像人的白色石头，以此纪念死者死前生活的地方，使活着的人们永远忘不了跟死者一起生活的岁月。人死时住过的游牧包的位置，绝不能再在此处搭建游牧包或盖其他的房屋，因为这会让死者的灵魂不得安宁，会给活着的人带来麻烦。若在农区死者死时住的是土房，房屋又不好拆迁或移动，人们就必须请萨满举行信仰仪式，祈求死者的灵魂不要给活着的人带来麻烦，原谅他们继续在原住房继续生活下去。葬后第三天，还要在黄纸钱上写上亡者的姓名、日期以及祭者的身份，连同金银铂纸钱一起烧掉，烧时要选择离坟地数十米的正前方位置。从此往后，每年清明的时候，都要来坟前烧纸和清理坟地。在老人去世后的三年内，每到大年初一天还未亮时，就拿一个用黄布缝制的方形小褥子，放在老人在世时的铺位上，同时还在其前面放上一个小方桌，祭以肉、奶子、奶食品、奶酒等供品，接着子孙们一起叩头行祭。

对于意外死亡者，如被雷击死的人，要请萨满跳神送葬，并用白布裹尸风葬，不能放入棺材进行土葬。在他们看来，雷鸣、雷声、雷电、雷击均来自上天，雷击死人的事是雷神所为。雷神之所以击死人，是因为他们中有的人，或者说他们村庄的某人，没有听从雷神的旨意生活，比如有人在不该盖房子的地方盖了房子，或者说走路时走了不该走的路，从而无意中干扰了雷神与大地之神的相爱；又比如，有人辱骂了雷神，对此雷神很生气就下人间把他的灵魂带走了，只留下一个没有灵魂而死去的尸体。这种情况下，人们只能根据雷神的意愿，将雷击身亡者的尸体还给雷神，绝不能把他埋葬在土地里。因此，他们把雷击身亡者，用天水（雨水）洗得干干净净，让他穿上一身洁白的衣服，或者用白布包好全身，放在事先准备好的树林或山上的高高的木架子上，让天鸟将其一点点地运送到雷神的神堂，使他的身体和灵魂一起永远待在雷神的身边。

若是有人被淹死，鄂温克人同样认为这是河水之神所为，是因为有人玷污了河水或辱骂了河水，由此河水之神夺走了他的生命和灵魂。这时人们把他的尸体从水里捞出来，用河水洗干净后一丝不挂地再放回河水里，也就等于把死者还给了河神。不过，也有将溺水身亡的人放入棺材进行土葬的情况。对于非正常死亡者从来不进行任何葬礼或仪式。

对于上吊自杀者，要把他上吊的绳子和树枝等砍成九节烧掉。与此同时，在他上吊死亡之处拴一只活着的小鸟，拴三个小时后就把小鸟放回蓝天。然后，把上吊自杀者的尸体在没有任何葬礼仪式的前提下进行土葬。对此的解释是，上吊死亡的人肯定受某人或家族的误解、排挤、批评或欺负，或者在某一事情上受到过委屈，使自己想不通而含冤死去。这种人死后，他的灵魂会长期留在吊死的地方。所以，此处拴上活着的小鸟，经3个小时的时间，死者的灵魂就会附在小鸟的身上，3小时后放走小鸟，小鸟就会把上吊死亡者的灵魂带走。否则留在这里的灵魂会变成鬼，会给活着的人带来灾难。

对于疯病或难产而死的人，按照鄂温克人的丧葬习俗和规定，一定要进行火葬。否则死者的灵魂会变成鬼，给村里的人带来灾难。在烧死者的尸体时，同时将象征死者灵魂的某一物，如像用纸做的小鸟或纸上画的小鸟放入火中一起烧掉，希望他们的灵魂随着火烟升入上天。最后，把烧后留下的骨灰放入桦树皮小盒里，埋入深深的土坑，上面还压放许多的大石块。因为他们担忧如果死者的灵魂没有飞上天会留在骨灰中，会从骨灰中跑出来给人们带来麻烦。幼儿死后，把他的尸体洗干净后，用一白布包好全身，放在某一高处或山顶进行天葬。所有这些丧葬活动，均由萨满参加并主持。

萨满死后，他的葬礼要由其他家族的萨满或萨满的弟子来主持，甚至由好几个家族的萨满来共同主持，其葬礼相当隆重，不仅本姓氏家族的全体成员都要参加，相邻姓氏家族的萨满及成员也来参加。萨满遗体的葬身之地，由请来的萨满或萨满的弟子来选定。这是主持葬礼的萨满，向死去的萨满祷告时，死去萨满的灵魂所指令的尸体埋葬之地；也是主持葬礼的萨满通过特定仪式，向山神和天神请求后获得准许的地点。送葬时，萨满的弟子们用神水将死者洗干净，给死者穿上一身白色衣服后装入棺材，并将木棺材一半埋入土里，一半用大小不等的石头进行埋葬。这是因为，萨满要比凡人智慧而高贵，他又是人类与上天之神及一切生灵进行交流的使者，所以不能把他的棺材全部埋入土地，只能把他埋葬在天地之间。这也是为了在以后的日子，人们更好地来进行一些祭祀活动。把萨满尸体放入棺材内时，要将他以背靠棺材内壁的坐式放入其中，绝不允许把他的尸体像普通人一样卧式安葬。这都是人们对于萨满的敬重。把萨满穿过的特制服及各种用具、装饰品等都交给他的弟子，他的弟子在举行各种信仰仪式时继续穿用，继续发挥它的威力和作用。倘若死去的萨满，死前还没有找到接班人或弟子，人们就会把他的衣物等整齐地放在特制的衣架上，等到新萨满出现后，将这一切交给他穿用。一般情况下，萨满的弟子或新萨满不做新的服饰，除非是老萨满的衣物旧到实在不能穿用的程度。

过去，父母双亲去世后，在带孝期间，女孩子的辫子上不许系头绳，也不许穿艳丽布料缝制的衣服；男孩不得理发，不许刮胡子。如果是母亲去世了，孩子们要束从前腰间上来经右肩下到后腰的白色宽布带，以此感念慈母打开右襟纽扣，用鲜美的乳汁养育自己的大恩。如果是父亲去世的话，孩子们要束从前腰间上来经左肩下到后腰的白色宽布带，以此感念父亲用肩力负担养育孩子们的艰辛与恩德。不过，儿媳或出嫁之女戴孝的白色宽布带的束法，要不同于双亲身边的亲生儿女，她们束的白色宽布带不从肩膀上面经过，而是像腰带一样直接扎在腰间。爷爷奶奶死后，子孙们希望去世的老人能够合上眼睛闭上嘴，如果是睁着眼睛、张着嘴去世的话，他的儿子就会想办法把死去老人的双眼给合上，嘴也要给闭上。不这样做，死者的灵魂不会平安无事地归到上天，反过来会惦记自己的儿孙们，想得过多又得不到儿孙们的回报，由此伤心过度而报复儿孙们，结果就会给孩子们带来可怕的病灾。去世的老人全身要洗得干干净净，特别是

把手和脸一定要洗得一尘不染，洗的人必须是辈分大的人或同一辈分的
人，还要给死者理发梳头，头发要梳到一丝不乱。人们会给去世的老人穿
一身新衣，若是死者生前喜欢戴帽子就会给他戴上新帽子，接着在死者的
棺材里铺上褥子和放好枕头，头部还要放一个小供桌，上面放上煮好的整
只鸡和猪头及各种糕点食品、烟酒、烧香等，还把老人用的一些用品，包
括拐杖、烟袋、银碗、金银戒指等均放在枕头边或身边，在盖棺前再次将
其双脚并拢好。到了晚上，人们还要点燃长明灯，给死去的老人烧纸敬
酒，并由一名老者说唱：

　　　　我们的长辈

　　　　家人和孩子们

　　　　向您沉痛地哀悼

　　　　向您作告别仪式

　　　　他们已经给您点燃

　　　　三把香火及三包冥钞

　　　　望您在另外一个世界

　　　　充满快乐与享受

　　　　家人和孩子们

　　　　向您虔诚地祈祷

　　　　您的生灵听见了吧

　　　　您的生灵接受了吧

　　　　您的家人和孩子们

　　　　已经给您敬上了三杯酒

　　　　请您一定要接受

　　　　您来有时

　　　　去有期

　　　　已按期归去

　　　　不要留恋

更不要回头

我们在恳求您

留给家人和孩子们

无尽的财富与福寿

在停尸期间送葬之前，白天黑夜都有人伴尸守灵，儿女媳妇和晚辈人不能坐在床或炕上，都要在地上铺好皮褥席地而坐。姑娘和儿媳妇把发辫及发髻都要放下来，并用白布扎发，头上戴白色头巾；儿子或女婿可以戴帽子，但在帽子上缝一条白布，全身穿白孝衣，鞋上也缝块白布。在夜间守灵时，由老人讲与死者有关的一些往事和故事，是他们丧葬活动的一个内容。有的人会把亡者的一生编成说唱故事，以生动、感人、艺术的语言与说唱相结合的形式来表述。鄂温克人认为这不只是给活着的人听，同时也给死去的人听，使死去的人在另一个世界获得更多的安慰与快乐。

如果死者儿女双全，而且有四个儿子，那么就让四个儿子把棺材抬上车还要抬下车；若有三个儿子，右下角就由女婿来抬；若有两个儿子，那么就由两个女婿或堂兄堂弟抬棺材的后两角；如果只有一个儿子，那么儿子抬棺材的左前角，其他三个角分别由女婿、堂兄弟、表兄弟等抬。也就是说，在鄂温克族早期葬礼中，对于抬棺材之事有着严格的规定和要求。比如说，首先要从左前角、右前角、左后角、右后角的前后顺序来排；兄弟几个中，年龄最大的抬左前角，以下根据年龄大小和抬棺材的排序来安排；如果抬棺材的亲兄弟人数不够，就让女婿来顶替，没有女婿就让堂兄弟来抬，堂兄弟人数不够就让表兄弟来抬，不过，会按照年龄的大小顺序排列安排；母亲去世后，孩子们抬棺材的人数不够的话，首先要考虑让表兄来抬棺材，其次才考虑让堂兄弟来抬棺材。另外，当安葬队伍回来进院门前，死者的儿女们要排成一行跪迎送葬的人们。送葬的人们一定要在院门入口处事先放好的洗手盆里洗干净手才能进院。大家都进屋各就各位坐好后，死者的儿女们摆宴招待送葬的人们。讲究人家的孩子们向每人敬完酒后还要跪下磕头，以此表示深深的谢意。死者的儿女若没赶上父母或长老的葬礼，从外地赶回来扫墓时，必须打老远就从马或车上下来徒步走到墓地，供上自己带来的祭品，并跪下叩拜。

在过去，一个姓氏家族的人基本上都安葬在同一个地方，不同姓氏家族的人均有特定墓地。按约定俗成的丧葬礼节和规则，人们把姓氏家族中的长辈安葬在最前面，然后以辈分前后、年龄大小、亲属关系的远近等排序在坟地前后左右位置。要是家族中有长寿者，则无论如何也要给他留一块适合于他辈分的安葬之地。姑娘出嫁前若死在娘家就安葬在本家族墓地，出嫁后去世的话就安葬在丈夫姓氏家族的墓地。在过去，妇女难产而死的话，不允许放入棺材进行土葬，要进行火葬。这是因为，在他们看来妇女难产而死对谁来说都是极大的痛苦，所以为了不让这种痛苦延续下去，或者说为了不让这种悲剧重演，他们会将尸体洗干净后放在木架子上用木火烧成灰烬。他们还认为，在熊熊燃烧的火光中，死者的灵魂得到火的洗礼，变成神灵升到天上，飞入极乐世界。

根据鄂温克族传统的葬礼习俗，任何人死了都严禁过河安葬，因为这样会惹怒河神而带来灾难。要么就干脆安葬在河水里，也就是他们所说的河水葬或河葬；要么就不应该让河神知道。倘若有人家住河东，却不幸或因意外事故死在河西，必须要把他的尸体移到河东时，那么人们在带着尸体过河的时候，会在其下方放用长杆做的木排，意思是死者的尸体及灵魂是从木桥上面过去的，而不是从河水上面飘过去的。在异地死亡者的尸体，甚至是死者的骨灰都不允许进村或进屋，怕给活着的人带来灾难，所以，一般就在村外进行葬礼，而后安葬在村外的坟地。

鄂温克族很少去扫墓或到家人的墓地上进行祭奠活动。一般情况下，只有在死者去世一周年的时候，家人或孩子们来扫墓，其他时间基本上不来。孩子们或家人扫墓时，主要用烟酒糖果祭墓，磕头慰藉死者的灵魂。鄂温克人没有在死者坟前烧纸的习俗，后来受汉族丧葬文化的影响，农区鄂温克族才开始在死者坟前烧黄纸，有的人会在黄纸上面写各种祭词祭语，有的人还在上面画房子、画象征钱的图画或各种祭品图样。葬礼过后三天、七天、一月、半年以及清明节等时候，鄂温克人要去扫墓。也有人受汉族丧葬文化影响，在棺材内壁东侧贴上太阳画，西侧贴上月亮画，棺材里还要放用袋子装的五谷、木制小船和小桨、放豁口的锅和碗、弄断的筷子，表示死者在阴间同样得到日月的照耀，每天都能吃到五谷，但因为死者的锅碗筷都不完整，所以永远也吃不完袋子里的粮食。

第二节　传统丧葬文化及其特征

生活在山林里牧养驯鹿的鄂温克族受东正教影响，将死者放入棺材进行土葬，上面还要插上一个象征十字架的木架子。这部分鄂温克族的丧葬文化很有特点，跟其他地区的鄂温克族有不少不同之处。例如，除每一个家族都有自己的墓地，还有专门埋葬非正常死亡者的墓地。他们的传统葬礼主要由停丧、吊丧、入殓、出殡、服丧、祭奠六个部分组成。

1. 停丧

这是收养驯鹿鄂温克人丧葬礼仪的第一步骤。一般都是由长辈或上了年纪的人将死者生前穿的衣服脱掉，接着用湿毛巾等将死者的身子擦干净，并给死者穿上用蓝色或黑色布料缝制的新衣服。然后，派人向亲朋好友、左邻右舍报丧。报丧者不能是死者的直系亲属，而是家族里的非直系亲属者。死者直系亲属和家族里的老者一起选定主持葬礼的人，一般由萨满或德高望重的老者主持安排葬礼。在他们看来，主持葬礼的人是丧葬仪式中的关键性人物，整个丧事活动都由他安排和负责。同时，将死者安放的位置或地点，以及参加丧葬仪式的人等，都由主持葬礼者与死者家属共同商定。如果要将死者土葬的话，人们就在停丧阶段请木工做棺材。

2. 吊丧

这是祭奠死者、悼念死者、安慰其家属和直系亲属的活动。届时，亲朋好友、左邻右舍，按照报丧者告知的具体日子和时间，来到死者家里吊丧和安慰其家属和直系亲属。吊丧者往往要带上烟酒、糖果、罐头、糕点、毛巾、布匹、钱等。有的人还主动帮助死者家属料理丧事。如有远方亲友来吊丧，也要重新铺设灵位，让吊丧者敬烟、敬酒，下跪磕头，这时做儿女的照样陪着下跪磕头。重孝在身之人要穿戴黑色或暗黑色，上辈人死灵在位时不得笑闹。儿女为老人戴孝时间可长可短，根据各自的情况而定，妻子为丈夫戴孝一般在 1～3 年，戴孝期间不得改嫁。

3. 入殓

主要是死者家人和亲朋好友基本到齐后进行。首先，家属将死者生前用过的猎枪和猎刀等分给有需要的亲人，然后把死者衣物及日常用品全部烧掉。其次，将死者用过的烟袋、杯子、水壶等用品弄碎后同死者一起放入木棺材。受东正教影响他们还在棺材里放入耶稣像和点心、糖果等。对于弄碎死者生前生活用品的做法，牧养驯鹿的鄂温克人解释说，如果不弄碎死者的殉葬品，将给活着的人造成许多不必要的麻烦。另外，他们会将制作木棺材时留下的木屑等，全部捡干净后一起烧掉，有的人连锯末子都烧干净，因为他们认为留下这些东西对于活着的人有害。有的人在木棺材里还要放一种山林里的香味草和香蒿草，这种香草能够防潮、防虫害，甚至能够防止尸体腐烂等。他们把死者尸体用事先准备好的桦树皮严严实实地包好，不见阳光地抬出和放入木棺材。死者入殓时穿的服装不能有毛制品和皮制品，认为皮和毛是属于有灵之物，怕到了阴间这些动物的灵魂会折磨死者，并向死者讨要自己的生命。

4. 出殡

这是丧葬仪式中最为重大的活动。届时，所有亲朋好友、左邻右舍都过来向死者道别，送死者下葬。而且，要宰杀一头黑毛色驯鹿，并将驯鹿头朝日落方向摆放在预先搭好的棚内木架子上，这意味着驯鹿灵魂带走了死者的灵魂。牧养驯鹿的鄂温克人还规定，把死者的棺材运到坟地时，不论路途远近都必须在途中休息3次，到了墓地把木棺材安放在事先挖好的坟坑里，接着在萨满的引领下绕行坟坑3圈，然后才开始往安放死者尸体的木棺材的坟坑里填土。把死者埋葬后，有的人在坟前还要立一个十字架。这种十字架的制作，因死者的年龄、性别的不同而有所不同。木制十字架的结构一般为三横一竖，竖长横短，中横打斜叉。而且，制作十字架的木料中，横板是4厘米×6厘米的尺寸，竖板较厚，中间的横木左低右高。十字架每个尖端的造型都含有特殊意味，均系有彩布条。有人还在十字架上用俄文或汉字写死者的名字。送葬的人们，离开墓地前要绕十字架走3圈，并在坟墓前绕3次香烟。也有在人死后的第二天晚上，请萨满举行出殡仪式时，在死者洗干净的尸体上涂抹白桦树汁的习俗，以此象征除掉死者身上的一切污垢，安慰死者的灵魂，让死者干干净净、高高兴兴地去另一个世界。他们信仰"万物有灵论"，认为不这样做会恼怒上天之神，会让他们的生活遇到种种痛苦和灾难。另外，出殡仪式结束时，还要杀一头白毛色的小驯鹿，再次慰藉死者的灵魂。接着，萨满让大家看鼓面上是否有污物，倘若有人看出确实有污点，萨满就会立刻把鼓烧掉，萨满认为这是死者心灵深处的哀怨，如果不烧掉就会折磨活着的人们。要是萨满鼓面上没有污物或污点，就认为死者心灵深处没有哀怨，他的灵魂很自然地升到天上。在这里还要提到的是，有人在坟墓上面放一个小木屋的模型，说是当死者灵魂降临于人间时，可以在小木屋里休息。只有年岁大的老人去世后，才能在他的坟墓上面弄个木屋小模型。

5. 服丧

牧养驯鹿的鄂温克人有服丧习俗，家里人死后其家属要居丧守孝，以此表达对死者的哀悼。要是父母死了，儿女在这一个月内不得刮脸、理发。服丧过后，年轻人必须将胡须刮干净，同时要求在以后的 11 个月里均不能留胡须。父亲死后，长子在服丧期结束后可以留胡须，特别是弟妹多的人一定要留胡须。这种服丧文化习俗，也许与他们平时的生活里所说的"一家中，没有一个有胡须的人，小孩们就会倒霉或遇不测"有关系。

6. 祭奠

牧养驯鹿的鄂温克人把死者埋葬后，每隔 3 年去一次墓地，9 年后就停止扫墓活动。进行祭奠活动时，前三年尽量请亲戚朋友一起去，三年后主要是死者家人去祭奠。每次祭奠活动开始时，参加祭奠的人向死者磕拜致哀，并用母语与死者的灵魂沟通，其意思是供奉亡灵、告别死魂、悼念先人，以尽孝心等。接着，向死者灵魂敬献驯鹿肉、马鹿肉、狍子肉、飞龙肉等飞禽走兽的肉，以及糖果烟酒等祭祀品。每年一次的祭奠活动结束后，参加者为缅怀死去的亲人，慰藉死者的灵魂，还在死者墓前一起进餐。

以上说的是牧养驯鹿的鄂温克人的丧葬文化几个重要组成内容。这部分鄂温克人的丧葬文化一方面保存着自己的古老传统，另一方面也受到俄罗斯东正教的一些影响。尽管如此，它在鄂温克族丧葬文化中一直保留着自己的独特之处。从某种意义上讲，他们的丧葬文化直到 20 世纪 80 年代受汉族影响不是太大，然而随着生活区域汉族移民越来越多，他们信守的传统丧葬文化也发生着一定变化。除此之外，生活在内蒙古陈巴尔虎旗莫日格尔勒河流域的鄂温克人族，在早期同样也受到过俄罗斯东正教的影响，如发丧时由牧师念经引路，埋葬死者后，家人还要到教堂登记死者的姓名与年龄及去世的日子，同时要接受牧师念经祷告等。当然，陈巴尔虎旗鄂温克族的这些丧葬习俗不断被淡化，甚至一些方面根本就没有了来自俄罗斯的影响。不过，他们同样遵守传统的丧葬规则，给死者用香蒿草煮出带有浓郁的香蒿味的水清洗尸体，而且他们还有戴孝习俗。

　　总之，鄂温克族早期的丧葬习俗和文化不是太复杂，许多内容都是他们在与外来民族的接触中，学会并纳入本民族的传统文化中，成为了自己丧葬文化的一个组成部分。事实上，鄂温克族对于人的生老病死看得很平淡，将其看成人的生命的一个自然法则，谁也无法抗衡、无法躲避、无法逃脱。他们相信人死后，消失的是肉体，而人的灵魂是永远不会死亡的，人的肉体消失之后，他的灵魂要么升到上天，在天堂里度过未来美好的岁月；要么降入地狱，在黑暗和苦难以及折磨中度过未来的时光。人的灵魂是升入天堂还是沦入地狱，主要取决于人活着的时候是否光明磊落、坦诚忠爱、无私奉献。另外，他们还认为天堂是一个十分美丽的世界，也是一个安详、快乐、幸福、美好、宁静的世界。人的肉体由于附带许多人间的尘埃、杂物、污点，所以永远也无法升入天堂，但肉体可以孕育一个圣洁的灵魂，圣洁的灵魂就可以升入天堂。有的人或许不小心或被动地犯过一些错误，这种人的灵魂在升入天堂的时候，有可能会在途中掉入一条洗礼灵魂的天河。只有生前从头到尾完全洁白、善良、高尚、伟大的人才会平安地跨越天河，而有过一些污点或犯过一些小错误的人的灵魂，经过这条洗礼灵魂之污的天河时，由于灵魂之污洗不净而卷入天河中，然后从走入天堂的路上掉入地狱。换言之，鄂温克人更重视灵魂的存在，灵魂的价值与意义。他们懂得灵魂是依托肉体存在，只有作为物质的生命死亡时，灵魂才会离开人的肉体升入天堂。由此，他们也充分尊重生命，尊重充满真善美的生命，对于那些假恶丑的生命他们不但十分仇视，而且看成一个危险而灾难的根源。对于不同的生命，以及不同的死亡，他们有不同的认识，进而出现了"天葬""风葬""火葬""河葬""自然葬""土葬""树葬""桦树皮葬"等丧葬形式。如今许多传统葬礼都没有了，取而代之的基本上是土葬、火葬等，在葬礼仪式和内容等方面更多接近汉族的习俗。

第八章　鄂温克族的语言文化

语言是人类交流的工具，语言也是一个文化符号，不同的民族在不同的国家、地区、社会环境中使用着不同的民族语言。从某种意义上讲，有什么样的自然环境、生存条件、社会结构，就会有什么样的语言。例如，生活在北极圈的爱斯基摩人的语言中，就会有极其丰富的与白雪、冰冻、寒冷有关的词语，生活在非洲的土族人的语言中有关热带雨林植物及昆虫的名称非常丰富，日本人的语言里有关海产品的各种称谓极其发达。然而，在牧养驯鹿的鄂温克人的语言里，对于驯鹿和兴安岭植物的说法十分全面而系统。总之，不同民族的语言，有其不同的文化内涵，同样表现出不同的自然环境与生存条件。所以，我们通过不同民族语言的研究，可以了解不同民族在不同生活环境下孕育出来的不同的生活习俗、不同的民族心理、不同的生活态度与不同的宗教信仰等。鄂温克语也是如此，它能够从另一个侧面向世人展示，鄂温克族生活的特定自然环境与生存条件，以及鄂温克族在千百年的生产生活实践中创造的独特文化与文明。事实上，语言是民族文化的重要组成部分，也是一个民族的民族记忆的重要组成内容。从文化人类学的角度，深入研究鄂温克语中包含的文化内涵，对于全面系统地了解鄂温克族文化有十分重要的学术价值。

第一节　鄂温克族族称及社会关系

就像在本书的第一部分中谈到的那样，鄂温克族在不同的历史时期或不同年代有过许多不同的称谓，后来的鄂温克人认为那些历史上的称谓，绝大多数是属于他称，并不是鄂温克族的自我称呼。甚至在一些历史年代，人们把鄂温克族放入更大范围的民族或族群的指称中统一表述，例如，"北室韦人""鞠国人""生女真人"等涵括鄂温克人的称谓。有时，其他民族仅仅是根据鄂温克人生活的地域特征或不同生活环境来称呼他们，而且，这种称呼往往带有某种歧视，例如，"林木中百姓""北山野人"等。有时人们依据鄂温克人的生产关系，或者是依据鄂温克族的某一生产活动来称呼他们，例如"使马人"或"使马鄂温克人"、"使鹿人"或"使鹿鄂温克人"等，但鄂温克人只承认"鄂温克"才是他们本民族的自称。对于他们来说，鄂温克族自古以来就使用这一民族的称谓，其他诸多称谓均不属于本民族真正意义上的名称。而且，鄂温克族的一些他称确带有歧视性，比如"林木中百姓""北山野人""生女真人""红狐狸"等叫法。对于这些他称，鄂温克族历来没有认同过，只是学者们在史书或历史资料中将之作为记载鄂温克族的一种符号来使用。刚才提到的那些所谓的鄂温克族族称，与鄂温克族没有太大的必然联系，都是属于对鄂温克族不太严肃的称呼形式和内容。所以，在下面的分析中，我们只会结合着鄂温克族的历史文化，探讨鄂温克族的自称及其内涵，以及清代以后对鄂温克族来讲较为熟悉的一些他称及其意义。

众所周知，"鄂温克"一词是鄂温克族的自称。然而，人们对于鄂温克人的"鄂温克"这一族称却有不同解释。其实，该名称不像人们想象得那么复杂，它的产生过程同鄂温克族历史上的大迁徙和变革密切相关。也就是说，"鄂温克"一词同鄂温克族历史有关。事实上，鄂温克族的"鄂温克"属于鄂温克族某一特定历史变迁的真实记录和写照。那么，它是产生于哪一个历史年代，现在很难说得十分清楚。不过，我们完全可以从"鄂温克"一词中看出它的意义内涵，以及其表现出的那一次特殊而重要的历史性迁徙和重大变革。

"鄂温克"一词是鄂温克语的名词，在鄂温克语动词词根"鄂沃"（ewe-）"下、下来、降"的后面，接缀由动词派生名词的构词词缀"恩克"（-nke）"者、人、东西、物"，派生出"鄂沃恩克"（ewenke）一词。汉语里，根据鄂温克语语音转写规则，将 ewenke 一词用汉字转写成"鄂温克"。就像刚才所提出的那样，鄂温克语动词词根"鄂沃"（ewe-）主要表示"下""下来""降""落"等含义，那么，从动词词根 ewe-派生出来的"鄂温克"（ewenke）一词应该表示"下来者"的意思。其实，在鄂温克语里，在有关动词词根或词干后面，根据元音和谐规律接缀-nke、-nka、-nko、-nku 等从动词派生名词的构词词缀，派生出与动词词根或词干所表示的意义结构密切相关名词的现象有很多。例如：

ewe-"下来" + -nke = ewenke "下来者"

alaashi-"等待" + -nka = alaashinka "等待者"

ommo-"忘记" + -nko = ommonko "遗忘者"

udurudu-"耍嘴" + -nku = udurudunku "耍嘴皮的人"

从上面列举的这些实例完全可以看出鄂温克族的"鄂温克"（ewenke）一词的构成原理及其表现出的原始意义结构。不过，我们根据"鄂温克"一词产生的历史背景和相关情况，从构词学、语义学、历史学的角度去分析，可以对于该称谓进一步解释为"从高处下来的人""从高山密林中走下来的人""从山林中走向平原的人"等。因为，鄂温克族祖先在早期伴随牧养的驯鹿生活在高山密林中，后来为追求新生活以及新的生产方式，他们就走下高山密林，来到水草丰美的辽阔草原牧场，开始了以畜牧业为主的生产生活。由此说，鄂温克族的"鄂温克"（ewenke）这一民族称谓中，包含有该民族从高山密林下到辽阔草原，从牧养驯鹿的生产生活走向牧养牛马羊的畜牧业生产生活的伟大变迁和变革历史。

然而，翻阅同鄂温克族相关的历史文献资料，我们会看到对鄂温克族自称所给予的各种解释。对于这些不同的说法和解释，不同的人有着不同的理解和认识。有些人把"鄂温克"一词的意义说成"山林中的人们"或"深山密林里的人们"等，甚至也有人解释为"住在山林中的人们""住在山顶上的人们""住在山上的人"等。事实上，所有这些说法都偏离了该名词的本义，或者说跟"鄂温克"一词实际表述的意义不相符。或者说，他们只解释了该名词的一半意思，说明了该词的上半段的含义，而下半段的含义没有提及或没有解释。

我们认为，对于一个名词的解释，尤其是对于一个民族名称的解说，仅仅是依据不太成熟的调查资料或调查对象去分析是不科学的。我们知道，一个民族称谓的来历往往是同该民族在历史上经过的某一重要时期或重大事件和变革有着密切相关。文字历史较长的民族可以较早地把这一切载入自己的史册留给后人。没有文字的民族会在较早期的时候，将所发生的一切用表示各种内涵深刻的图画刻在石头上，以此给后来人留下历史证据。然而，也有的民族在他们千百年的迁徙中并没有留下什么痕迹，但这不等于他们没有历史，或者说他们不懂得历史。所有的历史，包括他们曾经越过的每一座高山、渡过的每一条河流、踏过的每一块土地，哪怕是一条细细的泉流，一座小小的山包，都永远地留在了他们用心灵构筑的神活、传说、诗歌及语言中，留在了用他们活生生的语言述说的历史里，并且一代又一代地传承了下来。只要我们认真而细心地倾听他们对自己历史的讲述，乃至去欣赏已经成为他们精神世界的一个重要组成部分的传说及神话故事，同时跟他们进行诚恳的深度交流，客观实在地、科学求真地研究他们语言的内涵，就能够从中找到他们的历史，找到在他们的历史里出现的那些河流、森林和原野，进而还可以找到其名称以及这些名称产生的原因和真正的意义。或许正因为如此，要搞清楚一个民族的称谓，特别是那些用本民族语言命名的自称时，不仅需要全面系统地了解该民族与此相关的历史变迁、文化背景、心理结构等诸多方面，还应该具备语言方面的基本知识，并对该民族的语言应该有一定程度的认识。否则，会把一些名称弄错，尤其是将那些有着重要历史价值的称谓解释得不伦不类，让人看不明白究竟表示的是什么意思，从而使人们对某一重要的民族称谓以及与此有关的历史产生误会。就拿"鄂温克"一词来说，其实鄂温克语里跟该词相同，在动词词根后面根据元音和谐规律接缀像-nke、-nka、-nko、-nku之类的一套构词成分派生的名词有很多。在鄂温克语中，人们经常能够见到从动词派生名词的这套构词词缀属于该语言最为古老而传统的构词法之一。

　　日本的著名阿依努语言学家知里真知保博士在他撰写的《阿依努语地名小辞典》一书中曾提道："每一个称谓的每一个音均有它的特殊意义，何况由诸多音相连而成的称谓的意义更为丰富和复杂。因此说，必须对该语言的语音和语义结构有了一个系统而全面的认识以后，才会对一个个称谓进行系统而清楚的解释。"我们认为一个称谓是如此，一个民族的称谓更是如此。从这一角度和思考来讲，任何称谓的任何组成音素均有一定的意义和存在的特殊内涵。由不同音素组合而成的称谓，有其特定目的和缘由以及社会关系，有的称谓包含某一特殊的文化、历史、政治因素，有的则跟某一自然条件、生存环境相联系。不只一个民族的称谓，就是一个地名、一个山河名，其特殊称谓的每一个音节均有特殊内涵。何况，由诸多音节相连而成的名称的意义结构，应该更为丰富和复杂。正因为如此，我们必须在对那些特殊名称的语音和语义结构进行仔细、认真、全面分析的基础上，才能做科学、准确、客观、翔实而完整地解释。不论是任何一个民族的称谓都应该是如此，应该包含来自历史、文化、政治、社会变迁、地理环境等诸多方面的特定因素。从这一角度来讲，任何民族称谓的任何组成音素都有其来龙去脉和丰富内涵。

根据我们掌握的资料，鄂温克族的诸多他称中，就有许多与他们赖以生存的自然环境密切相关的实例。例如，作为鄂温克人的一个分支，所谓的通古斯鄂温克人的"通古斯"（Tungus）这一称谓就很有意思。然而，对此问题却有许多滑稽的说法。其中有的说："由于这部分鄂温克人手里拿着单面封皮的萨满鼓，每天'嗵嗵……'地敲个没完，所以俄罗斯人就称他们为每天 tung tung……'嗵嗵……'敲鼓的'通古斯人'"；还有人说："由于被称为通古斯的鄂温克人喜欢吃猪肉，因此不吃猪肉的突厥人称他们为'通古斯人'。因为，在突厥语中 Tungus'通古斯'一词表示'猪'之意，也就是说这部分鄂温克人像俄罗斯人一样普遍吃猪肉而被突厥人称为吃猪肉的鄂温克人。"诸如此类的解释还有一些，我们认为这些说法都不符合通古斯鄂温克这一称谓的实际意义。事实上，通古斯鄂温克人的"通古斯"一词，应该和他们的祖先曾经生活过的西伯利亚地区的"通古斯克河"有关。通古斯鄂温克人说，他们的祖先曾在西伯利亚清澈透明的"通古斯克"（Tungusuk）河两岸度过相当长的历史岁月。那时，外来民族就称他们为"通古斯人"或"通古斯鄂温克人"等。那么，这里所说的"通古斯"（Tungus）应该来源于"通古斯克"（Tungusuk）这一河名。在鄂温克语中，无论是"通古斯"（Tungus）一词，还是"通古斯克"（Tungusuk）的说法，都是由动词词根 tungu-"沉淀、沉底"派生而来的形容词，主要表示"清澈的""透明的"等意思。很显然，"通古斯克"河是指"清澈透明的"河。由此，我们应该把"通古斯鄂温克人"应该解释为"生活在清澈河畔的鄂温克人"。再如，历史上把随着美丽富饶的兴安岭牧场的变化而四处迁徙，并从事自然牧养驯鹿产业的一小部分鄂温克人他称为"雅库特"（Yakuut）鄂温克。对于雅库特鄂温克的"雅库特"（Yakuut）一词也有一些不太精确的解释。其实，雅库特鄂温克的"雅库特"（Yakuut）一词，同俄罗斯雅库特自治州的"雅库特"（Yakuut）是一回事。它们均来自该州内的雅库特河，而该河名称"雅库特"（Yakuut）是源于"宝石"一词。突厥语里，将宝石叫"雅库特"（Yakuut）。毫无疑问，被称为"雅库特"（Yakuut）的河是一条盛产宝石的河流。因此，突厥人就把该河流称为"雅库特"（Yakuut）河，意思就是"宝石河"。后来俄罗斯人将"雅库特"（Yakuut）河一带设立了雅库特自治州。同样，居住在雅库特河畔的鄂温克人也被称为"雅库特人"或"雅库特鄂温克人"。顾名思义，"雅库特鄂温克人"是指"宝石鄂温克人"，意译就会变成"生活在出产宝石的河畔的鄂温克人"。

　　历史上，我国东北的一些民族，还把生活在不同地区或不同年代的鄂温克人，分别他称为"红苦鲁"（Hunkur ~ Honkor）、"栖林"（Shiling ~ Shilin）、"特哥"（Teke）、"索伦"（Solong ~ Solon）等。其中，有人说鄂温克语里使用的"红苦鲁"（Honkor）一词也许来自达斡尔语，在该语言里"红苦鲁"（Honkor ~ Honhor）同蒙古语一样则表示"凹陷地"之意。不过，也有人指出，"红苦鲁"（Honkor）在达斡尔语中也可以表达"沙丘"之意。有人把"红苦鲁"（Honkor）与"野人"或"深山密林里的人"等相提并论。事实上，懂鄂温克语的任何一个人都清楚，在该语言里将"表面土层很薄、土层内还含有30%左右的沙粒，在薄而含沙的土层下面几乎都是沙子，个别之处还有祖露在外的沙地，并长有寸草和零星树木的坡度较大而不太高的山丘就叫'红苦鲁'（Honkor）"。因此，人们习惯上把居住在"红苦鲁"（Honkor）的鄂温克人称为红苦鲁鄂温克人，意思就是说"生活在沙性山丘之地的鄂温克人"。按理来讲，这没有什么奇怪之处，我们所了解的大千世界里，根据居住环境和条件的不同，命名某一民族或族群的现象有很多。这就像我们把生活山里的人称为"山里人"，将居住在城市里的人叫作"城里人"等完全是一个道理。"红苦鲁"（Honkor）一般是指生活在农区沙性山丘之地的一小部分鄂温克人。不过，将"红苦鲁"（Honkor）用汉字转写成"红苦鲁"或"红狐狸"，进而说成是达斡尔语等的"凹陷地"就有些不合乎情理了,而把"红苦鲁"(Honkor)跟"野人""深山密林里的人"之类的概念相提并论更是太离谱了。只有那些不懂得尊重客观事实和语言科学的人,或者说不懂得历史唯物主义的人才会如此信口开河。至于把"红苦鲁"转写成"红狐狸"则近似一种文字游戏,就像把达斡尔写成"大狐狸"一样,没有什么值得探讨的价值和意义。

再者,早期生活在江河岸边,从事渔业生产的鄂温克人,曾经被其他民族称为"栖林"(Shiling~Shilin)人。进而,他们把该词的意义解释为"生活在森林中的人们"或"林中人"等。如果仅从这两个汉字的词义结构去分析,也可以分析出"暂时居住于山林之中"的意思。为了对该名称得出一个科学的说法,我们查阅了有关资料,结果发现于1981年11月由李有义教授主编的《世界民族研究文集》一书中,对"栖林"(Shiling~Shilin)一词做了较为科学的阐述。他说:"栖林跟奇楞、奇勒尔、麒麟等同属一词,属于赫哲语,指赫哲族的一支氏族,是黑龙江下游的赫哲族四大氏族之一。现在,将居住于富锦与同江下游至勒得利村上游的赫哲人也叫奇楞赫哲人。"另外,在1984年8月由黑龙江人民出版社出版的《赫哲族简史》里还解释说"赫哲族中被称其为Chilen'奇楞'的这部分人,与鄂伦春族的族源有着共同的历史渊源,他们是早年从黑龙江上游乘木筏至勒得利居住的人"。看来,被称其为"奇楞"(Chilen)的赫哲族,原来同鄂伦春族等一起生活在黑龙江上游的山林地带,由此其他民族或族群称他们为"奇楞"(Chilen)或"栖林"(Shiling~Shilin)人。这其中也应该包括一部分鄂温克人。

鄂温克的一部分人,在过去被他称为"特哥鄂温克"。这里出现的"特哥"(Teke)一词是满通古斯诸语中使用的动词,主要表示"坐""住"等意思。如果依据该动词的本义去解释的话,"特哥鄂温克"应为"居住下来的鄂温克人"或者说"定居下来的鄂温克人"等。至于这部分鄂温克人居住在什么地方,从"特哥"(Teke)一词的词义结构中很难看得出来。然而,有人告诉我们,"特哥鄂温克"是指那些还在原来的地方生活、没有从大兴安岭走下来、仍在深山老林里谋生的鄂温克人。不过,也有人说"特哥鄂温克"是表示那些额尔古纳河中下游居住的鄂温克人等。这些粗线条的说法也许有某种合理性,但是否说得准确,尚需更进一步研究和考证。根据我们掌握的资料，"特哥鄂温克"应该是指生活在内蒙古呼伦贝尔鄂温克旗红花尔基山林地带，以及根河敖鲁古雅山林地带的鄂温克族。

说到"索伦"（Solong）一词，大家都应该很清楚，它是指在清代被划入索伦兵营的鄂温克人。起初被称作"索伦"（Solong～Solon）的只是鄂温克人，后来清朝政府把鄂伦春人、达斡尔人以及一些巴尔虎蒙古人等划入其中。但索伦部是一个以鄂温克人为核心的、由不同民族或部族联合组成的军营称呼。那么，"索伦"（Solong～Solon）一词从何而来的呢？为什么在清朝将该军营叫"索伦"呢？对此确实也有不同的说法。有人提出："'索伦'（Solong）一词来源于满通古斯诸语动词词根'索利'（Soli-）。"在该语族语言里"索利"（Soli-）主要指"请""邀请"等意思。而"索伦"（Solong）是在动词词根"索利"（Soli-）后面，接缀从动词派生名词的构词词缀"讷"（-n/-ng）而派生的名词，直译应该为"被邀请者"，意译是"从山林中请下来的人"等。不过，从我国北方民族语语音演化规律和语音同化现象的角度去考虑，在满通古斯语言乃至阿尔泰诸语言中，很难找到像"索利讷"（soling～solin）音变成"索伦"（solong～solon）之类的变音例子，也难于从语言学或构词学中找到一个让人心服口服的论述。也有人把"索伦"（Solong～Solon）一词，看成蒙古语动词"换"（solin）的词根"索利"（soli-）相联系起来说。有人还提到"索伦"（Solong～Solon）一词，与早期通古斯诸民族的"索劳昆"（Solokong）姓氏相关。也就是说，"索伦"（Solong）是"索劳昆"（Solokong）姓氏的后代，"索伦"是"索劳昆"的音变形式，或者说是另一种汉字转写法。据说，鄂温克族"索劳昆"姓氏的名称是，由于这部分鄂温克人曾经居住在俄罗斯雅库特自治州的"索劳昆"河畔而得名。"索劳昆"河意为"直流"河。不过，对通古斯诸民族历史有所了解的人就会知道，被认为索劳昆姓氏的鄂温克人是较后时期从俄罗斯雅库特自治州迁徙而来的、人数不多的鄂温克人。当时被称为"使鹿鄂温克"或"鄂温克的使鹿部"。后来，才被清朝政府编入"索伦别部"。可想而知，"索伦部"是出现在"索伦别部"之前的。鄂温克族里，属于索劳昆姓氏的人数不多，且主要生活在额尔古纳河右岸广袤的山林里，长年随着山林中的牧场自然牧养驯鹿，他们早期的主要生活用品以及生产工具基本上来自俄方。他们常常到俄罗斯境内，用野生动物的名贵皮毛同俄罗斯商人进行易货贸易，或把名贵皮毛卖给俄罗斯再用手中的货币买来急需的生产生活用品。所以说，这部分鄂温克人同俄罗斯商人的接触机会要比其他人更多一些。而且，这部分鄂温克人均有较好的俄语功底，有的人还懂俄文。他们接触清朝政府的时间，比索伦部的鄂温克人要晚得多。如此说来，"索伦"来自"索劳昆"氏族的称谓之说并不恰当。除此之外，有人把"索伦"一词解释为"射手""上游人""住在山林中的人们""住在河上游的人们"等。甚至有人把"索伦"（Solong）一词同朝鲜人的他称"索伦高斯"（Solongos）相联系思考。我们认为，这些说法或解释几乎都没有什么说服力。其实，"索伦"（Solong）一词的来历同样没那么复杂，我们首先应该承认"索伦"是属于鄂温克族诸多他称中的一个，是清朝政府对鄂温克人的一种称谓。"索伦"（Solon）一词是满语，表示"顶梁柱""柱子"等多义，该名词是从满语动词词根"索劳"（Solo-）派生而来的。满语动词词根"索劳"（Solo-）主要含"顶""逆"等意思。具体一点讲，在满语动词词根"索劳"（Solo-）后面，接缀由动词派生名词的构词词缀 -n"讷"而派生出"索劳讷"（Solon）一词。按照满通古斯诸语的语音结合规律，应该将"索劳讷"用汉字转写成"索伦"比较合适。因为，该词是属于双音节词。为什么清朝政府当时称鄂温克人为"索伦"呢？对此问题我们可以从清代的诸多历史资料和书籍中找到答案。简单地说，由于当时鄂温克族官兵英勇善战，所向无敌，为清朝政府统一版图立下汗马功劳。因此，清朝政府对鄂温克官兵十分器重，就称他们为"索伦"（Solon），以此称赞他们是对清朝政权的巩固起到"顶梁之柱"作用的人。后来，清朝政府成立以鄂温克族为核心的索伦部时，把鄂伦春、达斡尔和巴尔虎蒙古等民族和族群一同编进该部，从而进一步强化了索伦部的军事实力和战斗力。满语的"索伦"（Solon）一词被鄂温克人一般都发音为 solong。然而，随着清朝统治阶级的衰败，鄂伦春族、达斡尔族、巴尔虎蒙古人等先后从索伦部的概念中脱离出来，到头来"索伦"一词又单独留在鄂温克族身上，到最后"索伦"（Solong ~ Solon）几乎成为专指鄂温克族的一种他称。直到 1957 年，我国政府根据鄂温克族的意愿，消除历史遗留下来的诸多他称时，一并废除"索伦"等所有他称，正式恢复了所有鄂温克人的"鄂温克"（Ewenke）这一该民族的自称。

总而言之，历史上对于鄂温克族有过各种各样的他称，对于这些他称又有各种各样的解释和说法，对于这些解释和说法也有过不同的理解和评价。然而，有史以来，勤劳智慧的鄂温克人始终坚定不移地自称为鄂温克，对于各种他称从来都没有承认或接受过。如同每一个人都非常爱护和尊重自己的名字一样，每一位鄂温克人都非常爱护和尊重自己民族的称谓。鄂温克人像爱护自己的眼睛一样爱护"鄂温克"这一自称。

第二节　鄂温克语的文化特征

在俄罗斯的鄂温克族称为埃文基人，他们使用的语言叫埃文基语，俄罗斯的鄂温克族有用斯拉夫字母创制的文字，叫作埃文基文。然而，我国的鄂温克族有语言没有文字。日本北海道网走地区曾经生活过一些鄂温克族，日本人称他们为"乌依勒塔人"（Weylat），他们使用的语言就叫"乌依勒塔语"。这部分鄂温克人，早在 20 世纪 30 年代就完全被日化和日语化。

鄂温克语属于阿尔泰语系满通古斯语族通古斯语支，鄂温克语同我国境内的鄂伦春语、赫哲语、锡伯语、满语，以及俄罗斯西伯利亚与远东地区埃文基语、埃文语、涅基达尔语、那乃语、乌利奇语、奥罗克等属于同族语言；同蒙古族语支的蒙古语、达斡尔语、东部裕固语、土族语、东乡语、保安语，以及突厥语族的维吾尔语、哈萨克语、柯尔克孜语、撒拉语、乌兹别克语、塔塔尔语、西部裕固语等是同语系语言；与蒙古国巴尔虎地区的查嘎登语、日本北海道地区的阿依努语、日本语、朝鲜语、美洲的爱斯基摩语与印第安语，甚至是与土耳其语、土库曼语、吉尔吉斯语、鞑靼人语、楚瓦尔语、雅库特语、卡拉卡帕克语、嘎嘎乌孜语、图佤语、哈卡斯语、卡拉依姆语、哈拉基语等语言有千丝万缕的亲近关系。也就是说，鄂温克语关系网横跨亚洲、欧洲和北美洲。或许正因如此，国内外专家学者对鄂温克语越来越感兴趣，对该语言的研究也越来越受重视。在近几年的时间里，美国、德国、日本、荷兰、英国、法国、意大利、俄罗斯、澳大利亚、加拿大等国家的专家学者，多次到鄂温克人居住地区进行田野考察和语言调查，收集了大量弥足珍贵的第一手语言资料，从而使鄂温克语研究，或者说鄂温克研究以全新的面貌登上国际学术舞台，并且成为世界人文科学研究领域一项不可缺少的课题内容。

鄂温克语在语音、词汇、语法结构等方面同鄂伦春语、埃文基语、埃文语、奥罗奇语、乌依勒塔语等最为接近，另外，跟赫哲语、那乃语、乌利奇语、乌德盖语、奥罗克语、涅基达尔语、锡伯语、满语（还有女真语）等的关系也十分密切。鄂温克语与蒙古语族诸语言及突厥语族诸语言的关系也相当密切。相比之下，蒙古语族诸语言与鄂温克语之间的关系，要比突厥语族语言同鄂温克语的关系更亲近。鄂温克语与日语、朝鲜语、日本的阿依努语、北美的爱斯基摩语及印第安语，以及北欧的萨谜语等之间也存在极其复杂微妙的关系，往往涉及语言的深层结构，以及语义学和语源学的深层内容。

鄂温克语是有语音形态变化、名词形态变化、动词形态变化的语言，而且不同的形态变化，常常由不同的语音形式和语法词缀来表示，不同的形态变化完全能够表示不同的语音关系及不同的语法意义。鄂温克语错综复杂的语法关系，往往通过词根或词干后面接缀的不同语音结构和不同内涵形态变化词缀来表现。

我国鄂温克语的使用者绝大多数是鄂温克人，还有一些鄂伦春族和蒙古族会鄂温克语。除此之外，和鄂温克族长期共同生活的一部分达斡尔族和汉族，也在一定程度上掌握了鄂温克语。然而，在鄂温克人当中，精通或通晓鄂伦春语、达斡尔语、蒙古语、汉语的人很多，而且越来越多，使用本民族语的人却越来越少。据 1986~1988 年中国社会科学院进行的中国少数民族语言使用情况的调查报告，鄂温克人里只有 77.8% 的人在使用母语，尤其是黑龙江省境内的鄂温克族中，使用母语率只有 32% 左右。另外，鄂温克语里有方言土语差异，其中有辉方言、莫方言、敖方言三大方言，还有一些差异性特征不太明显的土语。对于鄂温克语三大方言的划分如下。

第一方言叫"辉"（Huj）方言，也就叫辉河方言，简称为辉方言。使用这一方言的人口在鄂温克语里属于最多，约占总人口的 90%。该方言区的鄂温克人主要居住在内蒙古呼伦贝尔鄂温克旗、莫力达瓦旗、鄂伦春旗、阿荣旗、扎兰屯市，以及黑龙江省的讷河县、嫩江县、齐齐哈尔等地。在新疆的伊犁等地也有一小部分鄂温克族使用该方言。由于，他们中多数人集中生活在辉河两岸，所以把他们使用的鄂温克语方言就叫辉方言。该方言区的人在历史上被称为"索伦人"或"索伦鄂温克人"，其中一部分也叫"红苦鲁人"或"红苦鲁鄂温克人""栖林鄂温克人"以及"特哥鄂温克人"等。

第二方言叫"莫日格勒"（Mergel）方言，或叫鄂温克语莫日格勒河方言，简称为"莫方言"。该方言的使用人口不多，约占鄂温克族总人口的 8.5% 。而且，主要居住在内蒙古呼伦贝尔陈巴尔虎旗，以及鄂温克旗锡尼河东苏木和孟根苏木等地。因为，他们中的绝大多数人生活在陈巴尔虎旗莫日格勒河一带，因此把他们使用的语言叫作鄂温克语莫日格勒河方言。莫日格勒河的"莫日格勒"（Mergel）一词属于鄂温克语，主要表示"弯弯曲曲的"意思，那么"莫日格勒河"的含义自然是"弯弯曲曲的河"了。莫日格勒河确实如此，有许许多多的弯曲，人们说该河流有 999 处大小弯曲。历史上，莫方言区的鄂温克语被称为"通古斯语"或"通古斯鄂温克语"等。

第三方言是"敖鲁古雅河鄂温克语"（Olguya），或叫鄂温克语敖鲁古雅河方言，简称为"敖方言"。该方言的使用人口占总人口的 1.5% ，他们几乎都居住在内蒙古根河市敖鲁古雅鄂温克民族乡。这里所说的"敖鲁古雅"（Olguya）是指河名，在鄂温克语里"敖鲁古雅"（Olguya）一般是指"翻腾而下的激流河"或指"激流河"。生活在敖鲁古雅河流域的鄂温克人就叫敖鲁古雅鄂温克人，他们使用的鄂温克语也就称作鄂温克语敖鲁古雅方言。这部分人口很少的鄂温克人，在历史上被他称为"雅库特人"或"雅库特鄂温克人"等。

鄂温克语三大方言之间存在一定差别。首先是语音方面的差别，这是最为显著的差别之一。其次是语法结构和形态变化方面的差别。最后是词汇方面的差别，主要表现在：第一方言里有关农业、林业、牧业方面的词语比较丰富；第二方言内关于牧业、林业的词语十分发达，与农业相关的词语不太多；第三方言中，更多的是属于跟牧养驯鹿业、猎业和林业有关的词语。比较而言，第一方言区和第二方言区的差别比较小，这两个方言区的鄂温克人可以用彼此熟悉的方言进行交流。不过，有时也会遇到一些难懂的词语，在这种情况下他们往往会借助蒙古语来解决语言障碍。因为，第一方言区和第二方言区的鄂温克人绝大多数与蒙古人杂居，共同生活的历史十分悠久，在他们相互接触的岁月里，鄂温克人自然而然地掌握了蒙古语，蒙古语也成了他们除了本民族语之外的第二个交流工具。他们用蒙古语与周围的蒙古人进行交流，偶尔也跟懂得鄂温克语的蒙古人用母语交谈。不过，第一方言区内的莫力达瓦旗、阿荣旗、扎兰屯市等地的鄂温克人基本都通晓达斡尔语和汉语，很少有人懂或掌握蒙古语。另外，鄂伦春旗境内的鄂温克人不怎么会蒙古语，他们除了使用母语之外，还可以用鄂伦春语、达斡尔语进行交流。所以，第一方言区的鄂温克人与第二方言区的鄂温克人之间的交谈遇到障碍时，会请懂斡尔语、汉语及蒙古语的鄂温克人来处理语言交流中的障碍。第一方言区和第二方言区的鄂温克人与第三方言区的鄂温克人进行交流时，由于彼此方言差别较大，常常出现难以沟通的局面，有时候很难用各自熟悉的鄂温克语进行对话。再加上第三方言区的鄂温克人除了母语之外，大多数人只懂汉语或俄语，很少有人懂蒙古语、达斡尔语等。在这种情况下，他们只能用汉语来解除交流中的语言障碍。有时，他们之间的谈话全部用汉语进行，尤其是在青少年当中，这种现象十分普遍。

鄂温克族是一个善于适应不同生活环境的民族。在他们的生命哲学和生存理念中，人的主观愿望再好也很难改变千百年来形成的自然规律，人只是本能地遵循自然界万物生存和发展的必然规律，在充分发挥自身的优势和聪明才智的前提下主宰命运。鄂温克族对于外来语的认知态度也是如此，他们把所有的语言都看成同样的人类交际的工具手段，掌握多一种语言就会得到多一个生存空间，多一条生存和发展的途径，多一个抒发感情和思想交流的手段。所以，他们常常是以积极、主动、愉快而自然的态度接触并学习外来语言。在鄂温克人中，懂得三种以上民族语言者比比皆是，甚至能够用六种民族语言进行熟练交流的人也有不少。许多鄂温克人，都是从小不知不觉地学会了母语之外的好多种其他民族语言，他们对所掌握的语言都很熟悉，日常生活中使用得也很流利。例如，内蒙古呼伦贝尔扎兰屯市、阿荣旗、莫力达瓦旗、鄂温克旗及黑龙江省的讷河县、嫩江县等地的鄂温克人，除了懂本民族语，几乎都懂达斡尔语和汉语，也有一些人懂得蒙古语。他们中的老年人在自己家中用本民族语交流，偶尔也使用达斡尔语或汉语、蒙古语等，而青少年中掌握达斡尔语或汉语的现象比较普遍。根河市、鄂伦春旗的鄂温克人中绝大多数，在本民族语之外还掌握汉语或鄂伦春语。不懂或不太懂本民族语言的大都是青少年和儿童，他们中也有一些只懂汉语者，这使孩子家长和一些中老年人不得不使用汉语与他们交流。因此，鄂温克人经常被外来民族称赞为是有语言天才的民族。

内蒙古呼伦贝尔鄂温克旗的伊敏、南辉、北辉、锡尼河东、孟根楚鲁等苏木的鄂温克人，以及陈巴尔虎旗的鄂温克人除了熟悉本民族语，几乎都懂蒙古语和汉语。他们之间一般都使用本民族语，同蒙古人讲蒙古语，跟汉人讲汉语。当然，这些地区的鄂温克人中，也有一些不懂汉语的老年人，但中年以下的鄂温克人均通汉语。特别是像陈巴尔虎旗和鄂温克旗的远离城镇而在牧区深处生活的老年人，虽然都熟练掌握本民族语和蒙古语，但懂汉语的人不是太多。这些地区的青少年虽然也都懂得本民族语、蒙古语，但他们之间使用蒙古语交谈的机会要多一些。另外，参加工作的鄂温克族青少年的汉语程度都比较高，他们同汉族接触时经常用汉语对话，不过有时也遇到语言交流的障碍。

由于我国境内的鄂温克语没有文字，鄂温克族孩子到了入学年龄，家长们可以自愿把孩子们送到用汉语授课或蒙古语授课的学校，通过汉语文或蒙古语文学习掌握文化知识。在内蒙古呼伦贝尔鄂温克旗及陈巴尔虎旗等纯牧业区生活的鄂温克族适龄儿童，似乎都愿意到用蒙古语文授课的小学或中学读书，他们在学校里也习惯于用蒙古语进行交流。他们之间也有使用本民族语的时候。这两个地区的鄂温克族适龄儿童中，上汉文学校的人要比读蒙古文学校的人数少得多。再说，读汉文的绝大多数是城镇或农区的鄂温克族子女。例如，黑龙江省讷河县、嫩江县以及内蒙古呼伦贝尔鄂伦春旗、莫力达瓦旗、根河市、阿荣旗、扎兰屯等地农区或林区的鄂温克族孩子基本都上汉文学校，读蒙古文学校的几乎没有。这些地区的鄂温克干部也都懂汉语汉文，他们在工作中大都使用汉语汉文，有时也使用达斡尔语。他们使用母语的概率很低，使用母语的机会或环境相当有限，因此使用母语的能力也退化得很厉害。其中，绝大多数鄂温克人，同时掌握达斡尔语、汉语等，进而在不同的语言环境里使用不同民族语。

随着我国鄂温克族地区科学技术的迅猛发展，以及以汉语汉文为主的广播、电视、网络、电脑、手机的不断普及，加上鄂温克人求知欲的日益增高以及自身文化素质的不断提高，使古老的鄂温克文化遇到无情冲击和挑战。那些还未成年的鄂温克孩童，为了学习现代文明社会的书本知识，为了求得将来自我生存的理想途径，全心地投入其他先进民族的语言文字组成的知识世界，不断被其他民族语同化。在这一客观存在的现实面前，值得我们深思的是如何在让孩子们用其他民族语言文字更好地掌握文化知识的同时，让他们不要失去本民族语言的交流能力。

众所周知，任何一个民族都十分珍惜和爱护自己的语言。对于一个民族来讲，语言是非常重要的组成部分。每一民族都有发展和使用自己语言的自由和权利，自从人类社会诞生以来，世界上不知产生过多少民族，不知产生过多少种民族语言，但到今天有的民族以及其民族语言已被完全同化或消失，甚至那些在人类历史上产生过很大影响、对于人类文明的发展和进步发挥过很大作用的民族语言也悄悄地消失了。与此相反，有的民族语则从其他民族语中不断吸取最有生命力、最有活力、最有时代意义和未来价值的成分，发展丰富自己，使这些语言越来越强大、越来越完美。例如，汉语就在自身的发展过程中，不断从其他民族语中汲取营养，从而不断增强自身的活力，成为我国生命力最强的语言。英语也是如此，英语里有大量的来自法语、德语、意大利语等语言中的词语，使英语变得更加活跃而强盛。日语也不断从汉语、朝鲜语、英语借用新鲜术语，从而不断丰富和发展自己。我们清楚地认识到，在今天一些没有文字、使用人口较少的民族语言，也就是像鄂温克族、鄂伦春族等东北人口较少民族使用的语言已成为弱势语言，有的已处于濒危状态，很有可能被强势语言所同化。然而，那些有文字、使用人口多的强势语言日益繁荣和壮大，从而进入强盛发展的理想时期。对此，鄂温克人认为，祖先把鄂温克语完好无损地保留下来使用至今，这的确是让人感到自豪和骄傲的事情，鄂温克语是我们祖先在漫长的社会生活实践中用共同的智慧、聪明、灵感、劳动创造出来的宝贵民族财富，它的语音系统是那样的自然与和谐，语汇内涵是那样的丰富与完美，语法规则是那样的严谨而精练。他们说，鄂温克语的音韵就像从自然中产生的柔美而抑扬顿挫的音乐，鄂温克语的词汇是来自大自然又归于大自然的、一个包罗万象而尽善尽美的活词典，鄂温克语语法是在太阳、月亮、星星以及山水草木间产生的一个十分严谨的思维规则和组合原理。

鄂温克语里包含着鄂温克人诞生以来所接触的所有物质世界和被他们创造出来的全部精神文明，它是鄂温克人智慧的结晶、知识的宝库，也是人类文化财富的一个组成部分。多少年来，鄂温克人的祖先们把他们这一精心创造的文化财富与精神产物完整地传授给后代。今天人们接触到的鄂温克语是那样和谐悦耳、富于想象、充满快乐与幸福，包含着来自自然界的纯真无邪、深刻哲理，表现出对美好生活的无限憧憬，以及不屈不挠地追求未来的信念。鄂温克人就是用这种纯朴美好的语言，教育了一代又一代人、培育了一个又一个具有崇高情操和品德及远大理想的将军、科学家、作家、艺术家、政治家和哲人。严肃地讲，鄂温克语孕育出一个幽默、文明、智慧、理性而具有创造力的民族。

然而，在科学技术突飞猛进、人类文明走向一体化的今天，他们面临了从未遇到过的难题与挑战。他们在国家各有关部门的大力支持和帮助下，用最大的努力去抢救和保护已进入严重濒危状态的语言。尊重事物发展的必然规律，以及尊重客观事实的鄂温克人，默默地承受着来自内心深处的伤感。为了使孩子们更好、更快、更多地掌握新时代新的科学技术，为了让子孙后代在日益激烈竞争的社会空间中求得生存、求得更理想的未来生活，为了让鄂温克人为人类进步和发展做出更大贡献，他们让孩子们通过其他民族的语言文字学习文化知识与科学技术，并希望自己的孩子尽快掌握和利用所有的现代化工具，用鄂温克人的头脑和思维进行伟大的创造和发明，从而使鄂温克人的文明变得更加灿烂辉煌。与此同时，鄂温克人用最大的努力发展和充实本民族的语言，使本民族的语言仍像过去一样，为人类的文明发展做出应有的贡献。我们坚定地相信，鄂温克语同过去一样，能够为人类的进步和社会的发展发挥自身应有的积极作用。

第三节　鄂温克语社会与外来语言文化的关系

在漫长的历史进程中，鄂温克族用他们善于借鉴和包容外来文化的优秀传统，给经济社会发展注入了极大的活力。正因为如此，他们在不同的历史发展阶段，积极主动而自觉地学习和吸纳一切外来先进文化，从而不断丰富和充实自己固有传统文化和文明的内涵，因此他们走入了一个多种文化、多种文明相互交融、共同繁荣发展的新时代。民族间的相互接触、互相交往、贸易往来、文化交流等都离不开语言交流，当讲不同民族语言的人们密切接触时，就会引起语音、词汇，甚至在语法结构方面的不同程度的变化。

在语言的接触中，最为常见的是词汇的相互借用现象。这种现象首先表现在词汇的相互输入和输出上。对于任何一种发展变化的语言来说，往往要通过不同方式和途径从其他语言借用所需词汇，从而满足语言使用者日益增长的交流需求。不同民族之间的文化交流，政治经济的往来，都离不开人们日常交流的语言。而我们使用的语言必须适应经济社会的快速发展，所以必须不断丰富日常语言交流所需的词汇。语言的相互接触和影响，必然会导致借词成分的出现，甚至随着语言的深度接触，借词成分会越来越多。所谓借词也叫外来词，是指一种语言从另一种语言中吸收借用的词语成分。例如，鄂温克语中的"电视""电冰箱""手机"等是从汉语借用的新词。

在人类文明的进程中，民族间语言文化的接触经常发生，从而彼此留下不同数量的借词成分。就是强势语言也会从弱势语言中借入所需词汇，进而使自己的语言更适合不同的语言环境和条件下进行交流。与此相反，随着强势语言影响范围的不断扩大，弱势语言会不断地从强势语言中借入大量词语，以求得弱势语言的生存和发展。因而，不同语言中的借词比例及数量都不同，有些语言善于借鉴和包容外来词汇，结果该语言中的借词比例就会高一些，或者说该语言的借词不断增多。例如，早期日语与韩语就从汉语中借入过大量的词语。但也有些语言不容易吸纳外来语，这样借词比例就会相对低一些，而且很容易在强势语言的影响下很快走向消亡。

一般来说，借词中包括狭义上的借词与广义上的借词。狭义的借词又叫外来词或音译词，广义的借词包括意译词。在这里，我们主要对鄂温克语中出现的狭义概念上的借词，也就是音译借词进行分析和讨论。同时，还要涉及鄂温克族所使用的与人名有关的音译借词等。从而阐释鄂温克语与其他民族语言的接触现象、接触程度以及所受影响等。在此基础上，科学论述鄂温克族富有开放性、包容性的优秀传统文化。

从考古学和人类学的角度来分析，鄂温克族的祖先早期大体分布在贝加尔湖周围以东直至黑龙江中游以北地区。17 世纪中叶，居住在黑龙江上游的鄂温克人先后两次迁至大兴安岭及嫩江地区。紧接着居住在贝加尔湖东北勒拿河支流威吕河和维提河的牧养驯鹿的鄂温克人迁至兴安岭和额尔古纳河畔。在漫长的历史岁月里，由于战争、社会动乱、自然灾害等原因，鄂温克族经过了多次的迁移。或许正因为如此，鄂温克族呈现出人口很少但又分布地区十分广泛的居住格局。

在复杂而漫长的历史过程中，鄂温克族与周边其他民族、不同部族之间发生了长期的密切接触，有过一些不同的称谓。那些不同的称呼足以说明，鄂温克族从古到今与周边其他民族有过不同程度的接触和交流，甚至建立过十分密切的往来关系。这也是他们从彼此的语言中能够相互借用数量可观的借词词汇的主要原因。特别是，鄂温克族人口较少，分布地域又十分广阔，生活区域的民族成分有很多，相互间的接触与往来历史又很长很深，所以在他们的语言里从蒙古语、满语、汉语、俄语、达斡尔语等中借入了大量畜牧业、农业、工业生产生活方面的词汇及现代社会的新词术语。

众所周知，鄂温克族主要与北方诸民族，特别是同东北的少数民族及东北的汉族等长期交错杂居。因此，鄂温克族长期以来受不同文化的影响。诸多外来文化的影响使鄂温克族在生活习惯及语言文化领域产生了较大变化。尤其是语言方面，鄂温克语主要受到蒙古语和汉语，以及满语、俄语等的影响，甚至步入近代以后，与日语、英语等也有了不同程度的接触。而且，根据历史年代、生产活动以及居住地区的不同，所受到的外来语言文化的影响也有所不同。例如，根河市敖鲁古雅地区牧养驯鹿的鄂温克人的语言，在早年受俄语影响较大，因此在他们的语言中借入了一定数量的俄语词语。再如，居住在鄂温克旗、陈巴尔虎旗境内，从事畜牧业生产的鄂温克族则受蒙古语影响较大。另外，生活在黑龙江省嫩江、讷河流域的农区鄂温克族受到汉语影响较大。就像前面所说，由于鄂温克族内部不同族群的历史变迁以及各自生活的区域、自然环境和条件的不同，他们在生产手段、生活方式以及传统文化等方面也出现了较大差异。由此，就出现了从事纯粹的畜牧业生产活动的鄂温克族，以及从事温寒带地区的农业生产，山林中经营牧养驯鹿的产业等的鄂温克族。这些鄂温克族中，还把林业、猎业、采集业、旅游业、手工艺术品加工业、民族服饰加工业、民族餐饮服务业、农副产品加工业、奶食肉类产品加工业等作为附属性产业来经营。

相较而言，生活在牧区的鄂温克族一般都从事畜牧业生产。例如，在内蒙古呼伦贝尔鄂温克旗以及陈巴尔虎旗等牧业旗生活的鄂温克人，主要从事牧养牛马羊及骆驼的畜牧业生产活动，从而过着地地道道的畜牧业文化圈的生活。这部分鄂温克族，习惯上被族人或其他民族称为"牧区鄂温克人"。畜牧业生产是牧区鄂温克族的主要生产活动及经济来源。甚至可以说，畜牧业是他们生存的唯一经济基础。他们的日常生产生活都离不开畜牧业及畜牧业文化，畜牧业文化已经渗透他们生活的方方面面。牧区鄂温克族长期以来与巴尔虎蒙古人、布里亚特蒙古人、厄鲁特蒙古人共同生活，并且建立了十分密切的畜牧业生产与文化关系，以及婚姻家庭关系。因此，在牧区从事畜牧业生产的鄂温克族的语言里，借入了相当数量的来自蒙古族畜牧业生产生活方面的词语。

美丽富饶的兴安岭是牧养驯鹿的所谓雅库特鄂温克人生活的理想摇篮。他们的生产生活离不开驯鹿，驯鹿业是他们生产活动的基础，也是他们的经济来源。用他们的话说，没有驯鹿就没有他们的生活，没有驯鹿他们的生活就会失去意义，驯鹿是他们生活的全部依靠，是他们生产生活的主要内容。或许正是这个缘故，敖鲁古雅的鄂温克人常被人称为"使用驯鹿的鄂温克人"或"牧养驯鹿的鄂温克人"，不过，也有人习惯于称他们为"林区鄂温克人"。牧养驯鹿的鄂温克人称驯鹿为"鄂伦"（opoong），他们牧养驯鹿的岁月已有很长的历史了。从严格意义上来讲，他们是属于在北极圈最早驯化野生鹿的族群，至少已有了数千年的历史。因此，他们对于驯鹿的生理特征、生活习性、经济价值等均了如指掌。据他们说，驯鹿全身是宝，肉可吃，奶可饮，皮能制革，鹿茸、鹿鞭、鹿血更是珍贵的药材，驯鹿是林区鄂温克人不可多得的经济来源。这一人、驯鹿、自然共生相依的特殊关系，在他们生命历程中已延续了数千年。与此同时，林区鄂温克人创造了极其丰富的与牧养驯鹿密切相关而独具风格的"驯鹿文化"，从而为鄂温克族丰富多彩的传统文化增添了无穷的魅力。鄂温克族特别热爱自己赖以生存的山林和自然环境。他们对山林中的白桦林有着特殊的情感。他们常常是就地取材，用桦树皮制作美观又实用的各种生活用品，进而还创造了独居匠心的"桦树皮文化"。林区鄂温克人除了牧养驯鹿，还从事狩猎生产活动。狩猎业作为一个辅助型产业，在他们生产生活中占有十分重要的地位，与此相关的"狩猎文化"也成为这部分鄂温克族传统文化中不可缺少的重要组成部分。正因为如此，在林区鄂温克族，或者说在牧养驯鹿的敖鲁古雅鄂温克族的语言里，有关驯鹿业生产生活及文化、桦树皮文化、狩猎业文化及采集业文化方面的词汇相当丰富。另外，这部分鄂温克人在早年同俄罗斯人的接触也较为频繁深入，因而借入了相当数量的俄语词汇。后来，与汉族移民间的接触也变得十分频繁，甚至建立不少婚姻家庭关系，结果在林区鄂温克语里也借入了不少汉语词语。

那么，生活在内蒙古呼伦贝尔阿荣旗、扎兰屯市、莫力达瓦旗等地区的鄂温克人主要从事农业生产。还有，居住在黑龙江省讷河县以及嫩江流域的鄂温克人也从事农业生产。而且，这部分鄂温克人从事农业的历史更早。根据调查，讷河县处于临河平原地区，土地肥沃、水源充足，是发展农业的好地方。我们还了解到，清末汉族农民大批迁入嫩江地区以后，更多影响了该地区鄂温克人的农业生产和生活。同时，他们的农业生产工具和耕作技术也有了很大进步。这部分从事农业生产的鄂温克族，往往被统称为"农区鄂温克人"。由于，农区鄂温克人长年与汉族、达斡尔族杂居，甚至较早就与汉族建立的婚姻关系，因此他们受到的汉语影响较大。毫无疑问，农区鄂温克族长期同汉族、达斡尔族农业语言文化，以及同汉族或达斡尔族农民直接接触与交往，使他们语言中出现了汉语或达斡尔语的农业与农村生活用语。同时，一些农业现代科技用语大量被借入。

生活在内蒙古及黑龙江省的鄂温克人当中，特别是生活在这些地区沿江河流域的鄂温克人里，有不少多年来一直从事渔业生产的渔民。从某种意义上讲，渔业生产是这部分鄂温克人的主要经济来源。不过，由于江河渔业生产的连年下滑，以及渔业产业的不景气，他们很难仅靠渔业生产来维持生活。他们迫于现实生活的压力，开始在沿江河流域经营农田或畜牧业生产，与此同时他们同相邻的汉族农民间的接触也变得多了起来。尽管如此，他们还是把渔业作为较为重要的附属性产业，从春天的冰河融化开始到秋后的江河冰冻为止，在江河上从事渔业生产。就是到了冬天，他们也会在冰冻三尺的江河面上凿开一个个活水口，用渔网打捞冰河下的鱼虾。不论怎么说，在这部分鄂温克人的日常交流中，与渔业生产工具、渔业生产活动，以及与鱼虾相关的称谓或用语非常丰富，词汇数量也较多。例如，"细鳞鱼"（Yorie）、"花季鱼"（Uwaha）、"狗鱼"（Suuruldu）、"鲶鱼"（Daahi）、"鱼群"（Maar）、"鱼刺"（Haga）、"鱼秧子"（Homka）、"船"（Porohor）、"桦皮船"（Monko）、"快艇"（Gulban）、"船底"（Alam）、"船舷"（Talta）、"木筏"（Sal）、"船头"（Honko）、"独木船"（Hotonko）；等等。从事渔业的鄂温克人，有着多种多样的捕鱼用具。在漫长的历史岁月中，他们还积累了极其丰富的捕鱼技术和方法。例如，在江河浅水区用鱼叉叉鱼、在江河汊口下鱼亮子、江河深水区下回水网等。他们说，这些江河渔业生产技巧或手段都来自他们生产生活的具体实践。但是，他们也从相邻民族，或在江河上同样进行渔业生产的其他民族及其语言中，借用了不少母语里没有的渔业生产生活方面的一些名词术语，从而丰富了鄂温克族渔业生产生活方面的词汇。其中，绝大多数借词来自汉语。

综上所述，鄂温克族的传统文化与语言中，虽然有畜牧业、驯鹿业、农业以及猎业、渔业、林业生产生活及其文化等诸多方面的丰富因素，但同时也包含来自其他民族语言文化的诸多成分。换句话说，鄂温克族传统文化的多元化特征，主要体现在鄂温克族拥有的畜牧业、驯鹿业、农业以及渔业、林业、狩猎业等多种结构类型的文化因素，同时也体现在外来文化语言的影响和不断渗透等方面。

鄂温克族虽然属于人口较少的东北民族，但是由于该民族分布地域较广，居住环境各有不同以及不同程度地接受外来文化等因素，使他们的固有语言文化呈现多元化特征。鄂温克人在不同的生存环境中，能够自觉、主动、积极地适应各种自然环境和社会环境，并能够选择最适合环境的生存方式来安排自身的生产和生活，同时从不同的语言文化中吸纳不同的精髓，进而不断地丰富和发展自己的固有语言文化。这也是该民族的优秀传统文化的重要组成部分。多元语言文化的结构性特征，充分表现出鄂温克族传统文化的特殊性与优越性。这一生存意识和自我发展理念，自然而然地孕育了鄂温克族包容和借鉴外来语言文化的开放性的民族精神，从而使他们的语言文化拥有了新的生命力和发展潜力。

16世纪初至17世纪中叶，就在明末清初，鄂温克人同邻近民族在政治、经济、文化等方面都有广泛的交流。由于他们生存环境和条件的不同，加上外来文化的不同影响，鄂温克族各部族间的历史变迁、生产关系、文化要素、生活方式等也出现了不同程度的变化和发展。所有这些，同样体现在他们日常交流的语言中，使不同地区的鄂温克语在语音系统、词汇结构、语法关系方面出现一定程度的差异。其中，最具代表性的方言是鄂温克语的辉方言、莫方言、敖方言。就像前面所说，鄂温克族多年来与我国东北的鄂伦春族、蒙古族、达斡尔族、满族、汉族等民族交错杂居，因此在生活布局上形成了大分散、小聚居的特点。进而鄂温克语与其他语言间产生了长期且多层次、多范围的接触。根据我们掌握的资料，莫方言的鄂温克人几乎100%地懂蒙古语，他们跟蒙古人完全可以用纯粹的巴尔虎蒙古语、布里亚特蒙古语、厄鲁特蒙古语进行毫无障碍地交流。辉方言区域内从事畜牧业生产的牧区鄂温克人，同样长年与布里亚特蒙古人和厄鲁特蒙古人以及达斡尔族杂居，所以也都懂这些蒙古语方言土语及达斡尔语。因此，被划入辉方言，并生活在农区或林区，从事农业生产或林业生产的鄂温克人，除了不同程度地会说母语以外，还熟练掌握达斡尔语和汉语，然而他们几乎不懂蒙古语或只懂一点。他们同莫方言的鄂温克人谈话时遇到交流难题，只能请懂蒙古语和汉语或达斡尔语的鄂温克人充当口头翻译，因为莫方言的鄂温克人中很少有人懂达斡尔语或汉语。辉方言和莫方言的鄂温克人跟敖方言的鄂温克人交谈时，所遇到的语言障碍好像更多一些，他们常常由于无法解决交流中的语言问题而中断谈话。敖方言的语音结构和语义结构要比辉方言和莫方言复杂，他们除了鄂温克语以外只懂汉语，不懂达斡尔和蒙古等民族语言。所以，辉方言和莫方言的鄂温克人中懂汉语者同敖方言的鄂温克人谈话比较容易，他们用各自熟悉的鄂温克语方言交谈时遇到障碍，就可以借助汉语来解决问题。由于，鄂温克族多年来一直跟达斡尔族、鄂伦春族、蒙古族、汉族等民族杂居，因此都不同程度地受到其他民族语言的影响，像鄂温克旗伊敏、辉河、锡尼河东、孟根楚鲁等苏木以及陈巴尔虎旗鄂温克苏木的鄂温克人除了熟悉本民族语外，几乎都懂蒙古语。可是，像扎兰屯市、阿荣旗、莫力达瓦旗、鄂温克旗巴彦托海镇、巴彦嵯岗苏木、巴彦塔拉达斡尔民族乡，以及黑龙江省讷河县、嫩江县等地的鄂温克族里懂本民族语的人，一般都懂达斡尔语和汉语。额尔古纳左旗和鄂伦春旗的鄂温克人也都兼懂汉语和鄂伦春语。

从这些语言使用情况来看，我们可以充分认识到鄂温克族能够借鉴与包容外来文化的优秀民族文化特征。用他们的话说，从其他民族语言中吸收大量新词术语来丰富自己的母语，是他们发展和繁荣本民族语言文化的重要途径。毫无疑问，这其中从蒙古语和汉语借入的词语居多，从鄂伦春语、达斡尔语等中借入的词语也有一些，但没有汉语与蒙古语那么明显。这些外来民族语词汇的借入，在一定程度上满足了鄂温克人在现代社会的语言环境中所需的交流，并且弥补了他们母语在现代名词术语方面的不足或短缺。在外来语或者说其他民族语词汇的借入过程中，鄂温克人没有停留在对于借词按照原来结构使用的层面上，而是把借词作为派生其他相关新词的原始材料，或者说把新借入的名词术语作为派生更多词语的词根或词干，在其后面接缀各种构词成分不断派生出诸多新词来使用。

以上我们提到，生活在畜牧业文化圈的鄂温克人周边地区居住的基本上是巴尔虎、厄鲁特、布里亚特等蒙古人，所以他们都熟练掌握蒙古语。因此，蒙古语言文化在牧区鄂温克人的语言生活中发挥着相当重要的作用。尤其到了近代，居住在牧区的鄂温克族适龄儿童基本上都用蒙古语文接受文化教育，结果在他们的日常用语中借入了大量的蒙古语词汇，甚至他们更习惯于跟蒙古族用蒙古语交流。而且，在牧区的鄂温克人学习或使用的各种文本资料、文件、报刊、书信、请柬都用蒙古文或蒙汉兼用的形式印刷发行，他们在日常生活中使用蒙古文的现象较为普遍。他们说，蒙古文资料或书刊大家都能看懂，用汉文写的东西多数老人看不懂，所以牧区鄂温克人一般都使用蒙古文印刷品，这和畜牧业文化圈的鄂温克族从孩童时期就用蒙古语文接受文化知识教育有关。

在牧区学校，一年级到三年级几乎都用蒙古语文授课，老师们也都属于从小学到师范均接受蒙古语文教育训练的蒙古族或鄂温克族，所以他们都有很深的蒙古语文功底和教学经验，他们在日常生活和工作中使用的基本上都是蒙古文。甚至，鄂温克族学生和本民族的老师在课余时间也经常用蒙古语交流，学生之间也有用蒙古语交流的现象。然而，随着学生读书学年的升级，使用蒙古语的频率不断提高。这就是说，高年级的学生比低年级的学生掌握的蒙古语言文字要多，受蒙古语言文字的影响更大，他们使用蒙古语言文字的现象更为普遍。而低年级的学生，在此方面就不如高年级的学生，在他们的交流中还会出现使用母语的现象。进一步说，该地区的鄂温克族高年级学生的母语交流中出现的蒙古语借词比较多，而低年级学生的母语交流中使用的蒙古语借词现象要相对要少一些。另外，用蒙古语文教学的牧区初等义务教育普及率比较理想，儿童入学率也几乎达到了100％。牧区学校，为提高鄂温克族学生初等义务教育的升学率，让鄂温克族学生在学校多使用蒙古语，从而强化学生们的蒙古语文学习功能。结果，在牧区学校读书的鄂温克族学生的蒙古语交流能力普遍都很强。根据牧区鄂温克族生产生活的实际情况，以及用蒙古语文接受教育的现状来看，牧区鄂温克族与蒙古族都从事着畜牧业生产，他们所处的社会文化环境也均属于畜牧业文化范畴。因此，鄂温克语与蒙古语之间的相互借用现象较为普遍。相比之下，鄂温克语从蒙古语借用的词汇，要比蒙古语从鄂温克语借用的词汇多得多。而且，鄂温克语中的蒙古语借词数量有不断增多的趋势，这使蒙古语自然成为牧区鄂温克语的主要借词来源。

很有意思的是，鄂温克语的蒙古语借词中，保留着早期蒙古语或中世纪蒙古语语音及词汇特征，这些借词将有利于早期蒙古语词汇的研究工作。例如，蒙古语的"山羊"（imagan）在现代蒙古语的各大方言中基本发音为 yamaa，但在鄂温克语中发音为 imagang 或 imgang，早期蒙古语的有声软口盖摩擦音相关的辅音仍被保留。还有蒙古语的"骆驼"（temegen）在现代蒙古语各大方言中基本都发音为 temee，可是在鄂温克语中说成是temegeng 或 temgeng，早期蒙古语的有声软口盖闭锁音 g 相关的辅音仍被保留下来了。这说明，蒙古语的 imagan、temegen 是在蒙古语与鄂温克语的早期接触中被借入的实事。另外，鄂温克语中也有不少现代蒙古语借词。例如，蒙古语的 noguga，在现代口语中发音为 nogoo，在鄂温克语中发音为nogo，与现代蒙古语口语基本相同。从另一个角度来说，noguga 一词或许是蒙古语长元音形成之后被借入鄂温克语的实例。总之，鄂温克语中借入的蒙古语借词，体现着不同时期的蒙古语特征。这一点足以证明，在鄂温克族语言文化同蒙古语言文化的接触中，所表现出的开放、包容、吸纳外来语言文化的特性。这使鄂温克语，更好地适应复杂多变的语言社会及环境，更快更好地调整自身的发展。我们发现，鄂温克语中的蒙古语借词在语音及词汇结构方面保存了早期语音结构，音节末辅音 r 变为 g 音，音节末辅音 b、ch、g 被逆同化而变成重叠音，保留早期词尾的鼻音，畜牧业词语居多等特点。

鄂温克族与汉族间的接触和交流也有相当悠久的历史，早于清代从内陆地区迁移来的汉族农民的时间。这就是说，在明末清初就有一些东北的汉族农民，为了生存和开荒种粮，拖家带口迁移到鄂温克族生活的辽阔草原和山林，开始了他们极其分散而个体化的农业生产生活。从那时起，鄂温克族就开始受到汉族及其农耕文化的影响。但是，那时的影响是局部的和极其有限的，只有一小部分鄂温克族受到影响。然而，从 20 世纪初期以后，随着从内陆地区移居到鄂温克族生活区域的汉族人口的急剧增多，给鄂温克族语言文化以及生产生活方式带来了很大的冲击。他们与汉族农民杂居的同时，从汉族那里学习农业生产技术，从此往后鄂温克族中从事农业生产的人口不断增多，而且他们与汉族通婚的现象也不断出现，这使农业区鄂温克人的生产生活形式和内容发生了一定变化。而且，在农业区生活的鄂温克族孩子都到用汉语授课的学校，通过汉语学习掌握文化知识。从某种意义上讲，汉语已成为他们日常交流的主要语言工具。由于林区或沿江流域的鄂温克人更早更大范围地接受了来自汉族农业文化以及现代文化的影响，因此他们的语言中出现了数量可观的汉语借词。这些借词主要是表现农业生产的词语，以及现代科学技术方面的名词术语等。毫无疑问，他们能够积极而主动地接触汉族农业文化，也跟他们包容和善于学习外来文化的生活态度密切相关。在前面已提到，生活在沿江地区从事农业生产的鄂温克人，绝大多数是跟迁移到他们生活区域的汉族农民学会了农耕生产及技术。正因为如此，生活在农区的鄂温克人的口语里，自然而然地借入了相当数量的与农业生产生活密切相关的名词术语，以及农副产品的名称等，特别是蔬菜、水果等农作物的名称，大多来源于汉语。在这部分鄂温克族的口语里，也有相当丰富的来自汉语的与现代社会有关的借词。很有意思的是，他们往往用自己母语的语音特征来发音或使用这些借词，结果不认真听别人真的听出这些是来自汉语的语言成分，错认为是他们自己的词汇，只有经过认真调研和听取，才会明白他们使用的是汉语科技文化方面的名词术语。例如，汉语的"荞面""飞机"在鄂温克语里就被发音成 shoomiel、peyteng 等。鄂温克语中，除了农业生产以及现代科技文化相关的汉语借词，还有相当数量的跟政治、经济密切相关的汉语词语。事实上，在鄂温克语的借词系统里，来自汉语的成分越来越多，而且涉及面也越来越广，几乎涵盖生产生活所有领域。有的现代词语，虽然在鄂温克语里已有了相关说法，但人们为交流的方便干脆就直接使用汉语。对于他们来讲，这种现象的出现，似乎是一种历史的必然，汉语汉文已经成为他们日常生活中重要的语言文字。甚至，在牧区的鄂温克语中，汉语借词也不断增多，有的汉语借词很快取代原有的蒙古语借词而被广泛使用。

根据有关鄂温克语资料，在早期的鄂温克语中也有一些借自俄语的词语，而且一些俄语借词一直被使用到今天。例如，"电影"（kino）、"铅笔"（haranda）、"土豆"（haltoshik）、"干部"（kaatar）等。特别是在敖鲁古雅的雅库特鄂温克语和莫日格勒的通古斯鄂温克语里，俄语借词使用得比较多。相比之下，索伦鄂温克语里的俄语借词要少一些。另外，我们还发现，在所谓的俄语借词中，还有一些通过俄语借入的源于其他欧洲语言的借语。然而，这些借词往往和当时的社会发展变化密切相关，所以有着相当强的生命力，许多词语被使用到今天。例如，"公交车"（paas）、"医生"（toottor）、"资料"（matriel）等。

总而言之，在鄂温克语的发展过程中，该民族宽容、开放、超脱的精神，以及能够自觉、积极、主动地接受外来文化与文明的优秀品质等均发挥着极其重要的作用。这是在鄂温克语里不断吸纳和接受来自外来民族的词语，从而不断丰富和发展本民族的语言文化，使他们的语言更加适合时代发展的需要，为本民族的发展和进步发挥积极的推动作用。特别是，这些年，从汉语借入的词语数量迅速增多，几乎占有了所有借词的90%。这些汉语借词的涌入，在很大程度上为鄂温克语的发展带来一定好处，进而借词也自然成为鄂温克语中一个不可缺少的重要组成部分。通过系统分析鄂温克语的借词，我们也可以了解鄂温克族同邻近民族间的文化交流史和发展史的基本脉络。我们认为，借词是不同民族语言文化相互接触和交流的产物，也是不同语言文相互交融的具体表现。但是，不同的民族语言文化的接触，以及相互间的借用都有各自的说法和内部规则。

第四节　鄂温克语社会接受外来语言
文化的基本特征

接触鄂温克语的人都会明显地感受到，该语言里被吸收进来的借词，或者说相关外来语言文化等，都会有以下四个方面的特征。

一　完整性

借词的完整性，主要体现在将借词基本上按原样不加任何改动，以及不产生任何变化的使用现象。也就是说，完整地借用其他民族语言的名词术语，在语音形式或词义结构方面不进行任何改动。例如，蒙古语 otor，词义为 "游牧场"，在鄂温克语里同样被发音为 otor，词义也是 "游牧场"。可以看出，该词在鄂温克语中的语音和词义与蒙古语基本相同。再如，蒙古语表示 "政府" 这一词义概念时使用的行政名词 alban，在鄂温克语中被借入后，同样被发音为 alban，在使用意义上也没有产生任何变化，同样表示 "政府" 之意。可见，该借词在语音和词义方面，同原来的蒙古语保持了高度的一致性。这说明蒙古语一些名词术语被鄂温克语借用时，无论在语音形式还是在词义结构方面都没有改变。这就是我们说的借词使用方面的完整性。不过，根据有关调研资料，在鄂温克语中，属于完整性结构类型的借词实例并不太多。尤其是在早期借词中，这种现象出现得更少。相对而言，现代借词中该现象略多一些，而且大有发展的趋势。这一事实，从另一个方面也清楚地说明，某一民族语言文化活力强、自身发展理想的时候，借词很少被完整地使用，往往会在语音及语义等方面被改动或改变。与此相反，那些活力不断减弱，自身发展又不太理想，且进入濒危或严重濒危的民族语言文化，所借用外来语很少在语音或语义结构上产生变化，从而被完整地使用。

二　演变性

在鄂温克族对于名词术语的借用方面，虽然存在一定意义的完整性使用现象，但由于受母语语音系统及其结构特征的直接影响，以及母语使用者养成的发音习惯及其心理上所需的亲近感，也会自然而然地改变借词本原本的语音形式，从而使借词在语音结构方面产生一些演变。毫无疑问，这使借词在使用过程中，受到借用者母语语音的强势影响。例如，蒙古语表述"套马杆"的 urga 一词，在借入鄂温克语时，被发音为 ogga；蒙古语的 tergen "车"一词，在鄂温克语中借入后被发音为 teggeng 等。由此可见，鄂温克语的 ogga 和 teggeng 两个从蒙古语借入的词语，与原有的 urga 和 tergen 间产生了语音结构方面的一些差异。在这里还有必要提到的是，一些外来词在借用过程中，词义结构方面还要发生一定程度的演变。比如，鄂温克语的"铁水桶"（salug）一词，来源于蒙古语的 sagulga，意思为"桶"，现代蒙古语各大方言里基本发音为 suulag。鄂温克语的 salug 与蒙古语的 sagulga 在语音和词义结构方面都有所不同。从词义学的角度进一步解释的话，鄂温克语的 salug 这一借词，几乎是专指铁制或铝制奶桶，而蒙古语的 sagulga 则不限于这个概念，泛指各种材料制成的不同用处的桶子。从这些例子说明，一些名词术语被借入使用时，不同程度地受到本民族语音及词义结构的影响和制约，从而发生语音及词义方面的一些改变。这种演变性结构类型的借词，在借词里占有很大比例。

三　择优性

在这里，还有必要结合鄂温克族善于吸纳外来文化的实例，来说明他们在借词使用中表现出的择优性。不论他们过去吸纳的满语、蒙古语等的语言文化成分，还是后来吸纳的来自俄语、汉语等的语言文化成分，我们都能够从中清楚地认识到鄂温克族根据他们自身发展的强烈需求，与时俱进地借鉴其他民族所有而自身没有的、生产生活所必需的语言文化产物来补充母语和母体文化的现象。这其中就存在一些理性的择优态度，以及能够用自觉、积极、发展的思想理念来包容外来语言文化的民族精神。比如，他们开始经营草原畜牧业生产生活的时候，自觉而主动地接触我国东北温寒带地区草原牧场上的其他民族语言文化，进而义无反顾地选择了草原畜牧业文化与文明。另外，在土地肥沃，水源充足的临河平原地区，他们又积极主动地接触来自我国内陆地区的农业生产生活，由此他们也是毅然决然地选择了农业文化与文明。到了近代，他们通过各种途径，选择性地接触和借鉴西方语言文化。例如，鄂温克族年轻一代，对于同电脑等现代科技密切相关的英语专业化名词相当熟悉，并能够自如地运用到工作、生活中。上述现象表明，鄂温克族在现代化进程中，不断选择性地吸收、借鉴外来民族语言文化来，推动本民族科学技术的进步与发展。

四 创造性

鄂温克族在吸收外来语言文化、借鉴先进的科学技术时，结合本民族固有的语言文化的结构性特征，创造性地使用外来语言文化，使其与本民族语言文化合理、科学、理想地融为一体。例如，鄂温克语用 peyteng 一词来表述"飞机"。pey 是汉语"飞"（fei）的借用词，teng 似乎是鄂温克语"车"（teggeeng）的缩合形式。他们好像是先借用了汉语的"飞"fei⇨pei⇨pey，再把它与母语 teggeeng "车"的缩合形式 teng 相结合，创造了peyteng "飞机"一词。这样的例子，在鄂温克语中还有一些。鄂温克族之所以能够保留母语及传统文化，正是因为他们拥有这样一个开阔的视野、发展的心态、创造的精神。在漫长的历史进程中，语言文化的创造性，使他们始终能够与时俱进、繁荣发展自己的文化和文明，同时给自己的先进文化和文明不断注入新的生命力。

总之，在鄂温克族语言文化不断完善与发展的漫长历史进程中，蒙古族、汉族、满族以及俄罗斯等民族语言文化的影响发挥过积极作用。不过，我们也认识到，这 4 个民族的语言文化属于完全不同的语言文化体系。比如，蒙古族语言文化是寒温带草原畜牧业文化，其语言属于阿尔泰语系蒙古语族语言；汉族文化则是来源于内陆地区的纯农耕文化，汉语又属于汉藏语系汉语族语言。由此可知，鄂温克族语言文化的外来语言文化成分具有复杂性、多样性、特殊性，同时也说明，来自不同民族语言文化，对于鄂温克族语言文化有不同程度、不同广度、不同深度的影响。不仅如此，鄂温克族还通过蒙古族和满族语言文化，接触和接受了来自藏传佛教的相关语言文化；是通过俄罗斯语言文化，接受了来自欧美的一些语言文化。鄂温克族从不排斥那些先进、优秀的文化，而是不断以自觉、主动、积极、成熟、理性的心理，从不同民族语言文化中借用或吸纳自身发展所需的一切产物，使他们能够与时俱进地快速、理想地丰富和发展本民族语言文化。这一切，充分体现了鄂温克族富有包容、豁达、开放、超前的民族心理，以及善于借鉴和学习外来语言文化的传统。

参考文献

［1］（清）西清：《黑龙江外记》，上海：商务印书馆，1936。

［2］张伯英：《黑龙江志稿》，哈尔滨：黑龙江人民出版社，1992。

［3］凌纯声：《松花江下游的赫哲族》，台北：中研院历史语言研究，1934。

［4］内蒙古少数民族社会历史调查组：《黑龙江省呼玛县十八站鄂伦春民族乡情况》，呼和浩特：内蒙古历史研究所，1959。

［5］内蒙古少数民族社会历史调查组：《黑龙江省黑河专区逊克县鄂伦春民族乡补充调查资料》，呼和浩特：内蒙古历史研究所，1959。

［6］秋浦：《鄂温克人的原始社会形态》，北京：中华书局，1962。

［7］内蒙古少数民族社会历史调查组：《鄂伦春自治旗木奎高鲁、爱辉县新生村和逊克县新鄂村补充调查报告》，呼和浩特：内蒙古历史研究所，1963。

［8］内蒙古少数民族社会历史调查组：《逊克县新兴村调查报告》，呼和浩特：内蒙古历史研究所，1963。

［9］内蒙古少数民族社会历史调查组：《鄂伦春自治旗甘奎、托札敏努图克和黑龙江省呼玛县十八站鄂伦春族社会历史补充调查报告》，呼和浩特：内蒙古历史研究所，1963。

［10］摩尔根：《古代社会》，杨东莼、马雍、马巨译，上海：商务印书馆，1977。

［11］秋浦：《鄂伦春社会的发展》，上海：上海人民出版社，1978。

［12］赫哲族简史编写组：《赫哲族简史》，哈尔滨：黑龙江人民出版社，1984。

［13］〔俄〕史禄国：《北方通古斯的社会组织》，吴有刚、赵复兴、孟克译，呼和浩特：内蒙古人民出版社，1984。

［14］梁钊韬、陈启新、杨鹤书：《中国民族学概论》，昆明：云南人民出版社，1985。

［15］黄维翰：《黑水先民传》，哈尔滨：黑龙江人民出版社，1986。

［16］赵复兴：《鄂伦春族研究》，呼和浩特：内蒙古人民出版社，1987。

［17］呼玛县地方志办公室：《呼玛县志 1978－1987》，北京：中国文史出版社，1989。

［18］鄂·苏日台：《鄂温克民间美术研究》，呼和浩特：内蒙古文化出版社，1997。

［19］关小云：《大兴安岭鄂伦春》，哈尔滨：哈尔滨出版社，2003。

［20］卡丽娜：《牧养驯鹿的鄂温克人文化研究》，沈阳：辽宁民族出版社，2007。

［21］马名超等编《鄂温克民间故事选》，上海：上海文艺出版社，1989。

［22］乌内安：《神秘的萨满世界》，北京：三联书店，1989。

［22］中国社会科学院民族研究所编《鄂温克族社会历史调查报告》，呼和浩特：内蒙古人民出版社，1986。

［23］〔土〕阿伊南：《萨满教今昔》，王国民、曾宪英译，北京：中国社会科学院民族研究所，1978。

［24］乌热尔图主编《鄂温克族风情》，海拉尔：海拉尔文化出版社，1993。

［25］秋浦主编《萨满教研究》，上海：上海人民出版社，1982。

后 记

本书经过近 5 年的努力，终于撰写完成了。笔者是从事民族语言研究的学者，来写这么一本与历史文化密切相关的书，心里确实忐忑。近些年有关鄂温克族社会历史，包括社会制度、社会组织、社会结构、社会关系方面刊发或出版的论著确实不少，但总是觉得不够味儿，或者说看着不是那么回事。比如说，写敖鲁古雅鄂温克族的书常常将其跟原始社会联系起来，或者将其说成原始森林里的狩猎族群。而在 1958 年全国人大民委办公室编印的《使鹿鄂温克人的社会调查》里就写道"1761 年他们的先民就接受了俄罗斯社会的管理制度""在帝俄统治下接受俄式教育""有人参军立功受过沙皇军衔或勋章""他们还到俄罗斯人家里当苦力、种田""他们经常和俄罗斯人搞货币交易等买卖""1955 年之前敖鲁古雅鄂温克人就种粮，主要种植燕麦和蔬菜"等内容。人家写得清清楚楚，怎么后来去的人把他们写成原始社会的人群了呢？笔者从 20 世纪 80 年代初就开始到敖鲁古雅鄂温克人生活区域进行调研，除了到国外讲学或从事科研工作，几乎年年都去那里，和他们用母语交流，从而掌握了数量十分可观的、弥足珍贵的第一手调研资料。那时，鄂温克族同胞和我国各族人民一样，沉浸在改革开放带来的美好生活之中，对于未来生活充满无限憧憬和梦想。

鄂温克族老人经常跟我谈起在俄罗斯西伯利亚的生活，他们不仅会说十分流利的俄语，一些老人还用俄文写日志。一直以来，他们在森林牧场上自然牧养驯鹿，狩猎是他们的辅助型或者说季节性产业。他们跟随驯鹿在山林牧场上放牧时，必须随身佩枪。对此，他们解释说，身上不带枪如果遇到熊、狼等猛禽，不仅牧养的驯鹿会有危险，甚至连人的性命都难以保全。也就是说，牧养驯鹿的牧人们身上佩的枪，不是为了狩猎，而是为了保护自己和牧养的驯鹿。另外，他们还解释说自己在山林里的主要产业是牧养驯鹿，狩猎不属于主要产业，靠狩猎根本活不下去，而且狩猎还有季节性，实际上他们能够在山林里狩猎的季节十分短暂。16世纪以后连年不断的战争和掠夺，20世纪50年代末到70年代末对森林的掠夺性、破坏性、毁灭性采伐，再加上流动人口的不断涌入，使他们曾经的猎场面目全非。在这种现实面前，作为辅助型产业的狩猎业实际上名存实亡。因此，牧养驯鹿的鄂温克人是从事狩猎的猎民，是森林中的最后一个原始部落等说法是缺乏足够依据的。我们必须把真实的历史还给他们，让现在和未来的人们真实地、客观实在地认识鄂温克人的历史，以及该民族走过的发展道路。

在这里，应该衷心感谢国家社科基金委员会的评审专家，以及社科规划办领导和相关工作人员，正是因为他们把这项"国家社科基金重大委托项目"交给了我，并拨付专项经费，我们才得以按部就班地实施该项课题。在具体研究实践中中国社会科学院科研局项目处的同志们，还有研究所的相关工作人员也给予了很大帮助，在此一并表示感谢。特别是在多年的田野调研工作中，在该重大委托项目启动以后的实地调研时，得到各级政府部门、各有关负责部门和领导、鄂温克族同胞们的热情帮助、支持和协助调研，正是因为有了他们的支持和关怀，笔者才顺利完成了该项研究，在此向他们表达深深谢意。撰写该书稿时，笔者在翻阅那些已发黄、上面还滴有油污的早期资料时，眼前总是浮现出改革开放初期，骑着驯鹿或马，乘坐牛车、驯鹿雪橇、马雪橇，或由于找不到任何交通工具而徒步，穿过原野、草原、山林的鄂温克族老乡，心里总是怀念那些小小的村庄、小小的木屋，以及在油灯下、炉火旁给予笔者帮助或协助笔者调研的鄂温克族老人。现在，其中的好多老人已离世，但他们的身影还在眼前，他们的声音还在耳边，总是鼓励鼓舞笔者不怕艰辛、不忘初心，不断努力拼搏。说实话，正是因为有了那些老乡的真诚合作，对笔者无微不至的帮助和关爱，笔者才取得了十分珍贵的第一手资料，在此向他们再次表达深深的谢意。

当然，如同任何一本书或科研成果总会留下一些遗憾，笔者的这本书也会存在不少问题或不足，真诚希望学术同人和鄂温克族同胞，以及后学提出宝贵的批评意见。

图书在版编目（CIP）数据

鄂温克族社会历史文化／朝克，塔米尔著. —— 北京：
社会科学文献出版社，2018.10
（鄂温克族濒危语言文化抢救性研究）
ISBN 978 - 7 - 5201 - 3173 - 5

Ⅰ.①鄂…　Ⅱ.①朝…②塔…　Ⅲ.①鄂温克族 - 民
族历史 - 研究 - 中国②鄂温克族 - 民族文化 - 研究 - 中国
Ⅳ.①K282.3

中国版本图书馆 CIP 数据核字（2018）第 174913 号

鄂温克族濒危语言文化抢救性研究（上下卷）
鄂温克族社会历史文化

著　　者／朝　克　塔米尔

出 版 人／谢寿光
项目统筹／宋月华　袁卫华
责任编辑／孙美子　罗卫平

出　　版／社会科学文献出版社·人文分社（010）59367215
　　　　　地址：北京市北三环中路甲 29 号院华龙大厦　邮编：100029
　　　　　网址：www.ssap.com.cn
发　　行／市场营销中心（010）59367081　59367083
印　　装／三河市东方印刷有限公司

规　　格／开　本：787mm × 1092mm　1/16
　　　　　本卷印张：15　本卷字数：239 千字
版　　次／2018 年 10 月第 1 版　2018 年 10 月第 1 次印刷
书　　号／ISBN 978 - 7 - 5201 - 3173 - 5
定　　价／268.00 元（上下卷）

鄂温克族濒危语言文化抢救性研究（上下卷）

朝克　主编

鄂温克族狩猎故事研究

那敏 著

社会科学文献出版社
SOCIAL SCIENCES ACADEMIC PRESS (CHINA)

目　录

前　言 ……………………………………………………………… 001

一　狩猎叙事的文化背景 ………………………………………… 001

　　1　狩猎叙事的历史文化渊源 ……………………………… 001

　　2　狩猎叙事的自然生态根源 ……………………………… 011

　　3　狩猎叙事的精神信仰根基 ……………………………… 025

　　4　小结 ………………………………………………………… 030

二　狩猎故事的区域类型 ………………………………………… 032

　　1　鄂温克族流域文化与狩猎故事的区域特点 ………… 034

　　2　雅鲁河、阿伦河、嫩江流域狩猎故事 ………………… 037

　　3　辉河、伊敏河流域狩猎故事 …………………………… 045

　　4　莫尔格勒河流域狩猎故事 ……………………………… 049

　　5　额尔古纳河流域狩猎故事 ……………………………… 053

　　6　小结 ………………………………………………………… 058

三　狩猎故事的核心内容及其特征 ……………………………… 059

　　1　人兽关系主题 …………………………………………… 059

　　2　禁忌主题 …………………………………………………… 080

　　3　小结 ………………………………………………………… 090

四　狩猎故事中的主要形象 ……………………………………… 092

　　1　莫日根形象 ………………………………………………… 092

　　2　魔怪形象 …………………………………………………… 102

  3 山林意象 ·· 107

  4 小结 ··· 113

五 狩猎叙事——追忆与重构 ··· 115

  1 狩猎叙事的复言——记忆与遗忘 ······································· 115

  2 当下语境中的重构 ·· 125

  3 小结 ··· 130

结 论 ·· 131

附录一 各流域狩猎故事及俄罗斯鄂温克族狩猎故事 ··············· 133

附录二 故事索引 ··· 165

附录三 林区鄂温克语方言中狩猎词汇 ······························· 170

参考文献 ·· 181

后 记 ·· 191

前　言

　　鄂温克族主要分布于中国东北的大小兴安岭林区、呼伦贝尔草原及俄罗斯西伯利亚地区。据我国 2010 年第六次人口普查的统计，人口数为30875 人。生活于俄罗斯的鄂温克人称为埃文基人。鄂温克人使用的语言为鄂温克语，属阿尔泰语系满通古斯语族北语支。我国境内的鄂温克语没有文字，俄罗斯在 20 世纪 30 年代用斯拉夫字母创制了鄂温克语的记音文字，并在鄂温克人内部使用至今。我国的鄂温克族虽然没有文字，但从辽金两代起就通过契丹文、女真文、蒙古文、满文、汉文学习文化知识。

　　鄂温克族作为我国东北人口较少的民族，从事畜牧业和狩猎生产历史悠久，与大自然、动植物形成了和谐融洽的共生关系，以其朴素的自然观、生命观创造了独特的牧业文明和狩猎文明。千百年来鄂温克族在我国东北寒温带地域从事畜牧和狩猎生产，这一特殊的民族文化反映在其口耳相传的口头叙事文学中。

　　狩猎故事是鄂温克族早期口头传统的重要组成部分。口头传统（Oral Traditions）指传统社会的沟通模式和口头艺术，包括世代流传的信仰、习俗、格言、谚语、民谣、民间文学等。口头传统通过人们口头创造来实现，它依赖行为演绎和口头演述不断传递。[①] 对鄂温克族狩猎故事进行系统研究，在中国民间文学史上尚属首次。狩猎故事在鄂温克族文学史上占有重要地位，对鄂温克族狩猎故事进行深入研究，有助于学界认识鄂温克族古老的狩猎文化、流域文化、山林文化及精神信仰，对于了解我国北方少数民族深厚的文化底蕴具有重要意义。

　　随着现代化进程的推进，全球经济一体化的扩张，许多人口较少民族

---

① 　朝戈金：《口头·无形·非物质遗产漫议》，《读书》2003 年第 10 期。

的传统文化受到强烈冲击，甚而一些文化业已消失殆尽。民族不论大小都拥有传承本民族文化的权利，人类社会的健康持续发展离不开多种文明的共存与互补。狩猎生产可以说是人类最古老、最原初的生产方式，鄂温克族作为我国一个人口较少的民族，同时也作为我国东北一个古老民族，同其他古老民族一样，在历史上曾以狩猎生产为生，正因如此鄂温克族早期民间故事中，保存有数量可观的狩猎故事。

本书以中国境内鄂温克族早期狩猎故事为主要研究对象，立足鄂温克族大量的狩猎故事文本、笔者实地采录的口头文本及相关民族的狩猎故事文本，借助文学人类学、主题学、表演理论等研究方法，进行比较文学的跨学科研究，期望通过比较文学宏阔的视野，借助跨学科的研究方法拓展我们对地方性知识的丰富性和独特性的认识，为建构独特性与差异性共存、差异性与沟通性共存的多元化世界，奉献一本鄂温克族狩猎故事研究新成果。

1　相关概念阐释

口头文学：指民间文学中纯粹口语讲述、吟诵的口传文学或口头创作。口头文学与口头语言密切相关，是口语语言的艺术。从形式上看，这类口头文学主要有散说（叙事）体和韵说（抒情、叙事或抒情叙事相间）体。从体裁上看，散说体有神话、传说、故事、笑话等；韵说体有古歌、山歌、情歌、生活歌、长诗、儿歌等。另外，还有以谜语、谚语等为内容的散韵相间体。①

民间故事：民间故事有广义与狭义之分，广义的民间故事涵盖神话、传说、幻想故事、生活故事、寓言、笑话等散文体口头叙事。鄂温克语词汇中没有"神话""传说"的概念，称讲故事为"uqileren"。根据鄂温克族民间故事的特点，本书所用故事概念为广义的民间故事，即包含神话、传说及幻想故事、生活故事等在内的民间散文体口头叙事。

莫日根（mergeng）：在鄂温克语中又称为莫根，其含义较为丰富。在

---

① 向云驹：《人类口头和非物质遗产》，宁夏人民教育出版社，2004，第247页。

狩猎生产活动中主要指打猎能手、神射手，在古老的传说故事中"莫日根"一词兼具神箭手、智者、能者、英雄等诸多含义。

狩猎故事（beixiren uqileren）：鄂温克语意为同狩猎有关的故事，故事内容与猎人、猎物和狩猎信仰息息相关。笔者在此将鄂温克族狩猎故事界定为反映鄂温克族古老狩猎生产生活的民间散文体叙事，其主要内容是关于狩猎对象（各类飞禽走兽）、狩猎者（莫日根），以及与狩猎生产息息相关的信仰、禁忌的民间幻想故事。鄂温克族狩猎故事根植于鄂温克族独特的生态环境及其悠久的狩猎生产生活，反映了鄂温克族民众悠久的民俗文化、别具一格的审美情趣及丰富的精神文化世界。

2　既往研究的基本情况

2.1　故事文本的搜集出版

19 世纪末 20 世纪初，苏联及日本民族学学者开始了对鄂温克族民间神话、传说、故事的田野调查记录。中国对鄂温克族民间故事的记录，始于 20 世纪 50 年代末的少数民族社会历史调查。在《鄂温克族社会历史调查报告》等成果或资料里，对分布在中国东北的鄂温克族历史传说及民间故事都进行了专门分析和讨论，辑录了相当一部分鄂温克族神话、传说和故事。值得一提的是，其中《阿荣旗查巴奇乡鄂温克族调查报告》中，将故事分为民间故事和狩猎故事两类，在狩猎故事一类中收录了三篇鄂温克猎人亲身经历的行猎故事。这是将狩猎故事视作对真实的狩猎实践的叙述，同带有幻想、虚构性质的民间故事区别了开来。

1983 年，中国民间文艺研究会黑龙江分会主编的《黑龙江民间文学》（第六集），收录了 60 篇鄂温克族民间故事。在收录故事时，该故事集注意了对同一故事不同异文的收录，如《巴特尔桑》《不怕磨难的巴特尔桑》《青年莫日根的故事》，以及《顶针》和《宝马斗魔鬼》。前 3 篇可以反映同一故事同一讲述人在不同时期的讲述特点，后两篇则体现了同一故事在不同地域的流传。在《不怕磨难的巴特尔桑》的附记中，搜集者谈到它是一篇带有浓重奇异色彩的深山逐猎者的故事，说明搜集研究者已经认识到鄂温克族狩猎故事所具有的独特魅力。1984 年，吕光天（曾参与鄂温克族社会历史调查工作）搜集整理的《鄂温克民间故事》出版，收录民间故事24 篇。

1989 年，王士媛、马名超、白杉编的《鄂温克族民间故事选》出版，共收录 68 篇鄂温克族民间散文叙事文本。马名超在故事选的前言部分谈道："最值一提的，是迷人的神奇故事和动物故事，不但充满着地方风土气息，在情节的展开上也相当充分，总给人不落俗套的新鲜感。……经几次周转，使我们对于该族猎民所特有的幻想性故事形成的社会原因，有了一定的认识。……当辑录这些作品时，不禁忆起那置身于无边狂野中的逐猎者们，是怎样面对无休止的灾荒、疫病，怎样经受着狂风暴雨的袭击，又是怎样对付那无数虎豹狼熊的凶猛进逼的。"① 由此可见，编者认为反映鄂温克族狩猎题材叙事作品的神奇故事和动物故事，是与鄂温克民族独特的生存环境和生计方式息息相关的。将文学置于其相应的文化语境中来考察，是我们今天仍需不断深入的研究课题。同年，鄂温克族作家杜梅搜集整理的《鄂温克族民间故事》出版，该书收录了流传于雅鲁河流域、阿荣河流域的鄂温克族民间故事，共计 66 篇。

1995 年，由内蒙古自治区鄂温克族研究会推出的《鄂温克研究》至今已刊行 20 多期，作为鄂温克族研究的内部刊物，它设有"宗教·神话"专栏，该专栏辑录了一部分鄂温克族民间故事。同时，收录鄂温克族民间故事及相关研究性文章的还有《鄂温克族研究文集》（共三辑）。

21 世纪以来，各种搜集、辑录鄂温克族民间故事的书籍及专著日益增多，尤其是近十年成果颇丰。2007 年 11 月，《中国民间故事集成》全国编辑委员会、《中国民间故事集成·内蒙古卷》编辑委员会主编的《中国民间故事集成·内蒙古卷》出版发行。该故事集成辑录了流传于内蒙古自治区的 41 篇鄂温克族民间故事。

2008 年 7 月，敖嫩搜集整理的《鄂温克民族民间故事集》（上册）问世。该书是国内迄今为止，收录鄂温克族民间故事流传地域最广的一本故事集，它集合了内蒙古自治区境内鄂温克族自治旗、莫力达瓦达斡尔族自治

---

① 王士媛、马名超、白杉编《鄂温克族民间故事选》，上海文艺出版社，1989，第 11 页。

旗、陈巴尔虎旗鄂温克苏木、阿荣旗查巴奇鄂温克族乡、扎兰屯市萨玛街鄂
温克民族乡以及新疆维吾尔自治区塔城市的鄂温克族民间故事。2011 年 9 月
《鄂温克民族民间故事集》（下册）出版。《鄂温克民族民间故事集》（上、
下册）以拉丁字母为鄂温克语注音，并配有汉文对译，这对于保持故事的
母语风格及研究鄂温克族民间故事的原生形态都大有助益。

　　2009 年 12 月，纳·布拉托娃编、白杉翻译的《西伯利亚鄂温克民间
故事和史诗》出版。该书辑录了俄罗斯埃文基人的口头文学作品，包括大
地、人类和动物起源神话、动物故事、生活故事、传说和英雄故事等类
型，该书辑录的篇目从历年出版的书刊中精选。该故事集收录了 25 篇鄂温
克族民间散文叙事文本及 2 部长篇说唱英雄故事文本。虽然篇目有限，但
所选都是具有代表性的经典篇目，该书的翻译、出版对于了解俄罗斯境内
的鄂温克族民间口头叙事文学的内容和特点具有重要意义。

　　2010 年，内蒙古文化音像出版社出版发行了 DVD 版《鄂温克语言民
间故事集》。DVD 版故事集记录了鄂温克族社会各界知名人士用鄂温克语
讲述的鄂温克族起源发展史、民间传说、民间故事、谚语等内容，收录了
13 位故事讲述家的 19 篇故事。该故事集的视频部分配有汉语字幕，文字
介绍部分有故事的汉文翻译，并对每一位故事讲述家的生平进行了介绍。
DVD 版《鄂温克语言民间故事集》这一全方位的音像资料，对于研究人员
来说具有很好的参考价值和研究价值。

　　此外，近年来还相继出版了蒙古文版的鄂温克民族民间故事集，包括
朝克搜集的《鄂温克族民间故事》（1988），陶格滕其其格、吉特格勒图夫
妇搜集整理的《碧蓝色的宝石》（1999），以及杜拉尔·敖登托雅、索罕·
格日勒图搜集整理的《鄂温克民间故事》（2009）。需要指出的是，目前国
内出版的各个鄂温克民族民间故事集，其篇目存在相当程度上的重复。各
故事集虽有重复的篇目，但有一定数量的篇目属于同一故事的异文，为鄂
温克族民间故事的研究提供了相互对照、比较的视野。

2.2　相关研究论著

　　对于鄂温克族民间散文叙事文本的整体研究，主要有调查报告《鄂温
克族文学调查报告》，以及论著《鄂温克族文学》《满通古斯诸民族民间文

学研究》《鄂温克族神话研究》。

马名超执笔的《鄂温克族文学调查报告》一文，总结了黑龙江省民间文艺研究会民间文学调查组于 1979 年赴呼伦贝尔盟进行为期 34 天的鄂温克族民间文学调查情况。调查组对鄂温克族自治旗、陈巴尔虎旗鄂温克公社和额尔古纳左旗的敖鲁古雅鄂温克族自治乡三个重点地区进行了调研。报告结合三个地区的历史、自然、生产及人口状况，介绍了每一地区的调研情况、搜集的民间文学作品及采访对象，认真总结了调查中遇到的问题以及今后如何科学开展民间文学调研的经验。调查报告中指出："尽管从理论上看，人民创作是与悲观主义绝缘的，但从所采集到的大量孤儿歌、情歌、狩猎故事等所包含的悲苦、凄怆的情调看，也如实地反映了这一伟大民族史迹的另一重要侧面。只是套用一般文艺概念来看待这一特定的文艺现象，是较难理解它的真谛的。"① 可见研究人员认为对于鄂温克族民间口承文学的认识，不能简单套用一般的文艺概念，需从其独特的历史进程及生境状况入手，了解并认识鄂温克族与众不同的民间口承文学现象。严谨而客观的鄂温克族文学调查活动，为今后进行鄂温克族民间文学的调查搜集工作树立了可资借鉴的典范。此次鄂温克族民间文学调查侧重于从事牧业、半牧半猎及猎业生产的鄂温克族自治旗、陈巴尔虎旗鄂温克公社和额尔古纳左旗的敖鲁古雅鄂温克族民族乡区域，而对居住于内蒙古自治区阿荣旗、扎兰屯市、鄂伦春族自治旗及莫力达瓦达斡尔族自治旗，从事半农半猎生产的广大鄂温克族民众的民间口承文学的搜集工作关注较少。

由黄任远、黄定天、白杉、杨治经所著的《鄂温克族文学》一书，分为上编、中编和下编三部分，将鄂温克族文学分为古代鄂温克族文学（1840 年以前）、近现代鄂温克族文学（1840 年 ~ 1949 年 9 月 30 日）、当代鄂温克族文学（1949 年 10 月 1 日以后）三个时期。该书从鄂温克族散文体及韵文体口承叙事（包括神话、古歌谣、传说、故事、歌谣、谚语、谜语）和作家文学（群众性文学创作活动和乌热尔图的文学创作之路）两部分，对鄂温克族文学进行了迄今为止最为全面的梳理，为后来者提供了很好的参考范例。书中鄂温克族关于狩猎生活的故事占很大比重，主要以猎民生活

---

① 《黑龙江民间文学》（第六集），中国民间文艺研究会黑龙江分会，1983，第 158 页。

为题材，表现了他们对自己生产对象细微、淳朴的感情，并在故事中寄托了他们渴望得到更多的猎物，从而过上美好生活的愿望。同时指出狩猎生活故事的功能和意义在于，将"宝贵的狩猎经验通过故事的形式讲述给青年猎手，使他们在听故事的同时增长了狩猎知识，提高了狩猎本领，成为鄂温克族的一名合格猎手"①。从功能主义角度解读狩猎故事讲述活动的意义，可看作研究者对阐释人类学的一种特殊认识。

　　汪立珍著《满通古斯诸民族民间文学研究》一书，将鄂温克族民间文学纳入满通古斯诸民族民间文学（具体指位于黑龙江、松花江、乌苏里江流域，长白山、大小兴安岭以及天山山脉之间，即我国东北地区的满族、鄂温克族、鄂伦春族、赫哲族和锡伯族的民间文学）中，将其作为我国北方区域性民间文学的一部分进行内涵、类型及特征研究，具有突破性和较强的比较文学视野。书中第一章《满通古斯诸民族民间文学概述》中指出，森林文化是包括鄂温克族在内的满通古斯诸民族传统文化的源头，人们在森林中对动物习性的了解、认识以及产生的深厚感情都融会到包括鄂温克族在内的满通古斯诸民族民间文学作品中，并在此基础上，影响着包括鄂温克族在内的满通古斯诸民族民间文学的传承方式与风格。森林文化以满族在长白山地区产生的一系列长白山风物传说和故事，以及鄂温克族、鄂伦春族在大小兴安岭山脉创造的动物神话、狩猎传说和故事而著称。由此可见，狩猎故事是每一位涉足鄂温克族民间文学的研究者都不容忽视的一个重要组成部分。

　　汪立珍著《鄂温克族神话研究》，采用母题分析研究及比较研究的方法研究鄂温克族的神话故事。著者通过比较研究的方法把鄂温克族神话同周边民族神话，如鄂伦春族、满族、赫哲族、达斡尔族、蒙古族以及汉族的神话进行比较，同时还把鄂温克族神话同境外族群，如日本阿伊努人、北美印第安人的神话进行比较。这一比较文学的研究范式和理论观点，对于本书的写作具有重要的学术理论价值和参考价值。书中还特别指出，狩猎生产是鄂温克族最为传统、古老的一种生产方式，它在鄂温克族早期文化体系中占有重要地位，并产生了重要影响。"鄂温克族在狩猎生产中与

---

① 　黄任远、黄定天、白杉等：《鄂温克族文学》，北方文艺出版社，2000，第106页。

自然界的各种动植物形成的这种亲密无间的特殊关系，是他们传统精神文化当中的重要根基。"① 著者论述的狩猎故事或者说狩猎神话的重要地位，让我们能够认识到鄂温克族狩猎故事所依托的早期的狩猎生产及其厚重的传统文化根基。

总之，涉及鄂温克族民间故事的研究性论文主要有中央民族大学少数民族语言文学系汪立珍教授的《论鄂温克族萨满神话与传说》《论鄂温克族民间故事中的人名》《鄂温克族熊图腾神话》《试论鄂温克族人与动物婚配型神话的结构模式》《论萨满信仰与鄂温克族神话的关系》《鄂温克族神话的结构模式》《鄂温克族英雄神话中的人物形象分析》等。其他相关论文还有《关于鄂温克民间故事中的颜色词》（朝格查）、《鄂温克族民间文学初探》（闫沙庆），以及地方学者的研究论述如《浅谈鄂温克族民间故事》（何秀芝）、《鄂温克族民间童话浅析》（杜雪峻），以及笔者的《鄂温克族莫日根故事研究》《鄂温克族民间故事传承现状——以鄂温克自治旗、陈巴尔虎旗、敖鲁古雅乡三大方言区为例》《鄂温克族崇火习俗及其禁忌主题——兼论蒙古族崇火习俗》《鄂温克族狩猎叙事的复言——记忆与遗忘》等。所有这些，都对鄂温克族民间故事，乃至鄂温克族狩猎故事研究产生了积极影响和推动作用。

3 研究的基本思路与方法

3.1 文学人类学角度的思考

文学人类学，在文学专业方面通常理解为以人类学视野思考和研究文学的学问，是文学研究在人类学影响下开拓出的一个跨学科领域。"比较文学是文学学科之中最具开放性的一翼，而人类学则是整个人文社会科学之中真正能够全面体现出开放性特色的一个学科领域。"② 本书运用文学人类学进行跨学科的比较研究也正是基于这两个学科的交叉性、开放性及包容性。文学人类学的发生与 19 世纪后期蓬勃开展得比较研究潮流、人类学

---

① 汪立珍：《鄂温克族神话研究》，中央民族大学出版社，2006，第 59 页。
② 叶舒宪：《文学人类学与比较文学》，《百色学院学报》2008 年第 6 期。

学科的全球化视野以及从文化相对论到后殖民时代的全球公正理念等密切相关。在少数民族文学的研究上，文学人类学强调从文化相对主义立场认识各民族独特的文化与丰富的地方性知识。对于世界上众多无文字的民族来说，民间口承文学承担了民族文化载体的重任，储存了民族的迁徙历史、文化传统、精神信仰和社会记忆，因此可以说少数民族的民间文学与人类学民族志有着鲜明的一致性。本书借助文学人类学的学科理念，借助人类学的文化研究深入探讨鄂温克族狩猎故事所蕴含的独特的北方山林文化、地域文化及古老的狩猎文化。

长久以来，在主流话语中，人口较少民族文化与文学研究常常被边缘化，并没有引起充分重视。20 世纪 70 年代以来，随着西方学术界反思人类学、阐释人类学的兴起，适应时代发展需求的破旧立新的学术潮流逐渐从西方席卷到东方。米歇尔·福柯通过对"话语"的本原性考证，以其犀利的批判精神对理性主义进行了深刻的质疑，从而颠覆了旧有的思想和知识体系。与作为颠覆者的福柯不同，吉尔兹担当了新知识结构的重建者。他旗帜鲜明地倡导文本（text）本身就是一个文化描写的系统，它既可以是文字的，也可以是行为学意义上的，并试图以"深描"（thick description）和"地方性知识"为概念去研究、阐释文化。在这一学术话语下，富含文化生态关怀、人文思想关怀的边缘化民族的文化及文学得以被重新认识，终于搬上了文化文学研究的历史舞台。本书借助阐释人类学中的"地方性与地域性知识"这一学术视角，将鄂温克族狩猎故事研究置于该民族独特社会历史背景、自然生态环境、生产生活范畴、民间信仰世界，对其展开学术分析和讨论。

3.2　主题学角度的思考

"主题学"（thematology）这一术语和德文 Stoffgeschichte（题材史）和 Motivgeschichte（动机史）、法文 Thematologie（主题学）有关。德文 Stoffgeschichte 着重强调对题材做历史的研究，Motivgeschichte 则强调作品的主题和动机的历史。法文的 Thematologie 兼有两者之意，英文的 thematology 同此意。主题学作为比较文学的一个门类，研究主题跨文学之间的流变。比较文学中的主题学，包括对题材、主题、母题、情节、人物、意象等方面的研究。比较文学的主题学研究范围相对广泛，其中最主要的是主题与母题。主题（theme），"常用来表示某个含蓄的或明确的抽象意念或信条"。① 一般来说，主题是通过人物和情节被具体化了的抽象思想或观念，是作品的主旨和中心思想，往往可以用名词或名词性短语来表述。② 母题（motif），"是一个故事中最小的，能够持续存于传统中的成分"。③ 德国著名文学史家施罗认为母题是一个叙述单元，每个母题都表达一个单一的思想，而且每一个母题都与产生民族文化的历史传统、经验、学问相一致。俄国"比较文学之父"维谢洛夫斯基认为，母题是最小的叙事单位。由此可见，主题包括了母题，两者均为民间叙事研究的重要研究术语。

本书在第三章中主要采用主题学的主题研究法，对鄂温克族狩猎故事中具有主旨性意义的人兽关系及禁忌两大重要狩猎叙事进行研究。鄂温克族狩猎故事的人兽关系主题反映了鄂温克人与其狩猎对象，即各类鸟兽在大自然中相依相斗、对立统一的矛盾关系。鄂温克族狩猎故事中的禁忌主题则是对鄂温克族古老的狩猎生产方式所形成的独特生产习俗的集中反映。本书将对上述两个主题所蕴含的鄂温克族民众对大自然的敬畏、对动物的崇拜以及他们萨满信仰中的万物有灵观念进行深入的解读和阐释，并对此类主题背后所依托的独特而深厚的文化语境进行分析。"作为主题学研究的对象，并不是个别作品中的题材、情节、人物、母题和主题，而是不同作品中，同一题材、同一人物、同一母题的不同表现以及它们之间的联系。因此主题学经常研究同一题材、同一母题、同一传说人物在不同民族文学中流传的历史，研究不同作家对它们的不同处理，研究这种流变与不同处理的根源。"④ 在鄂温克族历史上，与鄂温克族接触比较密切的民族，主要有鄂伦春族、达斡尔族、满族、蒙古族及东北汉族等。因此，本书将鄂温克族狩猎故事中至关重要的人兽关系主题及禁忌主题，置于其他相关民族的民间叙事中进行主题学的综合研究。

---

① 〔美〕艾布拉姆斯：《欧美文学术语词典》，朱金鹏、朱荔译，北京大学出版社，1990，第199页。
② 陈惇、刘象愚：《比较文学概论》，北京师范大学出版社，2000，第193页。
③ 〔美〕斯蒂·汤普森：《世界民间故事分类学》，郑海译，上海文艺出版社，1991，第499页。
④ 陈惇、刘象愚：《比较文学概论》，第195页。

同时，本书还将结合民间叙事研究的基本研究方法——母题分析法，对鄂温克族狩猎故事进行个案研究及细部研究。

3.3　表演理论学角度的思考

民间叙事研究学派林立，究其研究不外乎两大类：文本内部研究和文本外部研究。20 世纪 60 年代以前，诸如自然神话学派、历史—地理学派、心理学派、结构主义学派等重视对文本自身的观察与分析，将文本视为"自足的事象"，囿于文本的内部研究。其后，对于民间叙述的研究发生了几大转向：从聚焦文本转向对语境的关注；从对普遍性的寻求转向民族志研究；从对静态的文本关注转向对动态的实际表演和交流过程的关注。

民俗学本身方法论的转向，加之存在主义哲学思想以及人类学、语言学等学科的重大影响，表演理论应运而生。20 世纪 60 年代末 70 年代初，表演理论（Performance Theory）兴起于美国，主张以表演为中心，关注口头艺术文本在特定语境中的动态形成过程及其形式的实际应用。在具体研究中，表演理论关注情境性语境中的民俗表演事件，交流的实际发生过程和文本的动态而复杂的形成过程，讲述人、听众和参与者之间的互动交流，表演的新生性，表演的民族志考察，等等。①

本书在传统的文本内部研究基础之上，借助表演理论对特定地域和文化范畴、语境的关注，将鄂温克族狩猎故事置于其独特的民族历史、生活环境、民俗习惯、信仰思想等叙事语境中，对其进行文本的外部研究。鄂温克族狩猎故事的区域类型特征同其古老传统的地域文化密切相关，不同地域的鄂温克人在社会历史、生存环境及生产方式等方面均有各自特色而彼此相异，如若单从文本的情节内容、母题、结构等方面把握，则很难得出科学的论断。表演理论关注故事情节及文本资料的动态形成过程，强调这一过程是由个人、传统、政治、经济、文化及道德等多重因素共同参与和塑造。笔者在论述鄂温克族狩猎故事的传承与变异时，同时关注了故事传承人、民族精英、民族文化传统、国家官方政策及民俗事件等诸多因

---

① 〔美〕理查德·鲍曼：《作为表演的口头艺术》，杨利慧、安德明译，广西师范大学出版社，2008，第 251 页。

素，该方法的运用有助于我们认识和理解当下语境中鄂温克族狩猎故事的传承状况及变异特点。

此外，本书还借助了作为表演理论阵营中有力组成部分的民族志诗学的研究方法。民族志诗学的核心思想是要把文本置于其自身的文化语境中加以考察，并认为世界范围内的每一特定文化都有各自独特的诗歌，这种诗歌有着独特的结构和审美上的特点。① 通过对文本呈现方式及其操作模型的探究，对口语交际中表达和修辞方面的关注，以及对跨文化传统的审美问题的解索，民族志诗学能够给人们提供一套很有价值的工具去理解表达中的交流，并深化人们对自身所属群体、社区的口头传承的认识和鉴赏。② 书中采用民族志诗学的研究方法，以个案形式综合性地展现了一则狩猎故事的讲述形式、表达特点及演述场景，探讨特定地域的特定故事传承人在讲述传统狩猎故事时的重复现象，从而揭示其背后的深层原因。

4　研究资料来源

丰富、可靠的资料是该成果最坚实的保证，本书写作资料的来源主要有以下两个方面。

第一，书面文本资料。本书写作过程中，文本资料的来源较为多元和丰富。在传统篇目的选择上，除经常被民间文艺工作者引用的"中国少数民族民间文学丛书·故事大系"中的《鄂温克族民间故事选》（1989）外，还选用了对故事原貌及相关信息保留较为完整的中国民间文艺研究会黑龙江分会主编的《黑龙江民间文学》（第六集）中的鄂温克族民间故事。笔者在写作过程中更多地引用了鄂温克族民间文艺工作者搜集整理的《鄂温克族民间故事》、《鄂温克民族民间故事集》（上、下册）、《鄂温克民间故事》（蒙古文版）、《碧蓝色的宝石》（蒙文版鄂温克族民间故事集），以及由鄂温克旗民族事务局出版发行的音像资料 DVD 版《鄂温克语言民间故事集》。这部分文本资料，蕴含了丰富的鄂温克族传统文化和大量的地方

---

① 杨利慧：《民族诗学的理论和实践》，《北京师范大学学报》（社会科学版）2004 年第 6 期。
② 朝戈金、巴莫曲布嫫：《民族志诗学》（*Ethnopoetics*），《民间文化论坛》2004 年第 5 期。

性知识，其中不少篇目是以往故事集中不曾包含的故事文本，还有某些之前并未得到重视的、较为重要和珍贵的文本资料。

本书以国内鄂温克族狩猎故事为重要研究对象，为了研究的深入，笔者在写作过程中还少量引用了《西伯利亚鄂温克民间故事和史诗》中的内容。本书中所引用的鄂温克族相邻民族，如达斡尔族、蒙古族、满族的故事文本主要来自《中国民间故事集成·内蒙古卷》，鄂伦春族、赫哲族的故事文本来自"中国少数民族民间文学丛书·故事大系"及《黑龙江民间文学》。

各类民族史料及民族志资料等也是本书的重要参考文献。这些文献资料包含大量关于鄂温克族历史传统、信仰文化、狩猎生产及社会组织的信息，为我们了解鄂温克族口头传统、狩猎文化及地方性知识提供了很好的知识背景。此外，国内外各类相关的理论书籍，为本书的写作提供了不可或缺的理论支持。

第二，田野调查资料。口头传统的研究离不开真实的故事演述现场，只有真正走进民间，面对民间艺人生动的讲述，才可以体会民间口头叙事何以长盛不衰、留存至今。笔者在博士研究生及博士后在站的几年时间中，以及实施该项研究课题期间，走访了内蒙古自治区呼伦贝尔市境内的鄂温克族自治旗、陈巴尔虎旗、根河市、阿荣旗、莫力达瓦达斡尔族自治旗、鄂伦春自治旗、扎兰屯市和黑龙江省讷河市，现场采录了何秀芝、能梅、关其格巴图、杜金花、那春林、阿莱克等十余位民间艺人讲述的数篇民间故事，为本书的写作提供了很好的一手资料。① 与此同时，笔者在硕士研究生期间对鄂伦春族民间故事的采录，对本书的写作也提供了较好的辅助资料。

为了解已收录出版的鄂温克族狩猎故事的背景资料及故事讲述人的生活史，笔者还采访了鄂温克族民间文艺工作者敖嫩、作家乌热尔图，以及作为翻译参与民间文学调查活动的杜·道尔基老先生。这些访谈对笔者区分鄂温克族狩猎故事的区域类型，分析故事中所蕴含的丰富的传统文化及

---

① 遗憾的是，2011 年 7 月于阿荣旗采录的十余则故事由于操作失误而未能保存，期待不久的将来有机会补录。

地方性知识等助益良多。

对猎区鄂温克族同胞生活的体验，与传承人近距离的沟通以及鄂温克语演讲比赛的参与，为笔者剖析狩猎故事的主题和形象，把握当下语境中鄂温克族狩猎故事的传承特点，提供了客观真实的视角。

一　狩猎叙事的文化背景

鄂温克族有久远的历史文化、得天独厚的自然生存环境，以及古老的萨满信仰。以此三者为依托，顺应着时代步伐、大自然发展演变的规律，鄂温克族狩猎叙事跨越时空延续至今。

1　狩猎叙事的历史文化渊源

据有关史料记载，鄂温克族在历史上曾多次迁徙，活动范围包括西伯利亚、白令海峡、日本海、长白山、大小兴安岭、黑龙江流域、呼伦贝尔草原等地区和海域。鄂温克族的狩猎叙事源远流长，甚至可以追溯至与其民族起源相关的早期活动地域。

1.1　狩猎叙事的历史根源

（一）鄂温克族的起源

我国境内的鄂温克族有本民族的语言但没有文字，它的文化属于口传文化，似乎历史上有文字记载的史料也出现得比较晚，所以关于鄂温克族的起源众说纷纭，一时难以定论。关于鄂温克族的起源，我国学界主要有两种观点，一种是贝加尔湖起源说，另一种是乌苏里江、绥芬河、图们江下游起源说。

1. 贝加尔湖起源说

曾经参与过 20 世纪 50 年代末鄂温克族社会历史调查的吕光天研究员，在《鄂温克族简史简志合编》（初稿）（1963）中提出，鄂温克族起源于贝加尔湖沿岸。"古代贝加尔湖地区的居民是住在白桦树皮搭成的帐篷里，从事狩猎和捕鱼生产。后来鄂温克人向东发展，其中有一支来到了广大的黑龙江流域。我国的鄂温克族主要来源于黑龙江流域这一支。"① 苏联出版的《西伯利亚及远东地区各民族》中写道，在安加拉河谷、色楞格河山上以及勒拿河流域考古发现的圆锥形帐篷、骨制鱼钩、桦树皮船，特别是各种各样的装饰品，与17世纪鄂温克人的生活用具和服饰相似。人类学和考古学研究证明，大多数鄂温克人的人类学特征可追溯到贝加尔湖地区新石器时代。② 根据考古学、人类学、民族学等学科的相关科研成果，鄂温克族的祖先大体分布于贝加尔湖周围及其以东地区，直至黑龙江中游以北地区。早在公元前2000年，即石器、青铜器并用时代，鄂温克族的祖先就居住在外贝加尔湖和贝加尔湖沿岸地区。

贝加尔湖起源说建立在诸多材料基础之上。从考古发掘的资料来看，古代贝加尔湖沿岸地区居民的服装与鄂温克人的服装有相似之处，例如在色楞格河左岸上班斯克村对面的佛凡诺夫山上，发现了一具骨骸，其衣服上有数十个闪闪发光的贝壳制的圆环，圆环所在的位置与鄂温克人胸前所戴串珠以及萨满法衣上缀饰的贝壳圆环的位置完全一样。此外，还发现死者戴着的一些白玉制的大圆环，与17~18世纪鄂温克人古代服装上的圆环毫无差别，从而证明最迟在石器、青铜器并用时代，鄂温克人的祖先就已居住在贝加尔湖一带。③ 从石器、青铜器并用时代贝加尔湖沿岸居民的服装和鄂温克人服装的附属品——围裙样式的相似之处，可以看到现代鄂温克人和石器、青铜器并用时代贝加尔湖沿岸地区的居民在族源上的直接亲属关系。鄂温克族及其文化起源于贝加尔湖这一说法，也同样被人类学的资料证实。就鄂温克族人类学类型而言，在黑龙江上游、石勒喀河洞穴里发现了具备鄂温克族一切体质特征的头盖骨，与头盖骨一起还发现了贝加尔湖地方特有的文化和装饰。

当时在贝加尔湖附近和沿岸的原始森林中，居住着流动性的森林猎人和渔人的许多部落。他们居住在白桦树皮搭成的帐幕里，从事狩猎和捕鱼

---

① 内蒙古少数民族社会历史调查组：《鄂温克族简史简志合编》（初稿），中国科学院民族研究所，1963，第5页。
② 转引自鄂温克族简史编写组《鄂温克族简史》，内蒙古人民出版社，1983。
③ M. T. 列文：《西伯利亚民族志》，转引自鄂温克族简史编写组《鄂温克族简史》，第5页。

生产，和鄂温克人早期的祖先紧密相连。这一结论，与我国鄂温克人的传说亦是相符合的。鄂温克族关于"拉玛"湖的传说：

> 鄂温克族的故乡是勒拿河，勒拿河宽得连啄木鸟想飞过去都不可能。勒拿河一带有个"拉玛"湖（即贝加尔湖），有八条大河流都注入该湖。湖里长着许多美丽的水草，水上漂着许多荷花。在湖边看，离太阳似乎很近，太阳似乎从湖边升起；那里气候很暖，湖的周围山很高，鄂温克人的祖先是从"拉玛"湖高山上起源的。

因此，贝加尔湖起源说认为，鄂温克人的祖先活动在贝加尔湖沿岸及其以东、以北的广大山林之中。

2. 乌苏里江、绥芬河、图们江下游起源说

鄂温克族学者乌云达赉认为，鄂温克族起源于乌苏里江、绥芬河、图们江下游，他们的祖先是靺鞨七部之一的安居骨部。

乌云达赉在其著作《鄂温克族的起源》一书中，主要从语言学的角度，通过对蒙古语、突厥语、通古斯语各民族的古代地理分布的分析，否定了文献记载的北室韦和鞠部是鄂温克族祖先的说法，并从"鄂温克"一词的语音"ewenki"出发，论证鄂温克族的祖先是安居骨部。他认为鄂温克族起源于通古斯语族南支，唐代被称为靺鞨安居骨部的安居人，并提出被学术界称为北方通古斯的鄂温克人实为南方通古斯，而被称为南方通古斯的各族则来源于北方集团。

除上述两种主要起源说外，俄罗斯学者史禄国也对鄂温克族的起源提出了自己的见解，认为其起源地为黄河流域。史禄国认为，"北方通古斯的民族志，在许多实例中，表明北方通古斯人是起源于南方的。通古斯人的服装是不适宜西伯利亚气候的，著名的通古斯敞口外衣，不像其他古亚细亚民族服装那样能够御寒"。[①] 因此他进一步推断，"有足够广阔的地域，可以形成一个民族单位唯一的温暖地区是华北和华中的低地和高原所形成的谷地，即黄河和长江的中游和部分下游地区。这个地区，作为地理学上

---

① 〔俄〕史禄国：《北方通古斯的社会组织》，吴有刚、赵复兴、孟克译，内蒙古人民出版社，1984，第 222 页。

的区域单位，在地域和气候上，可以满足居住在大陆上，以狩猎为生的民族单位形成的需要"。①

以上诸种不同观点都对鄂温克族的起源做了一定的考证和假设，长期以来，鄂温克族"贝加尔湖起源说"在我国民族学界影响较大，较有说服力。

（二）鄂温克族简史

从鄂温克族的起源来看，鄂温克人发源于北纬 52°寒温带区域的山林湖泊地带。鄂温克族的发展历史与俄罗斯西伯利亚贝加尔湖一带以及我国黑龙江中游以北的山林地带密不可分。适应这种生态环境的狩猎与牧养驯鹿生产是鄂温克人千百年来世代传承的文化根基，狩猎叙事依托于久远的狩猎生产，诠释着鄂温克族的早期文化。

在公元前 2000 年，即石器、青铜器并用时代，鄂温克人的祖先基本上都居住在贝加尔湖沿岸辽阔的土地上。那时，他们的起居生活相当简陋，绝大多数人居住在用长木杆和白桦树皮搭成的圆锥形帐篷里，而且衣裤、鞋帽、被褥几乎都是用兽皮制作而成，他们主要从事狩猎和捕鱼等人类早期的生产活动。

在早期的史料中，对于我们今天所称的鄂温克（ewenke）族有过不同的叫法或写法。例如，《魏书》中称鄂温克族为"失韦"，《隋书》中称为"室韦""北室韦""钵室韦"，《旧唐书·室韦传》中叫"黑水靺鞨"。其风俗有："父母死，尸则置于林树之上"（《魏书·失韦传》），"用桦皮着屋"（《北史·室韦传》），这与鄂温克人的"树葬"及用白桦树皮搭盖"戳罗子"的习俗类似。这些史书中出现的"室韦"一词，是在满通古斯诸语和蒙古语族诸语里普遍使用的 Shigu-gaj→Shiguj ~ Shigaj ~ Shige→Shiwej ~ Shiwe 的汉字转写形式，泛指"密集的树木""茂密的树木""树林""森林""森林地带"等意思。毫无疑问，上述史料中提及的"室韦"各部或部落等，是指当初生活在兴安岭或其他森林地带的人们，其中就包括鄂温克人。后来的《蒙古秘史》把鄂温克人等生活在兴安岭山林里的人们都统称为"林木中百姓"。清初的时候，居住于尼布楚周围的鄂温克人等也被称为"树

---

① 〔俄〕史禄国：《北方通古斯的社会组织》，吴有刚、赵复兴、孟克译，第 223 页。

中人"。事实上，这些历史书籍里所谓的"室韦部落"或"林木中百姓"等，不是单指"鄂温克人"，而是指"鄂温克人""鄂伦春人""达斡尔人"及生活在山林地带的"蒙古族"的相关部落或族群以及"锡伯人""满族人"等。牧养驯鹿的鄂温克人祖先在维提姆河苔原森林地带生活时，与"北室韦"的部族毗邻而居，因而被划入"北室韦"部族之列。在《文献通考》《新唐书》中，鄂温克人基本都被说成是"'鞠国'人"或"'鞠部'人"。到了辽代，女真人被分为"生女真"和"熟女真"，当时鄂温克族等被划入"生女真"之列。金朝统治之时，金朝统治者自然而然地将鄂温克人生活的区域划归自己的势力范围。在元代，鄂温克人生活的贝加尔湖及黑龙江流域，隶属元朝岭北行省管辖，接受元朝的直接统治。其中，就包括当时被称为"林木中百姓"和"兀良哈"的鄂温克人等。进入明朝后，鄂温克族被称为"女真野人"与"北山野人"，纳入明朝的统治辖区，鄂温克族各部首领和地方官员接受了中央册封，制定了向地方官厅纳贡的条款和基本要求。

到了明末清初，也就是在 17 世纪初，当时的统治者依据鄂温克族生产方式和生活地域的不同，把他们划为三个分支。其一是，居住在贝加尔湖两岸和勒拿河支流威吕河，以及维提姆河流域森林地带牧养驯鹿的鄂温克人，被称为"索伦别部"的"牧养驯鹿的鄂温克人"；其二是，贝加尔湖以东赤塔河一带的鄂温克人，由于这部分鄂温克人牧养马牛羊，主要从事草原畜牧业生产，并以马匹作为主要交通工具和生产生活的主要依靠，所以他们被叫作"索伦别部"的"使马鄂温克人"；其三是，生活在石勒喀河至精奇里江流域从事半农半牧生产的鄂温克人，也就是当时鄂温克族的主体部分，被清初政府称为"索伦部"或"索伦本部"。那时，鄂温克人虽然生活在不同地域、不同环境和条件下，从事着不同形式和内容的生产活动，但他们被编入清初的"索伦本部"和"索伦别部"之后，都不同程度地接受了向清朝地方政府纳贡纳税的行政指令和义务。管理"索伦本部"的权威性首领是一个名叫博木博果尔的鄂温克人，他是乌鲁穆丹城的首领。"乌鲁穆丹城"的"乌鲁穆丹（Urmudan）"是鄂温克语，主要表示"山的尽头"或"山顶"等意思。博木博果尔有调动五六千人的作战部队的权力。事实上，从明末清初开始，被称为"索伦本部"的鄂温克人已经同周边的商人建立了较为广泛的商品买卖或货币交易关系，同时已经有了鄂温克人自己经营的相对稳定的交易场所。每年的不同季节，周边或内地商人以及商业团队会带着丝绸、日用品、粮食作物以及生产用具、弹药，来到鄂温克人经营的交易市场进行买卖，或直接到鄂温克人家里进行各种形式和内容的商品交易。在绝大多数情况下，鄂温克人以猎获的珍奇动物皮毛、采集的名贵药材等换取布匹、丝绸、粮食、油盐以及生产生活用具、弹药和货币等。这使"索伦本部"的鄂温克人有更多的机会接触外来文化，特别是周边地区的汉族人和满族人的物质文化渗透得较深。由此，在鄂温克人的上层阶级中，建造永久性房屋、穿满式的丝绸衣物、佩戴各种装饰品、送子女上学、学习满文等现象越来越多。所有这些，为鄂温克族社会经济的发展发挥了极其重要的作用，使他们早在 17 世纪就已形成了以军部编制为单位的社会组织结构，进入了特定发展阶段。

总体来说，鄂温克族先民早期的活动区域，主要在贝加尔湖沿岸及大小兴安岭的广袤山林以及周边的草原地带。这些地区，两汉时期为"鲜卑人"的生息地；南北朝时期属于"北室韦""钵室韦"诸部的生活区域；唐代居住过"北山室韦"及"鞠部"各族，并隶属地方都府管辖；辽代设立室韦节度使，归西北路招讨司管辖；金代设立蒲与路；元代属岭北行省和开元路管辖；明代隶属于奴尔干都司管辖。到了清代，也就是从崇德元年（1636）之后，在山林自然中牧养驯鹿的鄂温克人也陆续归服清朝政府，其后他们定期到清朝政府指定的交易市场或地方衙门向政府纳贡貂皮、鹿茸、鹿血、鹿尾等珍奇动物产品。

清宣统年间（1909～1911），清朝政府内外交困，其军事实力显著减弱。外国列强乘虚而入，不断侵吞我国大好江山。鄂温克人为了保卫家园同沙俄帝国主义进行了顽强的斗争，也为此付出了沉重的代价。

20 世纪 30 年代，日本侵略者侵占了我国东北和内蒙古东部地区，鄂温克人的生活区域沦落到日本帝国主义之手，划归日伪统治下的"兴安东省""兴安北省"管辖。当时的日伪统治者，在呼伦贝尔设立"索伦旗""额尔古纳左旗""额尔古纳右旗"等机构，将原来的布特哈辖区划给"兴安东省"。日伪统治者在鄂温克族生活的区域内设置"日伪警察队"和"特务机构"，严密监视鄂温克人的各种活动，他们还在海拉尔等地增设"关东军栖林训练营"等专门机构，对鄂温克族人民实行强制的军事化统治。当时的伪满傀儡政府，制定了鄂温克族青年必须服兵役的特殊规定，凡到服兵役年龄的青年按规定必须应征伪满洲国的"国兵"。与此同时，在生活在山区的鄂温克人中设立了日伪军管辖的"山林队"，强行把鄂温克族青壮年编入其中。日伪统治者还诱导扎兰屯、阿荣旗等农区的鄂温克族青壮年吸食鸦片，甚至强制性地给他们注射鸦片，导致鄂温克族青壮年丧失劳动能力。日本侵略者以种痘、打预防针为名，用鄂温克人做各种细菌实验，使鄂温克人死亡人数急剧上升。所有这一切使鄂温克族人口急剧下降，严重威胁着整个鄂温克民族的生存。然而，鄂温克族人民始终没有放弃为自由和光明而战的决心和信念，他们以各种方式不断抗击日本侵略者——偷袭他们的营地、破坏他们的军事设施、切断他们的军火通道；等等。鄂温克族青壮年积极参加东北抗日联军，他们辗转于大小兴安岭广阔的密林和辽阔的草原之间，给日本侵略者和伪满傀儡军队以沉重的打击。抗日战争最后阶段，鄂温克族抗联官兵与苏联红军配合作战，歼灭侵略我国东北的日本关东军，直到日本投降。

（三）鄂温克族族称

对于"鄂温克"一词的解释目前存在一定的争议。《鄂温克族简史》中认为，"'鄂温克'这一自称的含义，根据调查，鄂温克人对西伯利亚一带的大山林，其中包括外兴安岭、勒拿河、阿玛扎尔河等地区的大山林，都叫'俄哥登'（大山林），而在这些大山林中住的人们都叫'鄂温克'，'鄂温克'的意思就是'住在大山林中的人们'；另外还有一说法是：'住在山南坡的人们'。两种解释，都说鄂温克人是居住在山林之中。它充分说明，鄂温克族自古以来就是一个居住在大山林中的狩猎民族"[①]。

鄂温克族著名语言学学者朝克认为，"鄂温克"一词的含义为"从山上下来的人们"。他从语言学的角度提出，"鄂温克"（ewenki）的词根 ewe- 是动词，表示"下去"或"下来"之意，-nki 是从动词派生名词的"构词词尾，故 ewenki 为"下去的（人们）"或"下来的（人们）"之意。[②]

---

① 鄂温克族简史编写组：《鄂温克族简史》，内蒙古人民出版社，1983，第 4 页。
② 朝克：《鄂温克一词》，《蒙古语文》1987 年第 4 期。

还有观点认为"鄂温克"一词与鄂温克人曾经饲养的驯鹿有关,"奥科"是鄂温克语"苔藓"的意思,这是驯鹿的主要食物,因此鄂温克族的族称很可能反映了鄂温克人饲养驯鹿的生活方式。[①]

尽管"鄂温克"一词在词义上有诸种解说,但鄂温克人基本上认为自己是一个居住在山林中的民族,以游猎为主要生活方式。正如牧养驯鹿的鄂温克老人玛利亚索所说:"我们是一个弱小的边境民族,是靠打猎过来的,祖祖辈辈生活在大森林里,守着山林,我们有自己的传统,有猎枪,我们跟大自然非常亲近,过着自己的生活,我们并不需要太多的钱,大自然里什么都有。"

1.2 口传文化

人类文化传播的历史大致分为三个阶段:口传文化阶段、印刷文化阶段和电子文化阶段。无论何时,口传或口述的信息传播及其文化特性,都以不同的方式存在并延续着。我国的鄂温克族有语言,但没有本民族文字,其文化属于口传文化,这种口传文化是建立在本民族传统文化基础之上的。民族的历史、风俗、信仰、生产知识以及生活经验等,主要通过口耳相传的方式,一代又一代地传下来。鄂温克族人民对于本民族历史的记忆,通过流传于各地鄂温克人当中的神话、传说不断巩固和强化。

"由于文字与语言相比出现较晚,在文字出现之前,各民族的早期历史总会生动形象地收录在祖先靠口头流传下来的作品里。尽管这些记载可能会零碎、杂乱,甚至扭曲,有些凭现在的经验很难使之复原,但是,不少的民族的历史却可以由祖先传下来的口头作品反映出来。"[②] 这些古老的神话、传说在千百年的口耳相传中,积淀了民族历史发展过程中各个时期的烙印,从不同的侧面反映了各民族的远古生活,讲述了各民族的发展史、生活史及人与自然的关系。这种口耳相传的记忆对各个民族的历史,尤其是无文字民族的历史起着重要的补充说明作用,是对文献和考古资料的有力补充。

---

① 全国政协文史和学习委员会等编《鄂温克族百年实录》,中国文史出版社,2008,第28页。
② 王宪昭:《论少数民族民间口传文化的功能》,《理论学刊》2009年第2期。

睿智的鄂温克人凭借对先民最原初的记忆编织了美丽的神话传说，生动地解释了民族的由来以及各种风俗习惯，世代口耳相传。上文提到的勒拿河的传说就是流传于牧养驯鹿的鄂温克人当中的起源传说。据说他们最早居住在雅库特州勒拿河一带，因为那里野兽少了，为寻找野兽多的地方，他们离开了那里。三百年前他们从勒拿河出发，经过腾底河，再经由威吕河上游，分两部分向黑龙江南岸进发。一部分鄂温克人顺着石勒喀河来到漠河的对岸，这一支就是驯鹿鄂温克人。

鄂温克人的萨满，每逢跳神之前，先要说些关于民族起源的话，比如那妹塔家族的萨满在唱词中唱道：

> 我们的故乡在黑龙江上源的石勒喀河一带，以及阿穆尔河（黑龙江）旁边。阿尔巴金（雅克萨）周围至瑷珲泉水（海兰泡）那边的锡沃赫特山（指从黑龙江上游以东至乌苏里江的大片山林地带）是我们祖先生活过的地方。[①]

上述唱词同人类学资料及考古发现是相吻合的。"就鄂温克族的人类学类型而言，在黑龙江上源，石勒喀河沿岸洞穴中发现了具备鄂温克族一切本质特征的头盖骨，与头盖骨一起还发现了贝加尔湖地方特有的文化和装饰。"[②] 从地理环境看，贝加尔湖以东至黑龙江上游石勒喀河一带，山连山、水连水，连成一片。

如此看来，鄂温克人的历史传说、唱词等口头传统与考古发现，共同证实了鄂温克族起源于贝加尔湖沿岸及贝加尔湖以东至黑龙江上游石勒喀河一带的莽莽林海。鄂温克人对于先民生活的记忆，通过口耳相传的神话、传说，延续至今。《来墨尔根和巨人》是关于鄂温克人早年生活状况、迁徙历程的传说。

> 传说，在很早以前，有很多人住在黑龙江发源地附近。有个叫作来墨尔根的人，是这群人的酋长。起初，他们靠吃苔藓过活，日子很苦。不久，来墨尔根开始练习使用弓箭打猎了。当时，虽说会

---

① 吴守贵：《鄂温克族社会历史》，民族出版社，2008，第 12 页。
② 鄂温克族简史编写组：《鄂温克族简史》，第 6 页。

生火了，可是还没有锅子，只会架起木柴，用火烤肉吃。后来，黑龙江边的野兽打光了，来墨尔根就骑上他的大红马，过到黑龙江北岸去打猎。在一座山顶，发现有一匹高头大马，马脊背端坐着一个巨人。那马和巨人头上，都只长一只眼睛，这是从来也没有见过的。来墨尔根走到那巨人面前，巨人跟他要烟袋，让来墨尔根向他敬烟抽。来墨尔根抽出烟袋，正想递过去，不知怎的，他自己骑的红马忽地蹿起来，不停地惊跑，方向是往回里走，那巨人就跟在后头不放，紧紧地撵他。

来墨尔根的马跑得快，一下就跑过了江，来到江南岸，回过头去对巨人说："你有能耐，过来比一比！"巨人看他那么神气威风，没敢轻易地过来。

来墨尔根催马回到了部落，跟人们说："到江对岸打猎不行，还是上别处去寻个好猎场吧。"部落里的人有的不愿离开这里的山场，来墨尔根就说："愿意随我走的，睡觉是就头朝西南方。"

第二天，他带领愿意跟他一起走的人们，顺黑龙江往下，朝西南方向走下来了。

后来，在大河边上居住下来的，就是索伦鄂温克人，那些愿意留在山场的，就是鄂伦春人。①

传说中的"很久以前"，应当是指生产力水平低下、生产工具简陋的旧石器时代。那时，鄂温克族先民由于狩猎工具落后，猎获动物的概率较低，因此靠采集野果、野菜及苔藓等来充饥。后来出现了一个叫来墨尔根（鄂温克语，又叫莫日根、莫根，有打猎能手之意）的人，学会了使用弓箭。进入新石器时代，弓箭作为具有一定射程和杀伤力的生产工具，其发明与使用，大大提高了猎获动物的成功率，使狩猎生产的效率倍增，从而导致了"黑龙江边的野兽打光了"。在这种情况下，作为部落首领的来墨尔根只好去黑龙江北岸打猎，试图开发新的猎场，不想却遇到了独眼巨人

---

① 录自《内蒙古东北少数民族社会历史调查资料》，杜宝莲（1895 年生）讲述。流传于嫩江流域鄂温克族人中。《黑龙江民间文学》（第六集），中国民间文艺研究会黑龙江分会，1983，第 11 页。

和独眼马，他虽然躲过了巨人的追击并以气势将其吓退，却不得不搬迁猎场。由此可见，鄂温克人早期的狩猎生产处处充满了威胁，各个生产集团对猎场的争夺以及来自各种强大、凶残猛兽的袭击，都让鄂温克人体会到了山林生活的艰辛，于是他们不自觉地塑造了像独眼巨人等妖魔鬼怪的形象，借以表达他们内心的恐惧与敬畏。面对各种敌对势力，更多的时候鄂温克人都选择勇敢地面对，凭借猎人的胆识、智慧和力量战胜困难，但有时也不得不退让或者躲避，这就是鄂温克人历史上频繁迁徙的原因。最终，来墨尔根带领愿意跟他一起走的人，来到黑龙江南岸，成为后来的索伦鄂温克人，而留下的那部分人则被称为"鄂伦春人"（住在山岭上的人）。这则传说不仅再现了鄂温克人早年的生产生活状况及迁移过程，同时还印证了鄂温克族与兄弟民族鄂伦春族的同一渊源。

2 狩猎叙事的自然生态根源

鄂温克人早期赖以生存的环境山林密布，水系密织，遍布各类飞禽走兽，是天然的狩猎场所。狩猎是鄂温克人早期的主要生产活动，同时也是他们的精神生活的主要内容，鄂温克人的狩猎叙事就在那片沃土的滋润下生根发芽并延续至今。

2.1 自然生态环境

任何民族的生存都是在特定的自然空间进行的，特定民族在自然空间中生存延续，并形成了独特的民族文化。鄂温克族是我国北方古老的民族，在早期漫长的岁月里，狩猎生产为其主要的生产生活方式。千百年来鄂温克人主要活动于贝加尔湖及大小兴安岭一带。

贝加尔湖位于俄罗斯西伯利亚南部的伊尔库茨克州及布里亚特共和国境内，距蒙古国边界仅111公里，是东亚地区不少民族的发源地。贝加尔湖有"西伯利亚明珠"之称。贝加尔湖为大陆裂谷湖，有超过1700种动物及植物栖息、生长于此，其中2/3为特有种，联合国教科文组织于1996年将贝加尔湖登录为世界遗产。贝加尔湖呈新月形，湖泊位于盆地地形中，周围有山脉及丘陵环绕，是亚洲第一大淡水湖，也是世界第七大湖，有多达 336 条河流注入，其中最大的河为色楞格河。另外，在湖的西侧有另一条大河勒拿河的源头，距湖仅 7 公里，不过被高达 1640 米的贝加尔山脉中部所阻隔。贝加尔湖也是世界最古老的湖泊，据研究，它已经在地球上存在超过 2500 万年，同时贝加尔湖也是世界上最清澈的湖泊之一。① 对于贝加尔湖的环境，俄罗斯民族学者史禄国曾进行过实地考察，他在《北方通古斯的社会组织》中写道：贝加尔湖地区分布着两种截然不同的自然类型：林区（Taiga，通常是覆盖着原始森林的山区）和草原。贝加尔北部为林区，南部为草原。其典型的自然环境特点为：覆盖着森林的低矮山峦，两坡之间是小河和溪流，它们形成了河谷。河岸很低，河水经常改变方向。有些河岸上长满了灌木、桦树以及落叶松。河流与山峦之间是平地和沼泽。在这些沼泽里，稍微结实些的土地上，有一片片的灌木和树林形成的小绿洲。山谷中布满了巨大的腐朽倒木、山岩，溪谷中长满绿苔。这里分布着各种对当地居民生活有意义的动物，如马鹿、犴（学名驼鹿）、驯鹿、狍子、麝、野猪和紫貂等。② 作为鄂温克族的发源地，贝加尔湖丰富的动植物资源，是鄂温克人的天然猎场，滋养哺育了鄂温克族先民。

我国的大小兴安岭林区曾经也是一片未经开发和破坏的原始森林。《黑水先民传》记载："其地襟带黑龙江巨浸，背负兴安大山，幅员之广，方万余里。重峦复水，杂沓环抱，深丛老林，历千数百年不见天日。巨鳞怪介，鸷禽猛兽之属，穴渊窟山，吸嗥蹩蹋，睒睒攫人。"③ 大、小兴安岭有 90% 以上的土地为亘古未曾开发的原始大森林所覆盖，被誉为林海雪原。这里的木本和草本植物种类繁多，据统计有 500 多种。除各类树种外，野生可食的野菜、野果和块根植物几乎到处都有，还有各种药材类植物。

植物种类繁多，动物资源也毫不逊色，大小兴安岭有珍禽异兽 50 多种。在大兴安岭的林海中，植被丰富，因而有许多食草类动物，如狍子、獐子、马鹿、野猪等。在潮湿阴凉的森林中，树洞很多，植被茂盛，有利于灰鼠等啮齿动物的生长。生活在丘陵地带的大型食肉动物有赤狐、狼、猞猁、豺、黄鼠狼和马熊等。在山谷和林间的溪流或小河边，栖息着水獭

---

① 参见维基百科"贝加尔湖"词条。
② 参见〔俄〕史禄国《北方通古斯的社会组织》，吴有刚、赵复兴、孟克译，第 21～27 页。
③ 黄维翰：《黑水先民传》，黑龙江人民出版社，1986，第 4 页。

等食鱼动物。林中巨兽驼鹿，俗称犴达罕，主要分布于大兴安岭主脉，喜欢栖息在茂密的原始针叶林中，尤其是有桦树的地方，以食桦树嫩枝为生。小兴安岭除狍子、马鹿、野猪分布很广外，还有长尾黄鼠、梅花鹿、东北虎等；各种飞禽也很多，以飞龙鸟、松鸡、野鸡、野鸭为代表。河流纵横曲折的黑龙江和嫩江平原盛产各种鱼类，著名的有马哈鱼、鳇鱼、哲罗鱼和细鳞鱼。黑龙江大小兴安岭茂密的林海，千百年来为我国鄂温克族提供了衣食之源，在她的滋养和哺育下，以狩猎为生的民族鄂温克族生息繁衍至今。

"地域与民族是人类的一切生计活动中的两大基本的主客体因素，这两种主客体因素的融合构成了一定的生计方式及过程。从经济民俗的角度看，一定的地域空间以一定的地理环境和资源结构构成了人类物质生产活动的物的要素的直接载体，并在此基础上，形成了操持不同生计的人类群体的社会组织和生产俗制。区域的自然资源环境差异和民族的社会文化差异，不仅使不同民族的生计活动内容各不相同，而且使其生计活动的方式和道路选择也表现出重大的差异。"① 人迹罕至的原生自然环境、单纯的社会环境、丰富的动植物资源，贝加尔湖及大小兴安岭的生态环境特点为鄂温克人狩猎生产的发展创造了极佳的条件。至今，生活在大兴安岭北麓的牧养驯鹿的鄂温克人，仍在山林里牧养着驯鹿，远至西伯利亚的一部分境外鄂温克人也同样坚守在山林之中。特定的自然生态环境孕育了鄂温克人的早期狩猎文化，一直到 20 世纪 80 年代，牧养驯鹿的鄂温克人还一定程度地保持着狩猎生产生活的习俗。在鄂温克人传统的生存方式中，狩猎、采集、捕鱼占有重要地位。

2.2 狩猎生产方式

所谓"靠山吃山，靠海吃海"，森林中有丰富的野生动物，它们是鄂温克人的衣食之源，智慧勇敢的鄂温克人根据地形山势，利用不同工具猎获各种动物。可以说，狩猎是鄂温克族人民早期最为重要的生产方式，狩猎生产对鄂温克人的民俗、信仰、心理及民族性格都产生了深刻的影响。

---

① 江帆：《生态民俗学》，黑龙江人民出版社，2003，第 339 页。

在俄罗斯，目前鄂温克人大体划分为以下几个分支：依然保持着传统生活方式的森林鄂温克人；以畜牧业为主要生产方式的牧区鄂温克人；以农业为主要生产方式的乡村鄂温克人；居住在城市的鄂温克人。法国人类学家亚历山大这样描述生活在俄罗斯的鄂温克人：不是所有的鄂温克人都牧养驯鹿，但所有的鄂温克人都认为自己是猎人。这种说法有他的偏见，但也从另一个侧面可以看出，鄂温克族人民早期对狩猎活动的浓厚兴趣。

（一）狩猎工具

在流传下来的鄂温克人祖先传说中，远古时期先民用石刀剥桦树皮，用薄石片剥兽皮，用落叶松枝的芯做针，取火是用两块石头击打出火星，用桦树皮纤维引火，打猎用扎枪、弓箭（箭头是用兽骨头做的）。

后来，伴随人类文明的进步和发展，鄂温克人的生产工具不断变化改善，而有了冶金术之后，鄂温克人学会了制造大刀、小刀等铁的工具，这对鄂温克人的生产活动产生很大影响，他们开始使用铁制工具，狩猎工具从扎枪、弓箭变为燧石枪。

勒拿河时代，捕鱼生产在鄂温克族中也占极其重要的地位，鄂温克人春、秋穿的都是鱼皮衣，他们的捕鱼工具是铁制的叉子"黑兰基"和钩子"奥鲁古"。

1. 桦皮船与扎枪

桦皮船在鄂温克语中叫"佳乌"，是鄂温克人早期捕鱼和狩猎时的重要交通工具。桦皮船是用桦树皮为原料制作而成的船只，具体来讲就是用桦树皮包住整个船身形成船面，用松木制成船骨来支撑其船体。桦皮船敞口，船体中部较宽，船头、船尾尖细并微微上翘，状似剖开的梭子。船身极矮，高度仅为 20 厘米左右，长 8～9 米，载重量大，可乘五六人，行驶速度快，适宜在水面较为宽阔、水流较为平缓的水域里使用。桦皮船的一大特点是轻便，因为用于制作桦皮船的材料质地轻盈，因而成品桦皮船轻便异常，在搬运时一个人就能扛动。桦皮船的另一大特征是快捷。桦皮船头尖尾锐，整个船体的造型呈流线型，这种造型有利于减少船体在水中行进时的阻力，使其能够在水中迅速滑行。桦皮船扁平的船体使其能够轻盈地行进。桦皮船在水上滑行时轻巧无声，不会惊扰动物，因此夏季猎人们经常乘坐桦皮船进行狩猎，射杀在河边或湖边饮水的动物。鄂温克人使用桦皮船的历史很长。

鄂温克人来到漠河一带后，以狩猎为主。他们猎取犴时使用的工具主要是桦皮船和扎枪。夜间，鄂温克人将桦皮船隐蔽在湖旁，等犴跑来吃枯草时，当犴的头浸入水中时，一个人快速划船，船速进无声，犴抬头时停止前行，犴头入水，再快速前进，到眼前时另一人用扎枪猛刺犴最末肋骨之间的肾脏，刺进后立刻将扎枪抽出，使伤口进水，这样犴会立即死去，如不立刻将扎枪抽出，犴还会跑掉。扎枪不仅用来刺犴，也用于刺杀熊，鄂温克人使用扎枪打猎至今已有百年。

2. 弓箭

鄂温克人在使用扎枪打猎的同时也用弓箭打猎。过去用弓箭打猎时，"乌力楞"① 的男女老幼都出动协助围兽，其中妇女起了很大作用。他们将野兽出没的周围以栏杆围起来（主要由妇女们做栏杆），在栏杆的四周留下几个出口，出口处设下深深的陷阱，在陷阱旁，有拿弓箭的人等着。"乌力楞"的男女老少在山上哄撵野兽，野兽从林中出来，顺着人们所做的栏杆，看见出口就往外跑，一下就掉进了陷阱里，拿弓箭的人把掉进陷阱的野兽（主要是犴、鹿）射死。此外捕鱼也可用弓箭，尤其是大鱼，在岸上就能看清楚，人们可以直接用弓箭射死。

鄂温克人把弓叫"波勒"，把枪叫"波勒坎"，在鄂温克语中，弓和枪是两个相近的词。过去老人们用的弓箭，箭尾用野鸭翎镶嵌叫作"斯嗯"，箭身叫"奥克苏勒"，箭头叫"结特"。以前，鄂温克人所用的弓箭，弓是双层的，里层是黑桦木，外层是落叶松。桦木发柔不断，两层中间夹以犴筋、鹿筋，用细鳞鱼皮熬成胶粘住。弓弦是鹿皮制的。

鄂温克人打猎的弓箭还有一种"伏箭"，又叫"地箭"（阿龙嘎）。鄂温克人在野兽走的路上设下伏箭，射杀野兽。用地箭可以打犴、鹿。冬天时，河汊之间的冰凸起，上面生长一种红棕色的植物"衣玛"，鹿、犴最喜欢舔这种植物，鄂温克人在这种植物的周围围上栏杆，留门，在鹿、犴

---

① "乌力楞"，鄂温克语，指家族式社会的组织。游牧和游猎生产一般以"乌力楞"为单位开展各种生产活动，同一"乌力楞"的人们共同劳动，共享劳动成果。

经过的地方设下地箭，专门射它们的心脏。地箭在水中还可以射杀水獭。

3. 滑雪板

滑雪板是鄂温克人冬季打猎时追击野兽必不可少的工具。从古至今，鄂温克人都使用"金勒"（滑雪板）打猎。鄂温克族男人一般都会做滑雪板，主要以松树为原料，长约九扎，宽一扎半。滑雪板的前端呈弯状，后端成坡形，在滑雪板的中间有用犴腿皮做的绑脚的带子。早期的滑雪板（"卡亚玛"）下面没有犴皮，后期的滑雪板，板的下面有犴皮。传说在勒拿河时代就有这两种滑雪板。

从头一年11月下大雪时开始到次年二、三月份，鄂温克的成年猎人都会穿着滑雪板去打猎。在山岭间滑雪板是最快的工具，一般徒步需走三天的地方，穿上滑雪板当天就能到，天气好的话，一天可以滑行80公里。滑雪板经常是在山顶上雪地比较硬的地方滑行，在山顶，滑雪板只吃二指雪。穿上滑雪板追鹿、犴、熊等特别快，雪大野兽跑不动，也容易打。

4. 燧石枪

燧石枪是鄂温克人继扎枪和弓箭以后，使用的又一种打猎工具。燧石枪比弓箭复杂，容易呲火，准确度也不高，所以鄂温克人当时并不是十分喜欢用它。

当时有两种燧石枪，一种是打大子弹的，名叫"图鲁克"，可以打大兽，射程是50～100米，数量很少；另一种是打小子弹的，名叫"乌鲁木苦得"，用来打灰鼠，这种枪也不多。在阴天、雨天以及打大兽时，燧石枪不如扎枪和弓箭用起来有把握，所以虽然它很早就出现了，但鄂温克人还是习惯以扎枪打猎。

燧石枪的附件很多，如火药瓶"纳都鲁斯科"、子弹袋"部拉路苦"、火药定量器"妹鲁基"、扎眼的小签子等。

在1909年以前，大部分鄂温克人都有大、小两种燧石枪。

5. 快枪

20世纪初，鄂温克人的狩猎工具有了较大的改变，出现了俄国制造的"别拉弹克"枪。快枪的出现使传统的狩猎方法，如乘着桦皮船用扎枪打犴的狩猎方法被淘汰了。"别拉弹克"枪的射程达到150～500米，它的出现为猎人单独狩猎提供了条件。到了1910年，鄂温克人又开始有了俄国制造的连珠枪，连珠枪的射程达到 300～1000 米，这种武器使猎获物的数量有了更大程度的增加。

6. 其他狩猎工具

鄂温克人的早期狩猎工具，还有猎刀、砍刀、背架子、鹿犴哨、狍哨等。鹿犴哨是学犴、鹿叫声的哨，用来引诱犴和鹿，用松木制作，顶端细，越往下越粗，中间用鱼皮胶粘住。细头的尖端能吹出鹿声，粗头能吹出公犴声。鄂温克人的鹿犴哨在狩猎生产中发挥了很大的作用，这是鄂温克人智慧的创造。当犴和鹿处于交配期时，吹响鹿犴哨可以引诱公鹿、公犴接近猎人的射程。狍哨用桦树皮制作，能够模仿狍崽叫，可引诱母狍接近猎人的射程。

（二）狩猎组织

鄂温克人早期的狩猎方式，是由部落首领率领众人进行大型围猎，后来发展为各个"哈拉"（家族）联合进行围猎，这种集体狩猎方式一直持续到 19 世纪末期。联合狩猎活动在每年的春秋两季进行。围猎时，全体猎手推举一位长老为"阿围达"（总猎长），在他的指挥下全体猎手从指定地点包围选定的山林，当包围缩小到一定程度后，大家开始射杀被围的各种猎物。

到了近代，鄂温克人的狩猎方式既有个人在村落附近打猎，又有集体去远处狩猎。近处打猎，鄂温克语称"贝伊西仁"，远处狩猎，鄂温克语称"阿玛日仁"。因单独狩猎同鄂温克人传统的集体狩猎相悖，因此单独狩猎的猎人即使技术再好也会遭到周围人的白眼。

打远猎一般由村落里的猎人自愿组合为一个临时性的"塔坦"（狩猎小组）。狩猎小组通常由六七人组成，包括"塔坦达"（狩猎组长）、"莫日根"（猎手）和"库图勒"（伙夫）。狩猎小组成员一般为成年男性，如有妇女参加，则担任伙夫一职，负责做饭、砍柴。

通常情况下，大家推举年岁最长、狩猎经验最丰富的老猎人担当"塔坦达"，让年龄最小者当"库图勒"。狩猎期间大家都要尊重和服从"塔坦达"的指挥和吩咐。到达猎区，选定集体住的地方，必须先由"塔坦达"点第一次火。吃饭时，大家先给"塔坦达"盛饭，吃肉由他先动刀，之后大家才开始吃。小组每个成员一定要尊敬"塔坦达",他睡觉的位置是在篝火西面的第一个位置,平常也都是这样。每天应该到哪儿去打猎都由他先提议,大家同意后就去,如不同意就再商量。在打猎回来之后,一切劳动不让他做。①

塔坦达   猎人

参加"塔坦"的人用一口锅吃饭,围坐一起烤一堆火,对打到的猎物实行平均分配,"你打到的野兽分给我,我打到的分给你",即无论谁打到的猎物都要放在一起。猎物按品种和数量由"塔坦达"分成大致合理的几份儿,每人分得一份儿。如果将猎物拿去市场上销售,则大家平分所得现金。回到村落,"塔坦"自动解散,下次打猎时再组。

(三)狩猎技能

要在大小兴安岭及贝加尔湖这样一个环境复杂、野兽出没的山林河谷中生存下去,没有强健的体魄、过硬的狩猎本领是绝对不行的,猎人们需要十八般武艺样样精通。鄂温克人长期同野生动物打交道,积累了丰富的狩猎经验和技能。

1. 熟悉猎区的山川地形

鄂温克人狩猎很有章法,不随便打猎。过去,每个部族基本上都有固定的活动范围,其范围不是明确划分的,而是约定俗成的。鄂温克人,特别是男人从小就跟随父兄进山打猎,对猎区内的山脉走向、河流分布以及各种野兽的踪迹都了然于心。以往的历史学家们研究了埃文基猎人的非凡技能,相关的文献资料如今亦可查到。1866 年,历史学家阿·波·西恰波夫与图鲁汉哥萨克进行了一次重要对话,谈的就是恰波基尔家族的通古斯人:

> 他们对森林中的山、岩、树木,一处处一根根全都熟悉。从叶尼塞河到毕力约依河(勒拿河支流)、休林德拉湖所有的沼泽地("霍

---

① 内蒙古自治区编辑组:《鄂温克族社会历史调查》,内蒙古人民出版社,1986,第 53 页。

依"）、长满苔藓的地方、山火烧过的松林遗迹（"加格达嘎利"）和任何一条溪流的位置，全部清清楚楚。①

深山里密林丛生，溪流纵横，但不论环境怎样复杂，鄂温克人也从不迷失方向。他们白天根据太阳，夜晚根据北斗星，阴天根据山脉、河流的走向来确定方向。

2. 掌握野兽习性

鄂温克人熟悉各种野兽的习性。知己知彼方能百战百胜，凭借对野生动物习性的熟悉，他们可以非常容易地猎获自己所需的猎物。鄂温克人的狩猎对象主要有鹿、犴、熊、野猪、狍子、水獭、狼、猞猁、灰鼠、山兔、獾子；等等。对于猎物的习性、追击的地方和方向，鄂温克猎人都了然于心。为此，他们还编了朗朗上口的童谣：

> Bosu oli neneke,
>   秃　山　去，
> Boowe waranku;
>   鹿　　猎杀；
> Antekeli neneke,
>   半山腰　　去，
> Aidari waranku;
>   野猪　　猎杀；
> Guagedeli neneke,
>   高山　　去，
> Guran gisen waranku;
>   公　狍子　猎杀；
> Amujile neneke,
>   湖水边　去，
> Tohe waranku.
>   犴　猎杀。②

---

① 〔苏〕伏·阿·图戈卢科夫：《西伯利亚埃文基人》，白杉译，呼伦贝尔盟文联内部资料，1988，第27页。
② 采录于呼伦贝尔市阿荣旗音河达斡尔鄂温克民族乡，2011年8月13日。杜卫军（男，鄂温克族，1967年生人）提供，幼时其父母教授。

这首童谣大意为：去秃山上打鹿，去半山腰打野猪，去高山上打公狍子，去湖水边打犴。

鄂温克人在狩猎生产中，对鹿科动物的需求量是最大的，如野生驯鹿、犴、马鹿、狍子等。这类动物通常体型较大、肉多而味美，较之其他动物产量高，能给人们提供丰富的衣食资源。其骨髓营养丰富，是精美的食物。此外，鹿茸、鹿胎、鹿心血等是名贵的药材，经济价值高。因此无论是从实用价值还是从物质利益出发，鹿科动物始终是鄂温克人的重要猎捕对象，但鹿科动物栖息于深山密林中，流动性很大，要想猎获这种动物需要对其习性有相当的了解才行，否则连鹿的影子都看不到。

鹿的嗅觉异常灵敏，它走时多顶风走，几十里以外的味道都能嗅出来，一旦闻到异味便逃之夭夭。所以猎人猎鹿时要在它的下风处，才能不被它察觉，从而捕获它。鹿通常夜间出来在山坡或河边吃草，白天卧在山顶上，能望见四面八方，看见人影或嗅到气味就跑掉。它一下就能跳到山背后，连影儿也看不见，所以非常难打。每年六七月正是鹿下崽的时候，鹿常常把自己的崽放在极密的林中，人不易到的地方。但是再难以捕获的猎物也难不倒聪明智慧的鄂温克猎人，在长期的生产实践中，他们总结出了诸如蹲碱场、吹鹿哨的方法来猎获鹿。

蹲碱场。利用鹿吃碱土的习性，每年的 5～9 月，在雪刚化时，猎人选择有鹿的山坡，用锹挖开土地放一些盐，盐化了之后土地就变成碱场了。碱场一般长约三米，宽二米，鹿嗅到味道晚上就会来吃。夜间猎人在离碱场七八米远的地方，隐蔽在灌木丛或小树林中，把枪架好，静静地等待鹿来。猎人蹲碱场时，即使挨蚊子咬也不能动，因为用手赶蚊子的声音、脱帽的声音，鹿都能听见。打死鹿后留下鹿的血、粪都不行，因为鹿嗅到这些东西的味道后，几个月也不会来碱场了。

吹鹿哨。秋季八月末至九月末，正值鹿的交配期。一般一只公鹿带三四只母鹿，没有母鹿的公鹿则到处寻找配偶。鄂温克猎人使用木制的鹿哨，夜间在有鹿的区域模仿公鹿的叫声，有些老猎人直接用枪管就可以模仿公鹿的叫声。有公鹿的地方一定有母鹿，这样没伴儿的公鹿听见声音也会来。

鄂温克族民间故事《坚得勒玛》里说鹿在早先有四只眼睛，是一种灵敏非凡的动物，猎人怎么也猎杀不到它。后来，出现了一位枪法超人的猎人——希莫日根，他射伤了一只母鹿。母鹿的幼仔找大公鹿来报仇，却不敌希莫日根，大公鹿越想越气："我有四只眼睛，难道竟打不过只有两只眼睛的猎人！"于是自己撞瞎了两只眼睛，从那以后，鹿就变成了两只眼睛的动物，再也无法逃脱猎人的枪口了。故事从描述鹿的灵敏、机智开始，用对比的手法和幻想的形式，通过鹿的最终被征服，来表现鄂温克猎人打猎技术之高超。这也是对鄂温克族狩猎生活的真实写照。与鄂温克族有着同源关系的鄂伦春族也流传着相似的民间故事《布提哈莫日根》。国家级非物质文化遗产摩苏昆传承人莫宝凤是这样解释故事名称的：

> 布提哈莫日根，"布"是大公鹿，莫日根是打猎打得最好的人。他尽打鹿，打公鹿啊，什么小鹿、公鹿都打。这里头就有"库马哈"（鄂伦春语、鄂温克语：鹿）的歌。
>
> 就说人穿着一套红杠子皮子，骑的那个黄马，牵的黄狗，背着garipan，garipan就是箭，打围去了，打围就见着这一帮鹿。以前人都打不着鹿，特快，它有四个眼睛。亏了（布提哈莫日根），红杠子皮子的一套衣服，都是红的，骑的马是黄的，牵的狗也是黄的。他就用garipan打的，就打着了一个母鹿（enin kumaha）。这是布提哈莫日根打着的。①

可见对鹿的猎取，对于狩猎的鄂温克人来说是多么的重要，需要他们的聪明与智慧。

此外，善于驾驭猎犬，熟练使用各种狩猎工具，如弓箭、扎枪以及枪支等，都是鄂温克人打猎必不可少的技能。

（四）狩猎经验的习得

早期狩猎的鄂温克人都是在游猎活动中成长起来的。同一"乌力楞"的孩子们长到五六岁后，就在一起玩一些与狩猎活动有关的传统游戏。老年人用桦木给孩子们做小弓箭，让孩子们练习射击、练习打靶，让他们从

---

① 访谈对象：莫宝凤（女，鄂伦春族，1936年生人），时间：2009年7月11日，地点：黑龙江省黑河市，采访人：娜敏、张小青、杨超。

小就知道射击目标。到了小飞龙鸟出生的时候，三五成群的孩子就去捉它。十岁之前，孩子们主要从游戏中学习狩猎的知识。这类游戏有打熊的游戏、打犴的游戏以及搬家的游戏等。鄂温克男孩长到八九岁，属于游戏性的狩猎教育就被真正的狩猎活动代替了。他们人还没有枪高的时候就骑马上山，随同父兄打猎，学习狩猎的技能。刚开始学打猎时，他们主要是在一旁观察如何寻找野兽踪迹，如何瞄准猎物，如何射中要害等。等到十二三岁时，他们的狩猎技能就基本上打磨得差不多了，可以单枪匹马出没于山间林地。十二岁开始打灰鼠，十五六岁以后就可以打大兽（鹿、犴、野猪等）了。

> 供给皮张最多之人，莫如散布兴安岭一带之狩猎种族，彼等对于森林状况，如数家珍，知之最悉，盖彼等自有生以来，即栖息于此，故非仅成丁之人，深谙狩猎，即十一二岁之孩童，亦能知其方向，探其深浅，当打猎之时，孩童之所助于其父兄者，不减于猎犬，父兄告以毙兽地点，即能觅取以归焉。

> 凡儿童七岁以后，其父兄即教以打猎之技艺，教之之法，先令以枪自击灰鼠，击必中其头，如击而不中，或中而伤皮，则夏楚随之矣，如此终岁练习，必至纯熟而后已，及十岁左右则得心应手，枪无虚发矣。①

除随父兄一同打猎亲自实践外，青年猎手还通过听老年人讲故事来获取宝贵的狩猎经验，他们在听故事的同时增长了狩猎知识，提高了狩猎本领，从而成为鄂温克族的合格猎手。老一代猎人有时用唱歌的形式传授关于野兽习性的知识，如民歌中唱道：

> 猎人最快乐的地方，
> 是秀丽的山河，
> 群鸟最快乐的地方，
> 是青空的飞翔。

---

① 中东铁路经济调查局编《呼伦贝尔》，参见《鄂温克族历史资料集》（第二辑），鄂温克族自治旗民委古籍办，呼盟民族事务委员会古籍办，1996，第147页。

顺排飞的鸟，

喜欢在沙坨子上，

横排飞的鸟，

冬天喜欢飞向南方。

叫着飞的野鸡，

喜欢小树丛。

……①

鄂温克人的狩猎技艺就这样世代相传。他们把善猎的男人称为"艾莫根"（好猎手、打猎英雄之意）。这样的人，在鄂温克人中很受尊重，也是老年人择婿的一个重要标准，因为把女儿嫁给这样的人，她今后的生活就有了保证，可以不愁吃穿。在集体狩猎时，优秀的猎手也受到人们的拥护，大家都愿意跟他一起去打猎。

翻开各类鄂温克族民间故事集，其中必定少不了形形色色的狩猎故事。这一篇篇的狩猎故事有的讲述了山林中鄂温克族猎人亲身经历的故事，但更多的是富有传奇色彩的幻想故事。"鄂温克族关于狩猎生活的故事，占很大比重。《老虎报恩》《哈热图的故事》《德布库的故事》等，都以猎民生活为题材，表现了他们对自己生产对象的细微、淳朴的感情，从而过上美好生活的愿望。"②

对于历史上曾长期处于狩猎生产状态的鄂温克人来说，狩猎故事曾经是他们最热衷于倾听和讲述的"活生生的故事"。然而，作为没有文字的民族，很多这样"活生生的故事"在口口流传中湮没了，其中一部分得以在善记能言的人们中传承下来，这些珍贵的口头文学遗产积淀了祖先的智慧、折射了民族的精神、展现了独特的美学追求。

（五）狩猎习俗

鄂温克人打猎要遵守许多的规矩，如不打正在交配的动物，不打幼兽，也不打鸿雁、鸳鸯，因为这两种鸟总是成双成对地生活在一起，打到

① 内蒙古自治区编辑组：《鄂温克族社会历史调查》，第118页。

② 黄任远、黄定天、白杉等：《鄂温克族文学》，北方文艺出版社，2000，第104页。

其中一只就会使另一只成为孤鸟。如果谁违反了猎规，就会遭到老人们的责骂，受到人们的耻笑。鄂温克人狩猎时有很多禁忌，认为违反这些禁忌就打不着猎物。这些禁忌包括：狩猎时忌讳说大话空话，否则什么也打不着；狩猎期间禁止大声喧哗、吵闹，更不准唱歌；狩猎者禁止往火里泼水或扔脏东西，否则触犯了火神，就打不着猎物；猎人出猎前，绝对禁止进入产房；猎人忌讳吃狗肉、狼肉和狐狸肉；猎人路过老虎走过的脚印时不能横过，而要斜方向过去，否则会遭到老虎的报复；不能用枪口指人，否则枪子自动射出来，会打死人；狩猎时禁止猎人之间闹纠纷不团结；有老猎人在，年轻猎人不能开第一枪；等等。

鄂温克人还有出去打猎前禁止告知别人打猎的地点和方向的习俗，甚至连自己的家人也不能告知。他们认为野兽特别是野猪肩骨上有孔眼，有事先猜知的本领。如果猎人在打猎前说，今天一定能打到野兽，野兽就会跑掉。民间故事《野猪肩骨上的耳朵》反映的就是鄂温克人这一观念。

猎人们在打猎前，通常都要祭拜山神"白纳查"，因为他们相信所有的动物都归山神管辖。鄂温克人认为天地万物都有神灵，山有山神，水有水神，风有风神，火有火神。鄂温克人称山神为"白纳查"（bainaga），认为"白纳查"管辖着崇山峻岭中的动植物，要想打猎就要先征得它的许可，请求它赐给猎物。为了供奉这位山神，鄂温克人通常在山林中高大的老树干上，距地面二米左右的地方砍去一块树皮，刻上山神"白纳查"，猎人每次路过这里，都要给"白纳查"敬烟、敬酒、叩头，用猎物给它上供。鄂温克人相信这样做了以后，"白纳查"就会保佑他们多打野兽。如果不尊重山神则会受到惩罚。"过去老人特别重视祭祀山神，有一个车老板赶着大轱辘车去拉木头，看到鄂温克人敬山神，就随口说：'你们敬山神干啥，不如敬我。'老猎人听他这么说也没吱声。车老板把松树装上车后往回走，结果半路上松树掉下来砸到他身上，把他的两条腿压折了。"①

猎人出猎很久仍未打到猎物，就要由"塔坦达"（狩猎组组长）主持祭祀"白纳查"。猎人们在"白纳查"前用整齐的木柴架一方形堆，木柴

---

① 杜金花（女，鄂温克族，1952年生人）口述，2011年8月7日采录于呼伦贝尔市阿荣旗那吉屯。

忌用不整齐的、容易崩火的木头（怕崩着山神），把火点起来，供上老年人喜欢吃的东西，如牛奶煮的面片、黄米饭和酒等，再烧上香，香的味道能让山神知道。

"塔坦达"祭祀"白纳查"时要给"白纳查"讲故事，歌颂"白纳查"是赐给人类幸福的神，敬拜山神、尊敬老人的人都能丰衣足食。讲完故事后，"塔坦达"再唱歌恳请"白纳查"答应猎人们的要求。内容是：我们到山上来，鞋底已经磨破了，什么也没打到，连吃的肉都没有了，家中的老婆孩子还等着我们带回去野兽！我们打不到猎物，还有什么脸回去见我们的家人呢？请您听了我们的歌，赏给我们福气吧！这时另一位老人就代替"白纳查"说："你们的故事和歌曲都很好，给你们福气！"猎人们听了这话就高兴地感谢"白纳查"。鄂温克语称祭"白纳查"为"尼玛哈西让"。①

为求得山神的帮助给山神讲故事的习俗，在鄂温克族的狩猎故事中常有体现。鄂温克族民间故事《仙鹤、鲫鱼、獠头》②说的就是猎人在打猎前讲述打猎丰收的故事来愉悦山神，从而获得神力帮助，实现圆满的狩猎结果。

除了流传众多的狩猎故事外，鄂温克人对于梦及各种征兆的解释也往往与狩猎生产息息相关，反映了鄂温克人的精神世界。如对于梦境的解释：猎人在梦中遇见火车，第二天一定能打到野兽；梦中遇见死去的人，一定能够打到野兽。对于征兆的解释：上眼皮跳是天气有变化，下眼皮跳能够遇见野兽；嘴唇跳要和人吵架；手掌痒时能打住野兽，脚掌痒要走远路。

3　狩猎叙事的精神信仰根基

从远古走来的鄂温克人，他们的精神世界充实而丰盈，他们的信仰古老而神秘。鄂温克族的传统精神信仰为萨满信仰。萨满信仰有广义与狭义两种内涵。广义的萨满信仰是指在世界各地广泛存在的早期信仰，是一种世界性的精神文化现象。狭义的萨满信仰是指盛行于亚洲北部，包括东北亚、北亚、西北亚、贝加尔湖附近以及阿尔泰山一带较为典型的远古信

---

① 参见内蒙古自治区编辑组《鄂温克族社会历史调查》，第 53 页。
② 《黑龙江民间文学》（第六集），中国民间文艺研究会黑龙江分会，1983，第 67 页。

仰，它是人类早期信仰的一种。"万物有灵，灵魂不灭"是萨满信仰的核心，它包括自然崇拜、图腾崇拜、家族祖先崇拜等，萨满则是人神之间沟通的使者。萨满信仰认为宇宙分为三界：一是天界或上界；二是人间或人类世界；三是下界或阴间地狱。

根据有关的远古壁画、出土文物、文献史料和民族志，经过实地考察与研究，有的学者提出萨满信仰大约在旧石器时代末期和中石器时代就已经产生。在旧石器时代，人类以狩猎为生，相信万物有灵。按照学者的推测，萨满信仰几乎是伴随着人类而生，并逐步发展起来的最古老的自然崇拜。

关于萨满一词的来源，学界有两种主要的观点。一种观点认为萨满一词源于通古斯语族。其他民族对萨满有不同的称呼，几乎只有通古斯语族的人一直称之为 Saman，没有别的名称。苏联学者伏·阿·图戈卢科夫在对西伯利亚民族深入研究后认为，仅就萨满一词的来源而言，埃文基人（俄罗斯鄂温克人）是当之无愧的萨满始祖，他们中有特殊的萨满家族"萨马基尔"。① 另一种观点是 1820 年由雷缪塞提出来的，他认为萨满一词来自巴厘语 Samana 或梵文中的 Sramana，在中文里被翻译成"沙门"。后一种观点由于立论不足，已被众多学者否定。②

关于萨满的词义问题，秋浦主编的《萨满教研究》一书认为"萨满信仰一词来源于通古斯语，意为激动、不安和疯狂的人"。任继愈主编的《宗教词典》也认为萨满一词为满通古斯语族语言，原意为"因兴奋而狂舞的人"。③ 鄂温克族学者杜·道尔基从语言学的角度对萨满一词进行了深入剖析，他认为萨满一词源于鄂温克语。在鄂温克语中，词根"saa"的意思是"知觉、感觉"，在他编著的《鄂汉词典》中，收录了 31 条由词根"saa"派生出来的词汇，都和知道、知识或知觉有关。因此杜·道尔基认为，鄂温克语的"samang"或"saman"是由"saamang"一词演变而来的，其作为形容词表示无所不知的、神明的，作为名词是智者、圣者之意。④ 由此

---

① 参见〔苏〕伏·阿·图戈卢科夫《西伯利亚埃文基人》，白杉译。
② 参见色音《东北亚的萨满教：韩中日俄蒙萨满教比较研究》，中国社会科学出版社，1998，第 6 页。乌拉熙春：《从语言论证萨满一词之本义》，《满族文化》第 15 期。
③ 参见色音《东北亚的萨满教：韩中日俄蒙萨满教比较研究》，第 6 页。
④ 杜·道尔基：《浅析鄂温克萨满及仪式"奥米那仁"》，载全国政协文史和学习委员会等编《鄂温克族百年实录》，中国文史出版社，2008。

可见，超越国界的统一专用名词萨满，源于满通古斯语，其意为"先知者""神通者""通晓者"，即通晓神意的人，神灵的化身，人类的使者，人神的媒介。

自古以来，鄂温克族的萨满信仰就包括了大自然崇拜、动植物崇拜、家族祖先崇拜和诸神崇拜。在其信仰体系中，万物有灵论占据了相当重要的位置。他们认为，世上万物均有其主宰，"灵"是支配一切的，万物皆有灵，如日月星辰、风云雨雪、彩虹、山岳、古木、奇草、动物、河流、岩石等，都有灵性，应受到崇拜。萨满信仰深深影响了鄂温克人对世界的认知，在鄂温克人的心目中：

> 天和地球一样，有山、有水，也有人。天上的人个儿很大，心非常好，不说谎，不打骂别人，不做坏事，以自力维持生活，绝不伤别人，故可称为神。
>
> 地下也有山、有水和人。地下的人个儿非常小，像猴一样，心非常坏，无恶不作，故可称为鬼。
>
> 伯勒布和（鬼），是坏人死后的转化，它夜间在山中生火、喊叫，人前去时就不见了。鬼也能使人患病，但鬼就怕萨满，请萨满赶鬼，就是这个道理。
>
> 哈拉给（魔鬼），是有人类之前就有的。在这世界上，人类出现之前，只有神和魔鬼，他俩是死对头。魔鬼总想害人类，神始终是保护着人类，所以他俩经常进行斗争。神用雷来打击"哈拉给"，"哈拉给"最怕雷，故"哈拉给"经常住在石头洞里，而雷对石洞是不起作用的。①

鄂温克人还相信自然物中附有超自然性能和无穷的神秘力量，是人类生命所依、生存所系的依赖对象。在狩猎生产中，如果猎人长期打不到野兽，便要请萨满求福气。猎人到萨满家去求神，去时一般要带去一条毛巾或一块布，先向萨满提出请求，萨满答应求神时，才拿出带来的手巾或布挂在萨满的家里。猎人去萨满家求福之前必须准备好两只鸭子或飞龙鸟。萨满同意求

---

① 内蒙古自治区编辑组：《鄂温克族社会历史调查》，第 238 页。

福时会问："你家有什么血吗？"猎人就答"有飞龙鸟"或"有鸭子"，并马上将准备好的东西取出来，供奉萨满的"玛鲁"。取出鸭子或飞龙鸟的心、肝、肺、食道、舌等东西，与用柳条子做的鹿或犴一起放在"玛鲁"前，这时"乌力楞"的人们都来参加，求福的猎人把猎枪弹头取掉，减少火药，用这枪打柳条制的鹿或犴，"乌力楞"的人们一起说"打中了，打中了"，这是很严肃的场面，任何人不准笑。猎人打完后，当场假装剥皮并取下心、肝、肺、食道、舌等东西，第二天搭一棚，把这些东西放在棚上，他们认为这样就可打到野兽。①

鄂温克族的萨满信仰不但深深影响了他们的早期狩猎生产，还有力地支持着鄂温克人的家族组织观念和家族组织的巩固。鄂温克人的萨满是世袭的，并且每个家族都有家族萨满，老萨满死后由其亲弟妹或亲生儿女来继承，若无嗣时，由萨满的神在自己家族内选择继承者，萨满不仅是家族唯一的崇奉者，而且在社会上也有很高的威望，过去的头人一般都由萨满来担任。一切鬼神之事、吉凶之兆和疾病的来源以及家族的"敖教尔"（习惯法）等都由萨满来解释。满通古斯诸民族非常崇信萨满信仰，他们对家族祖先的神灵顶礼膜拜，每个家族都供奉家族祖先神灵，在家族会议、亲属聚会时都必须祭祀祖先神灵，唤起人们不忘祖先、永葆家族荣誉的传统意识。当家族从一地迁徙到另一地的时候，家族长要宣讲祖先的各种业绩以及祖先为家族立下的礼仪等。家族会议是满通古斯诸民族最大、最神圣的神话讲述活动，家族长讲述的祖先神灵在家族成员中具有神圣性和真实性。一直到 20 世纪初，这种活动在满通古斯诸民族中还有遗留，并且构成满通古斯诸民族民间文学传承的特殊语境。②

有一则鄂温克族狩猎故事《野猪神的传说》，讲述的就是一只野猪如何成为一个莫日根家族供祭的最高神灵：

> 在现在的阿荣旗维勒古西村东南，沙勒板气村的西南，有一个神仙洞。神仙洞的主仙是个野猪。
>
> 这个野猪是个公猪，用鄂温克语叫爱丹。这个成精为仙的爱丹上

---

① 内蒙古自治区编辑组：《鄂温克族社会历史调查》，第 235 页。
② 汪立珍：《满—通古斯诸民族民间文学研究》，中央民族大学出版社，2006，第 4 页。

下嘴巴上的大獠牙又白又长，像个钢叉似的，锋利无比；它的毛色是红褐色的，每根毛都像钢针一样竖着，闪亮闪亮的；它的皮都是在松树油子上蹭的成了赭色，连枪都打不透。

在维勒古西村住着一位姓杜拉日的艾·莫日根。他是枪枪不空的神枪手，也算是村里最出名的好猎手。有一次他领着一位达斡尔库吐勒（赶车，做饭的）去维勒古西和沙勒板气之间打猎。这一天，正好遇上这头成精为仙的赭色大野猪。他架起苏扎思苦（枪架），端起枪，开了一枪，子弹在它身旁划过去了。这时爱丹气恼地吼着，横过身子观察动静。那个大个爱丹，足足有四五百斤，再横过来，射击范围就更大了。对一个百发百中的神枪手来讲，对准哪儿打都是跑不了的了。可这位莫日根连打了几枪，都无济于事。碰巧这个时候，达斡尔库吐勒听到枪声后，认为一定是打到野兽了，就拉着车赶来了。结果，被野猪一咬，再一甩，正好把他扔进了几块石头形成的凹处，摔死了。

杜拉日莫日根赶来时，爱丹已经无影无踪了。达斡尔库吐勒却死在那里。他屁股朝天，四肢往下耷拉着，头已深深地扎在几块石头之间，骨盖已裂，脑浆子都淌出来啦。杜拉日莫日根见状痛苦不已，猎也不再打了，拉着尸体回到家里，隆重地葬了这位达斡尔朋友。

时隔不久，杜拉日莫日根家里人有病，病人头痛得翻来覆去，啊呀呀的叫喊不止，就像裂了两瓣儿似的难忍难耐。杜拉日莫日根没办法，只好请萨满烧哈拉巴（肩胛骨）卜神。萨满一看，说是外面加入的神灵，成仙让他供祭，还有那位达斡尔朋友的死灵，也让他供祭。杜拉日莫日根为了救活家人，只好画佛像宰牛，祭奠了这个野猪神和故去的朋友的死灵。

从此，这个爱丹成了杜拉日莫日根家族的最高神灵了。只要家里人犯有头痛病，就立即杀羊宰牛祭奠它。过年过节，也都全家人烧香磕头，供奉祭品。①

萨满信仰是鄂温克族一直以来虔诚崇拜的神圣信仰。但鄂温克族在信

---

① 杜梅搜集整理《鄂温克族民间故事》，内蒙古人民出版社，1989，第 288 ~ 289 页。

仰萨满的同时，由于与周边民族蒙古族、俄罗斯民族的接触和交往，也有很多鄂温克人信仰藏传佛教、汉传佛教、基督教（主要是东正教）。比如，敖鲁古雅乡鄂温克族和莫尔格勒河鄂温克族受俄罗斯东正教的影响，在婚嫁丧葬中潜移默化地吸收了东正教的教义、教规；与蒙古族相邻而居的鄂温克族自治旗、陈巴尔虎旗的部分鄂温克族接受了藏传佛教思想。尽管有的区域的鄂温克族历史上曾经受到东正教、佛教的影响，但各地鄂温克族长期以来仍旧信仰萨满信仰。他们在萨满信仰世界里传承着鄂温克族的口头传统，狩猎故事是其中的重要组成部分。

4 小结

鄂温克族悠久绵长的古老历史是鄂温克族狩猎叙事产生及流传的重要因素，从远古走到今天，狩猎故事与鄂温克人的精神生活相依相伴，渗透他们精神文化世界的底层。作为我国北方古老的森林狩猎民族，鄂温克族把族源传说及历史迁徙的故事等通过一代又一代的口耳相传延续至今。其口头传统记述民族历史，传承民族传统，反映精神信仰，富含丰富的地方性知识，是鄂温克人的百科全书。鄂温克族狩猎故事作为民族口头传统的一个重要组成部分，具备如上特征，同时以其独特的内容，集中反映了鄂温克族早期的狩猎生产活动。

北方寒冷的气候、凶猛迅捷的动物，都是鄂温克人在早期狩猎生产活动中必须要面对和克服的。"乌力楞"的孩子们还在悠车里的时候，就已经被母亲背在身上一同去打猎；到了五六岁，就开始用桦木做的小弓箭，在玩闹中学习射击和打靶，孩子们从打熊、打狍的游戏中学着做一个猎人；到了12岁，就开始跟着父兄实际狩猎了，从此之后，狩猎生涯会持续到他生命的最后时刻。《鄂温克族社会历史调查》中记载了一位已经93岁的老人，他仍旧希望上山打猎。"他90岁时和年轻的猎手们去阿尔巴吉河一带，一夜他打了6个狍。他说：'别看我90多岁了，可是我打猎这颗心还是火热的，并没有死，不客气地说，我是个很好的猎手呵。'"[1]

---

① 内蒙古自治区编辑组：《鄂温克族社会历史调查》，第172页。

千百年来，萨满信仰伴随鄂温克人的精神世界，作为内在的心灵支柱，规范着他们的生产生活、习俗礼仪及宗教仪式等，使他们与大自然、周边民族和谐共处，同时也为他们的口头传统构筑了厚重的文化底蕴。"萨满在不同场合唱诵的神词、有关萨满的神话不仅具有重要的信仰、文学、社会历史的价值，其本身也是鄂温克族神话的重要组成部分。萨满信仰作为鄂温克族信仰世界的主要依托，至今在现实生活中还有一系列的遗迹存活于世。一种是与萨满信仰思想体系及萨满有关的神话、传说等民间文学作品仍然流传在现代生活习俗当中，有些得到完好的保护和再次的传播。而这种传播和保护是潜意识的、隐形的，随着广大民众的连锁式传播，其生存力、鲜活力是绵长不尽的。"① 可见，体现鄂温克人精神世界的狩猎叙事连接了他们的过去与现在。

---

① 汪立珍：《鄂温克族神话研究》，第 62 页。

二　狩猎故事的区域类型

"鄂温克"是鄂温克族的民族自称，之前他们曾被称为"索伦""通古斯""雅库特"等，1957 年民族身份确认时，按照鄂温克族的民族意愿将族称定为"鄂温克"。之所以有如此多样的民族称谓，是由于鄂温克族历史上频繁迁徙，加之居住地区分散，互相之间隔绝，从而造成了生活及生产方式的某些差异，被他者当作是不同的民族。

"索伦"是满族人对鄂温克人的称呼，在满语里"索伦"一词含义丰富，有"先锋""射手""请来"之意。因为，在历史上鄂温克族是个骁勇善射、冲锋陷阵的英勇民族。还有学者认为"索伦"一词是鄂温克语"索罗根"（sologon）一词的变音，如《鄂温克地名考》一书指出，"索伦"有"东方""河的左侧""河的上游""在上坡上"等意思，有时也表示"……的人（们）"，比如"索罗根哈赫尔"（sologon haahar）表示居住在上游的哈赫尔氏之意。① 朝克在乌热尔图编著的《述说鄂温克》一书中指出："'索伦'一词是满语，表示'顶梁柱''柱子'等多义。由于当时，鄂温克族将士为清朝政府统一版图立下汗马功劳，为此得到清朝政府的很高评价和定位，就把他们称其为'索伦''索伦人''索伦部'。"② "索伦"鄂温克人人数最多，分散最广，主要居住于内蒙古自治区呼伦贝尔市鄂温克族自治旗、阿荣旗、莫旗、扎兰屯市等地，如今主要从事游牧业和农业生产。

"通古斯"③ 鄂温克人主要居住于内蒙古自治区呼伦贝尔市陈巴尔虎旗，从事畜牧业生产。"通古斯"称谓的来源有很多种说法，比如有人认为是因

① 内蒙古自治区鄂温克族研究会、黑龙江省鄂温克族研究会编《鄂温克地名考》，民族出版社，2007，第 6 页。
② 乌热尔图编著《述说鄂温克》，远方出版社，1995，第 387～388 页。
③ 参见《述说鄂温克》第 383～384 页，朝克对"通古斯"一词的解释。

为他们住在通古斯河附近；还有人认为是因为萨满请神时敲萨满鼓发出的
"通通"声，而被叫作通古斯人。基本上，这一名称最初是雅库特人用来称
呼邻近鄂温克人的，后来传入俄罗斯，被俄罗斯人用来称呼贝加尔湖一带的
鄂温克人。大部分通古斯鄂温克人在俄国发生"十月革命"之后，从额尔古
纳河西岸的敖嫩宝日金、乌者恩、乌鲁楞古和布如珠等地陆续迁入呼伦贝
尔草原。最初有 50 多户通古斯鄂温克迁到特尼河、莫尔格勒河流域一带，
其时当地有 30 多户索伦鄂温克；1948 ~ 1949 年又有 20 户通古斯鄂温克人
从索伦旗（现鄂温克族自治旗）迁到特尼河、莫尔格勒河一带（当地部分
鄂温克人自称是从阿荣旗迁徙而来）。1949 年该地成立特尼河苏木，1953
年改称鄂温克苏木。[①] 如今通古斯鄂温克约有 1560 人，由于在历史上长期
与布里亚特人相邻而居，在服饰、生活习惯等方面相互都有较深影响。

"雅库特"[②] 是俄罗斯人对曾与俄罗斯境内雅库特人杂居的一部分鄂温
克人的称呼。"雅库特"鄂温克人还被称为"牧养驯鹿的鄂温克"，也就是
牧养驯鹿的鄂温克人，居住于内蒙古自治区呼伦贝尔市根河敖鲁古雅乡，
主要从事森林牧场上自然牧养驯鹿的生产活动。美国学者林格伦调研满洲
西北部驯鹿通古斯人时，认为这些部落都属于北通古斯群体，于成吉思汗
征战时期流落到北方。[③]《蒙古秘史》记录了成吉思汗时期对这一地区的征
战，当时把居住在贝加尔湖附近，至黑龙江上游上段，东至结雅河源的外兴
安岭地带的部落称为"森林百姓"，或"林木中的百姓"。其中记载，1207
年成吉思汗曾派长子术赤出征这些部落。[④]《蒙古秘史》中提到的当时征服
的部落还应该包括现在的卫拉特蒙古人、巴尔虎蒙古人等的祖先，很可能
也包括牧养驯鹿的鄂温克人。

1957 年呼伦贝尔盟民族委员会扩大会议上，根据"索伦""通古斯"
"雅库特"各个部落的代表及广大人民群众的意见，取消了"索伦""通
古斯""雅库特"等名称，恢复本民族自称，统一称为"鄂温克"。

---

① 全国政协文史和学习委员会等编《鄂温克族百年实录》，2008，第 70、143 页。
② 有关"雅库特"一词的解释，详见乌热尔图主编《述说鄂温克》，第 384 页。
③ 〔美〕林格伦：《满洲北部的驯鹿通古斯人》，王德厚译，《鄂温克族历史资料集》（第三
辑），鄂温克旗政协文史资料委员会等编，内部印刷，1998。
④ 特·官布扎布：《蒙古秘史》，阿斯钢译，新华出版社，第 220 页。〔法〕雷纳·格鲁塞：
《蒙古帝国史》，龚钺译，商务印书馆，2007，第 165 页。

鄂温克人的这三个分支，有着不同的生活方式，体现出不同民族的相互影响。敖鲁古雅乡鄂温克人以林业为主，鄂温克族自治旗、陈巴尔虎旗以牧业为主，其他地域以农业为主。牧区、农区、林区的鄂温克文化各有特点。生活在牧区的鄂温克族，在语言、信仰、生活方式上受蒙古族、达斡尔族影响较大，体现为语言中有很多蒙古语单词，很多人信奉藏传佛教等。分布于林区的牧养驯鹿的鄂温克族，由于曾与俄罗斯人相邻居住，语言和生活习惯具有俄罗斯特色，日常生活中用到一些俄语词汇，人名中有俄语名字，他们还喜欢做俄罗斯面包，信仰东正教等。生活于农区的鄂温克族，其文化与汉文化已有相当程度的融合，名字用汉名，风俗习惯也与汉族相近，但仍有部分鄂温克人使用鄂温克语，并沿袭着萨满信仰。散居在各个大城市中的鄂温克人，由于传统文化的断层、与族群的疏离等原因，其民族文化特色已经基本丧失。

历史上的频繁迁徙，造成了鄂温克族分散而居的特点，分布于不同流域①的鄂温克族在各自的流域文化发展历程中，形成了自己独具特色的生产方式、价值观念及精神世界。因而，不同流域流传的狩猎故事体现了当地鄂温克族的自然生态、生产方式、价值观念及精神世界。在此，笔者按照鄂温克族依不同流域分布居住的特点，以流域分布的视角阐释鄂温克族狩猎故事的区域类型特征。

1　鄂温克族流域文化与狩猎故事的区域特点

1.1　流域文化

鄂温克族在漫长的狩猎生产生活中，逐渐形成了逐山水而居的居住习俗，不论是他们曾经生活过的地方，还是现在居住的家园，都是依山傍水、风景宜人。如阿荣旗查巴奇鄂温克民族乡，坐落于大兴安岭的东南、阿伦河的上游，是个群山环抱的河谷地带。查巴奇鄂温克民族乡的周围被大兴安岭的支脉所围绕，往北 12.5 公里有"卓勒高尔德"山，25 公里有"库勒古尔霍楞"沟，40 公里有"沃布罗尔高尔德"山、"黄格勒高尔德"山、"苏岗

---

①　鄂温克族的居住习惯是依山傍水，因此不同区域的鄂温克族也是按流域称谓。

高尔德"山，查巴奇乡周围有"龙头和""德力奇尔""汉奈吉""哈格塔嘎高尔德""额木格尔高尔德"等山，都曾是生活在这里的鄂温克族赖以生存的狩猎场和采集场。阿伦河（鄂温克语为清水河）发源于大兴安岭，由西北流向东南，河长约 300 公里，注入嫩江。阿伦河有很多小支流，仅从东向西就有"小西尼奇""业解尔必拉汗""业格查必拉汗""雅河""霍楞""德力奇尔""阿伦德力奇尔""大嘎拉都西""小嘎拉都西""勒瓦阿利""大文布奇""小文布奇""哈格塔盖阿利""乌来西""雅尔达""塔尔"共 16 支小河流。①

即便是移居到了草原，少了山川这一屏障，鄂温克人生活的地方也必定有涓涓河水相伴相生。生活在鄂温克族自治旗辉苏木的鄂温克人便是如此。辉河发源于大兴安岭地区，与奎腾河汇合后往西北方向流去，到辉苏木的哈乎木附近就逐渐弯向东北流入伊敏河，在接近河道地带形成了沼泽湿地。

独特的流域文化由此衍生出了与之相适应的称谓习俗、姓氏命名文化。鄂温克人的部族姓氏名称绝大多数跟河流有关，他们往往用某一条河流的名称为部族起名。例如，居住在雅鲁河（yaalu doo）的鄂温克人叫作雅鲁千（yaaluqian），该河名雅鲁（yaalu）是鄂温克语，表示清澈、干净等意思，doo 是指"河"，雅鲁河（yaalu doo）是"清澈的河"之意。雅鲁千（yaaluqian）是在形容词 yaalu 后面接词缀－qian（人、人们）构成的，该词主要表示"住在雅鲁河岸边的人"。除此之外，还将生活在阿伦河（arong doo）、格尼河（geni doo）、诺敏河（naming doo）、特尼河（teni doo）、杜拉尔河（dulaar doo）等大小河流两岸的鄂温克人称为阿伦千（arungqian）、格尼千（geniqian）、诺敏千（namingqian）、特尼千（teniqian）、杜拉尔千（dulaarqian）。

中国鄂温克族三个比较大的姓氏（哈拉）都与居住地的山水有关，如"杜拉尔"意为"住在河旁边的人"，"涂格敦"意为"在秃山下边住的人"，"那哈塔"意为"在山南坡住的人"。② 生活在俄罗斯的鄂温克人，拥有同样的姓氏文化。埃文基人的家族名称取自住地附近的有关事项和地名，例如，阿金卡基尔家族，就是"森林主人"即"大神"的意思（"阿

---

① 内蒙古自治区编辑组：《鄂温克族社会历史调查》，第 7 页。
② 吴守贵：《鄂温克族社会历史》，民族出版社，2008，第 489 页。

金卡"意为"森林的");恰坡基尔家族的名称很明显地与动物巢穴有关，"恰坡"意指松树巢；"索罗衮"意思是住在河流上游的人们，与其相对，"埃吉甘"的意思是住在下游的人们。[①]

图1 诺敏、格尼、阿伦、音、雅鲁、济沁河流域鄂温克族过去分布[②]

① 〔苏〕伏·阿·图戈卢科夫：《西伯利亚埃文基人》，白杉译，第85页。
② 内蒙古自治区编辑组：《鄂温克族社会历史调查》，内蒙古人民出版社，1986。

1.2　狩猎故事的区域特点

受不同江河流域文化影响，鄂温克族早期狩猎故事呈现出区域类型特征，分布于不同流域的鄂温克族受各自独特的历史轨迹、自然环境及生产方式等因素影响，形成了各具特色的狩猎故事类型。雅鲁河、阿伦河及嫩江流域保存了大量的狩猎故事，在故事类型上包括动物型、狩猎经验型及英雄莫日根型，是鄂温克族狩猎故事类型最丰富、流传最广、数量最多的地域。其中尤以长篇英雄莫日根型故事最富特色，集历史性、幻想性、娱乐性、教育性于一体。由于该流域鄂温克人较早开始从事农业生产，因此某些狩猎故事中体现了浓厚的农业生产特色。辉河、伊敏河流域的狩猎故事，受雅鲁河流域文化影响较深，流传着狩猎故事的基本类型，但在数量上不够丰富，并带有明显的牧业特色。莫尔格勒河流域鄂温克人的狩猎故事，大多是围绕鄂温克族英雄的事迹展开故事情节，是典型的英雄莫日根型狩猎故事。牧养驯鹿的鄂温克人的口传文学以各类动物为核心，形成了独具特色的动物型狩猎故事。

2　雅鲁河、阿伦河、嫩江流域狩猎故事

2.1　称谓及迁徙历程

历史上曾被称为"索伦"的鄂温克人，构成了生活于中国境内鄂温克族的主体，除牧养驯鹿的鄂温克人和从事畜牧业生产的通古斯鄂温克人以外，其他鄂温克人都是索伦鄂温克，人口在两万人以上。

清朝文献中首次提到"索伦"一词见于《清太宗实录》，天聪八年（1634），"往科尔沁国调兵之伊拜还，奏言科尔沁国噶尔珠塞特尔……等各率本部落人民，托言往征北方索伦部落，取贡赋自给，遂叛去……可令索伦部落来朝头目巴尔达齐速还国，恐致噶尔珠塞特尔等袭取其地"[①]。

从清太宗崇德年间起，清朝政府将居住在黑龙江北部各支流及石勒喀

---

① 巴德玛、卜伶俐、达希尼玛等：《鄂温克族历史资料集》（第一辑），内蒙古文化出版社，1993，第1页。

河、精奇里江一带，经营畜牧业，兼搞农业和狩猎业的鄂温克族各部，陆续编入以姓氏为单位组成的不同牛录，任命各牛录额真（后改称佐领）及上级领导都统，并发放不同等次的清朝军营衣帽、朝服以及军用袍褂和官印等。当时，嫩江支流的索伦鄂温克人和嫩江平原地带的达斡尔人统称为"布特哈"（满语，汉译打牲部落——因贡貂而得名）。康熙二年（1663），清政府根据鄂温克人的狩猎经济特点，将布特哈地区的鄂温克人编为 5 个"阿巴"，设"阿巴"（满语，汉译围猎场）作为中间机构，官长叫"阿围达"，突出其平时贡貂和战时从征的义务。根据统治的需要，从康熙六年（1667）在这一地区依据满族八旗"兵民合一"的制度，建立了布特哈八旗。同年，清政府在"索伦"的总称之下分出"打虎儿"（即达斡尔）的族名。此后，清时期的文献中所称的索伦即单指鄂温克族了。

17 世纪中叶，沙俄先后侵占了西伯利亚贝加尔湖和黑龙江流域等鄂温克族生活的区域，同时以石勒喀河上游对岸建立的尼布楚军事基地为中心，不断扩大其所占土地，兴建俄罗斯居民区和东正教教堂以及开办学校。还在鄂温克族集中生活的村屯之间、鄂温克族上层之间、鄂温克族和其他民族之间不断制造矛盾，挑起相互间的争斗，利用挑拨离间等卑鄙手段不断削弱他们的力量。鄂温克人用手中的枪杆子同沙俄入侵者进行了不屈不挠的英勇斗争，特别是在雅克萨战役中，被编入八旗的鄂温克族官兵狠狠地打击了沙俄入侵者，因此受到清朝政府的嘉奖。鄂温克族官兵同沙俄入侵者一直打到康熙二十八年（1689）清朝政府与沙俄签订《中俄尼布楚条约》为止，才无可奈何地放弃为尼布楚等被占土地而战的努力。

在清政府的同意下，顺治十年（1653），黑龙江上游以东地区的达斡尔人和部分鄂温克人南迁至大兴安岭东南麓嫩江流域地区。鄂温克人来到大兴安岭以后，在讷谟尔河、嫩江上游两岸平原地带至诺敏河、格尼河及阿伦河流域建立村屯。鄂温克人能骑善射，骁勇善战，成为清政府的一支征战劲旅。雍正十年（1732），清政府从布特哈八旗中选出约 3000 名鄂温克等民族的官兵及其眷属，编成 50 个牛录（佐领），分属八旗，从左右两翼，前往水草丰美的呼伦贝尔草原筑城防守。那时，鄂温克左翼总管设在南屯，右翼总管设在西屯。乾隆二十八年（1763），清政府又抽调 500 名索伦官兵及 1000 名官兵眷属远赴新疆伊犁屯田戍边。

目前，索伦鄂温克人主要分布于大兴安岭东南麓嫩江上游、诺敏河、格尼河、阿伦河、雅鲁河、辉河、伊敏河流域及新疆伊犁地区。雅鲁河、阿伦河及嫩江流域的鄂温克人现居于莫旗巴彦鄂温克民族乡、杜拉尔鄂温克民族乡，阿荣旗得力奇尔鄂温克民族乡、查巴奇鄂温克民族乡及音河达斡尔鄂温克民族乡，扎兰屯市萨玛街鄂温克民族乡，讷河市兴旺鄂温克民族乡。该地区鄂温克族历史上长期以狩猎业为主要生产方式，兼营牧业生产和农业生产，内蒙古自治区实行禁猎政策以后，各民族乡先后告别狩猎生产，随着 2000 年萨玛街及音河维古奇鄂温克猎民村猎民最后一批放下猎枪，狩猎生产至此退出了该流域鄂温克人的生产生活。

2.2 狩猎故事类型

该流域是鄂温克族狩猎故事最为重要的传承地域，笔者在实地调研中发现，雅鲁河、阿伦河流域的鄂温克人至今还流传着具有浓厚狩猎文化特色的各类狩猎故事。

该流域流传的动物型故事有"感恩的动物"，如《老虎报恩》《打远猎的故事》《熊报恩》等，还有解释各类动物习性特点的故事，如《幸阿和松扩》等。

> 一对相依为命的姐妹，姐姐叫幸阿，妹妹叫松扩。妹妹松扩很淘气，整天爱在地上滚着玩，不小心竟滚进井里淹死了。幸阿非常难过，她整天哭呀哭呀，哭得老天爷都感动得落泪了。从此，每当老天爷想起她们姐妹俩的时候，都要下一场雨。幸阿跑过的地方，所有的草都伤心地枯死了，她经过的森林，所有的树也伤心地落下了叶子。这些花草树木为了悼念松扩，就年年枯，年年落。鹿为了悼念松扩撞断了鹿角，从此鹿角每年都要自然脱落一次。猞猁为了悼念松扩把自己的耳环摘下来了，此后，猞猁的耳环每年都要脱落一次。熊和獾子为了悼念松扩，钻进洞里不吃不喝沉睡一百天，从此，它们的子孙后代都学着它们的样子，每年冬天都要钻进洞里睡一百天。

《幸阿和松扩》通过讲述姐姐痛失唯一的亲人妹妹，伤心不已，痛不欲生，天地为之动容，草木为之失色，就连动物都采取各种极端的方式来哀悼妹妹，从而巧妙地解释了老天下雨，树木一岁一荣枯，动物奇特的生理变化等自然现象。

体现真实狩猎场景、展现狩猎习俗及总结狩猎经验的狩猎经验型故事有《打野猪》《猎虎》《"白纳查"来源的传说》《坚得勒玛》（异文《鹿废掉了两只眼睛》）等。狩猎归来，人们都愿意围坐在猎手身边听他们讲述狩猎时冒险刺激的经历。《打野猪》就是猎人讲述自己惊险狩猎经历的狩猎故事。在故事中，猎人讲述了自己同受伤野猪搏斗的场景：

> 野猪听到脚步声，忽然就朝我扑来，我来不及躲闪，蹬着它的鼻子就跳过去！野猪又回头向我扑来，难道让它挑死我吗？于是我就坐下来，用两只手推着野猪的两个牙，它又跑到我身后，我又转过头来对着它，又推着它的两个牙……打死了野猪之后，在一棵大树下，发现了被野猪挑死的两只狼，这时我脱下手套一看，手上满是鲜血，原来我的手筋已被野猪挑断了。①

《猎虎》则通过深入细致的心理描述，展现了猎人在遇到罕见的野兽老虎时的不安恐惧心理：

> 我到了密林的深处，越往前走，我的心里越感到有些害怕，就像马上有人要打死我似的。我打了半辈子猎，什么地方都去过，什么东西都打过，我是根本不知道什么叫怕的，可是今天好笑得很，为什么心里这样难受呢？这种心情和猎人的称号是不相称的。虽然我是这样想，但，越往前走还是越怕，怕得连我自己都不明白，难道就这样回去吗？有什么脸见人呢？我是一个有名的猎手，不行，还是往前走吧！②

最富幻想性、娱乐性及典型性特点的狩猎故事要数英雄莫日根型故事，这类故事在雅鲁河、阿伦河、嫩江流域居多，其中系列人物故事有《德布库的故事》（7篇）、《哈热图的故事》（2篇），还有笔者实地调研中未搜集完整的《马布库的故事》等。德布库系列故事主要讲述力大无穷的英雄

---

① 内蒙古自治区编辑组：《鄂温克族社会历史调查》，第127页。
② 内蒙古自治区编辑组：《鄂温克族社会历史调查》，第127页。

猎手德布库的种种逸闻趣事。《德布库打山神怪》讲述他跟山神怪比武较量难分胜负，最终在同行猎手帮助下取胜的故事；《德布库打赌》说的是他与人打赌，徒手将倒在烂泥里装着千斤粮食的大轱辘车拉了出来，最终赢得了车主人的酒；《德布库暗访郭布库》《德布库巧遇郭布库》主要讲述两个大力士德布库和郭布库暗中比试较劲的趣事儿；《德布库砍柴》讲述他上山砍柴无意间得罪了山神，致使脚受了伤，结果他找到了山神洞，将山神堵在洞中 8 天 8 夜，直到山神告饶他才罢休，脚伤也好了；《德布库耪地》《德布库耥地》则讲述了他在生产生活中处处使用蛮力，他也因力大无穷而声名远扬的故事。此外，从故事的名字和内容上，可以看出德布库系列故事带有较为鲜明的农业生产气息。

娱乐性较强的英雄莫日根型故事有《特斯贺智斗满盖》《仙鹤、鲫鱼、獭头》等。《仙鹤、鲫鱼、獭头》以一个猎人奇巧的狩猎经历，生动地再现了曾经动植物资源丰盛时期“棒打狍子瓢舀鱼”的猎业丰收场景：

> 猎手骑马刚要过河，见对岸下来一只鹿。猎手怕蹚水惊动鹿，就穿着套裤，骑着马蹚到了河那沿。没想到，过河以后说啥也走不动，只好先把马拴在一棵白桦树上，然后找个塔头墩子坐下来，脱掉套裤往外一倒，里边灌的全是活蹦乱跳的大鲫鱼瓜子！等穿好套裤再看，骑的马没了，便赶紧去撵。找了半天才看见，那马让个穿巴特勒坎肩的人给牵走了，喊他站下也不肯停下来，等赶到偷马的身边一看，那哪里是人，原来是一只大仙鹤！马缰拴在鹤腿上，误看成那是一棵桦树了。这时，再找鹿，早跑得无影无踪。猎手只好回去。等他经过刚才脱套裤的塔头墩子时，一看，他刚才坐过那地方，正好压死一对獭头！①

展现各类英雄人物事迹的英雄莫日根型故事有《来墨尔根和巨人》、《哈尔迪莫日根变巨人石》以及《尼桑萨满的传说》等。此类故事通过动人的故事情节、丰满的人物形象，塑造了一个个深受鄂温克族人民爱戴的鄂温克族英雄人物。

鄂温克族著名的民间故事家格喜玛老人生前生活在萨玛街鄂温克民族

① 中国民间文艺研究会黑龙江分会：《黑龙江民间文学》（第六集），第 67 ~ 68 页。

乡，她善于讲述鄂温克族长篇英雄莫日根故事。格喜玛老人讲述的故事主要收录于《鄂温克族民间故事》（杜梅搜集）和《鄂温克族民间故事选》（王士媛、马名超、白杉编）中，代表作品有《神葱的儿子》（18850 字）、《真假阿拉塔山传奇》（10400 字）、《毛胡日迪罕奇遇记》（9560 字）、《九龙祥带和宝剑》（5850 字）、《哈尔迪莫日根变巨人石》、《活命树》、《猴子和乌龟》，以及《坚得勒玛》等。

《神葱的儿子》讲述食人的满盖吃掉了姐妹俩的母亲，姐妹俩在土地神的帮助下用计谋杀死了满盖，她们从此相依为命。姐妹俩长大后，一次偶然的机会使得二人同时食神葱受孕，生下两个天赐的孩子。兄弟俩长大后成为百发百中的神箭手，分别有了自己的宝马坐骑。哥哥死了母亲，受到姨母的虐待，他离开了家独自去外面闯荡。他去为一户非常富有的人家放牛，成为他们家的七姑爷。他一人打死了百头野猪，找回了富人家被抢走的上万匹牛马。其他六个姑爷嫉妒他的本事，合谋暗算他，使他跌入了陷阱。弟弟得知哥哥落难便赶去营救，最终在两匹宝马和仙女的帮助下救出了哥哥，兄弟俩从此过上了富足安康的生活。整篇故事情节离奇曲折，充满奇幻色彩。

《毛胡日迪罕奇遇记》是一篇极具特色的讲述深山逐猎神奇经历的狩猎故事。故事里的主人公先后经历了饲养黑熊和老虎的食人国，男人是狗的狗国，人们可以一个冬季不吃不喝的冬眠国，最后他来到了和善的小人国并在那里定居下来。途中，他还经历了丧妻和被母人猿劫持到山洞中生活。故事通过主人公一系列离奇的冒险经历，反映了鄂温克族先民的深山狩猎生活，展现了诸多狩猎习俗，体现了鄂温克人早期朴实自然的生态观，是一篇极具美学、民俗学、文化人类学研究价值的狩猎故事。《毛胡日迪罕奇遇记》（9560 字）、《巴特尔桑》（5676 字）、《不怕磨难的巴特尔桑》（5257字）、《青年莫日根的故事》（7326 字）是同一故事的不同异文。其中，第一篇由鄂温克族著名民间故事家格喜玛老人讲述，收录于《鄂温克族民间故事》，由鄂温克族民间文艺工作者、作家杜梅搜集整理；后三篇均为格喜玛的弟弟仁钦扎布讲述，分别由马名超及吕绍华收集整理，搜集地点为鄂温克族自治旗南屯镇。其中马名超搜集的《巴特尔桑》发表于《民间文学》1981年第 11 期。同一篇故事为何情节内容大体一致，题目却相差如此之大？带着对故事名称的疑问，笔者分别访谈了民间故事讲述家何秀芝老人和鄂温克族学者杜·道尔基。

何秀芝，女，鄂温克族，1934 年生人，内蒙古自治区非物质文化遗产传承人、鄂温克族民间工艺家，内蒙古扎兰屯市人，曾任职于鄂伦春自治旗文化局，与格喜玛是同乡。她多年来热衷民间故事的讲述、搜集和传承，是民间文艺工作者杜梅的母亲。当笔者提及格喜玛讲述的这篇故事时，何秀芝老人立刻娓娓道来，对故事的内容情节早已烂熟于心，谈到故事的题目时，她解释道：

> maohurdi（毛胡日迪）是他的名字，"不是很富有的人"。maohusun（毛胡孙）就是穷困，maohurdi 是"很穷困的人"。他根本就没有财产，两口子骑的马就是他们的所有家当了，走到哪儿，哪儿就是他们的家。因为他是很穷困的人嘛，结果他几经周折，娶了几个老婆都死了，完了他就最后走到小人国。去到小人国以后看到他们挺可怜，小人国的人见他也是特别高兴啊，人小不是受欺负嘛，一个鹰来了就能叼破他的脑瓜壳，脑浆都吃了，就死了。所以他就挺可怜他们，就给他们当王了。"王"鄂温克语叫啥呢，叫"han（罕）"，完了就起名叫 maohurdi han（毛胡日迪罕）。①

这样看来《毛胡日迪罕奇遇记》的故事名称，表现了主人公的穷困及他历尽千辛万苦后最终称王的际遇。那么，再来看《巴特尔桑》和《不怕磨难的巴特尔桑》，故事名称大同小异，内容也不出左右，两篇均由马名超搜集整理，从字面来看两篇名称的不同当属整理人在不同时期对故事总结认识的变化造成的。"巴特尔"是蒙古语"英雄"的意思，为什么鄂温克族传统的民间故事却取了个蒙古语名称，为了弄清这个问题，笔者采访了马名超当时的翻译杜·道尔基。

杜·道尔基，男，鄂温克族，1937 年生人，出生于内蒙古鄂温克自治旗，中央民族大学毕业。1979 年由马名超带队的黑龙江民研所进行鄂温克族民间文学采风时，他任鄂温克族自治旗翻译科科长，担任采风队的翻译

---

① 访谈时间：2011 年 7 月 24 日，访谈地点：内蒙古呼伦贝尔市阿里河，何秀芝家中。

工作。研究语言的杜·道尔基老师告诉笔者，巴特尔（batar）是蒙古语人名"英雄"的意思，桑（sang）是人名后的词缀，鄂温克语的"英雄"是巴图鲁（baatoro），因为发音相近，加上搜集人不懂鄂温克语，因此造成了笔误。除此以外，在鄂温克族自治旗鄂温克人取蒙古族人名甚至藏族人名的情况从清末开始也十分常见，这恐怕和当时鄂温克族生活区广泛传播藏传佛教有关。至于故事的名称，道尔基在访谈中表示采录故事时讲述人并未交代故事的名称，"巴特尔桑"和"不怕磨难的巴特尔桑"是搜集者整理时后加上去的。① 这种情况在民间故事的搜集中并不少见，故事讲述人通常只是讲述故事，但故事的名称通常都不交代或者根本就没有名字，搜集者根据故事的内容或主人公的名字给故事取名。《青年莫日根的故事》这一名称想必也是这样得来的。

对于故事的讲述人仁钦扎布，杜·道尔基非常熟悉，二人过去是好友。他介绍说仁钦扎布是一个非常聪明的人，是一个孤儿，从小被姐姐格喜玛领养，他所有的故事都是从姐姐那里听来的。杜·道尔基老师至今仍清楚地记得故事的开头，当时仁钦扎布是这样开场的："从前有一对夫妇，想要去找幸福的地方……"不难想象，作为孤儿的仁钦扎布，从小就渴望幸福，渴望像英雄 baatoro 那样追求幸福，所以他所讲的故事主旨是追逐幸福，而他故事的主人公是有能力实现幸福生活的英雄 baatoro。

从以上分析我们可以看出，故事的最初讲述人是生活于雅鲁河流域的格喜玛老人，其弟仁钦扎布是该故事的传承人，随着他的搬迁将故事流传到了生活于伊敏河流域的鄂温克人中，因其生活经历的影响，故事的主人公由穷困的 maohurdi 变成了英雄 baatoro。

综上所述，笔者从语言学的角度出发探析该则狩猎故事及故事主人公的名称，采用历史地理学的方法探求其传承路线，寻找最初的发源地，最终的目的是想要还原故事的本真面貌，只有从这些最基础也是最重要的核心信息出发，我们才能够进行更为深入的、更为精细的研究，这样得出的结论才是科学的、可信的。狩猎故事《毛胡日迪罕奇遇记》中包含了许多有价值的内容和信息，有待我们进行更进一步的探索和研究。笔者将故事

① 访谈时间：2012 年 2 月 2 日，访谈地点：内蒙古呼伦贝尔市鄂温克族自治旗南屯。

文本附于附录，希望能起到抛砖引玉的作用。

3 辉河、伊敏河流域狩猎故事

3.1 驻牧守边

17 世纪初期，在清朝统治者统一东北的过程中，贝加尔湖以东至呼伦贝尔草原上的蒙古诸部南迁至内地，导致呼伦贝尔草原一度无人畜活动。1689 年《中俄尼布楚条约》签订之后，除每年六月齐齐哈尔官兵前来巡视边界外，呼伦贝尔基本上处于有边无防的状态。18 世纪初，清政府开始在额尔古纳河南岸设置卡伦，然而呼伦贝尔地域辽阔，边境线长，当地又无居民可充当驻防官兵。

雍正十年（1732），清廷为加强中俄和外蒙古边境呼伦贝尔地区段防务，从布特哈地区征调索伦、达斡尔、巴尔虎、鄂伦春各族 3000 官兵赴呼伦贝尔驻牧戍边。索伦（鄂温克）兵 1636 人，被派驻到呼伦贝尔的海拉尔河、伊敏河流域驻牧戍边，随后又将他们的家属迁来。黑龙江将军将进驻呼伦贝尔戍边的官兵冠以"索伦"之称，编制"索伦左右两翼八旗"，简称"索伦八旗"。"黑龙江将军卓尔海等奏称，据达巴哈、博尔本察等，相视呼伦贝尔附近之济拉嘛泰河口处地方辽阔，水草甚佳，树木茂盛。可以种地筑城。请拣选索伦、打虎儿、巴尔虎、鄂伦春之兵三千名，迁移其地。将伊等编为八旗。左翼自修城处至俄罗斯交界处游牧，右翼在喀尔喀河游牧……请将达巴哈管理左翼，博尔本察管理右翼。"① 当时索伦旗分左右两翼，右翼四旗主要为索伦（鄂温克族），左翼四旗主要为达斡尔族。博尔本察、达巴哈带领索伦八旗划分驻牧区域、分配牲畜、安营扎寨、布防戍边，为开拓和保卫呼伦贝尔做出了贡献。清朝统治期间，索伦八旗征战南北，曾到达西藏、新疆、四川、台湾等地，为巩固清朝疆界立下赫赫战功。其中鄂温克族的代表人物如海兰察、穆图善等，被奉为鄂温克族的民族英雄。

辉河、伊敏河流域的鄂温克人，现主要居于呼伦贝尔市鄂温克族自治

---

① 巴德玛、卜伶俐、达希尼玛等：《鄂温克族历史资料集》（第一辑），内蒙古文化出版社，1993，第 48 页。

旗的辉苏木、伊敏苏木及巴彦查岗苏木。呼伦贝尔草原位于大兴安岭以西，由东向西呈规律性分布，地跨森林草原、草甸草原和干旱草原三个地带。东部地区有约占呼伦贝尔草原面积 10.5% 的森林草原过渡地带，其余多为天然草场。鄂温克族人民迁移到呼伦贝尔草原，生产方式由传统的狩猎业转为牧业，以畜牧业为主体经济，毗邻林区的伊敏河流域的鄂温克人禁猎前多从事猎业生产。

3.2 狩猎故事类型

《鄂温克族社会历史调查》中记载："在雅鲁河流域居住的鄂温克人的一个大部落（即雅鲁千），后来有一部分去辉河一带，原因是军队调去的……""特别是调查组的一位辉河地区的鄂温克人，到音河去访问时，音河的鄂温克人指名道姓问自己的亲戚和朋友"。由于辉河、伊敏河流域的鄂温克人是从布特哈地区即雅鲁河、嫩江流域，迁徙至呼伦贝尔草原腹地的，彼此之间有着密不可分的亲缘关系，因此其流传的早期狩猎故事也深受后者的影响。故事类型包括动物型、狩猎经验型及英雄莫日根型。

英雄莫日根型故事有辉河流域的《苏浩德布莫日根》及伊敏河流域的《额日黑图莫日根》，两则故事中都有英雄莫日根战胜魔怪莽古斯的情节。《苏浩德布莫日根》讲述了以纤细的花斑马为坐骑的苏浩德布莫日根的故事，他有着满山的黑骏马、遍野的黄骠马和几十位奴隶。苏浩德布莫日根的夫人哲库兰（意为美丽）是一位脸颊放出太阳般的光芒、衣袖放出月亮般的光芒、天下独一无二的美人。哲库兰夫人听到老鹰叫道："15 个脑袋的莽古斯要来杀死苏浩德布，夺去夫人哲库兰啦！"于是苏浩德布莫日根与拥有 15 个脑袋的莽古斯展开了一场恶战并打败了它，之后又乘胜追击杀死了即将出世的三个小莽古斯。得胜的苏浩德布莫日根返回自己的家乡，和美丽的哲库兰夫人过上了幸福安稳的日子。

《额日黑图莫日根》的故事较为曲折。有一位叫宝日勒岱的大汗，他的马群需要三天时间才能收回。他非常富有，天生神力。在三太太的指引下他前去太阳升起的东方，挑战名叫应合勒岱的九头莽古斯。在和莽古斯打斗了三天三夜后，宝日勒岱战败了。为了保住自己的性命，宝日勒岱把三太太的双眼挖出来献给了九头莽古斯。被丢弃在旧营地的三太太几个月后生下了一对龙凤胎。她的儿子额日黑图莫日根五六岁时就成了百步穿杨的神箭手。额日黑图莫日根长大后为了给父母报仇，去找九头莽古斯决斗，拿回了母亲的眼珠，射杀了莽古斯。额日黑图莫日根去见他的父亲宝日勒岱，他们一起比试箭法，宝日勒岱射死了自己的儿子额日黑图莫日根。额日黑图莫日根的妹妹为了救哥哥，装扮成他的样子去参加太阳汗给两个女儿招驸马爷的比赛。在赛马、射箭、搏克比赛全拿到了冠军，她带着太阳汗的两个女儿飞奔回家，自己变回原来的女儿身，她骗两个新媳妇说哥哥刚刚病倒。太阳汗的两个女儿救活了额日黑图莫日根。额日黑图莫日根杀死了父亲成为新任的大汗，与子民过上了幸福美好的生活。

狩猎故事特色比较鲜明的故事均收集于伊敏河流域，如解释动物特性的动物型狩猎故事《飞龙鸟是傻瓜蛋》。传说天帝在造人和造世间万物时，把鼻子、眼睛、耳朵、尾巴等都给了先去的鸟雀野兽。体笨如牛的飞龙鸟去的最晚，什么也没得到，天帝告诉它："一切飞禽走兽，都有敌手。往后，敌手来了你就走，敌手走了你再来。"结果飞龙鸟记反了，记成了"敌手来了你就来"。所以，山里的猎人走到哪，飞龙鸟就成群结队地往上靠，猎手就一只一只地打。从此，飞龙鸟就成了人们眼中的傻瓜蛋。还有讲述猎人在猎鹿的过程中发现可以治病疗伤的神泉的狩猎经验型故事《公鹿河》。这两则狩猎故事的讲述人中均有来自红花尔基猎民队（现已解体）的兴凯，据《鄂温克族文学调查报告》介绍，兴凯为猎民，会讲猎民故事。[①]由此可见，狩猎生产方式的延续对狩猎故事的传承有着多么重要的影响。

而今，狩猎生产虽已不再，但某些反映狩猎习俗的狩猎经验型故事却流传了下来，伊敏河流域至今仍流传着祭祀山神的起源故事《山神爷的故事》。相对祭祀山神的习俗而言，祭祀火神的习俗仍在牧区流传，辉河流域流传的《火神节的来历》就反映了这一古老习俗，并打上了浓重的牧业生产的烙印。故事讲述了山里一个穷猎手，进林子里打猎，什么也没打到。后来发现一条蛇，他舔了蛇爬过的青石，便走进一个蛇洞生活，出来时不但他的猎枪已经腐烂，世间万物也都发生了变化。他来到一个穷牧民家里，听到了火神的对话，而那个牧民却什么也没听到。火神准备惩罚贪

---

① 参见马名超《鄂温克族文学调查报告》，《黑龙江民间文学》（第六集），第168页。

得无厌的富人，帮助穷苦的牧民，第二天他们说的话就应验了。从此，人们开始崇敬火神。

故事通过一个猎手的神奇经历告诉大家牧区的鄂温克人是如何开始祭祀火神的。故事的开头部分，用幻想的手法借猎手进洞、出洞的经历反映了索伦鄂温克迁徙戍边的经历，而猎枪腐烂、世间万物的变化则体现了由猎到牧的巨大变化。虽然生活环境发生了变化，生产方式也随之变迁，古老的信仰和传统却不能丢失。因此当时"草地上的牧民和猎手，还都不知道怎样使火"，① 故事借猎手的耳朵听到火神的谈话，紧接着火神显现神迹，人们顺理成章地开始信仰火神。于是，古老的狩猎传统得以延续。

从总体上看，该故事是以猎手为主人公的狩猎故事，其中却有着极为鲜明的牧业特色，这一点突出体现在火神的圣灵降临之际：

> 第二天，草地起了暴风，真像要把毡房都给拔下来刮跑似的。猎手到外面一看，穷牧民赶着的家畜都躲闪着暴风，聚拢到毡房后边，又暖又避风儿，可是再看那富人家的毡房和门前的大车和羊群，早被刮到半天云里，七零八落的，有的掉进盐湖，有的摔进沼泽，还有的吹进河心淹死了。猎手看得真切，知道一定是火神的圣灵降临到草原上来，给穷苦的牧羊人洒下了清凉甘甜的雨露。据说，从此，草原就连年生出丰盛肥美的水草，慢慢地，越来越多地饲养起穷苦牧羊人自家的畜群，毡房门口都拴起背鞍的走马了。②

草原、毡房、大车、羊群完全是一副草原牧业生活的场景，至此也到了故事尾声。受过火神的恩惠，人们开始崇敬火神，在每年的 12 月 23 日"火神节"这一天，宰杀一头肥羊，把羊胸口最好的一块肉和羊头，放在火里烤着，敬奉火神。狩猎业转变为了牧业，造福猎人的火神从此开始护佑从事牧业的索伦鄂温克人。小小的一则狩猎故事折射了辉河、伊敏河流域鄂温克人 200 多年的历史，可谓是一部极具幻想色彩、精练浓缩的民间口传历史。

---

① 《黑龙江民间文学》（第六集），第 23 页。
② 《黑龙江民间文学》（第六集），第 23～24 页。

4 莫尔格勒河流域狩猎故事

4.1 莫尔格勒河流域的鄂温克

莫尔格勒河流域的鄂温克人又称通古斯鄂温克，他们原来居住在俄罗斯境内额尔古纳河西岸的敖嫩宝日金、乌者恩、乌鲁楞古、布如珠、贝加尔湖等地。通古斯鄂温克人又被称为"哈木尼堪"鄂温克，这与当时生活在俄罗斯境内的鄂温克人沿着哈木尼堪河居住有关。

1917 年，俄国发生十月社会主义革命，这部分鄂温克人离开俄国，进入中国境内。1917~1925 年，通古斯鄂温克人沿着山峦、森林、河流一路放牧打猎，逐渐离开了故土，来到了呼伦贝尔东部，沿着额尔古纳河往南来到了莫尔格勒河、特尼河及鄂温克族自治旗的巴彦查岗苏木、锡尼河一带定居下来。

根据已有的材料，他们早期在山林中从事狩猎生产，之后开始从事牧业生产活动。他们首先把草原野马驯化为牧马，然后牧养牛、羊。他们迁入呼伦贝尔草原后，生产以牧业为主，但狩猎生产仍以副业的方式存在。"通古斯鄂温克族人，喜射猎（连女子也熟稔骑射）。过去家家有猎枪，'四人帮'横行时，把枪尽皆收缴。打倒'四人帮'后，落实了党的各项政策。本地野生动物，种类繁多，有狍、犴、熊、野猪、鹿、猞猁、獭、狼等，各地均以狼害为最甚。每年猎业收益，占公社总收入相当大的比重。"① 1996 年内蒙古自治区开始施行禁猎，这部分通古斯鄂温克人就此告别了作为副业的狩猎生产。

4.2 狩猎故事类型

从目前民间文学的采录情况看，生活于莫尔格勒河流域的鄂温克人中流传着大量的苦歌、孤儿歌，这同他们早年在俄国生活时较为穷困有较大关系。民间散文体叙事的搜集不够深入和全面，目前能够查阅到的文本篇

---

① 马名超：《鄂温克族文学调查报告》，《黑龙江民间文学》（第六集），第 156 页。

幅极为有限，狩猎故事以英雄莫日根型为主。

《黑龙江民间文学》（第六集）中收录的《英雄始祖的传说》是一则英雄始祖型神话传说，其中一段讲述了通古斯鄂温克人的族称及来源：

> 通古斯埃文基，是离开阿尔泰地方以后，流落到奥鲁山的一支贫苦的牧民。他们白天晚上滚在草场上的牲口群里。那时，有个放牛的，名字叫帖列亚德尼柯。那时候，只放母牛和小牛犊。不知怎的，刚生下不久的小牛，每隔一夜，都要丢失很多。只有他一个男人，领着寡妇和孤儿，哭着喊着也不知为什么。有一夜，他躲在带篷的牛车上，让牛群都挨着车身睡下了。看了一夜，也不见动静。待到天亮的时候，才发现跑来一群张着血盆大口的狼，把小牛犊都背在身上驮走了。这时，帖列亚德尼柯大喊一声，把毡房里的寡妇、孩童都从睡梦中叫醒，一起赶去追打狼群，到底把被夺走的小牛犊都抢了回来。从此，帖列亚德尼柯就教会了子孙后人战胜猛兽袭击的方法。今天说的通古斯族称，就是从那个最早的放牛人帖列亚德尼柯英雄那留下来的。①

蒙古文本鄂温克族民间故事中收录有鄂温克苏木的一则狩猎故事《兴都尼莫日根》。该故事讲述，有一位骑着黄骠马的兴都尼莫日根，他接到圣旨要离家去服三年的兵役。临走前，他问三位夫人他回来时为他做什么事情，大夫人说要为他煮一大锅香浓的奶茶，二夫人说要为他缝制一件带有73个扣子的貂皮大衣，三夫人说要为他生一个耳朵后面有痣的大胖小子。三年后三夫人生下孩子，大夫人二夫人嫉妒她，便拿小狗崽偷换了婴儿。兴都尼莫日根回家看到三夫人生下的竟是小狗崽，非常生气。两个妇人将孩子扔进羊圈、牛圈、马厩、骆驼群，婴儿都安然无恙，最后把孩子埋在了湖边的沼泽里。一年后那里长出了美丽的芦苇，一只青色的母羊吃掉了芦苇，怀孕三年生下一只公羊羔，这只公羊羔天生活蹦乱跳，非常神奇。两位夫人害怕便装病让萨满除掉公羊。公羊逃走了，逃到大汗的门口，大汉把三女儿嫁给了公羊，三天后公羊变成了小伙子。小伙子带着妻子和牲畜回到家乡，向他父亲讲述了自己的身世，兴都尼莫日根杀死了两

---

① 《黑龙江民间文学》（第六集），第 17~18 页。

个狠毒的妇人，从此一家人过上了幸福安稳的日子。

上述两则故事体现了非常浓郁的牧业生产气息，如饲养牛、马、羊及骆驼，喝奶茶，与历史上通古斯鄂温克人来到中国以后，牧业经济逐渐占据主导地位互相印证。此外，该流域的狩猎故事还有着非常浓厚的英雄主义气息，故事的叙述多围绕鄂温克族英雄莫日根的英勇事迹展开，如《鄂温克英雄》《皮鲁斯米库勒克杀食人者的故事》讲述了鄂温克族英雄为民除害的故事，而《通古斯鄂温克民间故事》的主要情节为英雄比武。

从田野调查的情况来看，莫尔格勒河流域鄂温克人的狩猎故事，仍有待学者及民间文学的爱好者进一步挖掘和整理。笔者 2010 年走访莫尔格勒河流域的鄂温克人时，采访了当地的民间艺人。陈巴尔虎旗鄂温克苏木牧民关其格巴图①，从小就喜欢听老人讲本民族民间故事和唱民歌，有着超强记忆力和表达能力的他把许多民间故事和民歌传承下来了。以下是他为我们讲述的狩猎故事《鄂温克英雄》：

　　很早很早以前，在深山老林里住着一对鄂温克夫妇。家里有儿有女，儿子年轻力壮，媳妇勤劳善良。生活非常幸福。他们世世代代养牛维生。有一天，他们家的一头大黄牛生了个牛犊。每天早晨儿媳妇挤牛奶，她丈夫就帮妻子背起牛犊放到母牛旁边。因为丈夫力气非常大，背牛犊是件轻而易举的事情。就这样日复一日，年复一年，牛犊很快就长大了。男人每天跟牛犊在一起，慢慢地就有感情了。转眼间，牛犊变成了大牛，很健壮。男人都抬不动了。于是，他就决定去寻找有力气的人能够抬得动他的牛。

　　这位鄂温克男人朝着南边走啊走，突然，不远处看见有一户人家，屋里住着一位白发苍苍的老人。男人跟老人寒暄几句之后就告诉了他自己的来意，老人听了非常高兴并告诉他："在西北边有一个神泉，能把死人救活，所以很多人都崇拜。但奇怪的是人们一旦去了就不回来，我的妻子和儿子也去了，到现在还没回来。到底那里有什么勇士或怪物谁也不知道。看你年轻又强壮，去看看吧。"男人照着老

---

① 关其格巴图：男，鄂温克族，1950 年生人。

人的话朝着西北方向去了。那里有座高山。山背面是一片茂密的森林。森林中央有个像房子一样大的石头。石头旁边正淌着水。这就是传说中的神泉。男人很高兴，终于找到了传说中的神泉。当男人走近它仔细观察时，发现在它旁边都是一些腐烂的骨头，有牲畜的、有人的。看了这些男人立刻就明白了，原来这里有吃人和动物的怪物。于是他决定要好好跟它决一死战，为老百姓消除灾害。因为他是猎人，身上必须带着枪。于是男人躺在不远处等着怪物的出现。等了一宿还是没来。然后快要天亮的时候，突然刮起大风，树木在风中摇摆。这股风还有股臭味，沙子满天，什么也看不见了。突然男人看见在那个巨石旁燃起了火焰。男人明白这就是那个传说中的怪物，但并不知道是什么东西。男人举起枪朝着火焰中央开枪了。突然，一声巨响，慢慢地声音变弱了。灰尘也少了，天一下子亮起来了。男人就过去看看到底是什么样的怪物。原来是一个有着能盖住天一样大的翅膀的恐龙，相貌极其丑陋，脑门上有一个大孔（被枪打中的），朝着天空倒在地上死了。

男人终于打死了怪物，从此人们再也不用害怕被怪物吃掉。后来，男人被人们称为"鄂温克英雄"。从此，鄂温克人民开始过上了幸福安康的生活。①

该故事由"英雄力大""英雄出征""英雄除害"三个母题构成，具体情节为：

（1）力大背牛犊，牛长大抬不动，出门寻找能够抬动牛的人；

（2）听说有可以救人的神泉，到那里的人有去无回，去找神泉；

（3）找到神泉，发现有怪物，除掉怪物恐龙，被人们誉为"鄂温克英雄"。

第一个情节单元中的背牛、抬牛的情节描述，展现了在森林里生活的一家鄂温克人依靠养牛为生，是典型的半牧半猎的生产方式，这与通古斯鄂温克"猎业—半猎半牧—以牧为主，以猎为辅"的历史状况是相吻合

① 故事讲述人：关其格巴图，采录时间：2010年8月1日，采录地点：陈旗巴彦库仁镇，采录人：娜敏、伊丽娜、杜坚栋，翻译整理：斯吉布。

的。第二个情节单元中的神泉，则是现实生活中鄂温克苏木的矿泉"阿达盖"的投影。当然故事是人们头脑中幻想的产物，有其自身的艺术特色，不可能与现实生活一一对应，在故事中"阿达盖"被神化为能将死人救活的神泉。第三个情节单元是故事的高潮部分，男人找到神泉，同时也发现了有吃人的怪物存在，作为身上带着猎枪的猎人，他决定为民除害。而蹲点、守夜等情节与鄂温克人蹲碱场打鹿的狩猎行为何其相似，可见没有经历悠久的狩猎生产、没有丰富的狩猎经验，编织不出如此精妙传神的除害场景。除害是故事的核心母题，只有除了害才能成就英雄，只有除了害才能体现英雄为民造福的崇高精神和无所畏惧的优秀品德。讲述人在第三情节单元中极力渲染怪物的凶残，神泉旁"都是一些腐烂的骨头，有牲畜的、有人的"。它出现的场景也颇为壮观：刮大风、扬沙、弥漫着臭味、有火焰燃烧。到故事的最后这个"有着能盖住天一样大的翅膀的恐龙"怪物才现身，不过已被主人公击毙，这些情节都体现了主人公的英勇、果敢与机智。

这是一篇极具当地特色的英雄莫日根型狩猎故事，其讲述者关其格巴图是一名优秀的民间艺人，他还有很多好听的故事有待我们进一步去挖掘整理！

5　额尔古纳河流域狩猎故事

5.1　额尔古纳河流域的鄂温克

额尔古纳河流域的鄂温克人又称牧养驯鹿的鄂温克，早年居住于贝加尔湖西北勒拿河支流威吕河和维提姆河沿岸，共12个大家族，被称为牧养驯鹿的"喀木尼堪"或"索伦别部"。18世纪初为了追逐兽群，逐渐南移，最终迁徙到额尔古纳河畔。

牧养驯鹿的鄂温克又被称为"雅库特"鄂温克，从事驯鹿饲养及狩猎生产。2003年他们告别游猎生活，集体搬迁下山开始定居生活。现居于根河市西南约4公里处的敖鲁古雅乡，西临西乌气亚河，301国道贯穿其间。全乡行政区划面积为1767.2平方公里，乡政府所在地及居民居住区面积为5平方公里，总户数160户。当地家家户户以放养驯鹿获取鹿茸为主要生活来源，辅以药材采集和旅游业。

2003 年以前，牧养驯鹿的鄂温克人一直居住在大兴安岭的密林之中，游猎于北纬 51 度以北、53 度以南，东经 122 度以西、120 度以东地区。这个地区河流山脉众多，河流包括贝尔茨河、阿巴河、乌玛河、茂河、阿尔巴吉河、金河、上乌利吉其河、色勒木坎河、功河、根河、甘河等，大山有呼鲁鲁冬山、吉拉吉山、阿拉巴吉山、萨拉羊山、古龙得勒山、色勒木坎德龙山、阿牙斯科扬山等。野兽、野禽种类繁多，是稀有的天然猎场。出产的动物有鹿、犴、熊、野猪、狍子、獐、水獭、狼、猞猁、狐狸、貂、灰鼠、黄鼠狼、香鼠、山兔、旱獭、獾子等。森林植物及鱼类众多。苔藓类植物，是驯鹿的主要饲料，另有数种草木和菌生物，也是驯鹿的饲料。这里属于我国北方寒带区域，处于"永冻土层"地带，是我国最冷的地区，冬季气温一般在零下 45 ~ 50℃。牧养驯鹿的鄂温克人很早以前就在这个地区狩猎。

5.2 狩猎故事类型

由于特殊的历史背景、独特的生态环境及其早期狩猎生产的经历，牧养驯鹿的鄂温克人的口传文学以各类动物为核心，或解释动物的习性及生理特征的由来，或赞美讴歌具有奉献精神的动物，或以诙谐幽默的方式展现人与动物之间的争斗，形成了鄂温克族独具特色的动物型狩猎故事。其中广为流传的故事有《狐狸掉牙》《老人与狐狸的故事》《好心的小白兔》《顶针姑娘》等。长久以来，牧养驯鹿的鄂温克人有着最为深刻的森林记忆，动物是他们狩猎生产的对象，又是生活中的好伙伴。从咿呀学语之时，老人们就掰着他们稚嫩的手指唱着《数字歌》，通过童谣的形式传授关于动物的知识：

> 左手的大拇指代表松鼠；食指代表水獭；中指代表啄木鸟；无名指代表黑水鸭；小拇指代表兔子。
>
> 右手的大拇指代表大雁；食指代表熊皮；中指代表烤盘把手；无名指代表公马鹿；小拇指代表十个叉的犄角鹿。[1]

---

[1] 口述人：得克莎·卡尔塔昆，女，1959 年生人，牧养驯鹿的鄂温克人。载《鄂温克语言民间故事集》（DVD 版），内蒙古文化音像出版社，2010。

认识了解动物各种生活习性的目的是要猎获更多的猎物，在牧养驯鹿的鄂温克人中流传的《好心的小白兔》讲述的是两位老人如何猎获兔子的故事。

山林里住着老两口。老头出猎天天空手回来，老太天天埋怨老头。冬天，老头在兔子们常走的小道上下套子，兔子们一个也不往他套子里钻。老头没办法，就穿得厚厚的，趴在雪地里一动不动。

第一只小兔子看见他，吓得跑开了。第二只小兔子也绕着走了。第三只小兔子以为他冻死在雪地里，挺可怜他，急忙喊其他兔子：

宝米——，宝米——，

桦树林里的同伴们，

四处游玩的同伙们，

你们赶快跑过来呀——

雪地里冻死了一个老人！

不一会儿，聚来很多很多的小兔子。它们商量了半天，就把老头抬起来，顺着脚印送回他家。

老太在家拴着门，小兔子们喊道：

宝米——，宝米——，

老奶奶呀，快开门，

老爷爷冻死在雪地里啦！

快开门哪，老奶奶，

我们送老爷爷回家来啦！

老婆一看来了这么多小兔子，可乐坏了。忙开门把老头接近屋里，又假装让小兔子们进屋烤火取暖，偷偷把锤子放在老头手里。老太"砰"地一声关上门，老头跳起来，把小兔子们一个一个都敲死了。

于是，好心的小兔子们都被炖在老两口的锅里了。①

① 王士媛、马名超、白杉编《鄂温克族民间故事选》，第205~206页。

在早期狩猎时代，人依靠捕猎动物为生，动物是人类的衣食之源，其时人与动物的关系最为紧张，也最为密切。《好心的小白兔》通过妙趣横生的故事情节，展现了在北方严酷的狩猎环境中，鄂温克猎人如何用智谋获取猎物。

牧养驯鹿的鄂温克虽然只有 200 余人，但并不乏狩猎故事的讲述人，其中就有 2007 年荣获"自治区级民族民间文化杰出传承人"称号的玛妮·尼格来·库德林木。玛妮善于讲述动物故事，她说："因为牧养驯鹿的鄂温克人拥有爱护动物、与大自然和谐共处的良好习俗，所以，牧养驯鹿的鄂温克的前辈们有很多很多好听的、有趣的关于各种动物的传奇故事，并且代代相传。"玛妮在讲述故事的过程中，动作及表情尤为丰富，尤其是她在讲述《棒鸡的故事》时，不但能模仿鸟儿飞翔的动作，还能惟妙惟肖地模仿小鸟的叫声：

> 在很久很久以前，冬季将要来临的时候，大兴安岭的气温逐渐冷了起来，森林里的小鸟们打算离开大森林飞往自己温暖的家乡去过冬。它们当中有燕子、大雁、仙鹤、白鹤、丹顶鹤、黑鹤、小黑鸭子，还有长着非常漂亮的蓝色脖子的大鸭子，它们一群又一群离开山林往南飞。

> 此时，大森林里的棒鸡也打算和鸟儿们一同飞回到南方的家。只见那美丽的仙鹤凑过来劝说要飞的棒鸡："你就不要回去啦。"

> 棒鸡一边听着仙鹤的劝说，一边不停地哭，它仰望着飞去的伙伴们泪水不停地滚落下来。最后，棒鸡哭红了双眼，伤心地对仙鹤说："我自己留在这里吧，天真是太冷啦！"仙鹤听到棒鸡的话，马上将自己的白羽毛送给了棒鸡，害怕冷的棒鸡又被加厚了一层白色的羽毛。随后仙鹤也急忙同鸟儿们一同起飞了。此时，棒鸡望着远飞的仙鹤和其他鸟儿们，边笑边高喊起来："阿呀崁吉、门都崁吉！高傲气嗯、额么达维！安塔额合俄热读阿拉卡奇阿吾。"

> 这是棒鸡欢送仙鹤等候鸟的告别词。（词完全是牧养驯鹿的鄂温克语，汉语意思是说：高飞吧，一路平安，再见吧！明年再回来啊！我守候在兴安岭的阳坡山脚下，等待你们的到来！）

> 所以直到现在，大森林里的棒鸡身上是黑白双色的羽毛，非常好看。①

早期森林狩猎生活的浸染、传统文化的熏陶，使她能够如此传神地讲述本部落的传统故事。

对于牧养驯鹿的鄂温克人来说，不得不提早期动物型狩猎故事是关于驯鹿的故事。驯鹿是鹿科动物驯鹿属下唯一的种类，它的特殊绒毛使它异常耐寒，宽大的脚掌使它适合在苔原、沼泽地带快速行走。驯鹿在环北极地区有极为广泛的分布，其中加拿大北部、北欧、俄罗斯的西伯利亚地区和远东地区分布最为集中，有的地区数量达数百万只。全世界的驯鹿共 11 个亚种，亚种的分类参考了生活环境（如苔原、森林、荒漠）和生活区域（如欧洲、北美、北欧）的差异，但其中两种已经灭绝，现存 9 种。分布在我国大兴安岭的驯鹿处于全球驯鹿分布的最南端，属于西伯利亚森林驯鹿。这其实并不是自然分布的结果，更多的是一种文化传统。因为在大兴安岭的森林沼泽地带，如果只是为了打猎、交通运输之便，其实可以使用马，就像鄂伦春人。但因为牧养驯鹿的鄂温克是从环北极地区迁徙过来的，也将那里的驯鹿传统一并带过来了。牧养驯鹿的鄂温克人因饲养驯鹿得名，是中国唯一饲养原产于欧洲的动物——驯鹿的族群。关于鄂温克人把野生驯鹿驯养成家鹿，当地有这样的传说故事：

> 很早以前有八个猎人在山中打猎，捉住了六只"索格召"② 崽，他们把崽带回家来，搭起栏杆，用"苔藓"（恩靠）喂养，成了今天鄂温克人的驯鹿。③

其他流域的鄂温克族中也同样有动物型狩猎故事流传，但一般只占少部分比例，通常都会有其他类型并行留存，而生活于额尔古纳河流域的牧养驯鹿的鄂温克人流传的狩猎故事基本上均为动物型，这确实是他们狩猎故事的一大特色。

---

① 《鄂温克语言民间故事集》（DVD 版），内蒙古文化音像出版社，2010。
② 牧养驯鹿的鄂温克人称山林中野生的驯鹿为"索格召"。
③ 内蒙古自治区编辑组：《鄂温克族社会历史调查》，第 182 页。

6　小结

鄂温克族狩猎故事区域性特征的成因与各流域鄂温克人的迁徙历程、生产方式密不可分，而区域文化特性的呈现同采录者的人为建构及故事传承人的有意促成也不无关系。同一则狩猎故事流传于猎区，其故事的名称保持原汁原味的鄂温克族名称，而传播至牧区，故事的名称连同主人公的名字便被故事采录者置换为蒙古族名称。此外，地方上的故事传承人为了凸显本地域有别于其他地域的特色，在故事的选择及讲述前的渲染上下足功夫。成长于额尔古纳河流域的"自治区级民族民间文化杰出传承人"玛妮·尼格来·库德林木，在讲述动物故事之前有意强调牧养驯鹿的鄂温克人"爱护动物、与大自然和谐共处的良好习俗"，着意凸显该流域狩猎故事的特色。其实，动物型狩猎故事在鄂温克族的各流域均有流传，并非额尔古纳河流域的牧养驯鹿的鄂温克人独有，然而今天他们传承的基本上均为动物型狩猎故事，故事讲述人也是抓住了这一特点，有意识地突出和强调牧养驯鹿的鄂温克人与动物的密切关系。

区域类型特征是鄂温克族早期狩猎故事毋庸置疑的一大特色，然而并非所有的鄂温克族狩猎故事文本都能确定其流域属性，现存的各类鄂温克族故事集中，或因故事采集人的疏忽，或因其并非民间文学科班出身，导致一定数量的故事文本未标明流传地域，属此类的狩猎故事就有《火神的故事》《鄂温克猎人为啥最忌客人尿裤子》《艾·莫日根》《三个姑娘和三条狗》等。此外，我们还需要指出的一点是，故事在一定范围内的流传也会淡化其区域类型特征。无论是在版本各异的故事集中，还是现实生活中仍在传承的故事中，都有流传于非鄂温克族聚居区域的鄂温克族早期狩猎故事。例如《狐狸姑娘》，就是一则采录于黑龙江省逊克县的鄂温克族狩猎故事。因此，我们应当客观全面地看待鄂温克族早期狩猎故事的区域类型特征。

三 狩猎故事的核心内容及其特征

所谓主题是指通过人物和情节被具体化了的思想或观念，是作品的主旨和中心思想。鄂温克族早期狩猎故事中，动物型狩猎故事主要反映了人兽关系主题，该主题包括人对动物的认识、人兽相处、人兽婚配等。鄂温克族早期狩猎故事的另一大主题为禁忌主题，其主旨为鄂温克人狩猎生产生活中关于火及兽语的禁忌。

1 人兽关系主题

与依靠捕杀动物维持生命的猎手相比，还没有哪一种人可以同大自然中的动物有更为紧密的联系。"通古斯人极为注意保护为之提供食物和住所的森林和以之为生的动物。一般来说，通古斯人除非必要决不多杀野兽。在其他民族集团中，将狩猎作为一种游戏，或只是一种风俗习惯的做法，在通古斯人中是见不到的。除了在需要的时候，通古斯人没有猎杀动物的兴趣。因此，除了人类的天敌以外，他们的狩猎是受旨在保护动物的延续的习俗所制约的。"[1] 早期的狩猎生产生活方式注定了鄂温克人与动物之间的不解之缘。本节拟从人对动物的认识、人与动物的相处、人与动物通婚三个主题，来解析人与动物共生共存的鄂温克族狩猎故事。

1.1 人对动物的认识

从地理环境上来看，没有哪个地方的猎人对动物的依赖会超越北方狩猎者。处于较温暖气候中的狩猎者，当肉类食品短缺时，可以用种类繁多

---

① 〔俄〕史禄国：《北方通古斯的社会组织》，吴有刚、赵复兴、孟克译，第65页。

的可食性植物来补充这种不足。因此他们对动物的依赖从来就不是非此不可的绝对依赖。处于高纬度高寒地区的北方狩猎者，一年的大部分时间必须顶风冒雪，去捕获各类或狡猾，或迅捷，或凶猛的猎物。牧养驯鹿的鄂温克人对动物型狩猎故事的情有独钟便是对此最好的证明，处于高纬度高寒地区的他们对动物世界的依赖是显而易见的。猎人在碱场上一动不动地守候了很长时间，却可能会因为轻轻地轰了一下蚊子或是没留心碱场上几个月前遗留下来的血迹而一无所获，也可能会因为戴着自制的狍头帽，对狍子叫声模仿得过于逼真，而将自己置于其他猎人的枪口下。当然，他也会有"满音"（mayin，鄂温克语，运气、好运之意）多多的时候，只需花上几个时辰就能满载而归，解决一个"乌力楞"（urileng）① 老老少少所有人的口粮。因此，猎人必须适应在这种不确定的状态，通过对动物的精确认识及对生存环境的确切感知来做到这一点。在他们的精神世界里，猎人们将长期狩猎生产中总结出的各类动物的特点，通过幻想的手法以逼真传神、幽默诙谐的方式展现出来。

众所周知，狐狸是非常狡猾的动物，同这种具有较高智慧的动物进行较量，就连老猎人也无法胜券在握。《老人与狐狸的故事》反映的就是被一只狐狸愚弄的老夫妻：

> 在很久很久以前，山上住着一对老夫妻，他们已经很老了。儿女们经常出去打猎，让老人待在家里还不放心，就给他们找个保姆——狐狸。那时候，地球上所有的动物都会讲话，通人性。
>
> 当时老夫妻家里只养了三只驯鹿，已经好几天没有回来了。老人对狐狸说："你快去找驯鹿吧！驯鹿好几天没有回家了。"狐狸高兴地答应了。可是过了好几天还不见狐狸回来。老人很着急，于是拄着拐杖出去找狐狸。他走了很长时间，走了很远很远的路才找到了狐狸。他发现狐狸正盖着驯鹿皮在大树底下睡觉呢，这时老人意识到他的那三只驯鹿已经被狐狸吃掉了。老人非常生气，举起拐杖朝狐狸打去，狐狸灵巧地从驯鹿皮下蹿出去往回跑。狐狸在前面跑，老人吃力地在

---

① "乌力楞"，鄂温克语，指家族式社会的组织。游牧和游猎生产一般以"乌力楞"为单位开展各种生产活动，同一"乌力楞"的人们共同劳动，共享劳动成果。

后面追。当他们跑到家门口时，老人举着拐杖好像在说什么，老妇人听不见，就问狐狸："你爷爷说什么呢？"狐狸说："我爷爷说让你快把咱家的鹿犴油绑在我的尾巴上！"老妇人赶快照办。狐狸得意地拖着鹿犴油跑。跑啊！跑啊！跑到了小河边，遇到一只狼。狼看到高贵漂亮的狐狸上前询问："你的尾巴为什么长得这么漂亮？"狐狸眼睛一转说："我呀！我是坐在刚好要融化的冰面上才有了这么漂亮的尾巴！"于是狼按照狐狸的说法坐在了冰面上，一直坐到傍晚。狼一起身才发现自己的尾巴冻僵了，并且被冻断了一截！从此以后，狼的尾巴就变得笨重、僵硬。①

故事通过狐狸偷吃驯鹿、骗取鹿犴油和愚弄狼三个小情节，淋漓尽致地展现了狐狸的迅捷、狡猾和诡谲，同时也表达了人们对它欺凌年老体迈、听力下降的老人，欺骗不明事理的狼等恶劣行为的痛恨。深受其苦的猎人，终于在实战中总结出应对它的妙招，以其人之道还治其人之身。《掉牙的小狐狸》② 讲述一只狐狸偷吃完老猎人狍皮口袋里的肉干后逃跑了，为了在一群狐狸中抓到它，老猎人将自己打扮得十分滑稽，为狐狸们跳起舞来，狐狸们都被眼前的景象逗得龇牙笑了，只有那只坏狐狸因为在偷吃肉干时崩掉了两颗门牙捂着嘴巴不肯张开，猎人轻而易举地逮到了它。这则故事通过妙趣横生的情节展现了狐狸与猎人斗智斗勇的生活场景，从而也说明即便狡猾如狐狸，最终也难敌足智多谋的鄂温克猎人。

野猪是一种烈性动物，受伤后的野猪尤其危险，横冲直撞，容易伤人。野猪的一大特点是听力极为敏锐，故事《野猪肩骨上的耳朵》③ 反映的便是它这一生理特征。很久以前鄂温克人过着神仙一样的日子，后来遭到罗刹的烧杀抢掠，酋长根特木耳决定率领族人反攻，商量进攻路线时，有一只野猪在旁偷听，结果罗刹有了准备，他们只能作罢。当他们再次商

---

① 口述：阿来克·布利托天，女，1958 年生人，牧养驯鹿的鄂温克人。参见《鄂温克语言民间故事集》（DVD 版），内蒙古文化音像出版社，2010。
② 王士媛、马名超、白杉编《鄂温克族民间故事选》，第 209～211 页。
③ 王士媛、马名超、白杉编《鄂温克族民间故事选》，第 193～195 页。

量时，根特木耳射穿了这只野猪的两只耳朵，结果罗刹们还是得到了消息。第三次，根特木耳故意泄露进攻路线，仍在一旁偷听的野猪这次上了当。最终，根特木耳率领的族人战胜了罗刹，杀死了通风报信的野猪，发现野猪肩骨上还长着耳朵："族人们杀死野猪之后，剔出了肩骨，那肩骨上真的有许多小眼，那小眼真像耳朵眼一样。打那以后，族人们出猎的时候，谁也不说到哪座山去，谁也不说打什么去，怕说了被野猪听见，打不着。"该故事借用根特木耳的传说，运用夸张的手法展现了野猪独特的生理构造及其敏锐的听力，同时也解释了鄂温克人出猎时不言猎场和猎物之禁忌的由来。

在所有解释动物特性的民间故事中，没有哪个故事能比《母鹿之歌》中的描述更细致、更入微了。以鹿科动物为主要狩猎对象的鄂温克猎人，对它们了如指掌。《母鹿之歌》[①] 通过母鹿被猎人射伤临死前对小鹿的告诫，以动物看人、动物防人的独特视角，言说鹿的生活习性：

> 你们一定要住在山顶上
> 不要在山沟和山坡上
> 走路时
> 不要只看前面
> 那黑脑袋可能在后面跟来
> 睡觉时
> 时常回头
> 弄干净自己的脚印
> 白天不要在没有草木的地方游动
> 要在密林里走
> 外出寻食要成群结队
> 不要靠前
> 也不要落在后面

《母鹿之歌》的异文《鹿废掉了两只眼睛》中有一段更为传神的描述：

---

① 敖嫩搜集整理《鄂温克民族民间故事集》（上册），内蒙古文化出版社，2008，第 246 页。

日头刚刚出来时，

天气爽爽好凉快。

蚊子瞎蠓很少，

青草露水嫩嫩好吃。

可在这时猎人进行早猎，

日当午时，

天气烈烈，

蚊蠓满天飞，

可是猎人不猎，安全吃饱。

深深林中青草稀稀，

森林深处容易隐蔽，

深草长处，森林全无。

宁可吃稀，不可贪厚。

白天走上一日，

晚间肚肠噜噜，

晚间吃青草，

可要当心猎人西其莫仁（晚猎），

白天走路看得清走得远，

夜间走路看不清走不远，

白天猎人、恶兽要害你，

夜间靠嗅觉走路安全可靠。①

　　故事通过早午吃草、深草和浅草、白天和夜间走路几组鲜明的对比，非常细致形象地展现了鹿的生活习性，同时借助"铁玛嫩"（早猎）和"西其莫仁"（晚猎）的叙述，教授年轻猎手何时才是猎鹿的最好时机。

　　上述故事以鄂温克族早期狩猎生产对象——北方寒温带地区的动物为主，通过生动有趣的情节，传授有关野生动物特性的知识，寓教于乐。

---

① 杜梅搜集整理《鄂温克族民间故事》，第 254～255 页。

1.2 人与动物的相处

如果说猎人对动物习性精准把握的出发点是为了满足自身的衣食需求，表现了人与动物紧张敌对的冲突关系，那么我们下面所要讨论和关注的主题则表现了人与动物关系的另一面——和谐相处的共生关系。该主题的狩猎故事主要表现为动物报恩和动物相助两大类型。

（一）动物报恩

大自然的法则就像女人的心一样让人捉摸不透，本来一直是充满血腥味道的殊死较量，却突然变得温馨起来。置人于死地的猛兽因为不小心扎到了木刺，只好求助于人类，而人类此刻虽然畏惧着猛兽却还是伸出了援手，受助的野兽仿佛通了人性知恩图报，以自己独特的方式——捕获猎物来报答恩人。鄂温克族的动物报恩型故事通过简单朴实的故事情节，向我们展现了大自然中一幅人与动物和谐共处的美好画面。

动物报恩型故事在丁乃通的《中国民间故事类型索引》中，被归为156型"狮爪上拔刺"，并注明动物通常是老虎。在鄂温克族的狩猎故事中，老虎、熊、狮子是较为常见的动物。

在鄂温克族及其周边的蒙古族、满族、赫哲族、达斡尔族、鄂伦春族中，流传最广的要数《老虎报恩》了。《黑龙江民间文学》（第六集）中记载的鄂温克族民间故事中就有两则老虎报恩的故事，分别为《老虎报恩》（第52页）和《给虎拔刺》（第142页）。《老虎报恩》的故事概要为，六个猎人去打猎，有一只老虎一到晚上就在他们住的撮罗子外打转，后来大伙决定抓阄留下一人喂老虎。留下的那人发现老虎并不是要吃他，而是要他帮着拔一根扎入虎爪的黄花松木刺。老虎伤好了，就给他打来许多猎物，并把他和猎获的动物皮张驮回了家。《给虎拔刺》讲述的也是七八个人去打围，老虎晚上来骚扰他们，他们商定晚上把帽子留在外面，谁的帽子被叼走了谁就留下。之后就是给虎拔刺，老虎打来猎物并将猎人驮回家以示谢恩。相对上则故事，《给虎拔刺》多了拔刺后给老虎缠上布条和老虎作揖感谢的情节。

上述两则老虎报恩型故事，从情节到内容相差无几，是不同的民间文艺工作者在同一民族——鄂温克族中搜集的两篇异文。鄂温克族老虎报恩型故事，通过老虎知恩报恩的事迹，展现了野兽也有通人情、达事理的一面。结尾处老虎将兽皮和猎人驮回家的故事情节，表达了鄂温克民众朴实美好的生活愿望。值得一提的是故事的开头部分，当一伙打围的猎人遇到老虎时，他们都表现出了极大的畏惧之情。在狩猎生产中，猎人们尊称老虎为"诺言古热斯"（nuoyangursi，鄂温克语，意为野兽之王）。因此在故事中当猎人们遇到让人畏惧不已的野兽之王时，表现出了不常有的妥协和退让，为了保住大多数人的性命，他们通过抓阄和放帽子的方法，留下一人独自应对兽王。而留下的一人作为牺牲，则带有远古以人献祭习俗的影子，体现了鄂温克人早期对老虎的崇拜和敬畏之心。无独有偶，在赫哲族中就流传有将老虎视为山神的民间故事：

> 早先，黑龙江边住着一家老两口。一年秋天，老头子和屯里的猎手们结伙出门去打猎去了，只剩下老太太自己在家。
>
> 那时候，出门打猎，一走就是一冬，一直要等到江开化了才能回来。老头走后的一天，老太太正在屋里缝补狍皮衣裤，突然听见窗户外边有动静。她抬头一看，只见从纸窗户外伸进来一只老虎爪子，这下可把老太太吓坏啦！
>
> 那只老虎爪子在窗洞搁着，一动也不动。老太太等了老半天，也不见老虎闯进屋来，仔细一瞅，看见老虎爪子上面扎着一个黄花松的树杈子。老太太心里明白了：老虎准是来找自己拔爪子上的树杈子的。她大着胆子，走上前去，用手抓住，可怎么使劲也没拔出来。老太太对老虎说："恩特儿玛发①！我用手实在拔不出来，你可千万别怪我！我想用脚瞪着你的爪子再拔，你同意吗？"老虎在窗外叹了两声，好像是表示同意，它的爪子搁在窗台上一动也不动。老太太用小脚瞪着，一使劲，终于把树杈子拔出来了。老虎还是没有动弹，老太太赶紧拿出烟管抠出烟油子给老虎抹在爪子的伤口上。老虎轻轻地叫了两声，好像是在表示谢意，然后就摇着尾巴走了。

---

① 恩特儿玛发：山神爷。

第三天，老虎又来了。这会儿来，它的背上驮来一只野猪，当老太太迎出门去时，老虎向她点点头，好像说："谢谢你，这是给你的，一点小意思！"然后摇着尾巴走回了山林。过了一个来月，老虎又送来一只野猪。老太太这一冬没有断了肉吃。

第二年春天，江一开化，老头子回来了。老太太把自己的所见所闻一五一十地告诉了老头。老头听了后说："人哪能吃恩特儿玛发送的肉，再送来就给送回去好了。"老头子这么一说，老虎再也不给老太太送肉来了。①

上述这则赫哲族的《山神爷的故事》，题目虽为山神爷的故事，可是内容却完全是老虎报恩。此处的老虎仍旧是自然形态的虎，它手掌扎了刺需要人的帮助才能脱困，它点头、摇尾的细节也证明它并非是什么神灵的化身。尽管如此，它还是被赫哲人视为山神爷的化身，因此老太太在给它拔刺的时候小心翼翼，唯恐对老虎不敬，老头坚决不肯吃它送来的肉。可见，北方狩猎民族对老虎这一曾经雄霸山林的猛兽，是多么的敬畏，竟将它视为统辖山林野兽的山神之化身！

笔者在田野调查中还采录到一则熊报恩的故事，讲述人称其为《打远猎的故事》。故事梗概如下：一个莫日根上山住在用帆布搭的撮罗子里，点着豆油灯睡觉。半夜有动物把手伸进了撮罗子里，一看原来是熊（ete-hema，鄂温克语，意为老爷子）掌上扎了刺儿，猎人用刀把刺儿抠出来。第二天这个猎人打到了五叉犄角的鹿。②

此外，在鄂温克族动物报恩型故事中，还有狮子报恩的故事。在杜梅搜集整理的《鄂温克族民间故事》中，就有篇名为《狮子报恩》的故事。故事讲述失去父亲的孩子与母亲相依为命，为了生计同七个曾受过他父亲好处的猎人组成一个围猎组上山打猎，因为打不到猎物大家都纷纷离开了小孩。小孩一个人待在原地，晚上有动物在他的撮罗子周围活动，慌乱中他拽出了一根长长的木棍儿，到天明他才发现是一只脚掌扎了刺的狮子。

---

① 《黑龙江民间文学》（第五集），中国民间文艺研究会黑龙江分会，1983，第318页。
② 杜金花（女，鄂温克族，1952年生人）讲述，2011年8月6日采录于呼伦贝尔市阿荣旗那吉屯。

狮子为了报答他的恩情，送给他一颗可以让他听懂鸟兽语言的明珠，并且还经常给他们母子送去珍贵的野兽，他们母子的日子越过越好，而那几个扔下他的猎人日子则越来越差。

故事通过鲜明的对比，褒扬了知恩图报的狮子，鞭挞了忘恩负义的猎人们，宣扬了善恶有报的因果论。狮子这一动物显然不属于鄂温克人狩猎区域的物种，而故事以狮子为主角当是受鄂温克族周边民族流传的同类故事的影响所致。该故事属于世界故事类型中一个共有的故事类型，因此故事中诸多的共同性，应该是故事在世界各民族间的传播与流布中保存下来的。

（二）动物相助

森林中打猎，如果没有猎犬和猎马的帮助是异常困难的，鄂温克人是片刻也离不开驯鹿的。猎犬是非常忠实的动物，猎马聪明、善解人意，驯鹿则充满着神性光芒。对于这三个生产生活中的好帮手、好伙伴，鄂温克人感念不已，至今仍流传着许多关于它们的狩猎故事。

1. 忠实的猎犬

敖嫩搜集整理的《鄂温克民族民间故事集》（下册）中收录的《忠诚的猎犬》，讲述了伴随主人公尼库成长的一只猎犬，同主人结下了深厚的感情。在打猎中，猎犬是尼库的好助手：

> 这只猎犬，无论在什么样的密林中都能发现并跟踪野兽。在几里以外就可以发现狼群，还可以绕路堵截鹿、犴，也可以抓住冰下的水獭，它还可以和四岁以下的熊摔跤。[①]

猎犬在尼库猎熊遇险时，拼命保护他，并顺利地打到了一只大熊和三只小熊。尼库偶然抓住一只狼崽，就训练它和猎犬一起行猎。在一次灾荒中，饿急眼的狼扑向睡梦中的尼库，猎犬在一旁守护主人不让狼靠近。尼库发现了，打死了那只狼。尼库病重不久离世，猎犬守卫在主人尸体旁，直到饿死。

---

① 敖嫩搜集整理《鄂温克民族民间故事集》（下册），内蒙古文化出版社，2011，第9页。

这则故事通过讲述一只陪伴主人成长的猎犬助主、救主、护主、卫主并最终饿死在主人身边的故事，向我们生动地描绘了猎人与猎犬之间感人至深的情谊。同时，它也是鄂温克人狩猎生活的真实写照，猎人们在猎犬的帮助下，发现各种野兽的踪迹，最终成功猎获，当猎人遇到险情，猎犬会奋不顾身地拼命保护主人。"传说，鄂温克人驯养猎犬比驯鹿更早。打猎，没有猎犬的帮助是很困难的，猎犬会首先替猎人发现野兽，在必要时猎犬能保护主人的生命安全，猎犬在鄂温克人狩猎活动中起着助手的作用。"①

鄂温克族的邻族达斡尔族也流传有义犬护主的故事。故事《猎人为啥养狗不养狼》②讲的是，从前达斡尔莫日根养狗又养狼。有一个莫日根，领着狗和狼去打猎，结果在深山里转了一整天，什么也没打着，就睡下了。狼饿急眼了要吃主人，这时守在一旁的狗为了保护主人跑上去和狼撕咬起来。莫日根被吵醒了，却摸不着头脑。一连三天莫日根都没打到猎物，晚上都被狗和狼的撕咬声惊醒。第四天，莫日根假装睡觉，终于看明白了：原来是狼要吃他，而狗为了保护他，就跟狼撕咬开了。莫日根起身一枪打死了狼。从此，猎人只养狗不养狼了。故事通过狼与狗的鲜明对比，揭示了狼的凶残本性，而狗才是人类可以信赖和依靠的忠实伙伴。同时，这也是各民族的猎人们在长期的狩猎生产中总结出来的宝贵经验教训。

除了反映现实生活场景的故事外，鄂温克族还流传着幻想色彩较为浓郁的反映人狗情谊的故事《三个姑娘和三条狗》③。三个父母去世的姑娘出门找亲戚，途中分别遇到三个青年和他们养的三条狗，姑娘们把送给她们的肉分给狗吃，后来她们遭到女妖的追杀，这三条狗合力杀死了女妖挽救了姑娘们，最终姑娘们与狗的主人们成家，过着幸福的生活。从故事的情节来看，是姑娘们首先施恩于三条狗，狗感念她们的恩德，在她们危难之际出面相救。由此可见，人狗之间的情谊是相互的、双向的，没有人的养育和善待，也不会有狗的一片忠心。鄂温克人十分善待猎犬，将打到的猎物分给猎犬吃以示奖励，闲暇时同它们嬉戏玩耍并亲切地加以爱抚，赡养

---

① 内蒙古自治区编辑组：《鄂温克族社会历史调查》，内蒙古人民出版社，1986，第178页。
② 《中国民间故事集成·内蒙古卷》，第436~437页。
③ 敖嫩搜集整理《鄂温克民族民间故事集》（下册），第276~277页。

战功卓著却失去狩猎能力的老猎犬，直至其终老而亡。鄂温克猎人有严禁食狗肉的习俗。

历史上同鄂温克族关系密切的满族也有不食狗肉的习俗，有的民间传说解释了他们为何有不食狗肉的习俗。《满族人为什么不吃狗肉》① 说的是老罕王努尔哈赤被追兵追杀时，逃到一片草丛中，追兵放火烧草，他的狗将自己浑身滚湿后再把主人周围的草滚湿，它不停地来回运水，直到累死，努尔哈赤因此得救。后来努尔哈赤坐天下后，感念所有救助过他的人和动物，下令满族人不准打狗杀马，不准吃它们的肉。满族忌食狗肉的习俗是同他们的祖先传说紧密联系在一起的，狗被满族人视为救主功臣。鄂温克族虽然没有禁食狗肉的传说，但这一习俗的初衷及流传，体现了他们在长期狩猎生产中同猎犬结下的深情厚谊，表达了他们对狗的感念之情。

2. 宝马相助

"在鄂温克人塑造的许多动物艺术形象中，马被塑造得最生动，最成功，最有意义。游猎生活，使鄂温克人和马结下了不解之缘。马是极为重要的生产工具。马的多少与好坏，直接影响着猎获物的多寡。鄂温克人对马的深厚感情，十分细腻地反映在口头文学中。骏马多是主人公的战友或恩人。马能爱人所爱，憎人所憎，急人所急，与主人恩仇一致，同甘共苦，同赴危难；马能通人语，知人意，献计献策，和主人共创奇迹。"② 过去，在许多人的心目中鄂温克人能骑善猎，骑马技术极为高强。至今，生活在草原和林区的鄂温克人仍爱好骑马，将马视为亲密的伙伴，在重大的节庆活动中都要举行赛马和马术表演等活动。

《宝马斗魔鬼》③ 讲述了一个名叫"顶针"的姑娘，凭借父亲留给她的一匹宝马和一把木梳，经过反复搏斗，战胜了魔鬼，最后和一名年轻猎手喜结良缘。这篇流传较广的宝马故事，要数牧养驯鹿的鄂温克人保存的状况最为良好，拥有较多异文且情节曲折完整，至今仍在老人们之间传讲。牧养驯鹿的鄂温克人，顾名思义，他们在生产生活中主要是同驯鹿打

① 《中国民间故事集成·内蒙古卷》，第 441~443 页。
② 巴图宝音、武永智：《鄂温克族文学》，载中央民族学院少数民族文艺研究所编《中国民族民间文学》（上册），中央民族学院出版社，1987，第 197 页。
③ 《黑龙江民间文学》（第六集），第 127 页。

交道，然而这部分鄂温克人不包括国外饲养驯鹿的鄂温克人在内，他们流传的关于驯鹿的故事甚少，就算故事中出现驯鹿也不是主要角色。当地人创作的诗歌、小说、美术作品主要以驯鹿为主角。我们知道民间故事源远流长，祖祖辈辈传习下来，它所反映的生活场景当远远早于现代的文艺作品。这一奇特的现象说明，他们曾经应该有过大量饲养马匹的阶段，后来转为饲养驯鹿。这段历史渐渐远去以至被人们淡忘，而在口传的散文体叙事中，却保留了它的影子。这也正是口头传统的魅力和价值所在。

鄂温克族著名的民间故事家格喜玛老人讲述的长篇狩猎故事《神葱的儿子》和《真假阿拉塔山传奇》都是典型的宝马助主成功的幻想故事。《神葱的儿子》里的两个主人公是姐妹俩吃神葱受孕产下的，作为天赐的种子他们去寻找属于他们的坐骑。得到了天马的兄弟分开生活，老大遭遇险情后他的神马找弟弟帮忙，最终在两匹宝马的帮助下，兄弟二人过上了安乐的幸福生活。故事中天马出现的情节尤为引人入胜：

> 湛蓝的天空出现了三朵闪光的急掣云，很快白云飘在湖边，三匹矫健的马踏云而来。第一匹马是希日格马，它浑身上下像镀了一层金子一般，在阳光照耀下，闪着金灿灿的光；第二匹马是灰依日马，它一身银白，白得好像连一丝尘埃都没沾染过的样子……①

神赐的英雄配下凡的天马，天马救神赐的英雄于危难，两者交相辉映，展现了鄂温克人追求完美的审美需求，具有独特的美学力量。

《真假阿拉塔山传奇》，讲述主人公阿拉塔山在作战中身受重伤，在神马阿拉日马的劝说下，他的妻子假扮成丈夫，一路奔波去海的对岸寻找可以挽救丈夫性命的一位神通广大的女子。妻子在阿拉日马的帮助下闯过道道难关终于找到了女子，在回家的路上又在宝马的计谋下经受住了种种考验，终于回家挽救了丈夫的生命。故事中的宝马除了主人公的坐骑阿拉日马外，还有神马希日格马和神骏黑依日马，这些神马性格各异却个个有勇有谋、神通广大，对主人一片忠心。它们其实才是故事真正的主角。由此也反映了鄂温克人将猎马视为和人一样拥有智慧和感情的动物，以及他们

---

① 杜梅搜集整理《鄂温克族民间故事》，第 155 页。

同马结下的深厚情谊。

上述几则故事通过一系列幻想情节，表现了鄂温克人对马的真挚感情。马不只是鄂温克人的生产生活工具，而且成为具有无限神力、能够解除苦难的宝贝。它虽然是虚构的，但却有着坚实的生活基础，令人信服。

3. 英雄坐骑——驯鹿

牧养驯鹿的鄂温克人是片刻也离不开驯鹿的。在《老人与狐狸的故事》中，驯鹿作为猎人饲养的动物出现，需要狐狸保姆寻找带回家，却被狐狸吃掉了。故事中驯鹿是被驯化了的野生动物，是猎人的坐骑及生活来源。野生鹿"索格召"是一种性情驯服的野生动物，一般不怕人，对于野生鹿鄂温克人有这样的记忆："鄂温克人驯养'索格召'之前，猎人们在山中休息时，放在身旁的东西经常被'索格召'碰倒。"学界目前虽然没有关于鄂温克人何时牧养驯鹿的结论，但可以肯定的是，千百年来鄂温克人与森林之舟驯鹿相伴相生，他们对驯鹿有着非常深厚的感情。牧养驯鹿的鄂温克人玛利亚·索曾自述："除了打猎，过去人从来不杀驯鹿，也不吃，就算有些死了，被野兽祸害了，也都不吃……原先驯鹿死了都是风葬，舍不得让它烂了。看到在外头死的驯鹿，就是病死的也都要风葬，做个架子把它搁到上面去，为的是不让它烂了或被别的野兽吃了。"① 鄂温克族早期狩猎故事中有关于驯鹿的故事仅保存于牧养驯鹿的鄂温克人中，狩猎故事中单调的驯鹿形象，一则是因为牧养驯鹿的鄂温克人人数少，流传的故事数量有限。此外，还有一个重要原因是他们的民间故事见诸书籍的不多，还有尚未发掘记录的民间故事，有待我们学者深入挖掘整理。

俄罗斯鄂温克因大量饲养驯鹿，有着丰富的关于驯鹿的叙事作品。俄罗斯埃文基人的尼玛堪②中对于驯鹿的描述尤为突出。在说唱英雄故事《力大的索达尼勇士》中，开篇讲到创世之初，世界小得如同一岁野生驯鹿的耳朵：

---

① 顾桃：《忧伤的驯鹿国》，金城出版社，2013，第 228～229 页。

② 埃文基口头文学的重要形式——英雄故事，雅库特地区和阿穆尔河（黑龙江）流域埃文基人称作"尼玛堪"，萨哈林（库页岛）地区称作"尼姆堪"，外贝加尔地区称作"乌勒古尔"；其他鄂温克族群将英雄故事和神话、各类故事统称为"尼玛堪"。转引自〔俄〕纳·布拉托娃《西伯利亚鄂温克民间故事和史诗》，白杉译，内蒙古文化出版社，2009，第 173 页。

> 很久很久以前，
> 出现了三个世界。
> 大小就像一岁野生驯鹿，
> 那灵敏的耳朵。
> 从那以后，
> 我们的中间世界，
> 像库玛兰一样向外伸展；
> 天空像倒扣着的桦皮筐底，
> 不断向四面八方扩散。①

用一岁驯鹿的耳朵来形容世界诞生之初的大小，可见其小。而展示世界不断变大的库玛兰（鄂温克语，意为坐垫或鞍垫，用驯鹿头皮制成），也同驯鹿密不可分。驯鹿是他们传统生产生活中必不可缺的牲畜，用驯鹿的身体部位和驯鹿的配饰来形容事物及其发展变化形象而生动，极为贴近生活，让人倍感自然亲切。顺着说唱英雄故事往下看，就会发现鄂温克人特别偏爱用驯鹿的身体部位，尤其是驯鹿的头部来打比方。

> 就这样，兄妹俩
> 像秋季野生驯鹿的两只犄角，
> 一起诞生在中间世界，
> 诞生在中间世界柔软光滑的草地上。②

孪生的兄妹俩如同秋季野生驯鹿的两只犄角一样相依相伴地降生到中间世界美好的绿野上。故事的脚注中解释，初秋是鄂温克人最喜欢的季节，这时候驯鹿的茸角脱掉表皮变得坚硬而美观，驯鹿的体型此时也最为标致，因此在他们的故事中会经常出现秋季驯鹿的形象。

> 我的名字叫——

---

① 〔俄〕纳·布拉托娃：《西伯利亚鄂温克民间故事和史诗》，白杉译，内蒙古文化出版社，2009，第98页。
② 〔俄〕纳·布拉托娃：《西伯利亚鄂温克民间故事和史诗》，白杉译，第106页。

骑着秋季野生驯鹿的

伊尔基尼钦勇士！①

伊尔尼基钦骑乘的

秋季干杈犄角野生驯鹿，

长有一身亚麻色绒毛，

感觉到即将随主人远行，

两次发出"嚯尔嚯尔"声。

光荣的秋季野生驯鹿，

看上去健壮得惊人！

它那一身光滑的绒毛，

就像用风儿吹成，

没有一处凹坑。

它配有银质的鞍子，

最好的貂皮鞍垫，

银丝编成的缰绳，

肚带用锡镶边。②

　　健壮的秋季野生驯鹿，有着坚硬的干杈犄角，光滑得没有瑕疵的绒毛，配有银质鞍子、貂皮鞍垫、银丝缰绳及锡镶边的肚带。在鄂温克人看来，唯有如此威风凛凛的坐骑，才配得上英雄高贵的血统和他的赫赫战功。故事中的勇士出场时，介绍自己是"骑着秋季野生驯鹿的伊尔基尼钦勇士"，其后对他称谓也是"骑着秋季野生驯鹿的伊尔基尼钦－索宁勇士""我们的勇士，骑着秋季野生驯鹿的伊尔基尼钦""骑着秋季野生驯鹿的著名的勇士伊尔基尼钦"等。中间世界的勇士伊尔基尼钦，最终在驯鹿的带领下来到下层世界并解救出了亲妹妹。

---

① 〔俄〕纳·布拉托娃：《西伯利亚鄂温克民间故事和史诗》，白杉译，第127页。

② 〔俄〕纳·布拉托娃：《西伯利亚鄂温克民间故事和史诗》，白杉译，第136页。

1.3 人与动物通婚

在人类早期的狩猎生产中，几乎每天都与动物接触，他们发现自己迅捷不如虎豹，力大不及狮熊，不能在天空展翅高飞，也无法在海底畅游嬉戏，他们在动物面前常感到软弱无力，羡慕及敬畏之情油然而生，从而产生动物崇拜。动物崇拜主要以动物或幻想中的动物作为崇拜对象，认为动物和人一样拥有灵魂。在动物崇拜观念的影响下，人们认为人兽同一，因此人兽结合也就顺理成章了。作为古老的森林民族，鄂温克族远古的狩猎生活在人类历史的长河里留下了深厚的印记，所以至今在他们中间还流传着一些人兽婚恋故事，如人熊婚、人蛇婚、人狐婚、人猿婚、人狗婚、人狼婚等。

（一）人兽成婚繁衍族群

人兽成婚繁衍族群的故事主题除了鄂温克族之外，在我国北方民族中流传较为广泛，如鄂伦春族的《熊的传说》、朝鲜族的《檀君》、哈萨克族的《牧羊人和天鹅女》、柯尔克孜族的《野鸭鲁弗尔》等。故事情节无论繁简，最终的主旨都是讲述人兽通婚，生育后代，繁衍族群。而鄂温克族流传的人兽繁衍族群的故事就有人熊结合繁衍鄂温克人，人狐成婚繁衍鄂温克人的各个支系，以及人蛇成婚繁衍鄂温克人的一支——索伦鄂温克等。

1. 人熊婚

中央民族大学少数民族语言文学系汪立珍教授，在鄂温克族自治旗调查时曾采录一则人熊成亲的神话故事。故事讲述的是森林中的一只母熊遇见了一位年轻英俊的猎手古尔丹，对他一见钟情，每天到猎人的住处为他做可口的饭菜，帮他打扫房间。母熊的所作所为感动了古尔丹，他和母熊组成了家庭，过了几年他们有了两个孩子。后来由于猎手感到同母熊的生活无聊，就离开了母熊和两个孩子。猎手和母熊的两个孩子后来成为森林中的两个英雄。仁钦扎布讲述的《不怕磨难的巴特尔桑》中有一段故事情节叙述的是，主人公被一只"人不像人、兽不像兽、满身绒毛"的母人熊抓进山洞，为了防止他逃走将洞口封上，后来他们生了一男一女两个熊孩。熊孩长大了，洞口的磨盘也不再顶用了。男人就借着一条路过的船逃走了，母人熊发现了大哭大叫，将两个熊孩两腿一劈投到河里。跟鄂温克人有着同源关系的鄂伦春人，流传着类似的人熊成婚的神话传说《熊的传说》，同样是人熊相遇，生下一个熊孩，后来男子乘船逃走，母熊将熊孩撕成两半：

> 后来随母熊的那一半小崽儿，成了熊；随猎人那一半小崽儿，就成了鄂伦春人了。这事儿就这么渐渐地传开了。老人们说我们鄂伦春人的祖上跟熊有亲戚呢。所以对熊不能直呼其名，要叫它"雅亚"和"太贴"。① 自古以来鄂伦春人敬重它、爱护它、不杀它，无意中打死了熊，还要举行一套风葬仪式，求得熊的宽恕。②

鄂温克族与鄂伦春族人熊传说的这种高度的相似，不仅是由于彼此相似的狩猎生产和相近的生活地理区域，更为重要和关键的是两个民族在历史上曾同属一个来源，笔者曾在硕士学位论文中陈述过此观点，在此不再赘述。

综上所述，三则人熊婚的故事情节线可概括为：男人与母熊（人熊）相遇——人熊一起生活——生下熊孩——男人离开——孩子成为鄂伦春人（英雄）或熊。故事的主人公何以都是男人和母熊呢？这与鄂温克人及鄂伦春人狩猎生产的社会分工是密切相关的。在狩猎生产中，男子们负责外出猎取野兽，以解决整个乌力楞的衣食之需，女子则在家负责照看老人、孩子及从事各类手工劳作。从这种社会分工来看，男人绝大部分的时间在丛山密林中追杀野兽，自然有更多的机会在森林中接触到各类动物。森林中有众多的动物，却偏偏是遇上母熊，并且人熊结合产子。这看似极为荒谬可笑的情节，在猎人们的眼中则不然。《鄂温克族社会历史调查》中记载："熊的生殖器与人相同，母熊也有乳房，也能站起来，头似狗……"③ "猎人打住熊以后，必须由老人先去看是公是母，禁止年轻的猎人看，原因是熊的生殖器完全与人相同，他们认为年轻小伙子们看了动心的话就会患尿闭症。因此打死熊后老猎人先去看，剥皮时必须用毡子或其他东西将熊的下身盖上。吃完

---

① "雅亚"和"太贴"，鄂伦春语，即祖父和祖母。
② 隋书金编《鄂伦春族民间故事选》，上海文艺出版社，1988，第4～5页。
③ 内蒙古自治区编辑组：《鄂温克族社会历史调查》，第51页。

肉，熊的骨头绝对禁止乱扔，最后将熊的骨头都集中起来进行风葬。"① 由此看来，母熊在生理结构上非常接近女性，而在鄂温克人的早期观念中也认为熊就是人。在牧养驯鹿的鄂温克人的传说中，熊原来是人，因犯了错误，上天让他用四条腿走路而变成兽，但它仍通人性。② 索伦鄂温克人也流传着这样的传说：

> 传说中，过去的熊就是人。过去人能打死各种野兽，上天就把人的膝骨由后移到前面，从此与野兽有区别。但，那时和人的构造一样的熊不知跑到哪儿去了，没受到这种改变。熊跟人一样没有尾巴。据说熊的灵魂是人的灵魂，熊在天上都有星星。因此，他们祭熊与祭老人一样。③

在这一观念的影响下，人熊结合产子也就顺理成章了。对于与人结合并繁育了后代的熊，鄂温克人、鄂伦春人有一系列的禁忌，尤其是为生活所需猎杀熊以后要举行隆重的风葬仪式。因为在他们看来熊是同人类一样拥有灵魂的，如果不安抚其灵魂，求得它的宽恕，人们将很难再次捕获熊。熊是人类狩猎活动的重要对象之一，人对熊的认识和熟悉可以说非常久远。大约50万年前，人类就大量捕食过熊、野猪等。北方地区的熊所特有的季节性活动规则，尤其是冬眠的习性，更加容易给初民造成一种熊能够死而复活的印象，于是就在史前信仰之中成为代表生死相互转化观的一个神奇标本，成为被崇拜的神秘和神圣对象。

2. 人狐婚

鄂温克族猎人与动物婚配型故事中，《狐狸姑娘》是很有代表性的文本，流传范围也较广。这则神话讲述了猎人与转化为人形的狐狸生育后代、繁衍部落的故事。

> 很早以前，有一位年轻的猎人，打猎时遇见一头狼欺侮一只狐狸，猎人一箭射死狼，救活了那只狐狸。猎人每天上山打猎，回来时

---

① 内蒙古自治区编辑组：《鄂温克族社会历史调查》，第108页。
② 内蒙古自治区编辑组：《鄂温克族社会历史调查》，第233页。
③ 内蒙古自治区编辑组：《鄂温克族社会历史调查》，第51页。

住处总是被打扫得干干净净，还有备好的饭菜。猎人感到奇怪。有一天，猎人提前回来，看见"仙人柱"里有一位漂亮的姑娘，旁边放着狐狸皮，猎人明白这个姑娘是那只狐狸变的。猎人将狐狸皮藏了起来，于是两个人结了婚，生了很多的孩子，他们各司其业，成为鄂温克人的祖先。

在这则神话故事里，狐狸被视作与人类同格的动物，鄂温克人将狐狸人格化为知恩图报的美丽女子，狐狸为了报答猎人的救命之恩，变形为年轻姑娘，并且与猎人结婚，生养子嗣。在丁乃通的《中国民间故事类型索引》中，400D 型为"其他动物变的妻子"，情节概要为：仙侣（老虎、狐狸、雁等）只是去看看男主角，没有先秘密地为他做家务活。常常是男主角的亲戚找到了她的衣衫，隐藏起来。她离开的理由是多种多样的，除了她的小孩说了激怒了她的话外，也可能是由于她丈夫或亲戚说她是畜生。在离去以前，有的会伤害或杀死她的丈夫或其他的人。① 但在鄂温克族人狐婚恋的故事中，美丽的狐女为报恩贤惠地为猎人做各种家务，狐女与猎人成亲后并未离开他，而是与他共同养育了很多的子女：

> 他俩在结婚的五年头上，正好生了十个孩子，孩子个个都挺聪明，有的能使弓箭、有的喜欢抠土、有的爱摆弄木头、有的擅长驯鹿……总之各自都有自己的爱好。后来都长大了，哥十个共分了三股，一股专门打猎，饲养驯鹿；一股学种地；一股放牧。从那以后才分出了各行各业。据说鄂温克人就是这么流传下来的。②

从故事的结尾处，人狐养育的孩子们长大后分了三股并从事不同的行业，正好同鄂温克族索伦、通古斯及牧养驯鹿的部落的三个分支吻合，所从事的生产方式也同近代鄂温克人的生产类型吻合。说明这则故事主要是关于鄂温克各个部落由来的神话传说。同时，这则鄂温克族人狐婚恋的神话故事，也可以说是对中国民间故事类型"其他动物变的妻子"的一个补充。

---

① 〔美〕丁乃通：《中国民间故事类型索引》，郑建成译，中国民间文艺出版社，1986，第112 页。
② 《黑龙江民间文学》（第六集），第 131 页。

与该神话故事类似的传说在《鄂温克族社会历史调查》中也有记载：

> 很早以前，有一条大河，河旁有一所房子，住着一人。有一天进来一只狐狸卧在门旁，她来后，每天把房子打扫得很整齐，还把饭做好，他很奇怪。有一天，狐狸变成了一个漂亮的姑娘，他们结婚了。生了十个孩子，都各有长处。有的会种地，有的是木匠，有的识字会算……
>
> 以后，这兄弟十人都分散开了，其中的木匠是鄂温克人的祖先，种地的是汉人的祖先。①

这则传说相对起来，故事情节要简单许多，没有了猎人救狐狸和狐狸脱去外皮变成人形的情节。而人狐结合所生的孩子分别成为鄂温克人和汉人的祖先，也有别于上则故事中二者的后代成为鄂温克人的三个分支的结尾。虽然有这些差别，但是两则故事中人狐结合生育后代、繁衍部落的情节是相同的，在这一点上它们共同反映了鄂温克人对狐狸这种动物的特殊崇拜意识。《鄂温克族社会历史调查》中记载，鄂温克族有的整个村落供奉狐狸神，如阿荣旗的吉木伦村和文布奇村。② 在笔者的实地调研中，还听老人们讲鄂温克人有禁止捕猎狐狸的习俗。

对狐狸的崇拜意识，以及由此产生的猎人与狐狸姑娘繁衍部落后代的结构模式，在鄂温克族的邻族达斡尔族神话中也有相同的表述。达斡尔族神话讲到远古时候，有一个达斡尔人，穿着树皮做的衣服，在原野上漫游。一天，他发现了一间小屋，主人是一位白须老人和他美丽的女儿。老人把他接纳下来，并把女儿许配给他。其实，老人和他的女儿都是狐狸变的。后来，夫妇俩生了不少子女，慢慢地发展成为今天的达斡尔族。

众所周知，狐狸是非常美丽而又有智慧的动物，对于这种灵气十足的动物，一向崇尚智慧的鄂温克族，对其产生了崇拜和敬仰之情，并将它视为繁衍了鄂温克人的祖先。

3. 人蛇婚

关于人蛇成婚繁衍鄂温克人的传说故事并未见于鄂温克族的各个民间

---

① 内蒙古自治区编辑组：《鄂温克族社会历史调查》，第243页。
② 参见内蒙古自治区编辑组《鄂温克族社会历史调查》，第114页。

故事集中，却在乌云达赉著的《鄂温克族的起源》一书中有所收录：

> 在一条大河附近有一个大湖，大湖的日出方向有个河口。河口水深里面住着大蛇。大蛇是天上来的，十五尺长，有两只特角。在湖岸上，大蛇遇上留辫子的人，怀了孕，生了儿女。儿女生儿女，繁衍为索伦人（历史上鄂温克族的一个分支）。大蛇对儿女极好。但他不跟他们说话，只跟萨满说话。①

与此类似的关于"舍卧刻"神的传说，见于《鄂温克族社会历史调查》：

> 很早以前（没有人类之前），有一个有辫子的鄂温克人，发现在"勒拿"河附近的山中有一个大湖名叫"拉玛"湖，有八个河流注入，在日出的方向（即湖的东南），有一个河口，河口非常深，在水中有一个身长十五丈，并有两个大角的蛇，是从天上下来的，这个蛇与人不通话，但和萨满能通话，这就是"舍卧刻"。②

两则传说故事比较而言，后者完全没有人蛇共同繁衍鄂温克人的情节，而且从两则传说的主干来说，这应当是流传于牧养驯鹿的鄂温克人中，关于鄂温克人发源地的传说，却成为索伦鄂温克起源的传说，这一点让人有些费解。尽管如此，不可辩驳的是，头上长有两只大角的蛇——"舍卧刻"神的确是鄂温克人所供奉的祖先神。无论是人蛇成婚繁衍了鄂温克人，还是蛇作为鄂温克人所供奉的祖先神，都表现了鄂温克人对蛇这一动物的崇拜之情。

综上，鄂温克族人熊婚、人狐婚，以及人蛇婚的故事主题，展现了鄂温克族在狩猎生产生活中对熊、狐狸、蛇这三种动物产生的特殊的崇拜之情。中国社会科学院研究员王宪昭认为："人兽婚"在本质上反映出早期人类对自身的关注和对本族的关注。③ 而这几则传说故事最终的核心也都是在关注鄂温克族群自身的繁衍，说明鄂温克族先民探索人类及本族来源

---

① 乌云达赉：《鄂温克族的起源》，内蒙古大学出版社，1998，第 68 页。
② 内蒙古自治区编辑组：《鄂温克族社会历史调查》，第 232 页。
③ 王宪昭：《中国民族神话母题研究》，民族出版社，2006，第 157 页。

的不懈努力和追求。

（二）其他人兽联姻

上文提到的长篇狩猎故事《毛胡日迪罕奇遇记》，其中"狗国"和"与猿人结婚"部分讲述了人狗联姻以及人和猿人联姻的故事。

"狗国"部分讲述了主人公毛胡日迪来到男人都是狗的地方，他遇到一个嫁给狗的女人，因不堪忍受这样的生活，随他一起逃走了。后来她的丈夫和兄弟们追来，被毛胡日迪射死了，其他狗也吓跑了。于是他们结为夫妇，结果女人在他的要求下吃完肉就死了。女人临死前告诉他她是哈皮特国的人，只能喝和尿，不吃屙。为何哈皮特国的人不能吃肉呢？"哈皮特"是鄂温克语，是草爬子的意思，是一种吸人血的昆虫，学名蜱虫，分布于林区及牧区。它的生理特点是没有肛门，不排大便，它吃饱了撑坏了，寿命就终止了。因此它是不能吃肉的。故事的这部分内容可谓离奇至极，男人是动物，女人是昆虫，二者结合组成了家庭。

"与猿人结婚"部分讲述了主人公被一个全身长了灰毛的猿人抓住了，把他抓到山洞里边，跟他生活并且生了一儿一女。一天毛胡日迪看到有人经过，便趁此机会逃走了。猿人发现后就把两个孩子你一半我一半撕开了。这部分故事情节与人熊婚的故事情节类似，只是与人结合的动物为猿人。

对于《毛胡日迪罕奇遇记》故事中的人与昆虫结婚及人猿结婚，民间文化传承人何秀芝认为它体现了古代的婚姻现象，她说："古代人兽不分的时候很可能有过，很古以前，那童年的回忆嘛，民间故事本身就是对童年的回忆。"在那个时期，初民们的狩猎生活依赖动物，他们每天都同动物有着密切的接触，然而当时他们还没有把自己跟动物区分开来，故认为动物和人一样有灵魂，因此认为人兽之间也可以婚配。

2　禁忌主题

禁忌就是禁止某种行为，破坏禁忌将受到超自然的灾难性惩罚，轻者危及个人性命，重则祸及民族生存。"禁忌"这个词，国际学术界统称为"塔布"，源自中太平洋波利尼西亚群岛土语，音译为"Taboo"或"Tabu"。钟敬文先生早在 20 世纪二三十年代起就开始关注民间散文体叙事中的禁忌观念和行为，可见禁忌主题是审视民间叙事文学的一个角度。禁忌主题源自禁忌民俗，鄂温克族初民在莽莽丛林中艰难求生，为了更好地适应大自然，顺利地繁衍子孙，形成了一些不可违背的禁忌习俗。他们为了强化某种尤为重要的禁忌习俗，祖祖辈辈在口耳相传的民间口头叙述中反复演述，在不断地重复与强化过程中，禁忌习俗与禁忌主题渐渐融为一体。鄂温克人在狩猎生产生活中对于火及言语的禁忌就属此类。

2.1　火神禁忌

对火的认识和利用，是人类文明进程中一个具有里程碑意义的重大事件。它使人类告别了茹毛饮血的生食阶段，给处于严寒冬季的人类送来了温暖，为漫漫长夜带来了光明。恩格斯曾经指出："毫无疑问，就世界性的解放作用而言，摩擦生火还是超过了蒸汽机，因为摩擦生火第一次使人支配了一种自然力，从而最终把人与动物分开。"[1]

对于身处西伯利亚及大小兴安岭寒冷地带的鄂温克人来说，火的重要性不言而喻。火给他们带来光明与温暖，帮助他们驱散冬季严酷而漫长的严寒，减少冻死冻伤的人数，有利于族群的繁衍生息；火将坚冰融化，将血腥的兽肉变成可口且易于消化的美味，使猎人变得更加结实和强壮；火还能驱逐野外虎视眈眈的野兽，保护族人的生命安全。火对于鄂温克人的生存及繁衍生息有着如此重要的作用，因此鄂温克人非常地敬重火，他们崇拜火，将其视为神灵。在鄂温克人的萨满信仰里，火神是非常重要的一位神灵，他们十分敬重火神，世代流传着众多关于火神及其禁忌的故事。下面我们来看一则关于敬拜火神来历的传说《火神的故事》：

> 听老一辈人说，在很早很早以前，有一个打猎的人。他家里头没有什么人，就老哥一个。一天，他起早上山林里打猎去了，可打到天黑，连一只松鼠也没打着，就回家了。回到家里，他越想越觉得丧气，山里林里地跋�这了一大天，连个会喘气的也没打着。虽说心里不

---

[1] 《马克思恩格斯选集》第 3 卷，人民出版社，1972，第 154 页。

痛快，可也得吃饭啊，就赶忙生火做饭。他刚点着火不大工夫，火里就"砰"的一声怪响，崩得火星乱飞。他肚子里本来就满是气，火又崩了这一下子，就更来气了。顺手操起把刀就对着火猛砍起来。把火砍灭了，他晚饭也没做成，倒头就睡了。

第二天，他打算去打猎，就老早地起来生火，可是不管他咋生，火也不着，最后他一赌气连饭也没吃，就又打猎去了。他又打了一整天，还是连啥也没打着，就只好空着手回来了。在回家的半路上，路旁边有一棵老大老大的干巴拉杈的大樟树。树底下一位满头乱蓬蓬头发、满脸是血的老太太，正用两手捂着脸伤心地哭呢！她一边哭，嘴里还一边叨叨咕咕地数落着什么。这个猎人走到她跟前，先恭恭敬敬地作了个揖，然后问道："您老人家有了什么大难事，一个人跑到这大野外哭？"经他这一问，那个老太太哭得就更伤心了。她边哭边说："你还问我，你做的事你自己还不清楚！"打猎的给老太太这一说，就更纳闷儿了。他心里话，你自个儿在这里哭，与我有啥相干？可她还说我"清楚"，真是个怪事！他越想越不明白，越不明白，就越想问，越问那老太太就越伤心地哭。经过再三询问，他才知道，这位老太太原来就是火神。她那满脸血，就是他昨天用刀砍火时把火神的脸给碰伤了。打猎的听了以后，"扑通"就跪在火神面前了。他向火神说明了昨天是无意的之后，又诚恳地请求赎罪，并且发誓：以后在每年的十二月二十三日晚间，都摆上供品敬拜火神。当打猎的跪着把誓发完，一抬头，那位老太太早就不知哪去了。

打这以后，鄂温克族的人就敬拜火神了。据说，直到现在牧区的鄂温克族人，每当十二月二十三日晚间（在日头落了以后），还都要举行祭祀火神仪式呢。[1]

从故事的发展脉络看，猎人因无知冒犯了火神，用刀砍火导致火神的脸被碰伤，因而满脸是血的火神现身，猎人知错认错并立誓从此以后敬拜火神。而通常禁忌故事的模式是，先是设禁告知"不能做什么"，然后是

---

[1]　《黑龙江民间文学》第六集，第145页。

违禁"做了不让做的事情",最后是得到惩罚,"得到不好的结果"。而这则以火为禁忌主题的故事,其结构模式则是"做了不该做的事情——得到不好的结果和告诫——知道不能做什么"。这一模式同生活中禁忌的存在方式,如出一辙。禁忌在不被触犯的情况下,人们似乎并没意识到它的存在或根本不知道它的存在,一旦有行为触犯了它,便有人(通常是长者)出来告诫不可如此,否则会怎样怎样,于是违禁者获得了关于禁忌的知识。由于触犯了不能用刀刺火的禁忌,还直接导致了后来人们的火神敬拜活动,这样这则禁忌故事又有了解释习俗行为来源的释源功能。禁忌作为社会规范中最古老的行为准绳,对于它的解释及叙述的口传故事,应当有着非常远古的历史。上述这则以火的禁忌为主题的故事,也应当是众多以禁忌为主题的故事中较为古老的一种。

从故事的叙述中,我们发现鄂温克族的火神是一位老太太的形象。"在萨满信仰多神崇拜的信仰体系中,火的位置十分重要。在萨满信仰关于宇宙起源的认识中,火被认为是万物的生母,是原始宇宙和生命力的象征,是一切创造物的根源,火常常以女性神的面貌出现,被神话和拟人化,成为了信奉萨满信仰的包括蒙古族在内的各民族所崇拜的神灵。"[1] 除蒙古族之外,我国北方的满族、鄂伦春族等,北亚的吉利亚克人、那乃人等,火神也都是女性形象。在鄂温克族中,祭祀火神的主祭者是妇女。祭祀时,一家的主妇跪拜在地,口中默念或心中默想:过去一年中,女人对你有些失礼,请饶恕,以后一定注意,尊敬你。祭祀过程中,禁止掏灰,禁止打扫屋内,禁止扔灰。鄂温克族的火神为女性形象,祭祀火神的主祭者也为女性,这并非巧合,它说明了在鄂温克人的眼中火是万物之源,具有滋养万物和人类的神力,所以将其拟人化为老妇人。在鄂温克族神话中哺育万物的萨满也是白发老妇人的形象:

> 在太阳出来的地方,有个白发老太太,她有个很大很大的乳房。老太太是个抚育万物的萨满,人间的幼儿幼女,都是由她来赐予的。[2]

---

[1]　乌仁其其格:《蒙古族火崇拜习俗中的象征与禁忌》,《中央民族大学学报》(哲学社会科学版)2005年第5期。

[2]　《黑龙江民间文学》第六集,第9页。

鄂温克人的心目中，火神崇拜同生殖崇拜是联系在一起的。通古斯鄂温克人认为：最不好的征兆是客人尿了褥子，这等于灭了一家人的火，等于绝根。① 与此相对应的，是一则名叫《鄂温克猎人为啥最忌客人尿褥子》的传说故事。故事讲了一家在大森林打猎的鄂温克人，家里来了一个客人，夜里他将装满水的皮口袋嘴解开，水流到火堆旁将火熄灭。第二天他假装自己喝多尿了褥子。结果后来猎人的儿子和女儿相继得病去世。萨满告诉他们，那个客人是罗刹，他故意熄灭了火，得罪了火神，所以火神降灾于他们。后来这件事情传开了，"奇怪的事总传得很快，这件事不久也就传到了很多鄂温克猎人耳里，并且说：'客人尿了谁家的褥子，就会得罪火神，谁家就要绝根断后。'所以打这以后，鄂温克人就忌讳客人尿褥子。据说直到现在，居住在大森林里的鄂温克猎人家，最忌讳的事，还是客人尿褥子"。② 火凭借它所带给人间的温暖和光明，滋养着芸芸众生，而熄灭的火，不仅导致寒冷和黑暗，最可怕的是它会断绝人类的繁育能力。因此保护火种，使之长燃不绝，就等于维护了子孙后代绵延不绝。牧养驯鹿的鄂温克人称火堆为"golamuta"（古伦木踏），兼有繁衍之意。一个家族的人口多少可从他们火堆的大小和多少来判断，"golamuta"越大越多表明这个家族人丁越兴旺。每个家族都有一个守灶之人，一般为长子，负责看护火种，如果火种熄灭则意味着家族要灭亡。对于鄂温克人来说，最大的忌讳莫过于熄灭别人家的火种，而"客人尿褥子"就相当于灭掉主人家的火种，于是便有了鄂温克人关于客人尿褥子的禁忌。

因为火在鄂温克人心目中有着如此的神力和尊贵地位，所以在日常生活中对火有着诸多禁忌：禁用有刃的东西弄火；不能以水泼火；不得将污秽的东西扔入火中；不可向火里投入葱、蒜等有异味的东西；吃东西时，需先献给火神然后再吃。在雅鲁河流域流传的一则《敬火神的传说》中，结尾部分详细记录了鄂温克人对于火的各种禁忌：

> 他临终前告诫自己的儿女和子孙们："要好好地敬火神，不要冲犯他，他会上天向天皇告状的。"并且给他的子孙后代立了个规矩：

---

① 内蒙古自治区编辑组：《鄂温克族社会历史调查》，第 337 页。
② 王士媛、马名超、白杉编《鄂温克族民间故事选》，第 44 页。

在用火做完饭菜后，自己吃饭前，首先给火神敬吃的；行走时，不要在火上跨越。特别是妇女，在火边时要规矩：前后衣大襟要裹住身子，不能在火上迈过去；垃圾等污物不能同火和灰堆放在一起，以免把火神弄脏了；腊月二十三火神上天时，给他往嘴巴上浇点油、烧些麻糖来甜他的嘴，让他上天别告状；每当除夕至正月初五，在门口燃起熊熊篝火，以求火神保佑人们的生活像篝火一样越过越兴旺；每当过年时，全家老少都要下跪拜火神……

纯朴的鄂温克人都怕火神上天告状。所以，这些规矩一直延续到现在。①

这则关于火神的传说，有两处触犯禁忌的行为。一处是主人公触犯了保密的禁忌，他向自己的母亲泄露了他以后能当上额金罕（酋长）的秘密。另一处是主人公的母亲触犯了火神，她"叉着腿坐在锅台上"，"一边在锅沿上敲着筷子，一边说：'将来当上了额金罕，谁对你好过，谁对你不好，要记得清清楚楚的，好赖都得有个报应。'"受到冒犯的火神，上天到恩都日宝日罕（天神）那里告了状，说她骑在他的脖子上，敲击着他的脑袋，并且添油加醋地说："现在就想要以自己的恩怨来惩治人，这是乱世君子。"恩都日宝日罕听后很生气，便换掉了主人公的龙骨，使他变回了普通人。可见，违反了保密的禁忌事小，冒犯了火神事大。火神在鄂温克人心目中至高无上的地位，也由此可见一斑。

2.2 兽语禁忌

以猎取动物为衣食命脉的鄂温克猎人，终日在跟踪动物的行踪，然而它们是如此的迅捷矫健、变化不定，他们于是幻想有朝一日若获得洞明兽语的能力，便不用如此绞尽脑汁地揣摩那些具有独立意志的动物的心思了。在鄂温克族的很多传说故事里，野兽能言人语，人们似乎并不觉得稀奇，而人类要想听懂兽语，却要经历一番磨难考验，而获得此特殊能力的同时，还有非常可怕的禁忌需要遵守。

① 杜梅搜集整理《鄂温克族民间故事》，第55页。

　　鄂温克族以语言为禁忌主题的故事，多以"禁令——违禁——惩罚"的结构范式展开故事情节。《樵夫和蟒蛇》[①] 的故事情节大体如下：一个樵夫进山砍柴迷了路，结果误闯进了蛇的王国，他壮着胆子喝了它们那里一块大石头上的宝水后，变得能够听懂天上地下一切飞禽走兽的话。离开之前，蛇告诫他说：无论听到什么动物说话，都不能对别人说，如果说了就要报复他，他就活不成了。如果不说，他将会得到幸福。回到家中，有一天，他被两只家雀的谈话逗乐了，结果被妻子逼问缘由，他说出了秘密。为了躲避蟒蛇的报复，樵夫躲进了缸里，蟒蛇将缸一圈一圈缠起后离开了，水缸只剩下樵夫的一堆白骨。

　　这则禁忌故事，在开头部分预设了禁令，即无论听到什么动物说话，都不能对别人说，否则他就活不成了，而樵夫偏偏拗不过妻子说了秘密，因而违反了禁忌，而违禁的下场就是以生命为代价的残酷惩罚，抱有侥幸心理的樵夫躲进水缸，最终化作一堆白骨。《樵夫和蟒蛇》的故事结构模式完全契合禁忌主题类故事的结构范式。但是，如果进行更加细致的观察，这篇看起来中规中矩的禁忌主题故事却有一点很特别。通常禁忌主题只涉及禁忌以及违反禁忌所带来的不良后果，而很少提到遵守禁忌会得到怎样的益处，这则故事却明确提及如果樵夫不说出他听到的动物的话，他将会得到幸福。禁忌是人类为了自身的生存而设定的一套行为法则，规避它，更多的时候是为了不害己害人，如若遵守还有益处，那么它的存续就有了合情合理的现实意义。

　　而听懂兽言将获得幸福，其背后的逻辑又是怎样的呢？对于这个问题，笔者将引用在鄂伦春族地区采集到的一则狩猎故事来说明。故事的讲述人关永尼（1926 年生）生活于黑龙江省塔河县十八站鄂伦春民族乡，据老人讲这则故事源自她姥爷。故事的大体情节如下：

　　（1）主人公是瞎子，被两个哥哥们骗上山，遭到遗弃；

　　（2）瞎子在一处地方听到动物们（狼、熊和虎）的交谈，得知了治好眼睛的方法。治好眼睛后，他按照动物们的谈话内容找到了金子，帮助皇帝找到水源并得到了可以隐身的帽子、能抖出钱的麻袋；

---

① 王士媛、马名超、白杉编《鄂温克族民间故事选》，第 188 页。

（3）哥哥们来找他，他告诉了经过，结果他们被动物发现并吃掉了。主人公当上了皇帝的姑爷。

故事的寓意是善有善报、恶有恶报，如讲述人最终的结语："两个哥哥让它们吃了，干坏事早晚也好不了。小孩就过好了，当上了皇帝的姑爷了，日子过得非常好。"而我们要关注的则是故事的背后，它体现了这样一个观念，即听懂兽语会带来好运。当然人类不可能真正听懂兽语，但是可以通过叫声、姿态、动作来领会动物的意图。"这些猎人、牧人，长期行走在深山老林、旷野草地之间，成天与动物为伍，动物成为他们赖以生存的基础，因此强烈的生存意识迫使他们必须想尽各种办法去了解动物的活动规律和生物特性。经过无数次的狩猎放牧实践，练就了猎人牧人能从禽兽鸣叫嘶吼中判断它们行踪的能力。这种经验判断准确性极高，常常使他们的狩猎满载而归或放牧平安无事。因而将猎人、牧人知晓动物的行动语言转化成有声语言也就顺理成章了。"① 可见，懂兽语获好运这一观念体现了鄂温克族猎人们想要不断探求动物世界奥秘的美好愿望，以及他们渴望征服自然的心理诉求。

在以兽语禁忌为主题的故事中，蒙古族流传的《猎人海力布》② 最为著名，故事的大体情节如下：

（1）为答谢海力布的救女之恩，龙王送给他一颗含在嘴里能听懂鸟语的宝石；

（2）龙王告诫海力布，所听鸟语，不能告诉别人，否则会变成石头；

（3）一天，海力布听见飞鸟议论将发生洪灾；

（4）海力布为了使大家相信他的话，只好将真相说了出来。他慢慢地变成了石头。

这是一则在我国广为流传的关于动物语言禁忌的故事，林继富教授根据中国民间故事的实际，将其归纳为"猎人海力布"型故事，较之国外学者汤普森、艾伯华、丁乃通等学者所归纳的"动物语言"型故事，在故事的内涵和外延上更加深刻和广泛。

---

① 林继富：《守禁违约的背后——"猎人海力布"型故事解析》，《民族文学研究》2000年第3期。

② 《猎人海力布》，载《中国民间故事集成·内蒙古卷》，第83页。

鄂温克族也同样流传着这一型故事的异文《哈尔迪莫日根变巨人石》①，讲述哈尔迪莫日根从老鸹嘴里解救了一条小蛇，蛇是海三娘的化身，她要求哈尔迪莫日根同她去海里过日子，遭到了拒绝。为了报恩，海三娘教授哈尔迪莫日根所有飞禽走兽的语言，临别时叮嘱他不准将这些禽言兽语告诉别人。一天，哈尔迪听到动物们说要闹地动，他将这个不幸的消息告诉了山里所有猎人。最后猎人们得救了，哈尔迪莫日根却因泄露了天机得罪了镇海大神，化作一块又高又大的巨人石。这则鄂温克族"猎人海力布"型故事，体现了主人公在危难时刻不顾自身安危，以大家为重，宁可牺牲自己来保全他人，展现了大无畏的英雄气概。该类型故事将兽语禁忌同自然灾害紧密联系在一起，体现了人们将规避自然灾害的重任寄托在无论是听觉、嗅觉还是味觉都比人类更为灵敏的动物身上，他们渴望通过观察飞禽走兽的异常活动来探求自然的奥秘，以更好地适应自然从而达到延续族群的愿望。

2.3　禁忌主题与狩猎民俗的互文

互文性（intertextuality），又称"文本间性"，通常被用来指示两个或两个以上文本间发生的互文关系。② 新历史主义有一句名言："文本是历史性的，历史是文本性的"，也就是说新历史主义特别强调着眼于现代世界，运用文本与文化历史语境的互文性关系来解释过去的文本。③ 民间文学是民族文化不可分割的一部分，研究口传文学不能脱离时代的文化语境。鄂温克族早期狩猎故事的禁忌主题，与其狩猎生产方式及其形成的一整套狩猎民俗文化是密切相连的。

鄂温克人过去在山上打猎，不可乱动火，特别是对撮罗子里生的火更是尊重，过去他们有保存火种的习惯，生了火之后把它培上不使其熄灭。吃饭、喝酒都先往火上滴上一点，嘴里说祝福的话，他们认为如果不这样做会招致火神的不满。鄂温克人对火的诸多禁忌以及他们在行猎过程中忌讳说大话空话、禁止大声吵闹等的禁忌，都是为其狩猎生产服务的，可以

① 王士媛、马名超、白杉编《鄂温克族民间故事选》，第85页。
② 王瑾：《互文性》，广西师范大学出版社，2005，第1页。
③ 王瑾：《互文性》，第26页。

说鄂温克族古老的狩猎方式是其各类禁忌习俗滋生的土壤。而禁忌主题的传播与延续需要口头语言的介入，没有口耳相传的反复言说，禁忌习俗的传承会遇阻受限，直至消亡。对于火的禁忌，他们在生活中如是说：

> 那肯奇老人的父亲和另一位叫沙石克的猎人，一同去打猎，两人在晚间生火时，火出了声，沙石克非常生气，马上用水把火弄灭了。第二天早晨出猎时，走不远就听见鹿声，实际不是鹿声，而是另一猎人的鹿哨声，但沙石克认为是鹿，故沙石克也吹了自己的鹿哨，结果沙石克被对方看成是鹿，打住了眼睛，当场死了。这也是因为沙石克用水浇灭了火。①

这样的叙述，在鄂温克人过去的狩猎生活中并不鲜见，但其影响力及说服力却远不及富含幻想色彩及教育寓意的民间故事。"在口头传统中，从叙述者的观点中出现的那些被指认为'不要做'的事，必然会导致一种可受责备的情况。叙述者要把这样的信息传达给他的听众。"② 为了传达这一信息，故事的讲述者们会创造出蓬头老妪的火神形象，给人以真实可信的错觉。在鄂温克族早期狩猎故事的禁忌主题中，为了突出其"不要做"后果的严重性，往往采用夸张的手法，将违禁之人的下场设计成化为白骨或是变成巨石等极为严重的后果。禁忌主题中拟人、夸张等手法的运用，都是为了强调禁忌的重要性及其不可违逆性。"禁忌习俗运用神话、传说和民间故事来为自己编织一个最恰当的理由。这些民间口承文学是集体的，凝结了局内所有人的生活及文学智慧。"③

鄂温克族早期狩猎故事的禁忌主题与鄂温克族的禁忌习俗是互文互构的，前者的具体内容扎根于鄂温克族狩猎习俗及传统，后者是前者的源头活水，同时前者在现实的讲述活动中又强化和延续了后者。

---

① 内蒙古自治区编辑组：《鄂温克族社会历史调查》，第 237 页。
② 〔荷〕米尼克·希珀：《史诗及其英雄——口头文学的跨文化研究》，叶舒宪译，载〔荷〕米尼克·希珀、尹虎斌编《中国少数民族文化中的史诗与英雄》，广西师范大学出版社，2004，第 285 页。
③ 万建中：《解读禁忌——中国神话、传说和故事中的禁忌主题》，商务印书馆，2001，第 299 页。

3 小结

　　从功能学派的理论观点来看，任何一种文化现象都有满足人类实际生活需要的作用，即都有一定的功能。马林诺夫斯基认为，一切文化都是活的，它在人们的现实生活中起着实际的作用，没有脱离生活需要而独立存在的文化。鄂温克族早期狩猎故事中人对动物认识主题及人兽和谐相处主题，从功能主义的角度来看，体现了狩猎生产生活的实际特点。对于居住在寒温带森林里的鄂温克人来说，想要驾驭大自然那是白费心机。因此，了解和认识动物世界的奥秘便成为猎手们生活中一项非常重要的内容，其目的是更准确、更高效地猎捕到猎物。在同动物的密切接触中，猎人们发现即使凶猛强悍如虎、熊这样的动物，受到人类的帮助后也会感恩图报，反映了潜藏于自然界中的给予与索取的平衡关系。这一点深深启发了聪明的猎人们，于是他们试着用另一种方式去同动物打交道，即人类友谊的模式。无数次的试验后，他们终于找到了可以信赖的动物界朋友——狗、马以及驯鹿。人兽和谐相处主题揭示了鄂温克人同动物界的亲密关系，然而这一亲密关系究其实质也是为狩猎生产服务的。

　　在捕猎者与猎物之间存在着更为亲密的关系，即前者对后者的崇拜和敬仰。对动物世界的崇拜，反映了人们在恐惧心理和神秘感的支配下所产生的对动物的理想寄托。基于这一崇拜观念的支撑，某一特殊的动物被想象成可以婚恋的爱人，甚或是族群的先人，动物界的社会属性也被置于高高在上的位置，与此同时人与动物共通的自然属性被无限放大了。因此在鄂温克族早期狩猎故事的人兽婚配主题中，狐狸变成了美丽贤惠的妻子，和人类共同孕育后代，熊和蛇则备受人们的尊敬，享有尊贵的地位。鄂温克族早期狩猎故事的人兽主题反映了人与动物既相互斗争又和谐相处的对立统一关系。

　　鄂温克族早期狩猎故事中的另一大主题——禁忌主题，则是对早期狩猎生产方式所形成的独特生产习俗的集中反映。鄂温克族狩猎故事中的禁忌主题，通过特有的言说方式突出体现了鄂温克人的狩猎习俗，其内涵与外延表现了狩猎生产中人类对自然界的依赖。"口头文学有一种社会功能，在故事的进程中，某些人物打破了既定的社会与文化规范，但是接近故事结尾处，这种规范通常得到重新确认。社会与文化的背景因素是建构故事房屋的砖石。这些因素涉及日常生活的现实、地理环境和社会组织等。"①由此可见，鄂温克族早期狩猎故事的禁忌主题，在反映狩猎生产习俗的同时，又是其存续的具体体现，二者形成了不可分割的互文关系。

① 〔荷〕米尼克·希珀：《史诗及其英雄——口头文学的跨文化研究》，叶舒宪译，载〔荷〕米尼克·希珀、尹虎斌编《中国少数民族文化中的史诗与英雄》，第289～290页。

四　狩猎故事中的主要形象

如果说人与动物关系及禁忌是鄂温克族早期狩猎故事中最重要、最核心的故事主题，那么本章要讨论的"莫日根"形象、魔怪形象及山林意象则是鄂温克族狩猎故事中最耀眼、最突出的审美形象。鄂温克族早期狩猎故事的人物角色绝大部分为英俊魁梧、能骑善射、英明睿智的莫日根们。这些莫日根或斩杀妖魔，或出征历险，或猎获奇珍异兽，而他们所有的英雄行为都不曾离开哺育他们成长的山林。本章以鄂温克族早期狩猎故事中的"莫日根"形象、魔怪形象及山林意象为切入点，解析故事中所蕴含的审美意蕴，探求鄂温克族民众独特的美学追求。

1　莫日根形象

在鄂温克语中，莫日根（mergeng）[①] 一词有形容词和名词两种词性。其名词词义为：神射手、神枪手、神炮手。其形容词词义有：（1）圆满的、完美无缺的；（2）英明的、明智的、神明的、非凡的；（3）敏锐的、聪明的、聪慧的、神通广大的；（4）准确的、中肯的、精确的。然而 mergen 一词并非鄂温克独有，它广泛通用于满通古斯语族、蒙古语族和东突厥语族的许多民族，如满族、赫哲族、鄂伦春族、达斡尔族、蒙古族，以及俄罗斯境内的那乃、埃文基、奥罗奇、奥罗克、乌尔奇等民族。在这些民族语中，mergen 也同样含有多种含义。mergen 一词含有"技艺超群"之意。满语中的 mergen 含有"围场上射着的多，捕捉的多，超群之人"的意思；乌尔奇语和奥罗克语中有"壮勇超群之人"的意思；那乃语中有"勇敢

---

① 杜·道尔基：《鄂汉词典》，内蒙古文化出版社，1998，第436页。

的人"的意思；蒙古语中有"百发百中的射手"的意思；达斡尔语中的 mer-gen 在古代是指能者、智者，在现代则是指打猎能手。①

在满通古斯语族及东突厥各语言中，mergen 一词及其派生词所共有的、最广泛的一层词义，是与"智慧""思想""意识"等方面的内容密切相关的。在通古斯共同语中，词根 merge 的基本意义是"想""思考"。在埃文基语及埃文语中，merge 就是"思考"；奥罗奇人把"聪明人"叫作 merge；那乃人和乌尔奇人把"了解到""猜中"叫作 mehe，蒙古语称智者为 mergen。

综上所述，我们可以判断，mergeng 一词用来指人的时候，不单指狩猎能手，也指那些拥有非凡洞察力和智慧的英雄，此外还指那些近乎完美具有法力的神。我们今天看到的鄂温克族关于莫日根的故事，可以分为三个层次，即神性莫日根、英雄莫日根和猎人莫日根。

1.1 神性莫日根

mergen 一词在某些语言中含有"神通广大""神明""神智超人"等意思。在埃文基语和埃文语中，merge 这一词根及其派生词有"神智超群"的意思。所以，在鄂温克人看来，可充任萨满者，往往是那些神智超然的神通广大的人。上述论述表明了"萨满"一词在词义上与"莫日根"一词存在相通之处。对于具有神力的莫日根的推崇以及民间口头叙事，正是鄂温克族萨满信仰的表征之一。

（1）法力无边

在《用泥土造人和造万物的传说》中，骑着长鬃大马、背负弓箭的尼桑萨满拥有宝弓神箭，再凶恶的邪魔都怕它。

> 英武的尼桑萨满驾上闪电般的白马，奔到阿尔腾雨雅尔伏卧酣睡的地方，卸下雕弓，搭上一支羽箭，猛地向大龟射过去，这时，忽闪闪一阵风声，连天地日月都颤抖起来，神箭驰过去，破了神龟的护身法力，深深射进了阿尔腾雨雅尔的后部颈项。朦胧中猛挨一箭的神龟

---

① 中国民间故事集成全国编辑委员会等：《中国民间故事集成·内蒙古卷》，第 15 页。

眨眼间就四脚朝天，一下昏过去了。这一来，保鲁痕巴格西天神就从神龟挪动过的身底的夹缝里得到了像山一样堆积着的无尽泥土。尼桑萨满威慑了神龟，命它撑开四只脚擎住苍天，不准它动一动。于是，天神便又日夜不息地造人和万物了。①

说唱英雄故事《纽恩古尔莫克祖母和她的子孙们》中的胡如古春是中间世界的英雄，每天长高一个大拇指，他为了追寻心爱的姑娘索尔科克琼变成针钻进她的背包里。他同下层世界来的阿瓦希较量时：

> 他浓烈的血在胸中翻腾，暴怒的血冲到膝盖，沸腾的血升腾到眼睛，愤怒的血涌到喉咙，激荡的血像要冲出十指。他迎着阿瓦希走去，脚下用的力量，使柔软的地面陷到膝盖深。有力的重拳对准阿瓦希的耳根狠狠打去，阿瓦希被打翻在地，刚爬起来又被打倒——被打倒三次。②

（2）力大无比

虽然在中国境内未发现有鄂温克族的英雄史诗流传，但是俄罗斯学者较早搜集和记录了生活于西伯利亚的鄂温克人的长篇说唱英雄故事，说明鄂温克族对英雄的崇拜和歌颂古已有之，而且历史悠久。我们先来看看在韵文体的说唱英雄故事里，鄂温克族先民心目中的勇士：

> 这个小伙子，
> 是真正的大力士。
> 紧跟在雄犴后面跑，
> 抓它就像逮蜘蛛。
> 他抓住熊的颈鬃，
> 就像抓只黑甲虫。
> 抓秋季的野生驯鹿，
> 像逮蚂蚁那么轻松。

---

① 《黑龙江民间文学》（第六集），第13页。
② 〔俄〕纳·布拉托娃：《西伯利亚鄂温克民间故事和史诗》，白杉译，第75页。

驼鹿的肋骨，

是他日常的食物。①

　　以上是从《力大的索达尼勇士》中截取的一小段对于索达尼勇士的描述，整段通过夸张的手法以及一系列形象的类比，惟妙惟肖地展现了一个鄂温克族大力士的形象。由此可见，在鄂温克人心目中，英雄的首要特质便是力大无穷。在早期的狩猎生产中，猎人们没有配备精良的枪支弹药，只能凭借简陋的扎枪、弓箭，与强悍无比的动物周旋、搏斗，有时甚至要贴身肉搏。没有强健的体魄和矫健的四肢，便难以适应狩猎生产，生存就会面临严峻的挑战。

1.2　英雄莫日根

（1）勇武超群

　　力量不仅是英雄的重要特质，也是姑娘择偶的一项重要指标。在《尼桑萨满的传说》中，尼桑萨满的未婚夫是一个有名的猎人，名叫德巴图儒。他身高七尺多，体重 200 多斤，脚踩到地下，留下的脚印都有几寸厚。他百发百中，没有一只鸟兽能从他的箭下溜走。②《兴安岭的故事》中有对主人公形象更为具体细致的刻画，主人公乌和奈是"一百个猎人中最勇敢的一个。他的力气胜过老虎，他有吃一只狍子还不饱的胃口。他不但勇敢，而且是一个英俊的男子汉，口弦琴吹得出神入化。兴安岭里的姑娘们，连那没见过他的，都想嫁给他"。在人们眼中，乌和奈不但威猛无比、气力超群，而且相貌英俊、精于民族的传统乐器。这样一个完美的男子，成为姑娘们心中的如意郎君，也就不难理解了。故事中还对乌和奈的形象进行了更为细致生动的刻画，"乌和奈骑一匹枣红马，备一副金色的鞍子，穿一套闪光的武士服，他还有一张用宝石镶的弓箭。他的武士服冬暖夏凉，宝石弓箭能百发百中"。从这段描述中，我们可以看出，能够征服高山、捕杀猛兽的乌和奈是被鄂温克民众神化了的英雄，人们将所有美好的事物都与他联系在一起，诸如"金色的鞍子""闪光的武士服"

---

① 〔俄〕纳·布拉托娃：《西伯利亚鄂温克民间故事和史诗》，第 104 页。
② 杜梅搜集整理《鄂温克族民间故事》，第 142 页。

"用宝石镶的弓箭"等，体现了鄂温克族民众对力大无比、勇敢英俊的英雄的大力推崇。同时，在鄂温克人的审美观照中，力量与勇气是密不可分的两个要素。

在德布库系列故事中，一开场就描绘了一个从上到下猎人打扮，拥有非凡力量的英雄人物：

> 那还是以前的时候，有这么一个人，个子八尺多高，身上穿着一个狍子皮哈拉玛，头上戴着一个狍皮帽子，脚上穿着一双其格猊靴鞈，腰里扎着一个狍脖子皮的库库由腰带子。这个人劲头太大了，一次能挑起一石二斗米。打猎，枪法就更了不得了，打什么都没有不准的时候。因为他岁数大了，都管他叫德布库爷爷。①

德布库通身的打扮，上身着哈拉玛（鄂温克语，狍皮坎肩），脚下踏其格猊（鄂温克语，用狍子腿上的皮和牛皮缝制的一种高腰靴子），腰间扎库库由（鄂温克语，用狍脖子皮制作的腰带），俨然一个全副武装的北方高寒地带的猎者。他能够挑米、打枪，说明德布库已经是近代民众集体创作的莫日根形象，可见，时移世易人们心目中的英雄仍旧是天生神力的莫日根，他从不畏惧艰险，勇敢面对各种敌对势力，哪怕是身高外形彪悍无比的山神怪也不放在眼里：

> 德布库借放酒盅的机会，一甩手，啪地打了它一个大嘴巴子，这一个大嘴巴子就把那个山神怪打到了窝棚门外，又轱辘出去二十多步远。山神怪轱辘完，忽地打地上站起来，又进了窝棚，上去抓住德布库的腰带，使劲一扔，也把德布库扔到了窝棚门外，轱辘出去二十多步远。德布库从地上站起来，蹿进窝棚，抓住山神怪，又扔出去二十多步远。就这样他俩你扔我我扔你，就来回扔起来了。后来，他俩干脆走出窝棚打起交手来。他俩一打打到西山下坡，从上午打到天黑，分不出高低上下。②

---

① 王士媛、马名超、白杉编《鄂温克族民间故事选》，第59页。
② 《黑龙江民间文学》第六集，第101~102页。

鄂温克族的狩猎故事中，对于莫日根们"力量"和"勇气"的特殊崇拜和关注，体现了鄂温克人在远古时期狩猎生产中同大自然不断抗争，渴望挑战自然、战胜自然的决心。同时，也是他们对自身本质力量的肯定与称颂。

（2）智勇双全

《特斯贺智斗满盖》中，特斯贺是位足智多谋的少年，他为部落除去了带来灾难的满盖。故事讲述了特斯贺杀牛买酒去找满盖，满盖吃饱后将他放入口袋背回家，在路上特斯贺用计两次逃走又被抓回。到满盖家后，特斯贺先是除掉了两个小满盖，逃跑后又用计谋杀死了老满盖和他的老婆，最终为民除去了祸害。少年特斯贺的机智多谋主要体现在他的三次逃跑上，这三次逃跑构成了故事的核心情节。第一次，特斯贺趁满盖熟睡之机，将干草塞入口袋，满盖醒来发现后大怒，上下獠牙咬得嘎巴嘎巴直响："三年前走过的狍崽子脚印，我都没有放过，还能放过你个特斯贺！"将特斯贺抓回。第二次，特斯贺再次趁满盖熟睡之机，将沙子装入口袋，满盖醒来发现后气得鼻子都歪了："五年前走过的兔子脚印，我都没有放过，这回看看我会不会放过你特斯贺！"又将特斯贺抓回。第三次，特斯贺趁老满盖不在家的机会杀死小满盖后逃走，老满盖发现后暴跳如雷："七年前走过的狗脚印，我也不会放过。"在结了冰的河上，特斯贺假意摔倒，将事先准备好的小满盖血倒出，老满盖急着去添血却把舌头冻上了，特斯贺趁机砍掉了它的头。

在民间故事里，经常会出现这种结构模式，即同样的情节连续重复三次，借以推动故事的发展。这种结构模式被称作三叠式或三段式。《特斯贺智斗满盖》的故事，通过对特斯贺三次逃跑经历的叙述，展现了少年英雄的机敏与聪慧。特斯贺抓住满盖贪吃好喝的特点，先将其喂饱灌醉，并通过前两次的逃跑摸清了满盖的本领，从而为其最终消灭满盖一家做好了充分的准备。

《真假阿拉塔山传奇》中臂力过人、勇猛威武的彪形大汉阿拉塔山，在与对手作战时不光凭借勇武，还依靠计策和智谋。

　　他首先用遮日得（枣红）马拴了一个大轱辘车，车上装着八十度上等好烟和特大的烟袋锅。他见哥哥孟格山将要败下阵来，就把八十度烟的结子梗都搓巴搓巴，搓成面儿装在特大的烟袋锅里，"希日，希日"抽得黄烟升腾；"呼日、呼日"抽得浓烟密布。舍勒尼和绰罗尼被呛得不行。况且这么长时间的征战，他们的气力已经很差，总是不停地大喘气，越是大喘气，越是呛得不行，最后呛得没招儿，只好把头塞进大石头缝里了。趁这工夫，阿拉塔山把哥哥救出来，又帮他把牛、马群赶回家，然后又骑着阿拉日马回来讨伐舍勒尼和绰罗尼。①

阿拉塔山凭借自己的智慧救出了哥哥，却没有趁着烟雾对付对手，而是护送完哥哥和他的牛马之后，才折回去和两个强盗面对面地凭着真本事交手。可见，他是一位讲策略、有原则，光明磊落、有勇有谋的真英雄。而他智谋的习得，在故事中也有铺垫：生活中的他不理家务，整天捧着书，不是看便是写，看上去很清闲，说明他的聪明才智并非天生，而是后天认真学习积累的结果。

鄂温克人尊重、钦佩有智慧的人，他们热爱知识，喜好钻研并且有强烈的好奇心，而这些品质是男女都具备的。如若缺乏这些素质，无论男人还是女人在野外遇到猛兽或是自然灾害都会有丧命的危险。"他们必须了解常见的动物习性、气候的变化以及火灾、洪水和倒木等事故的实际危险程度。通古斯人在学习外语，学习和借用外民族的知识、制度以及民族志的要素方面具有非凡的才能。"② 因此，鄂温克人眼中的英雄绝对不会是有勇无谋的草莽，而必定是有勇有谋、智勇双全的莫日根。

（3）英明果断，保家卫国

在《来墨尔根和巨人》中，来墨尔根是早期的部族首领，为了生存，他带领族人进行迁徙。在《英雄始祖的传说》中，牧羊人头领帖列亚德尼柯教会子孙后人战胜猛兽袭击的方法，从而延续了通古斯埃文基人。在《哈尔迪莫日根变巨人石》中，哈尔迪为了挽救山中猎人们的生命，不惜违反禁忌牺牲自己。这几则故事主要是通过对主人公事迹的叙述，展现了各具特色的莫日根形象。故事中的莫日根，虽各具特色，但身上都担负着

---

① 杜梅搜集整理《鄂温克族民间故事》，第 179 页。
② 〔俄〕史禄国：《北方通古斯的社会组织》，吴有刚、赵复兴、孟克译，第 505 页。

一定的历史使命，他们作为民族精英为鄂温克族的繁衍和繁荣做出了贡献
乃至牺牲了生命。

这些民族英雄形象的刻画，反映了鄂温克族遭受外族侵扰，由黑龙江
北岸向南迁徙的历史，以及同恶劣的生存条件进行顽强斗争的大无畏精
神。作为我国北方古老的民族，鄂温克族在漫长的岁月里以狩猎生产为主
要生计方式。后来随着部族的迁徙，有一部分鄂温克人迁徙到了嫩江平
原，有一部分被派驻到呼伦贝尔大草原驻牧戍边，还有一小部分被征派到
了新疆伊犁地区屯田戍边。可见，鄂温克族是一个命运多舛、拥有复杂历
史背景的民族。英雄莫日根们凭借过人的体魄、超群的智慧和胆识成为民
族的中坚力量，在他们的引领和护佑下鄂温克族生生不息繁衍至今，成为
今天我国北方独具特色的民族之一。

1.3　猎人莫日根

（1）沉着冷静，不惧艰险

《哈热图的故事》里有一篇讲述了英俊魁梧的猎人哈热图冬季猎熊的
经过。哈热图冒着刺骨的严寒去打猎，他发现了一只过冬的熊瞎子，而这
只熊也瞅着他。凭借狩猎经验他知道，熊这时不会出来伤人。熊的最大特
点是：人不伤它，它不伤人；人若惹怒它，就是它自己死了，也得把人弄
得非死即残。猎人必须出其不意地打死它。哈热图经过观察和思量后，他
用火点着了熊的窝，趁着熊逃跑之际朝它的后背开了一枪，随后又朝它的
前胸开了一枪，将熊打死。

这则故事通过对主人公哈热图冬季猎熊经过的描述，不仅使读者了解
了熊的特性，而且展现了一个不畏严寒、沉着稳健的猎人莫日根形象。冬
季狩猎，猎人的辛苦劳作从黎明前开始，日落后仍旧继续，基本上都是顶
风冒雪的远途跋涉，而冬季林间空地的寒风尤为刺骨，大兴安岭的冬季气
温最低可达零下50多摄氏度。在季节性的狩猎活动中，为了争取时间，猎
人们还要不眠不休地进行劳动。严寒和饥饿会消磨人的耐心和意志，而打
猎却要求猎人时刻保持头脑冷静，如果猎人遇到动物时盲目行动的话，不
但有可能惊走动物，还有丧失性命的危险。所以当哈热图看到过冬的熊以
后，他经过了认真仔细的掂量：

哈热图看了看，心想，现在不是开枪的时候，就是开枪打着它，万一打不死它，这地方躲也躲不开，连棵藏身的树也没有，就是有树，也得叫它连根拔起，把我的皮给扒了……哈热图在盘算着，我不能再等了，天太冷，手脚都冻麻了……①

所以说真正的打猎好手都具备良好的体力和十足的耐心，无论多么寒冷、多么恶劣的条件下都要沉得住气。

鄂温克人的心目中，衡量一个猎人优秀与否，要看他是否具备如下品质：熟悉猎区地形，对野兽习性了如指掌；出猎时要能够吃苦耐劳，不怕困难；能够随时总结打猎经验，吸取教训；发现野兽时要沉着、迅速；准确掌握枪的性能，百发百中。所以说是猎人就要熟悉山林河道，是猎人就要掌握野兽的习性，是猎人就不怕爬冰卧雪，是猎人就不怕与虎熊作伴。②在艰苦的环境下与危险同行，这是每一个鄂温克猎人都要经受的考验。

（2）扶弱济困，为民除害

故事《阿格迪》的主人公阿格迪是一位有名的猎手，"他投掷猎刀百发百中；他用桦皮船给行人摆渡，又稳又快"。"阿格迪不仅给过往行人摆渡，还常常把老、弱、病、残的行人和孤儿寡母请到家里，等他们吃好喝好后，再让他们赶路。"故事开头短短的两句话，将一个武艺高超、生存技能突出、扶弱济困、大公无私的猎手形象，鲜活地展现在了人们的面前。

鄂温克人在早期的社会生活中都要相互扶持、互相帮助、相依为命，对于鳏寡孤独以及没有劳动能力的人，猎手都会将自己打到的猎物分给他们一份。鄂温克人有句话叫"尼玛达弄"，意为无代价地赡养老人。他们认为，自己有义务养活没有劳动能力的老人。"在鄂温克人的习惯中，如果老年人没儿女，就会有人把他（她）接到自己家。如本人不愿意，大家就在经济上帮助他。人们认为被帮助的人会高兴，也会留下很多福气。"③故事《阿格迪》中猎手的行为品德，正是生活中众多莫日根们美好品质的投射。

---

① 王士媛、马名超、白杉编《鄂温克族民间故事选》，第 94 页。
② 吴守贵：《鄂温克族社会历史》，民族出版社，2008，第 41 页。
③ 内蒙古自治区编辑组：《鄂温克族社会历史调查》，第 55 页。

《艾·莫日根》讲述了一个为民除害的好猎手的故事。一位名叫艾·莫日根的猎人发现自己打回来的猎物总是丢失，于是他半夜假寐，发现了在房梁上偷吃猎物的黑影，他用打猎的斧子打伤了怪物。过了几天，邻居的女人得了怪病又哭又闹，说是被艾·莫日根打伤了，得到消息的猎人拿起猎枪走到邻居家，将睡在房梁上的怪物一枪打了下来，原来是一只成精的狐狸，村里从此过上了太平的日子。故事通过"出现怪事——发现怪物——除去怪物"的结构模式，向我们生动地展示了一个精明干练、无所畏惧、为民除害的猎人形象。

《那维猎人》同样也是讲述年轻猎人为民除去祸害熊怪的故事，与《艾·莫日根》相比，《那维猎人》对猎人形象的刻画更为细致、生动。主人公那维在路过山林的岩洞时，听到一个老妈妈的哭声，一打听才知道原来这里的人们受到一头熊怪的祸害，他决定帮助他们除掉祸根。村里的萨满却告知他那是熊神，是鄂温克人的祖先变的，并对他讲述了人变熊的传说，告诫他不要逞能。那维丝毫不为所动，他翻山涉水去寻找熊怪。他寻到了黑熊，几箭射出去不但没打死它，反而被熊追到树上，那维这时才发现黑熊身上有一层厚厚的松油，刀枪不入。经过一番生死搏斗后，主人公终于杀死了黑熊。人们从此不再怕熊，开始猎熊了。

鄂温克人最古老、最传统的信仰是以万物有灵为基础的萨满信仰，萨满具有特殊的社会地位，受到人们的尊敬。一般认为，萨满的特殊本领和感染力非常强大，甚至某些萨满具有对人施加影响的能力。而故事的主人公那维不迷信权威、不怯懦，即使面对萨满的严厉批评仍旧勇于坚持自己的想法：

> 那维猎人听了萨满的故事后，哈哈大笑起来，既然是这样，我更想去看看它为什么这样凶，我非打死它不可。
>
> 萨满愤怒地说："你这个狂人，你愿意当熊的食物，就去吧！"那维说："我倒要试一试，谁做谁的食物。"[1]

而关于熊怪的说法，也因那维发现了黑熊身上厚厚的松油不攻自破。

---

[1] 敖嫩搜集整理《鄂温克民族民间故事集》（下册），第 213 页。

随着故事情节的层层展开，一个充满自信、勇敢坚定、一心为民除害的猎人形象呼之欲出。对于那维这一猎人形象的集体塑造，说明此时的猎人们已经充分了掌握了动物的习性，他们适应自然的能力和征服自然的信心也越来越强。

2 魔怪形象

早期鄂温克人生活在深山里，住在仙人柱中，终年食肉，穿盖兽皮，制作并使用各种桦树制品，与猎马、猎犬、驯鹿为伴。他们完全自然化的生活方式，构筑了自然化的审美空间，更使他们的思维视域自然化。鄂温克族早期狩猎故事中，魔怪要么巨大独目，要么凶狠残暴，它们啃食人的血肉，诡计多端且异常机警，自然界所能施加给人类的恐怖，它们几乎都占尽了。鄂温克人狩猎故事中对魔怪令人惊惧的讲述背后，隐含着他们对自然的敬畏。

2.1 独目巨人

鄂温克族起源故事《来墨尔根和巨人》中，有独目巨人的形象出现：

> 在一座山顶，发现有一匹高头大马，马脊背端坐着一个巨人。那马和巨人头上，都只长一只眼睛，这是从来也没有见过的。来墨尔根走到那巨人面前，巨人跟他要烟袋，让来墨尔根向他敬烟抽。来墨尔根抽出烟袋，正想递过去，不知怎的，他自己骑的红马忽地蹿起来，不停地惊跑，方向是往回里走，那巨人就跟在后头不放，紧紧地撵他。来墨尔根的马跑得快，一下就跑过了江，来到江南岸，回过头去对巨人说："你有能耐，过来比一比！"巨人看他那么神气威风，没敢轻易地过来。

故事的这一部分内容讲述神箭手来墨尔根在高山顶上遇到了独眼巨人和它的独眼马，巨人向他索烟，来墨尔根的马惊惧奔跑起来，逃脱了巨人的势力范围。独眼巨人形象及其故事并非鄂温克族独有，它普遍存在于阿尔泰语系诸民族，此外在古希腊、罗马的艺术作品中也有独目巨人的形象。古希腊史诗《奥德赛》里俄底修斯遭遇独目巨人波里裴摩斯的故事为人们所熟知。特洛伊战争之后，俄底修斯在返乡的途中历经艰难险阻：

> 当他们路过波里裴摩斯居住的小岛时，更是陷入了绝境。波里裴摩斯是一个巨大的恶魔，面目狰狞，额头正中只有一只眼睛。他看见希腊人来了，就扑向他们，并两个一把两个一把地抓起希腊人，塞进他住的山洞里，同羊群在一起……那个巨人每天吃他们当中的一个人，把人弄碎，生吃肉……俄底修斯他们每个人都躲在羊身底下，腹部紧靠羊肚子，双手紧抱羊身子，就这样走出了山洞。波里裴摩斯枉费了心机。①

希腊神话故事中，对于独目巨人有了较为详细的描述，它"面目狰狞""把人弄碎、生吃肉"。在鄂温克族族源传说中，虽未从正面描述独目巨人，但受惊吓的红马以及它对来墨尔根的追逐，都足以证明这是一个令人畜惊惧的魔怪，它足以威胁猎人的生命安全。在突厥语民族当中，哈萨克独眼巨人故事较为典型，如哈萨克的《阿勒克·蔑尔根》以及《阿勒克·阿克蔑尔根》，其中的独目巨人也都凶残暴虐，食人果腹。

许多学者指出，独眼巨人形象产生于古代先民对高山岩穴的崇拜。崇拜高山岩穴是阿尔泰语系民族古代先民萨满信仰的重要内容。巍巍高山，直入云端，曾经激起了古代先民许多神奇的想象。在先民看来，山分割着却也联结着天界与人间，那里是神秘之所在。而山间岩穴更庇护了最初的人类。因此，古今信仰萨满信仰的许多阿尔泰语系民族在古老的神话里都宣称，人类始造于山，宣称自己的祖先出生于或诞生于山，山和山间岩穴成为人类和民族起源传说的基本构成因素，传达着人们对山和山间岩穴的敬仰。但嶙峋怪石间的高山岩穴阴风阵阵、寒气逼人，是人同时也是狼、虎等猛兽的居所，山和山间岩穴的阴森恐怖在原始先民心理上所造成的压力是巨大的。正是这种对高山岩穴的崇拜，形成了独目巨人的观念及形象，表现了崇敬又敬畏的信仰与崇拜。② 因而，在鄂温克早期狩猎故事中，

---

① 参见〔西班牙〕卡洛斯·纳达尔·加亚《世界各国神话与传说·俄底修斯历险记》，齐明山译，中国民间文艺出版社，1985。

② 参见自毕桪《哈萨克民间文学探微》，中央民族大学出版社，2012，第104～105页。

独目巨人出现在高山之巅并非偶然，那是它必然会现身的地方，体现了鄂温克族古老的高山岩穴崇拜。

2.2 满盖

满盖（mangeng）[①]，又译为"莽盖""蟒猊"，在鄂温克语中有两种含义：一是指（神）妖魔、魑魅、魔怪；二是指俄罗斯人。魔怪"满盖"在北方民族民间故事中经常出现，其形象、名称、外貌及神力等与鄂温克族狩猎故事中的魔怪有诸多相似之处。达斡尔语称魔怪为"满盖""蟒盖"，鄂伦春语、赫哲语称"蟒猊"或"蟒盖"。

满盖能够伪装成人形，故事《神葱的儿子》开头部分：

> 满盖伸出尖利的爪子，把寡妇掐死，然后把寡妇的面皮撕掉，衣服扒光，再把她的身体一块一块地撕碎，大口大口地咽进肚里。
>
> 吃完了寡妇，满盖拣起寡妇的面皮，罩在自己的脸上，把寡妇的衣服穿在身上，再像寡妇那样用大襟兜住韭菜，顺着寡妇告诉的方向，去她家了。[②]

在故事中，满盖不但残忍地吃了寡妇，还把寡妇的面皮罩在自己的脸上，穿上她的衣服，伪装成寡妇的样子，到她的家中去诱骗她的三个女儿。这里的满盖不但十分残忍还诡计多端。

《特斯贺智斗满盖》中的满盖有着一对比兔子还机敏的耳朵，它的嗅觉非常灵敏，半里以外就能嗅到煮牛肉的香味儿。不但如此，它还有着猎人的本领，不论是"三年前走过的狍崽子脚印""五年前走过的兔子脚印"还是"七年前走过的狗脚印"，它都不会放过。这里的满盖形象不但拥有野兽一样灵敏的听觉和嗅觉，还拥有好猎手一般过人的洞察力。

鄂伦春族民间故事中的蟒猊，是个不讲道理、欺负小孩的魔怪：

> 阿拉坦说要上山去，他骑上马就走了。走着走着走到一个大山洞前，山洞旁有个石头门，石头门里住着一个蟒猊。蟒猊看到阿拉坦，

---

① 杜·道尔基：《鄂汉词典》，第 425 页。
② 杜梅搜集整理《鄂温克族民间故事》，第 149 页。

对他说："咱们两个比试比试。"那个山洞门口都是石头，他们决定把门口的石头撇到对面河里去，看谁撇的远。阿拉坦说："你先说的，就你先扔吧。"蟒猊怎么扔也扔不到河那边去，都扔到山洞后边去了。阿拉坦开始扔了，一下就扔到对面两条河中间。蟒猊没扔过他，就又对阿拉坦说："你去天边，天边不知道在哪，上那儿给我把老婆接回来，接不回来我就吃掉你。"①

鄂温克族、鄂伦春族故事中通常只提及满盖（蟒猊）的凶残可怖，却很少提及它的外貌特征。达斡尔族民间故事《昂格尔莫日根》中有对莽盖外貌形象的细致叙述：

> 昂格尔莫日根顶了这么一句话，细打量这个家伙，就是一个小莽盖：脑袋上长的是乱蓬蓬的红卷发，尖勾勾的鼻子又大又歪，深深的三棱眼窝里转动着绿眼珠子；它的耳朵、脸、手、脖子上，全是黄色的粗毛。②

从体质人类学的角度来看，红发、鹰钩鼻、深眼窝以及黄色体毛，这里的莽盖形象与欧洲人种的体貌特征极为接近，而鄂温克语中 mangeng 一词有俄罗斯人的意思。历史上鄂温克族、鄂伦春族、达斡尔族曾遭到俄罗斯人的欺压杀戮，他们在故事中不自觉地将俄罗斯人塑造为敌对的魔怪形象。mangeng 表示"妖魔""魔怪"之意，在词意上应该更为原始久远，与鄂温克人古老的萨满信仰密切相关，它其实是自然与人的集合，对鄂温克人来说，mangeng 是一个超越人力所能的竞争劲敌。而 mangeng 表示"俄罗斯人"之意，应当是后来人们赋予的新的含义，反映了三个少数民族对俄罗斯人在 17 世纪对他们进行烧杀抢掠的控诉。

满盖这一形象的出现，与鄂温克族所处的险要地理环境、恶劣的自然气候以及与野兽拼搏的狩猎生活有着千丝万缕的联系，或者说恶劣的自然条件、变幻莫测的气候、凶狠残暴的野兽孕育了鄂温克族狩猎故事中魔怪

---

① 口述：关扣尼，78 岁，白银那村民，萨满传承人，2012 年 8 月 8 日；翻译：孟淑芳，72 岁，白银纳村民；整理：娜敏。

② 孟志东编著《中国达斡尔族民间故事选集》，内蒙古文化出版社，2007，第 9 页。

"满盖"这一特殊形象，在鄂温克族先民心目中魔怪"满盖"是各种自然灾害与危险的综合体现，是凶残、暴虐、恐怖的象征。

2.3 莽古斯

莽古斯形象在鄂温克族狩猎故事中并不多见，莽古斯故事的流传很可能与毗邻而居的蒙古族民间故事的流传有关。莽古斯最经典的形象就是多头，法力高强、凶残异常。蒙古文版鄂温克族民间故事《额日黑图莫日根》中描述了九头莽古斯应台勒岱的凶残暴虐：

> 宝日勒岱往太阳升起的方向走了很久才到了莽古斯应合勒岱的地盘。宝日勒岱对莽古斯应台勒岱说："我有着很大的神力，我想与你决斗！""当然可以，你先到那黑红相间的山丘上等我！"莽古斯说道。宝日勒岱到那个地方一看，原来那黑色的山丘是用死人的骷髅头骨堆成的，红色的山丘是用死人的肉体堆成的。①

另一则蒙古文版鄂温克族民间故事《苏浩德布莫日根》中，15个脑袋的莽古斯有着抽一竿子烟便恢复一倍体力、抽三杆子烟便恢复三倍体力的特异功能。

"蒙古族从远古时代开始就把那些对他们的生存构成巨大威胁的自然与社会力量，以超自然的多种幻想和无意识的艺术方法创造成一个身材巨大、脑袋数量庞大、奸险狡诈、行为凶暴、拥有随意变换的魔力可以带来各种灾难的危险形象，并统称为'莽古斯'。"② 在生产力极其低下的远古时代，蒙古族在与严酷自然环境的斗争中，不断积累着生存的智慧。在蒙古族先民的心目中，莽古斯代表的是一切会对民族的生存与发展产生威胁的敌对力量，这种力量可能是自然灾害、凶猛的野兽，也可能是势力强大的异族部落。

汉文版的鄂温克族民间故事中未见"莽古斯"形象，只有在牧区生活的鄂温克族民众中，用蒙古语采录蒙古文记录的民间故事中才有"莽古斯"

---

① 杜拉尔·敖登托雅、索罕·格日勒图：《鄂温克民间故事》（蒙古文），内蒙古文化出版社，2009，第77~86页。蒙古文翻译：额日奇、才旦。

② 贺·宝颜巴图：《莽古斯研究》，《内蒙古师范大学学报》（蒙古文）1987年第4期。

的形象。这类故事不应简单认定为是蒙古族故事在鄂温克族民间的流传，民间故事本身具有集体创造、集体流传的特点，变异在民间故事的传承中不容小觑，不同民族故事中的形象、情节等通过民族间的交流融合也开始相互渗透，彼此影响。因此，"莽古斯"形象在鄂温克族民间故事中的出现，很有可能是鄂温克族与蒙古族长期杂居，文化上交流融合的结果。

3　山林意象

文学研究中，意象（image）是当人在以审美理想观照事物时意识中所呈现的形象，也就是"意中之象"。[①] 意象是比情节更小的单位，一般由描写物象的细节、象征、双关等词语构成。它是客观形象与主观心灵融合而成的带有某种意蕴与情调的东西。在心理学中，"意象"一词表示有关过去的感觉或知觉上的经验在心中的重现或回忆，而这种重现和回忆未必一定是视觉上的。[②] 意象存在着多种层次，其中最主要的是文化意象和个人意象。如果说作家文学更多地关注个人意象，那么民间文学则毫无例外地聚焦于反映民众集体意识的文化意象。此处关于鄂温克族早期狩猎故事中山林意象的研究，既是基于意象的文学研究，又是基于其心理学意义上的、对于鄂温克族民间故事中传统文化意象的探究。具体来看，鄂温克族早期狩猎故事中的山林意象可归结为以下四个方面：生存家园、魔怪的潜藏地、精神家园以及山林统辖者山神。

3.1　山林意象解析

（1）生存家园

西伯利亚针叶林、大小兴安岭原始森林，是鄂温克人世代繁衍生息的早期绿色家园。对于兴安岭密林的由来，鄂温克人还编织了动听的传说故事。《黑龙江和大兴安岭的传说》是一则关于黑龙江和大兴安岭来历的传说故事，讲述了鄂温克族先民为了躲避灭族之灾，带着祖先传下来的宝物

---

① 杨乃桥：《比较文学概论》，北京大学出版社，2002，第233页。
② 〔美〕雷纳·韦勒克、〔美〕奥斯丁·沃伦：《文学理论》，刘象愚等译，江苏教育出版社，2005，第211页。

黑龙宝镜和宝梳、宝篦，扶老携幼，南渡避难。在躲避魔兵追杀的过程中，族长先是扔出黑龙宝镜形成滔滔大江，黑色巨龙将追兵卷入江底。追兵乘船渡江，继续追赶，这时族长又掷出宝梳，大兴安岭顿时长满了参天大树，一棵紧挨一棵，密得就像梳齿一样。追兵用战刀砍开树木继续追击，于是最后一件宝物宝篦被掷出，宝篦化成了更加稠密的树木，树木之间的缝隙由缠绕的荆棘填满，而且这些树木汁液充足，火也烧不着它们。鄂温克人终于得救了，最终"那对宝梳、宝篦生成的大兴安岭森林树木，把千峰万岭连接成了林涛树海，引来无数飞禽走兽。从此，鄂温克族的打猎部落，就安居在这个天然的乐园里"。①

莽莽山林是天然的屏障，它保护了鄂温克人，同时也是鄂温克人赖以为生的家园。鄂温克人热爱生于斯长于斯的大山林，所以在他们集体编织的故事中，作为家园的大山林总是美丽而又祥和，静谧而又温馨。《特斯贺智斗满盖》以主人公生活的环境开篇："很早以前，一个依山傍水的鄂温克狩猎部落中，有位机智多谋的少年，名叫特斯贺。"②《哈热图的故事》的开篇同样点明主人公的生存环境："传说很久以前，有一位英俊魁梧的年轻人叫哈热图，和他美丽贤惠的妻子热玛，在兴安岭过着游猎的生活。"③《兴安岭的故事》则以"传说古老的时候，美丽的兴安岭里有过一个猎人，名叫乌和奈"④ 开篇，接着在介绍完主人公如何勇敢、英俊和英武之后，故事又一次进入了对美好山林的渲染："乌和奈骑着枣红马飞驰在兴安岭的峰顶，沉睡的兴安岭被猎人'嗒嗒'的马蹄声惊醒了，伏睡在山林中的罕达犴叫了起来，九十成群的马鹿飞跑起来，七十成群的熊儿也出洞了。"⑤ 马儿的飞驰与大山的沉睡，一动一静形成鲜明对比，而罕达犴的叫声、马鹿的飞跑、熊儿的出洞，则以动衬静，将山林的幽静、祥和烘托得淋漓尽致，同时成群的野兽也凸显了山林的广袤。

鄂温克人世代生存繁衍的山林草原是作为具体形象存在的意象，它在

---

① 杜梅搜集整理《鄂温克族民间故事》，第125页。
② 王士媛、马名超、白杉编《鄂温克族民间故事选》，第112页。
③ 《黑龙江民间文学》（第六集），第105页。
④ 王士媛、马名超、白杉编《鄂温克族民间故事选》，第87页。
⑤ 王士媛、马名超、白杉编《鄂温克族民间故事选》，第87页。

人们心目中与家园等同，作为山林主人的鄂温克人片刻也离不开它。

（2）魔怪的潜藏地

人与自然的关系是既统一又对立的，大自然从来都不仅仅是慷慨给予，人类想要生存下去就得不断地与大自然中的异己力量进行抗争。作为自然之子的鄂温克人，山林不仅是他们的家园，同时也是考验、磨砺他们的战场。在鄂温克人的早期狩猎故事中，无论是吃人的满盖还是掳人的蛇精，以及各类害人的精怪无一不是出自深山老林之中。

《来墨尔根和巨人》中，来墨尔根去黑龙江北岸打猎，"在一座山顶，发现有一匹高头大马，马脊背端坐着一个巨人。那马和巨人头上，都只长一只眼睛，这是从来也没有见过的"。[①] 来墨尔根虽然躲过了巨人的追击并以气势将其吓退，却不得不搬迁猎场。《特斯贺智斗满盖》中，"距离部落不远的深山，有一窝子力大无穷的满盖，经常给这个部落带来灾难"。聪明机智的特斯贺凭借自己的智慧，将人们深恶痛绝的这窝满盖全部杀死。《阿格迪》中，阿格迪为了拯救公主，一路追踪至深山中，"阿格迪见旋风离去的方向，一路留下滴滴黑血。他就顺着血迹，一直来到深山里一块陡峭的大石砬子上。他在巨石中间，找了一个洞口，那洞直上直下，里面黑黑的什么都看不见"。[②] 全副武装后，阿格迪深入山洞斩杀了三头蟒蛇精，解救了公主。《德布库的故事》中，德布库爷爷在一个"后边有山有林，前边有水有草"[③] 的地方遇到了山神怪，他赤手空拳与比自己高大很多的山神怪较量了一天，最终在同伙的帮助下将其制服。

"黑水流域，其山蜿蜒数千里，高或天际，丛林老树，若龙虎相搏击，熊、罴、豺、虎、鹰、鹘之属，骈蹄累迹，白昼出，攫人为粮。"[④] 可见，狩猎生产中处处充满了威胁。各个生产集团对猎场的争夺以及来自各种强大、凶残猛兽的袭击，都让鄂温克人体会到了山林生活的种种艰辛，于是他们不自觉地塑造了各种妖魔鬼怪的形象，借以表达他们内心的恐惧与敬畏。面对各种敌对势力，虽然有时不得不退让，但更多的时候鄂温克人都

---

① 《黑龙江民间文学》（第六集），第 11 页。
② 王士媛、马名超、白杉编《鄂温克族民间故事选》，第 104 页。
③ 王士媛、马名超、白杉编《鄂温克族民间故事选》，第 101 页。
④ 黄维翰：《黑水先民传》，黑龙江人民出版社，1986，第 6 页。

选择勇敢地面对，凭借猎人的胆识、智慧和力量战胜各种困难。

（3）精神家园

早期的狩猎生活，使鄂温克族的先民同其生活的山林形成了和谐融洽的共生关系。特定的生产方式会促成与之相适应的思维方式。鄂温克人的吃、穿、用、住等一切物质生活都离不开山林，他们的精神世界也同山林产生了无法割断的联系，这一思想反映在口耳相传的民间故事中，就表现为山林主人莫日根们对山林的深深依恋之情。

《不怕磨难的巴特尔桑》中，寻找幸福地方的巴特尔桑，在一次一次的冒险过程中，始终没有离开山林。他先是和妻子"来到一座高山上，那儿古木参天，无边无沿"；失去了妻子之后，他"孤孤单单地在丛山密林里信马由缰地往东走"；离开"狗国"后，巴特尔桑又是一个人"在山林里漫无目标地走着"。[①] 对于鄂温克人来说，虽然山林里有猛兽妖魔，虽然在山林里要风餐露宿，但是山林是祖祖辈辈生活的家园，它是鄂温克人的根，因此要想获得幸福生活、要想成为英雄好汉，男人们就要在山林的怀抱中历练成熟。《哈尔迪莫日根变巨人石》中，哈尔迪莫日根搭救海三娘后，她请求哈尔迪一起去海里生活，可是"哈尔迪莫日根离不开深山老林筒子沟，他说啥也不肯到水里过日子"。[②] 离开山林就意味着放弃狩猎、放弃传统生活，这对于世代以此为生的传统鄂温克族猎人来说，是无论如何也不能接受的事情，所以哈尔迪莫日根才会放弃和海三娘在一起的机会，毅然拒绝她的请求。故事的结尾，哈尔迪为了搭救山里所有的猎人泄露了天机，变成了兴安岭上"一块又高又大的石头"。拯救大伙的英雄死后变成巨人石，依旧生活在山林的怀抱中，由此可见，山林对于鄂温克人来说是抚慰心灵、慰藉灵魂的精神家园，鄂温克民众眼中的英雄就像山石一样伟岸。

（4）山林统辖者山神

克拉克洪认为有三种东西将人与其他生物区别开来：系统地制造工具、运用抽象的语言，以及宗教信仰。[③] 人类在漫长的成长和进化过程中，

---

① 王士媛、马名超、白杉编《鄂温克族民间故事选》，第 74 页。
② 王士媛、马名超、白杉编《鄂温克族民间故事选》，第 85 页。
③ 史宗：《20 世纪西方宗教人类学文选》，金泽等译，上海三联书店，1995，序言。

在与外部世界的不断碰撞交往中，精神世界日益丰富起来，不再满足于动物性的温饱与传宗接代，对自然界也不再只是妥协和对抗，他们在自身与自然界之间架起了沟通的桥梁，这个桥梁就是人类社会所独有的宗教信仰。泛灵信仰是人类最早期的信仰。鄂温克族的先民认为，天地万物都有神灵，风有风神，火有火神，山自然也有它自己的神灵——山神。

《山神"白纳查"的传说》[①] 讲述了"在好多辈以前，有一伙打猎的鄂温克人，他们在一个很密的山林里围猎"，山林中的一个老者预言了围猎所获野兽的种类和数量。行猎长心想"这么大个山林子，我们这些围猎的围了这么多天还都说不出来，你怎么能知道呢？"他不相信老者能预知围猎所获。结果，大家在清点猎获的野兽时，发现和老者所说一模一样，而这时却如何也找不见他的踪影。大家认定老人就是山神，从此猎人们开始祭祀山神，祈求它赐予猎物。鄂温克人称山神为"白纳查"（bainaga），认为"白纳查"管辖着崇山峻岭中的动物，作为山神化身的老人能够轻易说出围猎所获，在鄂温克人看来是顺理成章的事情。

《仙鹤、鲫鱼、獭头》[②] 说的是山里的一群莫日根在一起讲故事，一位老莫日根非常会讲故事，竟然引来了山神偷听，于是老莫日根讲了一名年轻猎人不费吹灰之力打到了仙鹤、鲫鱼和獭头的故事。山神爷听完很高兴，对他说："你真会讲，明天我给你最好的一只野兽。"说罢就给老莫日根指出一条道。按照山神的指点，老莫日根"果然得了一盘八个叉的鹿茸角，是个稀有罕见的珍宝！"猎人在打猎前讲述打猎丰收的故事来愉悦山神，从而获得了它的神力帮助，取得了圆满的狩猎结果。可见，此处的山林已经不再是普通的高山密林，而是带有神性的、可以影响鄂温克人生存大计的山林统治者，人们敬神也好，愉神也罢，其目的都是想要得到它的护佑。

上文从生存家园、魔怪的潜藏地、精神家园，以及山林管辖者山神这四个方面，分析了鄂温克族狩猎故事中的山林意象。不同的狩猎故事展现了鄂温克族民间故事中所蕴含的山林意象的不同层面，如果进一步考察这四个方

---

① 王士媛、马名超、白杉编《鄂温克族民间故事选》，第 28 页。
② 《黑龙江民间文学》（第六集），第 67 页。

面，会发现它们其实是有内在的逻辑的。从"生存家园→魔怪出没→精神家园→山林统辖者"这样一条线索来看，山林从具体的家园形象到对妖魔的隐喻，再到对精神家园的象征，最终上升到山神信仰的层面，它所蕴含的文化意象是层层递进、不断深入的。鄂温克族早期狩猎故事中，山林意象是鄂温克族传统文化中一个重要的象征符号。

3.2 山林意象与山神崇拜

民族语言是民族认同的一个重要标识，语言承载了一个民族的历史、信仰、风俗习惯、审美等各个方面，它集中体现了一个民族世代传承的民族文化。鄂温克族拥有丰富的山林词汇。鄂温克语中关于山的词汇有：山（ure）、高山（guade ure）、矮山（nete ure）、大山（edu ure）、小山（yix-ihong ure）、秃山（longtuhu ure）、孤山（botuhu ure）、尖山（suanguade ure）、扁山（hatege ure）、丘陵（hume），以及山坡（uriyin bogeni）、山头（uriyin surini）、山沟（yuekun）等，鄂温克人生活区域内的每一座山峰都有一个相对应的鄂温克语名称。可见，鄂温克人对于山林有着非常细致入微的观察，同时也体现了世代从事狩猎生产的鄂温克猎人们必须对他们的猎场了如指掌，做到全盘掌控。

鄂温克语中关于树林的词汇有树（mao）、直树（taonuhong mao）、弯树（moqihei mao）、树根（mao nitini）、树皮（maoyin harini）、树杈（maoyin garini）、树叶（maoyin lawani）、树林（baran mao）、密林（xigei mao）、森林（xijieri）等，同时鄂温克人生活范围内的每一种树也都有其相应的鄂温克语名称，说明鄂温克人对自然界中复杂多样的树极其敏感。从词根上看，树（mao）是林（baran mao）、（xigei mao）的基本单位，有树才能成林，所以树是至关重要的。有树有林，山才有生气。可见，山有林才活，林木赋予了山灵气和盎然生机，在鄂温克人看来，山和林是密不可分的。

山与林具有极为密切的关系，因此也可解释为何作为山林统辖者的山神形象会被鄂温克人雕刻在高大的树木之上了。对于鄂温克人来说，高大之树必然古老。鄂温克人生息于地处高寒地带的西伯利亚及大小兴安岭林区，生于其间的树木通常需要几十年甚至上百年的时间方可成熟，因此可以想见曾经繁茂的原始密林中那一棵棵高大、粗壮的树木，肯定都经历了数百年甚至上千年的时间。在万物有灵论看来，古老之物通常必有神灵。"在上密苏里河流域，白杨是当地最大的树木，人们认为白杨具有一种神灵，如果求之得当，可以帮助印第安人的事业。"① 而在世界各地的民俗文化中，有时会以树的形象来表征宇宙，同时它还被用来表征生命、青春、不朽和智慧。② 在一则《为啥崇拜白纳查》③ 的鄂伦春族传说故事中，"白纳查"被看作赐给鄂伦春人勇敢和智慧的神灵。在鄂温克、鄂伦春及达斡尔族中广泛流传的山神传说中，山神"白纳查"均以"白胡子老头""白发老人"的形象出现。老者、长者具有丰富的生产生活经验，通常被认为是有智慧的人。对于长期以狩猎为生的鄂温克人来说，最重要的生存智慧莫过于狩猎常识、狩猎技巧、狩猎禁忌了，所以具备丰富实战经验的老莫日根会成为人们尊敬和爱戴的对象。与鄂温克族有着同源关系的鄂伦春族中，流传一则名为《猎神》④ 的民间故事，其结尾处有这样一段话："猎手把白发老人的影像刻在大树上，从此拜他为猎神。"在鄂温克语中，"白纳查"意为小土地、猎神、山神。⑤ 从其词义上看，"白纳查"一词兼具猎神和山神两种含义。"鄂温克人笃信山神有极大权威，凡山林中野兽均归其掌管，敬拜山神则可保猎获丰收。"⑥ 总之，无论是山神还是猎神，"白纳查"信仰的根基都离不开狩猎生产。同时我们也看到，在鄂温克人"白纳查"这一古老信仰的流变过程中，山与树、山与林的关系结合得更为紧密。鄂温克族早期狩猎故事中的山林意象，体现了其古老的生产方式和精神信仰，是该民族传统文化的再现。

4　小结

鄂温克族民间传说故事中的英雄莫日根们，身上有着一系列受人敬仰

① 〔英〕弗雷泽：《金枝》，徐育新、汪培基、张泽石译，大众文艺出版社，1998，第107页。
② 〔罗马尼亚〕米尔恰·伊利亚德：《神圣与世俗》，王建光译，华夏出版社，2002，第84页。
③ 隋书金：《鄂伦春族民间故事选》，第373页。
④ 隋书金：《鄂伦春族民间故事选》，第12页。
⑤ 杜·道尔基：《鄂汉词典》，第54页。
⑥ 马名超、崔炎：《鄂温克族的宗教与神话》，参见《鄂温克族历史资料集》（第三辑），1998，第507页。

的英雄特质：精于骑射、身强力壮、勇武超群、机智过人、英明果断、不畏艰险、大公无私，他们是鄂温克族精神世界中崇拜的楷模。鄂温克民众世代传颂他们的美名，讲述关于他们的传奇故事。与此同时，早期的狩猎生产，使他们对狩猎活动的认识和理解已深入骨髓。大家围坐在一起讲述各自的狩猎故事，或是转述听来的关于狩猎生活的趣闻轶事，可谓是信手拈来、不费吹灰之力。他们集体塑造的猎人形象坚定、勇敢、沉着冷静、扶弱济困。

独目巨人、满盖、莽古斯及其他魔怪形象，与鄂温克人的萨满信仰密切相关。远古信仰是指人类社会最初的信仰活动和内涵，是以一种非人为的自然方式产生和存在的全民性信仰，也称为"自然信仰"。它所崇拜的是被人们认为无法控制的自然力。鄂温克人崇拜萨满，这是一种较为原初的信仰心理、信仰世界，也是一种多神崇拜。鄂温克人对山火有一种说法：打猎引起的山火既不能利用，又不能扑灭。鄂温克人认为，这种火很危险，以人力不可能扑灭，你今天在这扑灭它，那明天在另一地方还会发生，甚至有的人说，打猎引起的火，不会烧好地方和好东西，而是专门烧坏地方和烧死魔鬼，如扑灭这种火，就等于保护了魔鬼，现在有的老人还这样相信。① 鄂温克人已经把自身与自然完全一体化了，自然化的生存状态，形成自然化的思维方式和审美维度。魔怪是自然界神秘而恐怖的一部分，与魔怪相关的故事归根结底就是鄂温克人与自然的故事的一部分。

对于鄂温克人来说，山是雄伟、高大而又坚实的，林是繁盛、茂密而又生机勃勃的，山林铸就了鄂温克人的筋骨和血肉，没有山林就没有鄂温克人，因此鄂温克人热爱山林，崇拜山神。鄂温克族狩猎故事中蕴含的山林意象，是鄂温克族传统文化的重要组成部分，是其古老狩猎文明的体现，是鄂温克人祖祖辈辈积淀下来的历史基因的展现。

---

① 内蒙古自治区编辑组：《鄂温克族社会历史调查》，第 237 页。

五　狩猎叙事——追忆与重构

在当下语境中，受到现代化的强烈冲击，鄂温克族早期狩猎故事不可避免地受到冲击，逐渐遗失。幸运的是，随着世界各国对口头传统的历史价值的认识不断深入，不少民族口传文化的传承展现了新的生机。作为鄂温克族散文体民间文学重要组成部分的狩猎故事，在民间艺人、民间文艺工作者、民族精英及政府的多方互动中，现实地传承着、变异着。

1　狩猎叙事的复言——记忆与遗忘

我们发现在口头讲述的民间故事中，通常会遇到这样的情形，讲述人会有意无意地重复某一情节或某些句子。重复是民间故事的叙事规律之一。钟敬文认为，民间故事情节上的重叠反复，不代表烦冗或累赘，它恰恰代表了口头艺术的特色。西方民俗学者阿克塞尔·奥尔里克认为民间故事这种重叠反复的现象是口头叙事文学有效的强调方法。瓦尔特·翁对这一现象的研究较前人更为深入，他认为口头的思维和表达的特征之一，就是冗赘或"复言"（copia）。把同一件事情或同一个意思重复几遍，是为了适应口头思维的延续性而在口头表述上呈现的古老传统。① "由于口头说出的东西转瞬即逝，心智之外再没有什么可供回顾，因此心智就必须把步伐放慢，紧紧盯住已经处理的大部分注意焦点。冗赘和重复刚刚说过的事，恰恰能使讲话人和听话人都跟着思路走。"② 瓦尔特·翁对复言的认识

---

① 参见祝秀丽《重释民间故事的重复律》，《民俗研究》2005 年第 2 期。

② 瓦尔特·翁：《基于口传的思维和表述的特点》，张海洋译，《民族文学研究增刊》，2000。

可谓精准到位。笔者在进行鄂温克族早期狩猎故事的田野调查时，发现故事讲述人对情节以及句子的重复，是为了确认刚刚讲述过的情节、内容，同时也是为了激发和记起故事的后续部分，因为后续部分的内容因时间久远（太久没有讲述或很久以前听说过）而变得模糊不清乃至陌生。

《顶针姑娘》又名《顶针》《宝娆崆的神话故事》，可以说是牧养驯鹿的鄂温克人最具幻想色彩的一篇口头狩猎叙事故事，分别收录于《鄂温克族民间故事选》（1989）、《黑龙江民间文学（第六集）》（1983）、《鄂温克族研究文集（第三辑）》（2006）中，并有异文流传于鄂温克族自治旗等地。笔者于2010年暑期，随同呼伦贝尔学院北方少数民族历史文化研究所研究员龚宇、中央民族大学少数民族语言学院语言学专业硕士研究生伊丽娜、陕西师范大学西北民族研究中心硕士研究生杜坚栋，赴敖鲁古雅鄂温克民族乡牧养驯鹿的鄂温克部进行鄂温克族民间故事的现状调研，现场采录了这则故事。笔者一行均为鄂温克族，伊丽娜、杜坚栋与笔者是索伦鄂温克，龚宇为土生土长的牧养驯鹿的鄂温克。因为龚宇的便利条件，我们得以采访了她的母亲阿莱克以及姑奶安塔。她们两人合作为我们讲述了《顶针姑娘》。

故事主要讲述人阿莱克·布利托天：女，鄂温克族，1958年生人。1982年任内蒙古自治区第六届人大代表，1990年任根河市政协委员，1996年任呼伦贝尔盟政协委员，1998年在根河市敖鲁古雅鄂温克民族乡工会工作，2002年退休。配合讲述人安塔·布利托天，为主要讲述人阿莱克的姑姑，鄂温克族，1944年生人，擅长讲述鄂温克民间故事、制作手工艺品和民族服饰。

笔者一行人随同阿莱克来到安塔家，大家坐下聊天，在笔者的引导下聊到讲故事，先说到 mangni（蟒猊），后聊到《顶针姑娘》。阿莱克主动请缨说："我讲吧，（对着安塔说）我讲得不对时，你就告诉我。"由于索伦鄂温克语同牧养驯鹿的鄂温克语存在方言差距，为了便于大家听懂，阿莱克用汉语讲述。她在讲述过程中不断用牧养驯鹿的鄂温克语同安塔交流，安塔的提示除个别单词使用汉语外，其余均为牧养驯鹿的鄂温克语。

敖尼娅布通的故事①

阿莱克：有一个，有一个，以前传说哈，有那个— ——鄂温克的猎民点。好多好多人家，那个一个地方。撮罗子可多了，小河边上，一个猎民点都在那儿。有一户人家的姑娘呢，{……}那个，长大了。

阿莱克（问安塔）：oniebuton bixie?②

安塔：oniebuton。

阿莱克：长的很大了，{……}

安塔：———小声提示，内容从略。

阿莱克：漂漂亮亮地，又好看，又咋地的，女大十八变长得亭亭玉立的大姑娘，漂亮的。完了给她说媒的很多— ——很多— ——的，说媒的或者是，哎，提亲的，很多。这咱们得挑一挑啊！那个，姑娘的妈妈说了："啊呀，我的姑娘"＝父母都说了："我的姑娘，谁能猜中我姑娘的名字，我就把这个姑娘嫁给谁。"

（对安塔说了一句，安塔表示肯定，并提示）

阿莱克（继续）：完了，来的人就更多啦，来了一拨又一拨的那样。谁也猜不出来。这是个大户人家＝这个猎户人家是大户人家，挺趁的，挺富有的，特别富有。鹿多，那个金钱财富过得相当好了。他家还雇人干活儿，这个他雇的人儿，这个女的给他家做饭干零活儿的人，拿着这个水桶啊、水壶啊，上河边去打水去了。完了，她就说的："哎呀，一天一天地招待这么多人哪，一拨又一拨的，我都要累死了，说的。这帮人咋这么笨哪，这姑娘叫啥他都想不起来！哎，这么多人猜不着？把我都累死了，我的手指头给他们干活干得都要磨掉了、磨破了，说的。"一天那就可想而知了，她招待呀，接待呀一拨又一拨的，累坏了，手指头都要磨掉了，都要磨没了，说的。"这个

---

① 为了体现口头讲述的情景特点，此处借鉴民族志诗学（ethnopoetics）的方法，采用一些符号帮助表述：粗体表示讲述人的强调；（　　）表示讲述人或听众的表情与动作等；———表示打断、插话；＝表示讲述人对讲述的修正；{……}表示犹豫、不连贯；——表示拖长音。

② 牧养驯鹿的鄂温克语，意思为"是叫'敖尼娅布通'吧？"

女孩叫 oniebuton，他也不知道?"她就这么，哎呀— ——边洗拿过来的锅呀、碗呀，就搁那儿洗完了又拎回去，这样一天到晚干活累得不行，她就这么挺有怨言的搁那儿块儿说呀说呀。完了，就从那个小河沟不是么，从那里头噗噜、噗噜一下子，出来一个 ｛……｝

（向安塔询问，两人争论是否是蟒猊）

阿莱克：起着泡出来，说："你们家— ——"

安塔（突然）：———tuhahain！

阿莱克：tuhahain，不是蟒猊，tuhahain 兔子精那样的。那个 tuha-hain，这个鬼怪的名字，可不好看了说的，长得不好看。

（安塔提示）

完了这个人听着了，他就开始打听她家的详细情况了。（咳嗽）几口人哪，反正她家的事情他都挺感兴趣的，他就问这个佣人哪。也就告诉他一部分呗，啥都跟他说么，唠唠嗑就回去了。回去以后，他就 ｛……｝

（问安塔，安塔表示肯定）

阿莱克：回去以后他就变成漂漂亮亮的，这个鬼怪本来就是长得很丑的人，他就漂漂亮亮地，变一个小伙子，上她家提亲去了。他已经知道了这个女孩的名字，他就搁那儿块说："哎呀— ——，你家的｛……｝"

（问安塔）

阿莱克：完了说的猜三遍呗。他就到那块儿以后挺客客气气的。

（家里来人送东西，打断几秒钟）

阿莱克：完了— ——，在这儿— ——，他就跟那个— ——女方的老人唠嗑。问这儿问那儿，就是套近乎呗，说说话呀啥的。你家的姑娘叫什么名字，我猜一猜啊。拿着这个针线包，看看东西。

（和安塔两个人交流一下）

阿莱克：你家的姑娘叫什么？也许是叫个— ——

安塔：———keti①！

---

① 牧养驯鹿的鄂温克语，剪刀之意。

阿莱克：也许叫个剪子———，剪刀———，那么猜。（安塔笑）他一会儿猜个布头———

（安塔说话）

完了他就先那么说一个两个，完了第三个说："那个顶针———？" oniebuton 就是个顶针———的谐音，姑娘的名字叫 oniebuton，他就一下、两下就猜出来了。猜出来人家有承诺呀，{……}，姑娘就嫁给谁。完了就把姑娘嫁给他了。

（安塔提示）

嫁给他的时候呢，这家人呢，这个猎户人家 = oniebuton 家可趁了呢，驯鹿多———，有马，啥都有。妈妈就 {……}

（问了一下安塔）

她爸爸就去那个———马圈，给她套，寻思给姑娘鹿呀、马呀都得给呀，陪嫁呢！完了就拿那个套———套马杆，一套，我们的套马杆也是那么一甩。一甩过去，就掉到那个 borogon（安塔重复 borogon），白的———黑的———那种的马。（安塔插话）马是那样的，白的黑的叫 borogon，不是特别白也不是特别黑的那样的。

安塔、阿莱克（同时）：灰色的。

阿莱克：就像白龙马那样的，（呵呵）。完了，一甩就套着它，再甩——

安塔：———还是它。

阿莱克：也还是到它那儿，甩了好几把还是它那儿，那就没招了，就这个吧。把这个马就给她了，给姑娘了。这个名字 borogon，马的名字是 borogon。把这 borogon 就给姑娘了，给它安上鞍子了什么的，都给它整好了之后，姑娘骑上白龙马。（安塔插话）那个男的，变得———漂亮的鬼怪就牵着马 = 牵着姑娘，就往它自己的家走了。{……}

（安塔提示）

哎呀———走了走了，老长———老长———时间了。这个鬼怪，

（跟安塔交流）tuhahain，就去方便去了。这个白龙马就跟她说话了 {……}

（跟安塔交流）

啊，"你先走着，我去方便方便去！"

（两个人继续交流）

完了，这个白龙马就跟这个 oniebuton 说了："你到他家以后，他家是鬼怪——，他的孩子啥的都是半拉半拉的怪物，人都是一半一半的，说的，他家人都是这样的，（安塔插话）他的孩子也是这样的，说的。完了，他的家——在那个大石砬子那样的大山上，山洞里头呢，孩子出来了你别吓着。提前给她打个预防针告诉她呢，别害怕了，到他家以后他家人都是那样的，家是啥样的，孩子是啥样的，别害怕了，说的。

（安塔插话）

他到家以后你让他点大大——的篝火，篝火点了之后呢你坐到那块儿。

（安塔提示）

你别下马，你就在那儿坐着，骑着我了吧，说的。

（安塔说）

完了从它那个身上，马尾巴不是长长的 ｛……｝ （跟安塔确认）拽下来三根马尾巴，完了搁这个笼头上。

安塔：———接！

阿莱克：马的笼头上接上三根马尾巴，说的。

（问安塔，安塔讲一段）

到了那个地方以后，oniebuton 就这么照办了呗。她就让他们又点篝火，又拽了几根尾巴都给它接上了。完了，这时候他那个孩子就从山洞里出来了，哎呀，高兴得够呛了。

（安塔插话）

完了，这孩子们啊——呼哇乱叫地说："我要这个手指头""我要那个手指头""我吃那个""我吃那个"！（安塔笑，我们大家都笑）"这个手指头我要当小人，要吃它""我要吃那个"……孩子一大帮全出来了！［大家笑］

搁那块儿说呢，吃这个吃那个。

（跟安塔交流）

"这个给我当玩具""她的这个手当玩具当小人""这边我吃""那边我吃"。

他孩子全都抢— ——呢，搁那块儿，把这个oniebuton抢得够呛！

（安塔讲一段）

完了，这个时候他们已经点篝火要吃人— ——了。这个oniebu-ton就没下马，这个— ——borogon就要起飞了，开始要飞了。完了，这个———tuhahain就着急够呛，他要抓呀啥的，上马要抓这个姑娘呢，这个borogon就一脚把他踢到火里头，把tuhahain踢到火堆里头去了，这个鬼怪就被烧死了。

（安塔笑着讲了一段）

他（指tuhahain）说的："等着，等着，你就给我等着，我到了天边我也能追上你，说的。"

（跟安塔交流）

他就那么跟oniebuton喊哪："oniebuton— ——，你到天边我也能抓着你，能追上你。"把他忙乎够呛结果啥也没得着。

（安塔讲）

完了，这个borogon飞的时候它已经说了："我已经不行了，耗尽体力了，我要死了，说的。你到了那边以后，你把我的脑袋说是你的房子，你摆到那儿。我死了以后你把我卸八块，卸完了，说我脑袋是房子，你就那么说就那么摆就行，我的骨头啊、筋啊，你就说这是我的〔……〕"

安塔：———kure酷热。

阿莱克：酷热，杖子。

（安塔提示）马的蹄子啥的，说这是人，这是男的，这是女的，你就照着你的心愿搁那儿摆。（安塔提示）

完了你就休息啦，说的。（安塔讲）

完了，这个oniebuton累得够呛— ——，把她的马都这么摆上了，忙乎忙乎够呛了，完了就睡觉。第二天醒来一看，哇— ——！家里头啥都有了，这房子宫殿一样。（安塔插话）

一出去，满院子都是马呀，帐子里头全是马，也有 borogon 的马，<u>又重生了</u>！特别漂亮，宫殿一样，是贵族，什么大富人家。（安塔笑）完了，佣人呐，孩子呀。（安塔讲）

啊———，她也有自己的白马王子，理想的白马王子。孩子、大人、佣人，要啥有啥啦，啥都有了。（安塔说）

啊，完事了。（大伙笑，鼓掌）①

通过采录的文本，我们能够看出在整个故事的叙述过程中，故事讲述人阿莱克有很多处重复和停顿，说明她对这则故事的某些情节和细节已经开始淡忘，所以不断地需要同安塔确认和讨论。到了故事的结尾部分，阿莱克基本上是在安塔的提示下完成讲述的。可见，没有两个人的合作这则故事很难讲述完整。从两人的阅历来看，安塔除本身就擅长讲述鄂温克民间故事外，她的生活轨迹较之侄女阿莱克来说更为传统和保守，以牧养驯鹿、制作民族手工艺品和服饰为生。而阿莱克则早早就参加社会工作，还曾担任过内蒙古自治区人大代表，在故事讲述过程中反倒是岁数较大的安塔思路更为清晰、记忆更为深刻，阿莱克必须借助她的提示才能完成故事的讲述。

安塔对于故事的记忆主要基于故事的原貌。她在阿莱克的讲述过程中除去对各个情节环节的提醒外，更重要的是对故事中主要角色的称谓 on-iebuton、tuhahain 的提示，以及帮助解释故事中另一重要角色宝马 borogon 的含义。安塔在整个故事讲述过程中的提示至关重要，如果没有她从旁协助，故事的讲述会难以进行。作为传统文化持有者的安塔，通过其自身记忆的惯性将过去同现在很好地连接在了一起，在故事的讲述过程中传统得以传承和延续。阿莱克则不同，她的叙述不拘泥于传统，她以当下生活中习得的知识以及耳濡目染的形象对传统故事进行新的阐释和建构。阿莱克在介绍故事中的重要角色宝马 borogon 时，解释完其鄂温克语原意后，又发挥主观想象将其同如今已搬上电视屏幕的汉族经典小说《西游记》中白龙马的荧屏形象联系到一起，并有三处直接用白龙马的称谓置换了 borogon。在故

---

① 采录时间：2010 年 8 月 2 日，整理：娜敏。

事结尾处，阿莱克又借用外国童话故事中被尊为理想情人的"白马王子"来指代主人公 oniebuton 今后的伴侣。这两处中外形象的类比与置换，体现了讲述人阿莱克丰富的想象力及其多元的知识结构。阿莱克的想象是基于现在来想象过去，体现了其对故事的重新建构。

　　从故事的整体情节结构来看，二人的故事叙事有开头的铺垫，中间的高潮及皆大欢喜的结尾，整则故事情节合理、结构完整。但将其同笔者搜集到的《顶针姑娘》的其他几个版本比较，本次讲述还是欠完整的。如牧养驯鹿的鄂温克玛尼在当地搜集的，收录于《鄂温克族研究文集》（第三辑）中的《宝娆崆的神话故事》。当故事情节进展到宝马宝娆崆将顶针姑娘从鬼怪图哈伊那处救走后并没有马上进入尾声，顶针姑娘在逃跑之后，同一个猎人成亲并生下一儿一女，鬼怪趁猎人和宝马出门打猎之机来抓母子三人。顶针姑娘抛出一把宝木梳，宝木梳变成了八根高大的金柱子支架，母子躲到上面的小屋里。鬼怪图哈伊那从嘴里吐出斧子，用斧子砍金柱子的支架，眼看着快把第一根支架砍断了，顶针姑娘赶紧向千里之外的宝马求救，宝马无力马上赶回只好求助老虎、狐狸和黑熊帮忙。

　　　　第一个赶到的是狐狸，它看到魔怪已经把第一根金柱子支架砍断了，正要砍第二根金柱子时，狐狸凑到魔怪身边，边笑边说："大王，你太累了，我来帮你砍吧！"魔怪很高兴地把斧子交给了狐狸，然后就倒在旁边睡着了。等魔怪睡醒后一看，哪里还有什么狐狸啊！斧子也被狐狸拿走了。这时魔怪从嘴里又吐出一把斧子，继续砍第二根金柱子……

　　之后是黑熊和老虎，反复三次偷走魔怪的斧子，拖延时间。最终宝马和猎人赶到，杀死了魔怪，顶针姑娘和山里的猎人们终于可以享受太平的日子了。①

　　由此可见，即使安塔秉承着传统文化与记忆，然而对于传统的遗忘还

---

① 黑龙江省鄂温克族研究会编《鄂温克族研究文集》（第三辑），内部资料，2006，第 386 ~ 389 页。

是在所难免。不过即使缺少后面这些情节，阿莱克和安塔的讲述在我们听来仍旧是完整且充满趣味性和幻想性的。而本次讲述中顶针姑娘逃跑时，鬼怪 tuhahain 最后的喊话 "oniebuton — — —，你到天边我也能抓着你，能追上你"，也预示了这则故事尚未结束。笔者在后来的回访中，问阿莱克后续的故事情节时，她慢慢回忆起点滴情节，但无法拼凑完整，她表示需要好几个人在一块大家互相提醒着才能想起来。而玛尼搜集的上述版本正是多人讲述的，讲述人有尼格来、阿力克山德、安娜、娜佳等老人。由此可见，某些古老的狩猎故事仅存于老年人的记忆中，而他们的记忆是零星的、片段的，只有将这些零散的片段集中到一起才能复原完整的故事情节。民间故事的生命活力在于民众不断地重复讲述，当它缺失了这种讲述语境时，就会慢慢地被遗忘掉。阿莱克回忆过去："原先男人们都去打猎去，晚上没啥事了，女人领着孩子，好几家子串串门啥的。聚到哪家，愿意讲故事的妇女们就开始讲，讲这个、讲那个，鬼怪呀，啥民间故事都有。晚上女人就撮那个筋线哪，女的们到一起了，就开始讲故事呀啥的，边撮线，边喝点茶。平常哪有时间呐，都打猎呢，都干活呢，女人的活儿比男人的还要多。没有时间那么闲下来。男人们打猎走了，一出去就好长时间，十天半拉月的，这女人们在家就白天干很多活儿，晚上没事儿就唠嗑。男人就讲男人的故事，打猎啦，哪个地方怎么打猎来的，打着什么样的动物啦，我经过什么路线啦。是用猎犬打的，或者是哪个地段东西多呀，什么什么的。而今这样的场景已经不复存在。"

　　需要说明的是，故事叙述过程中的重复并非都是讲述人的遗忘造成的。表演理论关注讲述人、听众和参与者之间的互动交流。故事讲述人会根据具体讲述语境的不同和听众的不同需要而适时地创造、调整他的故事。讲述人的讲述往往会带动听众及参与者的情绪，而听众及参与者的积极互动又能激发讲述人的叙述热情。如阿莱克叙述主人公 oniebuton 来到鬼怪 tuhahain 家被他的半身孩子们争抢的情节时，她将这一本应恐怖吓人的景象，发挥成了儿童争抢玩具的玩闹嬉戏场面。她的这一发挥，将讲述人之一安塔及在场的所有听众都逗乐了，故事的讲述同时也进入了高潮。她在同安塔交流完后面的情节之后，又将此情节重复了一遍，其目的是保持和加深她在讲述过程中给听众带来的欢乐情绪，营造一种轻松幽默的气氛。

鄂温克族早期狩猎故事传承人在讲述故事过程中出现的复言现象，首先是民间故事的叙事规律之一，其次也是口头思维的重要特征，与讲述者的记忆密切相关，不同讲述者各自社会背景及资历的差异会对狩猎故事的记忆与遗忘产生较大影响。作为传统文化持有者的老一辈鄂温克人，通过其自身记忆的惯性在故事的讲述过程中传承和延续着故事中的传统因子；而接受现代教育、深受当下语境影响的中青年人，则以当下现实生活为依据对传统故事进行新的阐释和建构。

2　当下语境中的重构

许多民族，特别是那些长期没有文字的民族，其历史、宗教、习俗及英雄传统都是通过口耳相传保留下来的，民族文化记忆通过口传心授世代积累并传播。联合国教科文组织从 20 世纪 80 年代以来陆续通过了保护"人类口头非物质文化遗产"等一系列国际公约，使很多人重新认识到口头传统在人类发展过程中的作用，同时也使得一部分人开始反思长期居于学术界主导地位的人类社会发展历史阶段的划分。对于人类口传文化的重新认识，正在促使人们抛弃陈陈相因的偏见，逐步确立口头传统的历史地位。

进入 21 世纪以来，随着我国对非物质文化遗产的日益关注与重视，各级地方政府也逐渐认识到保护与传承少数民族口传文化的重要性，开展了一些切实有效的活动及举措。在这一认识的指导与影响下，2006 年，呼伦贝尔市民族宗教事务局举办了首届鄂温克语演讲比赛。鄂温克语演讲比赛集合了各个方言区的故事爱好者及传承人。其后，2010 年 7 月 16 日，呼伦贝尔市民族宗教事务局及鄂温克旗民族事务局联合举办了"呼伦贝尔市第二届鄂温克语演讲及民歌大赛"。虽然活动的题目是鄂温克语演讲比赛，但比赛的实际内容主要是民间故事的讲述与角逐。下文主要以笔者参加的第二届鄂温克语演讲比赛为例，探讨在人类非物质文化遗产备受关注的当下，鄂温克族口传文化的传承与发展，解析鄂温克族早期狩猎故事在新的语境下是如何实现现实传承的。

"呼伦贝尔市第二届鄂温克语演讲及民歌大赛"的举办地点为鄂温克自治旗巴彦托海镇。所有参赛人员均为鄂温克族，共计 39 人，分别来自呼伦贝尔市鄂温克族自治旗、陈巴尔虎旗、根河市、阿荣旗、莫力达瓦达斡尔族自治旗、鄂伦春自治旗、扎兰屯市，其中鄂温克族自治旗又分为鄂温克族自治旗鄂温克研究会、鄂温克旗民族少年宫、巴彦镇、伊敏苏木、辉苏木5支参赛代表队。其中，参加鄂温克语演讲（民间故事）比赛的人数为21人。

从总体参赛人员的年龄层次上看，鄂温克族民间故事的口头传承分布均匀。如表1所示，参赛人员整齐地划分成四个年龄段，每个年龄段的人数基本持平，说明以鄂温克母语为依托的民间口传故事的传承分布较为均匀。

表 1

年龄层	20 岁以下	20～40 岁	40～60 岁	60 岁以上
人数	5	6	5	5

从参赛人员的性别上看，女性占绝对优势。21人中女性为15人，男性仅为6人。如表2所示，在最高年龄段的故事讲述人中，这一特征尤为明显。这种性别传承的差别，是同鄂温克族传统的社会分工分不开的，男性主要负责在外狩猎、放牧，女人则在家中操持家务。女人独自在家，难免孤单寂寞，于是做完家务，她们三五好友聚到一起谈天说地，能言善辩、记忆力好的主妇就给大家讲故事解闷。

表 2

姓名	性别	年龄	参赛题目	民族乡
何秀芝	女	76	渡海的故事	鄂伦春自治旗
敖嫩	女	74	来·莫日根	鄂温克研究会
能梅	女	66	鼠为什么排在十二属相之首	鄂温克研究会
敖云斯斯格	女	64	尼桑萨满	鄂温克研究会
关其格巴图	男	60	鄂温克英雄	鄂温克苏木

表2所示的参赛题目中《来·莫日根》《尼桑萨满》《鼠为什么排在十二属相之首》，均已收录在现有民间故事集中，前两篇堪称经典。由此可见，鄂温克族的民间故事呈现了口头到文本、文本再回归口头的再传承路线，而这种再传承不是简单的复制与重复，而是一种对口头传统的重构。

建构主义的知识观认为，知识不是对现实的纯粹客观的反映，任何一种传载知识的符号系统也不是绝对真实的表征。它只不过是人们对客观世界的一种解释、假设或假说，它不是问题的最终答案，它必将随着人们认识程度的深入而不断地变革、升华和改写，出现新的解释和假设。知识并不能绝对准确无误地概括世界的法则，提供对任何活动或问题解决都实用的方法。在具体的问题解决中，知识是不可能一用就准、一用就灵的，而是需要针对具体问题的情景对原有知识进行再加工和再创造。而口头传统也是如此，无论它多么悠久和古老，在传承中都要经历变化和发展，只是在社会生产方式较为单一和稳定的时期，口头传统的因袭和守旧表现得较为明显，而在社会生产及生活方式发生较大变迁的转型期，口头传统为适应新的情境从而发生较大的变异，而这种变异是以原有传统为基础的重新建构。

从传承人讲述故事的方式及对待故事的态度上，我们可以清楚地认识这一点。作为民族文化的杰出代表，传承人是民族民间文化的重要承载者，在传承中占有主体位置，他们享有荣誉，受到人们的信赖和崇敬。过去，民间故事讲述家通常是因为个人天赋及爱好，如博闻强记、从小耳濡目染等，不自觉地传承民间口传故事。如今，民族民间故事讲述家则是因为肩负着传承民族传统文化的责任，自觉而主动地传承着自己听到、读到、记忆着的本民族民间故事。

能梅，女，鄂温克族，1944 年生人。分别在鄂温克旗巴彦查岗小学、辉河中心学校任教，其后担任鄂温克旗教育局教研室蒙语文教研员。在呼伦贝尔市第二届鄂温克语演讲大赛中，能梅获得了一等奖。能梅老师的故事主要是从蒙古文版鄂温克民间故事中学来的，参加比赛时要将蒙古文译成鄂温克语。她认为每个故事都有它的寓意，她会根据自己的理解去总结其中的含义。通常一个故事，她要准备四五天的时间。从事了一辈子教育工作的能梅老师说参加比赛不是为了拿奖，而是希望鄂温克族的年轻人都能学习本民族的语言，没有文字的民族如果语言也消失了，那民族的传统文化就无法传承了。她上小学的孙女不太会讲鄂温克语，能梅老师希望通过讲故事的方式激发她对鄂温克语学习的兴趣。[1] 能梅老师将民族民间故

---

① 访谈时间：2010 年 7 月 30 日，访谈地点：鄂温克族自治旗巴彦托海镇。

事的讲述和表演视为一种传承民族语言的手段，唯其如此，民族的传统文化才不至于失传。与此同时，从事一辈子教育工作的她，更加注重发掘故事中所蕴含的教育意义，她通过自己的理解将看到、听过的故事重新翻译、组织建构，使之成为一个教育工作者传承的富含寓意的民间故事。

关其格巴图，男，鄂温克族，1950 年生人。陈巴尔虎旗鄂温克苏木牧民。2006 年，在首届呼伦贝尔市鄂温克语演讲大赛中他荣获了三等奖。第二届比赛中他的参赛作品是《鄂温克英雄》，因为有 5 分钟讲述的时间限制，老人说他没有把故事讲完，也没讲好，影响了他的发挥。在后来田野调查中，他为笔者一行人完整地讲述了这个故事。关其格巴图讲故事时带着特有的腔调，表情和手势都非常丰富，虽然我们因语言差异没太听懂故事的内容，但是当时的情景感染了在场的每一个人。老人说他的故事都是从长辈口中听来的，这些故事记录下来的很少，现在只要有学者、民间文化工作者及鄂温克族的学生要求他讲故事，他就给讲，希望把这些故事留给后人。① 关其格巴图不满足于短短 5 分钟的时间限制，不想草草将故事讲完了事，而是想要最完整、最全面的表演，以悠悠的腔调娓娓叙来，使每一个手势、每一个表情都能传神地辅助故事的展现。同时，他渴望自己传承的故事被民族精英、民间文化工作者及学者、研究人员采录。关其格巴图显然不是一个只满足于倾诉的被动传承的民间艺人，他有着自己独特的讲述风格，并且有着积极延续、宣传本民族口头传统的使命感及责任感。

敖嫩，女，鄂温克族，1936 年生于内蒙古呼伦贝尔市鄂温克族自治旗巴彦查岗苏木。曾任鄂温克旗文联副主席、中国少数民族作家学会会员、中国民间文艺家协会内蒙古分会会员、内蒙古鄂温克研究会理事。1987年，根据中宣部、文化部、国家民委贯彻抓紧抢救民间文化遗产的精神，敖嫩担任搜集鄂温克族民间故事的任务，从 2 月到 12 月近一年的时间里，她走访了中国几乎所有鄂温克族的聚居地，足迹遍布整个内蒙古东北部，还远赴新疆维吾尔自治区塔城市采录当地鄂温克族的民间故事。当年她所搜集的民间故事终于在 21 世纪初出版，故事集名称为《鄂温克民族民间

---

① 访谈时间：2010 年 8 月 1 日，访谈地点：陈巴尔虎旗巴彦库仁镇。

故事集》，分为上下两册，上册于 2008 年 7 月出版，下册于 2011 年 9 月出版。其中下册搜集的多篇狩猎故事也属首度曝光，如《忠诚的猎犬》《阿哈日米的故事》《猎人吉克》《那维猎人》等。

　　作为故事的搜集人，她为鄂温克族民间故事的传承做出了巨大贡献，而如今她又以故事的讲述者身份参加鄂温克语演讲大赛，转变成为民间故事的口头传承人。敖嫩讲述的《来·莫日根》故事，与已搜集出版的故事相差无几，这可能源于她作为故事搜集人尊重故事原貌的职业立场。让人印象深刻的是在讲述故事之前，她穿着民族服装上场，先向全场敬献鄂温克族吉祥礼物——彩虹巾①，然后才开始故事的讲述。彩虹巾的诞生虽然只有区区几年的时间，而鄂温克人对彩虹的崇拜却由来已久，民间习俗中就有不能手指彩虹的禁忌，甚至过去的老人还会跪拜彩虹，体现了鄂温克人对大自然的崇拜和敬畏。无论是讲述传统的狩猎故事《来·莫日根》，还是在讲述故事之前敬献彩虹巾，都可见敖嫩老人在身体力行地传承着鄂温克民族古老的口传文化和悠久的习俗传统，虽然这一习俗的体现方式已经与以往大不相同，然而信仰的理念是不变的。

　　综上所述，笔者通过对鄂温克语演讲比赛活动的介绍，通过对其参赛人员的年龄结构、参赛题目及具有代表性的参赛选手的故事讲述特色进行分析，充分说明当下包括中国在内的世界各国都在致力于对人类口头非物质文化遗产的保护，而且已然卓有成效，人们对口头传统有了更为科学的认识。像鄂温克族这样长期没有文字的民族，其口头传统的地位得到了认可，由此才有了第一、第二届鄂温克语演讲比赛的举办，同时也是因为认识到了口头传统的重要性，才使酝酿了 20 余年之久的《鄂温克民族民间故事集》（上、下册）得以问世。时过境迁，口头传统的传承也大不同于以往。在新的语境下，由于生产方式、生活习惯及认知观等的变化，人们对口头传承故事也由过去的消极对待转变为有所积极、有所探索、有所创新地适应当前社会发展来传承；这使鄂温克族的口头传承故事在新的历史语境下经历着重构。作为鄂温克族散文体民间文学重要组成部分的狩猎故

---

　　① 2006 年，鄂温克族自治旗鄂温克族研究会第三届会员代表大会上，提交并通过了《关于提交鄂温克族"谐仁"为鄂温克族吉祥礼物的建议书》。

事，也在民间艺人、民间文艺工作者、民族精英及政府的多方互动中，传承并发展着自己。

3　小结

对于社会记忆的建构有两种截然不同的观点：一种观点认为社会记忆是现在对过去的重构，人们根据当下来想象过去，因此现在和过去是断裂的；另一种观点认为记忆具有惯性，社会记忆不过是对社会发展的反映，过去形塑了我们对现在的理解，现在与过去有着千丝万缕、割舍不断的联系。两种观点各有偏重，却都具有一定的局限性。"社会记忆既不能割断历史，也不是对历史的机械复制，它具有传递历史和创造历史的作用。"① 将两者结合起来，辩证地看待社会记忆才是我们应该秉承的科学态度。

生产方式的转变、生活方式的变迁使得狩猎故事的叙述失去了过往的讲述语境，某些古老的狩猎故事仅存于一些老年人的记忆中，而这种记忆也呈片段式、碎片化，唯有集体的合作才能拼凑出完整的故事情节。在社会迅速转型时期，以科学的方法及时抢救性记录、保存这些珍贵的民族记忆是民族民间文学研究者义不容辞的责任和义务。

随着国际社会对口头传统的历史地位及学术价值的肯定，我国政府也日益关注各个少数民族口传文化的传承问题。各级地方政府响应中央政府的号召，组织一系列切实有效的活动及举措，在国家政策的牵引和指导下民族文化的保护与传承具有了政治意义。在当下语境中，鄂温克族的口头传统的传承需要国家政策保护。鄂温克族在我国人口较少，其语言已列入濒危语言，依据保护及传承民族语言的国家政策，地方政府积极开展鄂温克语演讲比赛、录制鄂温克语故事光碟。基于国家政策的鼓舞和民族自觉意识的觉醒，以民间文艺工作者及故事传承人为代表的民族精英们，在新的社会环境中积极传承本民族民间故事。作为鄂温克族口头传统组成部分的狩猎故事在新的历史语境下经历着重构。

---

① 郭景萍：《社会记忆：一种社会再生产的情感力量》，《学习与实践》2006 年第 10 期。

结　论

鄂温克族一直生活在我国东北边疆，对他们历史文化的书写资料不是很多，然而那些弥足珍贵的民族记忆，在口耳相传的民间文学中却一定程度地保存并延续至今，这些珍贵的口头传统述说着鄂温克族悠久而灿烂的民族文化。鄂温克族早期狩猎故事，如同民族志一样记录了鄂温克族的迁徙历史、依山水而居的流域文化、敬畏自然万物的萨满信仰、对自然力量的敬畏，以及对人的勇敢和智慧的无上推崇。

《联合国教科文组织世界文化多样性宣言》指出，文化在不同的时代和不同的地方具有各种不同的表现形式，文化多样性对人类来讲就像生物多样性对维持生物平衡那样必不可少；文化多样性是发展的动力之一，它不仅是促进经济增长的因素，还是个人和群体享有更加令人满意的智力、情感和道德精神生活的手段。作为人类最初智慧的狩猎文明所蕴含的众多优良文化特质至今仍在影响和形塑着我们的生活。

在早期狩猎生产中，鄂温克人同严酷漫长的北国之冬、遮天蔽日的山林、形形色色的动物世界结下了不解之缘。在北国山林的抚育与滋养下，鄂温克人创造了众多反映寒温带地域狩猎文化特征的狩猎故事。环境之严酷、生存之艰难让他们认识到大自然的威力，聪敏智慧的鄂温克族先民练就了一套在山林中生存的过硬本领。鄂温克猎人有着鹰一样的眼睛，能够精准辨别复杂的山川地形，对于寒温带动物生活习性的认识与把握，绝不逊色于任何一个科班出身的动物学家，崇尚智慧与力量的鄂温克人以强健的体魄、过人的毅力和聪明才智繁衍生息于大小兴安岭的密林深处。作为鄂温克族民间文学最具代表性的狩猎故事，生动地再现了鄂温克人与大自然和动物的接触与交流。也正因为如此，他们的审美追求中特别强调力量、勇气和智慧，无论是作为猎人还是作为英雄，可称得上莫日根的鄂温克人必定是这三者兼具。

生存需求是人类最基本的物质需求，审美需求则上升到了精神层面，而对信仰的诉求则体现了人类最深切的归属感。在早期狩猎故事中，鄂温克人表述的对动物的崇拜、对火及语言的诸多禁忌，以及对山林意象的痴迷等，均体现了鄂温克人万物有灵的萨满信仰。鄂温克人对世界充满敬畏之心，以萨满信仰为支撑，他们心怀感念，与大自然及动物世界和谐共处，爱护山林中的一草一木，不滥杀母兽幼崽。"中国边地之文明它的重要之处在于对其他文明单位的平衡、补充与调节功能，充满了人类作为生物存在的与生俱有、并且能够修复'文明弊端'的自然原则。"① 当下，随着工业文明的迅猛发展，人类生态环境日益恶化。鄂温克族早期狩猎故事所充盈的生态意识和生态关怀理念，也可使之位列"生态文学"，这些古老而质朴的观念阐释了人与自然和谐相处的真谛，对我们今天构建和谐社会深有启迪。

鄂温克语属于亟须国家重视和保护的濒危语言，以鄂温克语为依托的早期狩猎故事的传承也经历着前所未有的变异。从口传到文本记录再到声像刻录，无论记录手段如何先进，只有留存于民族的社会记忆中才是真正意义上的传承，唯其如此，鄂温克民族的传统文化才能长存。

---

① 徐新建：《全球语境与本土认同——比较文学与族群研究》，巴蜀书社，2008，第163～179页。

附录一　各流域狩猎故事及俄罗斯鄂温克族狩猎故事

一　雅鲁河、阿伦河及嫩江流域狩猎故事

1　毛胡日迪罕奇遇记^①

从前有一个好汉，他叫毛胡日迪。他一心想走遍天下，看天下究竟什么地方好，然后，选择最好的地方居住。毛胡日迪的家住在尼日哈，那是一个群山环抱的低洼地带，毛胡日迪不喜欢这个地方，就准备领着老婆一起浪迹天涯。

他们一人骑着一匹马，又牵了两匹马驮一些生活必需品，往东南方向行走。他们走啊走啊，也不知道蹚过了多少条河，翻过了多少座山；地上的草一会儿绿、一会儿黄，不知换了多少遍，连马身上的毛都褪了好几茬了。他们还是走啊走……

1.1　高人国

这又是一个多雪的冬天。地上的雪足有一尺多厚了，天上还有鹅毛大雪在飘。毛胡日迪往天上一看，天和地仿佛连成一片，整个都是白茫茫的。望见这一切，毛胡日迪心里总觉得有些凄凉。这样的天最好是在家里，亲人、朋友围着火堆谈天说地，该多么愉快呀！可现在就老两口，日

---

① 讲述者：格喜玛，74 岁。采录者：杜梅，采录于雅鲁河流域。杜梅搜集整理《鄂温克族民间故事》，第 258～273 页。

子长了也没什么可说的了，妻子只顾低着头走自己的路，好孤苦呀！

毛胡日迪突然望见远处有一股炊烟冉冉升起，他对妻子说："你在这儿停下来做饭吧，我去那面看看，如果饭熟了，我还不回来，你就吃饭；如果吃完饭，我还不回来，你就自己往前走。我自会顺着你的脚印去追你。"说罢，毛胡日迪跨上马背，两脚蹬蹬马肚，向有炊烟的方向奔去。

毛胡日迪走着走着，发现雪地上有一行大脚印。呵！这是什么人的脚印？怎么这么大？足有一尺多长。从脚印的深度来估计，这个人的重量相当沉，那个子得有多高呀？至少得有两人高吧！想到这儿，毛胡日迪心里顿时毛悚悚的，似乎有点害怕。不，怎么能呢？毛胡日迪常炫耀自己是天下第一好汉，现在遇到这等小事儿有什么可害怕的。毛胡日迪策马催鞭，顺着脚印赶去。

毛胡日迪听见不远的地方，有老虎和熊的嗥叫声，他有些奇怪：这两种动物怎么能够这么和谐地对叫呢？再往前一走，前面出现了一个非常高大的撮罗子；撮罗子两旁有两棵粗壮的参天大树；一棵树上拴着一只老虎，一棵树上拴着一只熊。老虎和熊向他怒嗥着。

毛胡日迪毫无惧色地跳下马背，把马拴在离撮罗子不远的地方，然后向撮罗子走去。这时候，撮罗子里钻出一个人。哎呀！这个人真高，毛胡日迪还没有这个人的一条腿高，也没有这个人的一条腿粗。毛胡日迪非常镇静地向这个巨人作揖施礼，这巨人满脸怒色，他向正向毛胡日迪嗥叫的老虎和熊打了个口哨，老虎和熊立刻蔫了。

巨人用左手掀开撮罗子的门帘，右手往里一指，请毛胡日迪进屋，毛胡日迪礼貌地用手示意主人先进。

"还是客人先进吧！"屋里传来一个声音，震得树上的雪都落了下来。

毛胡日迪就走进撮罗子。屋里坐着两个长者，一个老头、一个老太太。他们的身材都极其高大，坐在地上都比毛胡日迪高。

毛胡日迪向两位长者施礼请安。两位长者示意他坐下，然后问毛胡日迪从哪儿来，到哪儿去？毛胡日迪说："我从巴仁衣吉尼日其哈来，要到世界上最美的地方去！"

老人摇了摇头说："世界上最美的地方就是这儿，你别再找了。"

"不行啊，我只有走遍天下，才会知道世界上究竟哪儿好。所以我必须走。"毛胡日迪说。

老人拿起一个烟袋锅，烟斗足有碗那么大，喷出的烟像云彩一样，在撮罗子的上空缭绕。

撮罗子中间放着一个大火盆儿，上面吊着六个大锅，锅里好像炖的是肉，在喷儿喷儿地开着。只是味道特别，不知是什么肉。

"好了，肉熟了。让客人也吃点吧。"老太太说。

那年轻的巨人把锅拿下来，把锅里的肉倒在桦树皮盆儿里，放在两个老人前面。

"年轻人，一路辛苦了吧。来，吃点肉吧。"老太太把盛肉的桦树皮盆儿往毛胡日迪跟前推推，让他也一同吃。

毛胡日迪从腰间拔出猎刀，在盆儿里挑了挑，不知该吃哪块肉好，正挑着，发现有块肉上面竟有人的脚趾盖。毛胡日迪心里一惊，但又故作镇静，挑出一块肉，假装放在嘴里咀嚼，其实都塞到衣襟里了。而巨人却大口大口，吃得蛮香。

毛胡日迪"吃"完肉，擦擦手上的油，准备告辞了："谢谢你们的盛情，我吃饱了，要继续赶路了。"

"送客！"老头伸出右手，又冲儿子攥了一下拳头。

年轻的巨人点头，表示已经明白了，就送毛胡日迪出门。只听背后巨人老太太说："可怜可怜，多懂礼貌的孩子！"

"什么可怜不可怜，他的肉一定很嫩！"这是那老头的声音。

毛胡日迪快步跳上马背，挥起马鞭策马飞奔，只听身后年轻的巨人对老虎和熊说："莫热森（花子）、哈热散（黑子），快点追上他！"

毛胡日迪的马跑得很快，但他也觉得再跑一段就会被追上了。他从马背上往一棵大树上一跳，跳到树上，他的马自己往前跑着。这时老虎先追了上来，毛胡日迪往它胸口射了一箭，虎一声没吭便倒下了。熊又追上来，毛胡日迪又是一箭，熊也倒下了。这时巨人也呼哧呼哧地跑上来了。由于雪太深，他身体太重，跑起来很费劲儿。毛胡日迪又向巨人射了一箭，巨人"扑通"一声倒下了。像一棵大树倒下一样。

毛胡日迪这才跳下树来，又向它们的要害部位补了一刀。然后一吹口哨，他的马回来了。他又骑着马找妻子去了。

1.2　丧妻

毛胡日迪和妻子继续往前赶路。他们翻过了几座山，雪开始化了，天也暖和多了。再走走，草都绿了。又过了一年了，这一天，他们走到江边儿。毛胡日迪说："咱们就在这儿休息吧！你先把火烧上，我去打个狍子，马上就回来。"

等毛胡日迪打了狍子驮回来，却不见妻子的人影，篝火还在燃着，东西和马都在，而马在流泪，在叹息。毛胡日迪喊了两声，也没有应声，他去翻女人的东西，发现针线盒也没了。女人的针线包不在，就意味着女人已经走了。可女人怎么能不辞而别？怎么能不骑马走呢？

毛胡日迪骑着马沿着江边寻找，发现江下游有一叶小舟在顺水漂浮。他一眼认出桦皮船上的三个人，其中一个就是自己的妻子。毛胡日迪骑着马沿江追。边追边喊："布谷鸟——剪子——锥子——"

毛胡日迪的妻子在船上立刻领会了他的意思。她悄悄地掏出锥子，掖在袖子里。

桦皮船在水中左摇右晃，需要两头坐人，左右扶着才行。毛胡日迪的妻子坐在中间，把锥子一个劲儿地往船底上扎，不一会儿，水就流进船，船上的俩人一看见水进了船，就不知所措，船也左摇右晃起来。毛胡日迪的妻子又拿出剪子，把船剪了个大口，船立刻沉下去。毛胡日迪的妻子水性不好，但也拼命往丈夫这边游。毛胡日迪赶紧跳进江里救她。可等把她救上岸，她已经被水呛死了。抢她的那两个人也早就被江水冲得无影无踪。

毛胡日迪真是难过极了，后悔自己不该给妻子出这样的主意，真不如等他们上岸以后，再凭自己的本事救出妻子呢。

毛胡日迪把妻子的马杀了，随妻子一起风葬了。他自己也从内衣上撕下一块白布，缝在帽檐上，算是给妻子示哀了。

毛胡日迪这下更孤单了，他一个人骑着马继续往前走。

1.3　冬眠国

毛胡日迪一个人不知走了多少路，春天早已过去，夏天也快要结束了。毛胡日迪真是无法忍受这长时间的孤苦生活。他总想：要是有个人说话该多好呀！

就在这个时候，他发现了一个部落。毛胡日迪见到了人，真是高兴极了。这里的人也很快乐，还没进村就听见到处都是笑声。

毛胡日迪在一个撮罗子前停下来。撮罗子里迎出一个小伙子。他非常热情地走上去，接过毛胡日迪的马缰绳，把马牵到他们家的马桩子旁拴好，然后又把毛胡日迪让进屋。

屋里坐着一个老头和一个老太太。毛胡日迪一一请安。老人点点头，然后敬烟，再问毛胡日迪从何而来，到何而去？毛胡日迪只知自己从何处来，却不知自己应到何处去。

这一家人特别喜欢毛胡日迪，更喜欢听他讲一路上遇到的奇人奇事。毛胡日迪多日来过着孤苦的生活，现在这个家对自己这番盛情，他竟不愿意离开这儿了。这家人也把他当作家里人一样对待，更舍不得让他走了。

这家的另一个撮罗子里，还住着一个漂亮的姑娘，这姑娘一直没许人家。这家老人一看毛胡日迪是个英雄好汉，便提出招婿了。毛胡日迪也相中了这个家，更相中了这个姑娘，就答应了。很快，他们便选了良辰吉日结婚了。

毛胡日迪在这个家里真是美透了。岳父、岳母和蔼可亲；妻子温柔贤淑；小舅子热情大方，真是没挑了。他们还经常领着他东家走、西家串，让他交了不少朋友。秋天快要过去了，天渐渐开始冷起来。毛胡日迪整天乐在新家、新婚、新日子的幸福中，什么也不想干，哪儿也不想走。

天一开始冷，毛胡日迪发现这儿的人也变了，都好像无精打采的，人们也不像往日那样热情了，连妻子都好像是在应付他。毛胡日迪奇怪，觉得自己并没做什么对不起他们的事儿，他们怎么会变这样呢？后来一想：也许人接触时间长了，也就没什么意思了，所以才会这样的。生活变得这样，毛胡日迪才觉得太闲了，就想出去打猎，也想在这些人面前显显自己的本领。可他邀请谁出去打猎，都没人答应。毛胡日迪受到这般冷落，心里很不痛快，就决定一个人走了。

毛胡日迪一个人在外面待了很久，天愈来愈冷，而且下了一场大雪。大雪过后，毛胡日迪打的猎物更多了，五六车都装不下。他搭了一个临时木架子，把肉都扔在上面，自己驮了一些肉，准备回村叫他们拿车来拉肉。

毛胡日迪一进村，就感觉到气氛不对，村里静得出奇，没有声音，没有炊烟，雪地上一个脚印都没有，毛胡日迪感到非常奇怪，莫非村儿里人都走了？他走进自家的撮罗子一看：呀！家里人全都死了，而且是冻死的。他又走了几个撮罗子，里面的人横着的、竖着的、坐着的、站着的，全都僵硬地冻死在那儿。而且每个人都流着长长的鼻涕，鼻涕像冷粉条一样，拉了好长。毛胡日迪悲痛万分，他回到自己的撮罗子，把妻子的鼻涕弄断，又烧上火，把妻子冻弯的脚弄直，好让她好好地死去，然后包裹好，拿出去风葬了。而且也杀了匹马随葬了。这样，毛胡日迪出走时带的四匹马，给第一个妻子随葬一匹，这回又随葬一匹，现在就剩下两匹马了。他只好忍痛离开了这个曾给他幸福和快乐的地方，离开了这些不幸冻死的人们。

到了第二年春天，毛胡日迪思念这里的人，又转回来，想把他们个个都安葬好了再走。可一进村，又出现了他第一次来这儿时的景象，到处欢歌笑语，人来人往，好不热闹。那些曾"死"过去的人见到他都非常热情地打招呼。毛胡日迪好奇怪呀，他急忙赶回家看个究竟。他一进屋，家里的人竟也都活着，只是气氛和外面不一样，个个垂头丧气的。毛胡日迪高兴地一把抱住小舅子："哎呀！原来你们都没死呀！"

可小舅子却冷冷地把他推开，又狠狠地打了他一拳。毛胡日迪感到非常奇怪，不明白这都是为什么。老人哀叹道："咳！打他又有什么用呢，只怪咱们当初没把真相告诉他。他也是出于好心，才把你姐姐弄死的。"

"什么？我弄死的？"毛胡日迪简直不敢相信自己的耳朵。

"是啊，你不明白，我们这儿是冬眠国。一到冬天，我们都要冬眠。只要不动，不把鼻涕弄掉，到了第二年春天，我们就都醒过来了。"

原来是这样，毛胡日迪真是悔恨交加，悔不该当初多此一举，把好端端的妻子弄死了。

毛胡日迪再也没法在这儿待下去了，他一看这些人，就会想起自己的妻子，所以他告辞了岳父、岳母和冬眠国的百姓们，又开始长途旅行了。

1.4　狗国

毛胡日迪一连失去了两个妻子，他对美好生活的向往也没有开始时那么高涨了，只是漫无目的地向前走。

走着走着，又进入了一个部落。这个部落猎人可不少，到处是狗，而且都是好狗。可他走了半天也没见到一个人，他很奇怪，莫非这里的男人都出去打猎去了？可他们为什么不带着猎狗呢？正在这个时候，一个漂亮的少妇挑水往这边走来。毛胡日迪赶紧和她打招呼："这位大嫂，你家在哪儿？能允许我去你家坐坐，吃顿饭吗？"

这少妇放下肩上的担子，冲着他笑了笑说："这要看我的公公婆婆是不是同意了。"

"他们在哪儿？"

"你跟我来吧！"

毛胡日迪随着少妇走进一个撮罗子，一进去便看见在玛鲁神的神位上，坐着一条掉牙的狗。这个家好没规矩呀，怎么能让它坐在这儿呢？毛胡日迪正感到奇怪。他又看见屋里还坐着一个老太太，就向老太太施礼请安："老人家，您好。"

"好，好。你请坐吧。"

没想到那条狗却不高兴了，它向毛胡日迪怒噪了两声。毛胡日迪吓了一跳，没敢坐下。

"年轻人，这是我们家老爷子，你没给它请安，它不高兴了。"老太太说。

毛胡日迪奇怪透了，他怎么也弄不明白这究竟是怎么回事，但老太太这么说了，只好极不情愿地给这条老狗请了个安。然后坐下。

"远道来的人，一定很累了吧？"

"累倒没什么，只是很饿。"毛胡日迪不客气地说。

"哦，你看我倒忘了。"老太太又冲着外面喊了一声，"媳妇呀！快给客人和你公公送上饭来！"

少妇先给毛胡日迪端来饭菜。毛胡日迪礼貌地让老太太先吃，老太太笑着拒绝了。他已经很饿了，正要吃，那只老狗哼哼了两声。毛胡日迪赶紧放下碗筷，不明白又是怎么了。

"急什么？你的饭一会儿就上来了！"老太太说完，又对毛胡日迪说，"别怕，你吃你的。"

少妇又给老狗端来一盆饭。老狗爬在玛鲁神的神位上，佝偻着腰，狼吞虎咽地吃起来。

毛胡日迪吃饱喝足，便起身告辞了。善良的老太太祝愿他一路平安。毛胡日迪出门时没见到那位少妇，可出村不远的地方，却碰见了她。毛胡日迪急忙下马打招呼："大嫂，真是谢谢你了，你做的饭还真不错。"

"大哥，不用谢了。如果你真是好心人，就带我离开这里吧！"少妇急切地恳求道。

"为什么？"

"大哥有所不知，我们这儿是狗国，这儿的男人都是狗，女人都是它们从外部落抢来的。如果你能帮助我脱离苦海，就是做你的奴仆我也心甘情愿。"

毛胡日迪一听这番话，便觉得这么年轻漂亮的女人要和狗过一辈子，实在是太可惜了。就把另一匹马背上的东西扔掉，让少妇骑上，然后领着她快马加鞭地往前跑。

少妇一直很紧张，时常回头张望。毛胡日迪说："你别害怕，有我在保管你不出问题。"

"大哥，你不知道我的丈夫有多厉害，嗅觉好，跑得也快，厮杀起来特别勇猛，它们兄弟三个，它是老二，我跑过几次都没跑成。"

"现在和往日不一样，有我保护你呢！"毛胡日迪对自己充满信心。

他们骑了两天马了，估计狗是追不上了，迎面却拦了一条大江。毛胡日迪经常过这种江，已经很在行了。他一手攥紧自己的缰绳，一手攥紧少妇的缰绳，告诉少妇："蹬住马鞍，抓紧缰绳不要害怕！"

毛胡日迪的马都是最好的，过这样的江根本不在乎，一下江就像两条蛇在水里游。他们顺利地过了江，少妇找了一堆干柴，拢起篝火，烤衣做饭。吃饭的时候，毛胡日迪怎么劝少妇吃饭她也不吃。毛胡日迪想：这女人可能是怕狗追上她，不敢吃饭吧！既然这样，咱们还是快点赶路吧。

他们没走多远，又碰见一条宽宽的江。毛胡日迪找了一根粗木，自己坐在前面，让少妇坐在后面，搂住他的腰，然后牵着马过江。还没等他们过江，就听见身后一阵狗的嗥叫声。他们回头一看，好家伙！岸上一大群狗，为首的是一条高大的黄狗，一左一右是黑狗和灰狗。这三条狗先下水跟来，后面一群狗也跟着跳下水。少妇告诉毛胡日迪："那黄狗是我丈夫，黑狗是我大伯兄，灰狗是我小叔子。其他都是部落里的，不过也都是亲戚。"

毛胡日迪是百发百中的好射手，他的箭能在百步以外，从吊在树上的钱眼儿里穿过去，能把人头顶着的蛋打碎。现在打个狗，就更不在话下了。他一箭把黄狗射死，然后又射中黑狗、灰狗，其余的狗一见兄弟都死了，也不敢再追了，都掉头往家急跑。

毛胡日迪漂游到对岸，告诉少妇燃起篝火，他要出去打点什么，回来好好庆祝一番。等少妇火烧好了，水烧好了，毛胡日迪驮着一只狍子回来了。等肉煮好了，毛胡日迪拿出酒喝了两口，对少妇说："今天你可得好好吃一顿，三天没吃饭了。现在你的狗丈夫也死了，你也该放心了。从今天起，你就该是我的妻子了，你应该高兴才对。"

可这女人只喝了一点肉汤，说什么也不吃肉。毛胡日迪奇怪地说："你总是不吃东西，身体怎么能受得了？怎么能跟我走遍天涯呢？你还是吃吧！"

少妇为难地问："你们那儿的媳妇都吃东西吗？"

"当然了，我过去的媳妇比我还能吃呢。"

"可是我吃了会死的。"

"哈哈哈……怎么会呢？里面又没有毒。你看我吃得多香，这不好好的。"

"可我跟你不一样。"

"怎么不一样，你不也是人吗？是不是你丈夫不让你吃饭？现在我是你丈夫啦，今天又是我俩大喜的日子，你怎么能一点儿都不吃呢？来，吃点儿。"毛胡日迪拿过一块肉递给媳妇。

这媳妇为难地接过肉，见丈夫这样劝自己，一横心就把肉吃了。这一夜，这对新婚夫妇在江边搭了个撮罗子，甜甜蜜蜜地过了一夜。第二天清早，俩人起来愉快地收拾行装。正准备走的时候。新娘子突然叫唤肚子疼，然后便在地上打滚哭喊。毛胡日迪不明白为什么，就问："你怎么会突然肚子痛呢？刚才不是好好的吗？"

"都怨你！都怨你！都是你硬让我吃肉！"媳妇哭嚷道。

"吃肉怎么会肚子痛呢？你看我怎么什么事也没有。"毛胡日迪感到非常纳闷。

"哎！你有所不知呀！你知道哈皮特吗？我是哈皮特国的人，我们那里的人都只喝只尿。只因遭到狗的劫难，才到狗国来的。我婆婆也是我们哈皮特国的人，她是很早以前被抢去的。"

毛胡日迪这才恍然大悟，怪不得那次老太太也是什么也不吃。毛胡日迪真是后悔呀！千不该万不该劝媳妇吃肉呀！媳妇痛得满身都淌出豆大的汗珠，不一会儿便折腾死了。

毛胡日迪难过极了，觉得自己害死了她，而且由于自己的过失，已经丧失了三个妻子。他怎么不伤透心呢？他哭了一阵以后，用猎刀剥了一大块桦树皮，把妻子包裹好，吊在树上风葬了。他又杀了一匹马，祭奠妻子的灵魂，让马跟随妻子而去。

1.5 与猿人结婚

毛胡日迪从家乡出来时，还很年轻，现在胡子一茬一茬地长，而且越长越硬，刀磨得不快，还刮不了胡子呢。出来的时候，是夫妻两人，骑着四匹马，现在只有他一个人、只剩一匹马了，而且路上又失去了三个妻子。可以说，他现在已经是饱经风霜了。

这天正午，毛胡日迪人困马乏，就在一棵老树底下乘凉，想歇歇再走。突然，在不远的地方发出"突嘶、扑哧"的响声。毛胡日迪顺声一望，发现一只奔跑的狍子被箭射中。是谁射死的狍子呢？毛胡日迪爬到树上一看，原来是一个浑身长着灰毛的猿人拿着弓箭射死了狍子。它走到狍子跟前，用尖利的手爪撕巴撕巴，就把狍皮剥开了；再拽巴拽巴，就把狍子分成几块。然后拿起一块骨头啃巴啃巴，把肉吃光了，把吃剩下的白花花的骨头，往太阳那儿一照，哈哈大笑起来。

毛胡日迪的马听到猿人的笑声，吓得也叫起来，猿人听到后，立即放下狍子肉，直奔毛胡日迪跑来。

猿人抓住毛胡日迪，并没有伤害他，而是又搂又亲，哈哈大笑。毛胡日迪怎么挣扎也挣脱不开，他被猿人夹在腋下，无论他怎么嚷、怎么叫，也无济于事。他被猿人带到一个山洞里，猿人把他扔到一堆乱草上，就用一块大石头，把洞堵上了。看来，这猿人还很有心计。

　　这猿人乳房很大，看得出是只母猿。她冲着毛胡日迪比比画画的，一会拉着他到洞顶喝泉水，一会儿又拉着他吃生肉。毛胡日迪怎么能吃生肉呢？他找了块石头，砸出火星，把干草干柴烧着，然后，把肉放在上面烤。等肉发出"嗞嗞"的响声，香喷喷的肉味飘出来的时候，毛胡日迪就把肉放在嘴里吃起来。猿人感到非常奇怪，很认真地看毛胡日迪到底搞什么鬼把戏。毛胡日迪又烧熟一块肉递给猿人。猿人高兴极了，吃完肉就哈哈大笑，然后又蹦又跳，抓住毛胡日迪又亲又抱。毛胡日迪很被动，但也奈何不了她。

　　猿人每天出去打猎，每次出门都把洞口用石头挡住。毛胡日迪怎么搬也搬不动，可猿人却轻而易举地把石头搬来搬去。每天，她拿回许多肉和干柴，让毛胡日迪烧着吃。自从毛胡日迪来了以后，她再也不吃生肉了。

　　在这个洞里，毛胡日迪也不知生活了多久，反正日子一会儿冷、一会儿热，已经有几巡了。猿人为他生下了两个孩子，一个儿子、一个女儿。他们都像猿人那样，浑身是毛，只有脸像毛胡日迪，白白净净的。毛胡日迪很喜欢这两个孩子，因为他们是他亲手带大的。猿人笨手笨脚，带不好孩子，只好由毛胡日迪当妻子，带孩子做饭；她当丈夫，出门打猎，日子也就这样凑合过了。

　　日子长了，猿人见毛胡日迪和孩子很有感情，心里非常高兴，对他也慢慢地放松了警惕，每次走也不关洞门了。这样，毛胡日迪也可以带孩子出去玩。

　　照实讲，毛胡日迪的生活也可以了。猿人对他相当好，每天都能给他带来各种飞禽走兽。毛胡日迪把兽皮剥下，再鞣成熟皮，用骨针筋线给猿人老婆和孩子缝制衣服。猿人老婆在毛胡日迪的帮助下，已经能做很多事儿了，而且也学会了几句日常话。虽然说得不很准确，但也能明白她的意思了。

　　但是，毛胡日迪还是不甘心过这样的生活，他还想完成他走遍天涯的计划。有一天，他领着两个孩子在河边玩耍，发现河上有人在放排。他冲着他们大声喊道："哎！快过来，把我带走！"

　　没等木排走到跟前，毛胡日迪就游过去了。他一上木排就对他们说："快走，快走，不然我老婆就追上来了。"

　　放木排的人感到很奇怪：这个人怎么这么怕他老婆呢？河岸上，两个孩子冲着他哭。毛胡日迪感到很揪心，但他硬忍着，决心一定要离开这里，不一会儿，猿人老婆也跑过来了。她在岸上抱着孩子唔噜哇啦乱喊着。划船的人一见岸上原来是个怪人，才明白毛胡日迪为什么这么着急，所以划得就更快了。

　　猿人一见毛胡日迪并不念儿女情，而是执意离去，很伤心，她抱着孩子追了一阵，见毛胡日迪还不停下，就把儿子一撕两半，一半扔在河里，一半留给自己，又把女儿也一撕两半，一半扔在河里，一半留给自己。然后一扭身背着儿子和女儿的一半身子走了。

　　毛胡日迪看了真心痛，这孩子毕竟是自己的亲骨肉，是自己一手带大的呀！可是现在却让猿人弄死了。但毛胡日迪知道，猿人这样做并不是有意害死孩子，而是认为孩子是两个人的，既然一定要分手，就一人一半好了。

　　毛胡日迪又开始了艰难的旅行。

1.6　小人国

　　现在毛胡日迪没有了箭，没有了马，行走更危险了。后来，他就只好自做弓箭，以防万一。

　　这天，他正在林中穿行，只见一只很大的老鹰在叫，又听见人叽叽喳喳的喊叫声。毛胡日迪想：是什么人说话这么小声呢？等他走过一看，原来是地上有许多小个子人。他们别看个子小，年龄却很大了。他们一见毛胡日迪，如同见到了巨人，纷纷跑到毛胡日迪身旁请求保护。毛胡日迪举起弓箭，一箭击落了老鹰。小人们高兴极了，在地上又唱又跳。不一会儿，又涌上一大群小矮人。他们都围在毛胡日迪左右，称毛胡日迪为罕，然后一群小矮人众力合作，把毛胡日迪抬起来，抬到他们的国家去。他们的房子都特别小，没有一间毛胡日迪能进去的。他们只好一起动手，给毛胡日迪罕搭了个大房子。

　　这个国家的人矮到什么程度？小孩小得把兔子当马骑，大人拿狗当马骑。他们由于人小，常常遭受巨禽猛兽的侵扰。现在毛胡日迪出现了，他们便拥戴他做罕，以后，他们就不用怕了。

毛胡日迪就这样当成了罕。他在小人国里，十分爱戴他的臣民，教他们怎么生活，怎么保护自己，还教他们舞刀弄剑，增强体质，渐渐地，他们的个子也长了不少。

2　尼桑萨满的传说①

据说，萨满的祖师就是尼桑萨满，她神通广大，法力举世无双。

尼桑萨满的未婚夫是个有名的猎手，他叫德巴图儒。他身高七尺多，体重200多斤。脚踩到地下，留下的脚印都有几寸厚。他百发百中，没有一种鸟畜能从他的箭下溜走。他心地善良，是个见义勇为的好汉。他为了娶尼桑萨满，准备出去狩猎。德巴图儒每次出猎，都要带着很多猎术不高或老弱病残的猎人，到时可以让他们分享自己的运气。

这次德巴图儒又出猎了，同往常一样，他领了40名猎手启程。

> 德黑（四十）人的首领德巴图儒，
> 德黑德热恩德涂仁（跨过四十条河），
> 高廷高鲁高鲁都仁（越过三十道山），
> 阿因布阿锡那仁（把财富用马驮回），
> 宝音布宝塔那仁（福禄都来吧）！

再说，离这儿不远的地方，还有一个好猎手，他的箭术与德巴图儒不差上下，他叫乌日根莫日根。乌日根莫日根虽才智过人，可心术不正，心胸狭窄。他听说美丽无比、法力无边的尼桑萨满要嫁给德巴图儒，便嫉妒得不行。他想：我和德巴图儒比，哪点比他差？可他有神仙一样的未婚妻，我却没有，怎么能让人忍受呢？乌日根莫日根越想越气，越想越觉得尼桑萨满应该属于自己。可是尼桑萨满已经和德巴图儒订亲，要想把她从德巴图儒手里抢过来，唯一的办法就是把德巴图儒除掉！乌日根莫日根是个心狠手辣的人，想干什么就敢干什么。

这天，他在德巴图儒打猎经过的地方，挖了一个40丈深的陷阱，然后像饿狼一样守候在旁边，手持毒箭，等待德巴图儒到来。

---

① 杜梅搜集整理《鄂温克族民间故事》，第142～147页。

　　而德巴图儒并没有从乌日根莫日根挖陷阱的那条路走，乌日根莫日根眼看着德巴图儒他们从另一条路上过去了，就灵机一动，模仿鹿的叫声打了一个口哨。

　　德巴图儒他们一帮人，只有他一个人听到了这叫声。德巴图儒对大家说："你们先走着，我一会就来。"

　　德巴图儒中计了，他倒在乌日根莫日根的毒箭下。狠心的乌日根莫日根，把昏死的德巴图儒推进40丈深的大坑里，然后悄悄溜走了。

　　跟着德巴图儒的40名猎手，足足等了德巴图儒四天，见他还不回来，就四处寻找，终于在40丈深的大坑旁发现了德巴图儒的坐骑。只见那马儿急得左转右转，一个劲儿地对天长啸，像是在呼叫人来救它的主人。

　　人们发现了德巴图儒，可已经晚了。德巴图儒身中毒箭，这四天身体都已腐烂了。人们只好把他抬出来，就地风葬了。

　　德巴图儒有两个妹妹，既聪明又漂亮。大妹妹叫阿拉坦格莉斑，二妹妹叫莫温格莉斑，她们听闻哥哥的死讯，悲痛欲绝，说什么也要救活哥哥，说不能让他这样无缘无故地死去。可大家说："你们的哥哥早已死了，怎么能让他起死复生呢？"

　　"救不活哥哥，我们也不能让他这么白白死去呀！"两个妹妹发誓要为哥哥报仇。"可我们又没有看见凶手是谁，怎么报仇呀？"

　　后来人们给德巴图儒的两个妹妹出主意：你们的未婚嫂子尼桑萨满不是神通广大，能使人起死回生吗？现在她的未婚夫死了，她怎么也不能袖手旁观呀！请她出面救救德巴图儒吧！

　　德巴图儒的两个妹妹一听，也觉得有道理。可又一想，尼桑萨满还没过门，怎么好意思到婆家来救未婚夫呢？鄂温克人是有这样一个规矩的：没过门的媳妇，是不能进未婚夫家的门的。尼桑萨满是个名人，怎么能破这个规矩呢？恐怕是请不来她的。

　　可尼桑萨满不能不请，德巴图儒的冤魂不能不救。怎么办呢？德巴图儒的两个妹妹终于想出了隐姓埋名的办法，去求尼桑萨满出山。

　　其实，尼桑萨满早就知道德巴图儒死的事儿了。德巴图儒遇难那天，尼桑萨满眼皮跳、嘴唇颤、耳也鸣。尼桑萨满知道，如果不是自己亲近的人落难，自己是不会有这么明显的征兆。她找了一个狍子哈勒巴（肩胛骨），往上吐吐唾沫，念念咒语，往火里一烧，然后看出，在西北角百里之外，有一屈魂。可这屈魂是谁呢？尼桑萨满赶紧烧香，求助神灵帮助。她念着咒语睡下了，等她再醒来，德巴图儒死的前因后果，她都一清二楚。她真想尽自己的全力去救未婚夫，可是未过门的媳妇怎么能贸然出动呢？尼桑萨满被这一痛苦折磨得坐卧不安……她又预感到两个小姑子要来请她。她知道，如果去了，会让人耻笑，所以就先躲了。

阿拉坦格莉斑和莫温格莉斑坐车来到尼桑萨满家。一进门，她们先向尼桑萨满的父母请安，然后说明来意："我们的哥哥遇到大难，想请尼桑萨满去为我们解难，不知她能否帮助我们？"

尼桑萨满的父母没有见过她们姐俩，自然不知道她们是谁，就问她们："你们是哪个部落？谁家的孩子？为什么要让你们两个姑娘来请尼桑萨满？"

两姐妹听完顿时泪如雨下，她们谎说自己的家世，但说明自己唯一的亲人哥哥死得冤屈，要尼桑萨满无论如何也要把死者救活。

尼桑萨满的父母见这两个姑娘哭得伤心，觉得实在可怜，就告诉她们："尼桑萨满不会走远的，可能是去姐妹家玩去了。"

阿拉坦格莉斑和莫温格莉斑姐妹俩便挨家挨户找尼桑萨满，终于看见尼桑萨满在一个女孩子家玩嘎拉哈（狍骨盖），姐妹俩一见尼桑萨满就跪下了："我们是挨着乌热（山）住的德巴图儒的妹妹，哥哥被乌日根杀害。我们家就这么一个男子汉，如果您不去救他，我们家就要永远断烟火了！"

姐妹俩边说边哭，泪水把整个衣襟都弄湿了。她们已经抱有这样的决心，如果尼桑萨满不答应她们的请求，她们就跪着不起来。

尼桑萨满心里是清清楚楚的，她也在为自己不幸失去了未婚夫而难过呢，但因自己是未过门儿的媳妇，难过也得憋在心里。现在看见未婚夫的妹妹隐姓埋名来求情，自己也就借着同情姐妹的由子哭起来了。尼桑萨满忍着悲伤说："你们快回去，在你哥哥葬身之地，拉去 40 车烧柴，再找来40 条壮汉，围着这 40 车烧柴燃起的篝火。火势旺时，我自会赶到的。"

阿拉坦格莉斑和莫温格莉斑姐妹俩听了尼桑萨满的话，立即乘大轱辘车赶回去了。回到家，就把尼桑萨满的话传达给部落长者。很快，村里的百姓立即自愿组成了 40 条壮汉的祭祀队伍。他们驾上 40 辆载满烧柴的大车，浩浩荡荡地向德巴图儒的葬身之地走去。

他们蹚过 40 条河流，越过 40 道山峦，拉着 40 车干柴，来到德巴图儒风葬的地方，把 40 车干柴架起大堆的篝火，40 条壮汉手挽着手围住篝火……正当火势旺的时候，远处传来铜铃和萨满的口哨声。大家顺声一望，尼桑萨满身着萨满服，站在萨满鼓上，从天而降。她一身的铜镜和铜铃在阳光下闪烁，发出灿烂的金光。一身红衣，抱着 12 根长长的飘带，她一下钻入火中，不见了。

40 条壮汉惊呆了。他们都在为尼桑萨满祈祷，让神灵保佑她。

没过多久，尼桑萨满从火焰中钻出来，身上竟连一点火星都没沾。她进入火堆的时候，是脚踩着萨满鼓。现在出来，鼓已经在她手中飞舞起来。

尼桑萨满伴着咚咚的鼓声，踩着浓浓的烟云，直上九霄云天。尼桑萨满在天堂见到恩都日娘娘，请她为人间扶正祛邪，救回忠良英雄，处决那伤天害理的凶手。恩都日娘娘答应帮助她以后，尼桑萨满辞别天堂，又返回了人间，跳入火堆，钻入地狱，在九泉之下找到阎王殿，为英灵喊冤叫屈，让阎王殿追回死灵，捉拿罪恶的杀人犯的灵魂，让他早日进入地狱。

阎王爷一看有恩都日娘娘说情，再说尼桑萨满又亲自出马，就放回德巴图儒的灵魂，又派人去捉拿乌日根莫日根。因乌日根莫日根在世上罪孽深重，要把他打入十八层地狱。

尼桑萨满把事情办妥，又从火堆里钻出来，借着一股烟云，飘然而去。

周围的人都看呆了，当他们看见尼桑萨满为救未婚夫，这样上天入地为未婚夫行施法力，都很感动。当他们看见尼桑萨满从火堆里钻出来，还是安然无恙的时候，所有的人都为她欢呼起来，人们围着火堆狂叫乱舞起来。

这个时候，乌日根莫日根骑着德巴图儒的马来了。阿拉坦格莉斑和莫温格莉斑姐妹俩非常奇怪，哥哥的马是不让别人骑的，今天怎么会让乌日根莫日根骑？她们正琢磨着，"乌日根莫日根"笑道："我的好妹妹们，你们怎么用这种眼光看着我？难道连我德巴图儒都不认识了？"

姐妹俩惊讶无比，这个人怎么会自称为德巴图儒？而且连声音都是一模一样的？

这时，一个有经验的长者明白过来了，这一定是尼桑萨满借尸还魂的一种办法。因为德巴图儒的尸体早已腐烂，现在不可能让他的身体复活了。乌日根莫日根是罪有应得，他的灵魂已被打入十八层地狱，现在他身上的灵魂是勇敢、正直、善良的德巴图儒的灵魂。

后来，德巴图儒将尼桑萨满明媒正娶娶了过来。

讲述人：何秀芝

流传于雅鲁河流域

二　辉河、伊敏河流域的狩猎故事

1　额日黑图莫日根①

很久以前，有一位叫宝日勒岱的大汗。每次收回马群都要用三天时间。有一次，他赶着马群过冰面时，有一匹马驹站在河岸上，怎么也不过冰面。宝日勒岱很生气，揪住那匹马驹的尾巴在空中转了几圈之后，将它甩到河岸岩石上，岩石下的灌木丛都被这力量震飞了。

回家后宝日勒岱对他的大太太说："刚才有一匹马驹怎么也不过冰面，于是我就抓住它的尾巴将它甩在了河岸岩石上，震飞了灌木丛。如此的神力，我应该用在何处呢？"大太太说："不知道。"再问了二太太同样的问题。二太太也说不知道。当问到三太太时，三太太回答道："在太阳升起的东方，有一只九头莽古斯，叫应合勒岱。您可以和它决斗，施展神力呀。"于是宝日勒岱背上弓箭，挑了一匹骏马，向太阳升起的东方扬鞭而去。

有一天，三太太对大太太和二太太说："宝日勒岱汗必定会大败于应合勒岱莽古斯，然后他会回来挖出我的双眼送给莽古斯，然后弃我而去。我想请求两位姐姐给我做一个大烤饼，在我能看见的时候想好好看一看。"她们俩答应了三太太的要求，给她烤了一个大烤饼。

---

① 杜拉尔·敖登托雅、索罕·格日勒图：《鄂温克民间故事》（蒙古文），内蒙古文化出版社，2009，第77~86页。蒙古文翻译：额日奇、才旦。

宝日勒岱往太阳升起的方向走了很久才到了莽古斯应合勒岱的地盘。宝日勒岱对莽古斯说："我有着很大的神力，我想与你决斗！""当然可以，你先到那黑红相间的山丘上等我！"莽古斯应合勒岱说道。宝日勒岱到那个地方一看，原来那黑色的山丘是用死人的骷髅头骨堆成的，红色的山丘是用死人的肉体堆成的。顿时，宝日勒岱怕得毛骨悚然。在和莽古斯打斗了三天三夜后，宝日勒岱失败了。

于是莽古斯问宝日勒岱："是谁告诉你我在这里的，快说！"

"我三太太！"宝日勒岱回答道。

"快快去把你三太太的双眼挖来，否则我会扒了你的皮，抽了你的筋！"

宝日勒岱为了保住自己的性命便照着莽古斯的话去做了。宝日勒岱回去挖了三太太的双眼并对自己的下属说："把三太太丢弃在这里，我们要搬到新的营地！"

被丢弃在旧营地的三太太，啃着烤饼，几个月后生下了一对龙凤胎。为了让儿子长大后成为百步穿杨的神箭手，给儿子起名为额日黑图莫日根。额日黑图莫日根五六岁时就成了神箭手，每次出去打猎都是满载而归。额日黑图莫日根渐渐地长大了。有一天他牵回了一匹马。母亲摸了摸之后说："这是你命中注定的坐骑，骑上它，飞奔吧！"从此，额日黑图莫日根经常会骑着那匹马在村子里溜达。这时经常有人说："看，这是瞎老太的儿子，叫额日黑图莫日根！"

听到这个额日黑图莫日根几次三番地问母亲眼睛怎么瞎了，但母亲不肯回答。最后母亲百般无奈地告诉他："在你出生之前，你父亲被莽古斯打败之后，为了保住自己的性命，把我的双眼挖去，送给了莽古斯！"额日黑图莫日根听完之后火冒三丈，说道："九头莽古斯在哪里？我要和他决斗！"

母亲制止道："不要啊孩子，你现在还小。很多莫日根去了后都没回来过。就连你的父亲也被他打败了呀！"看见额日黑图莫日根如此坚定地要为父母亲报仇，他母亲说："九头莽古斯在太阳升起的东方！"

额日黑图莫日根朝太阳升起的方向走了九天九夜终于到了九头莽古斯的地盘。到了九头莽古斯的家门口，额日黑图莫日根下了马，把弓箭靠放在房子的右侧之后走进了莽古斯的家里。抽着烟的莽古斯问："房子的右侧你放了什么东西?"

"我的弓箭!"

"赶紧拿开! 房子正往左边倾斜!" 于是额日黑图莫日根出去拿开了弓箭, 把弓挂在了太阳上把箭挂在了月亮上之后, 再次进入了房间。

这时莽古斯问: "你从何处而来? 有何贵干?"

"作为儿女的我们应该为自己的父母报仇! 我是来给我父母报仇来的! 我要和你决斗!" 额日黑图莫日根叫到。

"可以啊! 那就到那座黑红相间的山丘上等我吧!"

额日黑图莫日根到那个地方一看, 原来那黑色的山丘是用死人的骷髅头骨堆成的, 红色的山丘是用死人的肉体堆成的。正在他踢开那些人头和肉体的时候, 九头莽古斯抽着烟吞云吐雾地向他走来。虽然九头莽古斯的步伐矫健, 但从内心深处开始害怕起来了。"我打败过那么多的英雄好汉, 难倒怕这个乳臭未干小孩儿不成?" 他边想边走。

当莽古斯走到额日黑图莫日根面前时, 额日黑图莫日根说: "比力气呢? 还是比箭法呢?"

"比力气!"

说完俩人开始了决斗。额日黑图莫日根以迅雷不及掩耳之势举起了莽古斯, 将它摔在了地上。正要掐死莽古斯的时候, 它哀求道: "孩子啊, 孩子, 别杀我! 我愿意把你母亲的眼珠还给你!" 额日黑图莫日根拿了他母亲的眼睛之后射杀了莽古斯。回家后额日黑图莫日根把眼珠还给母亲, 于是母亲又恢复了视力。额日黑图莫日根一家过上了幸福的生活。

过了一段日子, 在他们营地上搬来了一个大汗。额日黑图莫日根问他母亲: "这是什么人呐?"

"是你的父亲宝日勒岱! 千万别去他那里!"

宝日勒岱左右望了望, 看见了一个很精致的茅屋。宝日勒岱心想: 三太太还没有死吗? 不会吧。他半信半疑地让一个仆人去打探了一下。结果是三太太不仅没有死, 而且恢复了视力, 还生了一对龙凤胎。现在儿女已经长大, 正美好地生活着。宝日勒岱叫他的儿子额日黑图莫日根过来。

"别去! 他会害你的!" 母亲说什么也不让额日黑图莫日根过去。额日黑图莫日根没有听母亲的话去了他父亲的身边。宝日勒岱说: "我听说你的箭法是百发百中，父子俩比比如何？"指着正从他们头顶飞过的一群大雁又说道："你射头，我射尾！"额日黑图莫日根答应了一声，便拿出了弓箭往天空瞄。宝日勒岱将瞄向天空的箭突然射向地面，射死了儿子额日黑图莫日根。这时额日黑图莫日根的骏马飞快地跑来，将他驮到背上，飞奔回家。额日黑图莫日根往前倒时骏马用马鬃挡住，往后倒时骏马用尾巴挡住。妹妹看到如此情景，便对她母亲说："母亲，看这架势哥哥是喝醉了！"

母亲严肃地说："不是！是你的父亲杀害了他！"当骏马跑到了家门口后，母女俩把额日黑图莫日根抬进屋里，哭了起来。女儿突然灵机一动，说："我想到救哥哥的办法了！"她把哥哥额日黑图莫日根的衣服穿上，变成了"额日黑图莫日根"后走了。不知走了多少个日日夜夜，骏马突然停下来说："主人，主人，请你把肚带拉紧，拉到深入我肚皮三指深为止，抓好缰绳，闭上眼睛，夹好马鞍坐好！"照马说的做后，"额日黑图莫日根"只听见耳边有风声。过了一阵骏马说："好，现在可以睁开眼睛了。""额日黑图莫日根"一看，他们来到了一片大草原。

骏马又说："我们现在来到了太阳汗的地界，若能把太阳汗的两个女儿带回去就能救额日黑图莫日根。主人，请您变成蝴蝶，飞进宫殿里。我变成马粪，在这里等您。"

"额日黑图莫日根"变成蝴蝶飞进了宫殿，在宫殿里漫漫飞舞。看到如此情景的姐姐知道其中的奥妙，没吱声，妹妹说："多么美丽的蝴蝶呀！"姐姐也说："好看！"

这时蝴蝶落在了姐妹俩绣好的花朵上。"多么奇怪的蝴蝶呀？"妹妹说。姐姐说："这不是一般的蝴蝶，是西方额日黑图莫日根的化身！"话音刚落，那只蝴蝶变成了"额日黑图莫日根"。

这时太阳汗正向天下宣布，要给两个女儿招驸马。只有赛马、射箭、搏克比赛全拿冠军的好汉才能与两个女儿结婚。听到消息的王公贵族们骑着骏马，背上弓箭来到了太阳汗面前。赛马比赛举行了一天以后，"额日黑图莫日根"才开始骑着马从后面追，骏马上蹿下跳很快就到了终点。

"额日黑图莫日根"对太阳汗说："汗阿巴，赢了一项！"于是太阳汗对众人宣布赛马比赛的冠军是"额日黑图莫日根"。射箭比赛开始了，"额日黑图莫日根"心中默默祈祷："愿佛祖在天有灵！"于是拿了冠军。搏克比赛开始了，"额日黑图莫日根"又祈祷："愿佛祖在天有灵！"于是又拿了冠军。太阳汗宣布把两个心爱的女儿嫁给这位"额日黑图莫日根"。太阳汗召开了 60 天不间断的宴席，80 天不间断的那达慕，来庆祝这美好的时刻。但是"额日黑图莫日根"在那里毫无食欲，默默地坐着。姐姐知道其中的事情，但妹妹不知道，就对父王说"额日黑图莫日根"心中或有什么事。

太阳汗对驸马说："亲爱的女婿，你是怎么了？远离家乡在思念你的家乡吗？还是我这两位女儿不合你心意呢？"

"额日黑图莫日根"回答道："不是的，父汗，只是因为想念我年迈的母亲。"

"没关系，你可以带我两个女儿回到自己的家乡和你母亲一起生活。"说完太阳汗分给了"额日黑图莫日根"一半儿的家产。"额日黑图莫日根"带着两个新媳妇赶着成群的牛羊马畜踏上了回家的路。快到的时候，"额日黑图莫日根"说："你们俩慢慢赶路。我先前去通知我的母亲。"说完飞奔回家，将衣服还给了哥哥，自己又变回原来的女儿身，同她母亲一起前来迎接送亲的队伍。然后她说："我哥哥额日黑图莫日根刚刚病倒了。"两个新媳妇听到这个消息急忙赶到额日黑图莫日根的屋里，姐姐给他服下了红丹药，妹妹给他服下了白丹药。这时，额日黑图莫日根苏醒了过来说："我睡了多久呀？"一看有两位年轻美貌的夫人在伺候他，又向外看见了满山遍野的牛羊和马群。

再次复活的额日黑图莫日根找到了他的父亲，对宝日勒岱说："您想怎么死？"

宝日勒岱大汗说："我想有尊严地死去！"

额日黑图莫日根答应了父亲的请求，找来四匹四岁的马，将父亲四马分尸，索取了他的性命。这样额日黑图莫日根成为新任的大汗，与子民们过上了幸福安稳的美好生活。

鄂温克旗伊敏苏木牧民钢铁木尔于 1991 年讲述

2 苏浩德布莫日根①

很久以前，有一位以纤细的花斑马为坐骑的苏浩德布莫日根。他有着满山丘的黑骏马、遍野的黄骠马和几十位奴隶。苏浩德布莫日根的夫人哲库兰（意为美丽）是一位脸颊放出太阳般的光芒、衣袖放出月亮般的光芒、天下独一无二的美人。

苏浩德布莫日根和哲库兰夫人有一种能听懂飞禽走兽语言的特异功能。有一天夫妻俩在夏营地的草坪上下棋的时候三只老鹰在他们头上边飞边叫道："有一个15个脑袋的莽古斯，过几天将来这里杀死苏浩德布莫日根，夺去夫人哲库兰啦！"听到这个不幸的消息之后，苏浩德布莫日根寝食难安。第二天苏浩德布莫日根对自己的夫人说："我想15个脑袋的莽古斯离我们越来越近了，所以我现在必须上那三座山的中间那座山上等莽古斯的来临。这15个脑袋的莽古斯有着抽一竿子烟便恢复一倍的体力、抽三竿子烟便恢复三倍力量的特异功能。所以我必须在它抽完第一竿烟之前打败它！"说完苏浩德布莫日根把银制马鞍放在了能在危难时刻助他一臂之力的花斑马的背上，紧紧拉紧肚带，背上金制的弓箭，拿上弯月斧，配上宝剑跨上了骏马。临走时对夫人说："你务必要在我与莽古斯打斗一天后去战场！"说完苏浩德布莫日根扬鞭而去。

苏浩德布莫日根刚刚登上了东边的那座山，就看见西边那座山上浓烟滚滚，似乎发生了火灾。他知道这是15个脑袋的莽古斯在玩弄魔法，便登上中间那座山，用惊山振海般的声音喊道："是何方莽古斯在我的领土上如此放肆？"

莽古斯有点畏惧苏浩德布莫日根的声音，喊道："我是来杀死苏浩德布，夺去他美丽夫人的！"听到这句话，苏浩德布莫日根差点气炸了胸膛，跑过去二话不说就跟莽古斯打了起来。苏浩德布莫日根举起莽古斯左摔右打，互不相让。当打斗一天后哲库兰夫人袖子里藏着宝剑，骑

---

① 吉特格勒图、陶克腾其其格搜集整理《碧蓝色的宝石》（蒙古文），民族出版社，1999，第113~115页。蒙文翻译：额日奇、才旦。

着枣红马，让所有的仆人背着黑米和灰来到了战场。夫人一看战场，西边的那座山已经被夷为平地，苏浩德布莫日根和莽古斯正疲惫地站在那里。夫人下令，让仆人在苏浩德布莫日根的后面撒上灰，在莽古斯的后面撒上黑米，然后自己到莽古斯的后面下了马喊了一声。莽古斯一回头，看到美丽动人的夫人站在它面前便忍不住扑了上去。正好踩在了撒了黑米的地上，摔倒了。趁这个机会哲库兰夫人拔出了藏在她袖子里的宝剑，毫不犹豫地砍下了莽古斯的三个脑袋。看见失去三个脑袋的莽古斯已经精疲力竭地跪在那里，苏浩德布莫日根拔出自己的宝剑，逐一砍下了莽古斯的其余 12 个脑袋，再朝它胸膛刺了几剑。莽古斯彻底站不起来了。这时苏浩德布莫日根掏出打火石，点了火，把莽古斯烧成了灰烬。打败了 15 个脑袋的莽古斯的苏浩德布莫日根骑着花斑马，带着美丽的哲库兰夫人踏上了回家的路。

路上，花斑马突然停下来对苏浩德布莫日根说："主人，主人，您在想什么呢？莽古斯的夫人三天后会生下那 15 个脑袋的莽古斯的孽种。如果不在小莽古斯出生前杀死妖婆的话，生下来以后您永远无法打败它。所以您现在必须返回打败莽古斯的战场，找到 15 个脑袋的莽古斯的黑铁砧，用那黑铁砧敲打妖门三下，妖门会自动打开。您往里进去，再用黑铁砧敲打房门三下，房门也会自动打开。这时您一进入妖房就把金盒子打开，拿出金剪刀，用金剪刀往妖婆的肚脐捅，这样妖婆和小莽古斯就会丧命！"

苏浩德布莫日根按照花斑马说的做后，小莽古斯从妖婆的肚子里跳了出来，绕着炉灶边跑边说："可惜啊可惜！再晚来三天该多好呀，我会给我的父亲报仇啊！"这样拖着肚脐的小莽古斯跟苏浩德布莫日根打了一阵，但是最后还是被苏浩德布莫日根打败了。苏浩德布莫日根把三个脑袋的小莽古斯打败了之后，把莽古斯的住处和死尸一起烧成了灰烬，返回了自己的家乡，和美丽的哲库兰夫人过上了幸福安稳的日子。

鄂温克旗辉苏木牧民瑟浦勒玛于 1992 年 8 月讲述

三 莫尔格勒河流域狩猎故事

皮鲁斯米库勒克杀食人者的故事[①]

从前，有个力大无比的鄂温克族神枪手，他就是皮鲁斯米库勒克。年轻时他在俄国军队服役，由于他的枪法准，从而在大家心目中树立起了威信。因此，在附近的牧民及猎人家里他能够喝到一点牧民和猎人们自己酿的酒。有一天，他对军队感到厌倦，觉得这里不热闹，决定去遥远的、不熟悉的地方。就这样他来到了一个陌生的地方，走了几家又喝了些牧民和猎人们自己酿的酒。到晚上时，已有些醉意的他又走进了一个陌生人家，这家有一对年轻夫妇和襁褓中的婴儿，还有一个老太太面朝里躺着。年轻夫妇盛情款待了皮鲁斯米库勒克，奇怪的是这对夫妇不曾叫老太太吃饭。在主人夫妇出去挤牛奶的时候，儿媳说："我到这个家已经三年了，我婆婆只喝些水，从不吃饭。"皮鲁斯米库勒克没有多想，作为一个士兵，在这战乱时期，只想早点睡觉，好在遇到危险时能清醒些，于是他早早就睡着了。

夜深了，房主的鼾声不时传入皮鲁斯米库勒克的耳中。被吵醒的皮鲁斯米库勒克发现自己的酒劲儿还没过。月光渐渐地照进来，屋里亮堂了许多。这时，他看到那老太太起来，拿起一个袋子朝她的儿子和儿媳走去，她从袋子里拿出东西撒在了他们的身上，然后听了听动静，又走到皮鲁斯米库勒克的身边，也同样撒了些东西。然后，她悄悄地走了出去。这时，皮鲁斯米库勒克清醒了许多，掀开被子立刻跟了出去。老太太一路小跑，丝毫不像老人。这时村中的狗叫着跑来，老太太从袋子中拿出东西朝狗撒去，立刻就听不到狗叫了。皮鲁斯米库勒克在远处望到这一切，只见老太太到了一户人家，她上了房顶撒了东西然后又匆忙进了屋，不一会儿，老太太抱着一件东西朝自己家跑去。皮鲁斯米库勒克起初以为老妇人偷了别人家的东西，并没有把这件事放在心上。回来后，他很好奇，悄悄地走进

---

① 口述：莫德格，女，1963 年生人，牧养驯鹿的鄂温克。参见《鄂温克语言民间故事集》（DVD 版），内蒙古文化音像出版社，2010。

了老太太的屋里，只见老太太在生火烧水。他想，老太太究竟想做什么呢？于是，他悄悄走到了窗前，再一看，老太太在磨刀，不一会儿老太太把包裹打开，里面竟然是一个孩子！皮鲁斯米库勒克很吃惊，终于意识到老太太竟然是食人者，便破门而入想抢回小孩。这时，老太太拿出刀与他搏斗。皮鲁斯米库勒克一来受到惊吓，二来白天喝了酒，手有些软，结果一上来就落在了下风，但看看还在襁褓中熟睡的孩子，只能拼命抵挡。两人相持了很长时间，皮鲁斯米库勒克终于打倒老太太并杀了她，救出了那个被偷来的小孩。这时天已经大亮，可老太太的儿子和儿媳还没有醒来。皮鲁斯米库勒克过去将他们被子上的灰掸掉，这时他们才醒来。皮鲁斯米库勒克把刚刚发生的一切告诉了他们，老太太的儿子不相信这是真的。他叫来了全村的人，并报了官。官差和村里的长者进了老太太那个从不让人进的屋里。只见屋中有个洞，洞中还有梯子，点上灯进去，里面很深、很冷，洞里有不少小孩儿的手、脚和头，还有吃剩下的人肉。据说，老太太几乎从不抚摸孩子的头，却总会摸孩子的下巴，原来这样做是为了了解孩子的胖瘦。这样，老太太平日不吃饭，只喝水，附近孩子神秘失踪之谜得以揭开。这个食人者终究被消灭了。

最后，英雄皮鲁斯米库勒克既没犯法，也没立功。因为作为军人，他没有请假而擅自走街串巷喝酒，违反军纪的他却没事偷着乐，因为自己从食人者嘴里救出了一个小孩。

四　额尔古纳河流域狩猎故事

宝娆崾的神话故事①

很久很久以前，在森林里居住着几户鄂温克猎人。有一家猎户，主人是个老猎手。他家里有一匹宝马叫宝娆崾，还有一把宝木梳。他只有一个独生女儿，名字叫吾娘屯克（金顶针）。有一天，老猎人得了重病。他自己觉得这次病得很重，快要不行了，心想：给女儿找一个婆家也就了却了

---

① 黑龙江省鄂温克族研究会编《鄂温克族研究文集》（第三辑），内部资料，2006，第387～389页。

最大的心愿。老人就向人们宣布说："谁要是能猜出我女儿的名字，就把我女儿嫁给谁。"

过了几天以后，到他家求亲的人一天比一天多了起来。他家的几个佣人忙得快要累死了，但是向他女儿求亲的人还是一天比一天多。有时候一下子就来十几个人或者几十个人。所以他家的佣人们更加忙得不可开交。成天忙三忙四，很多佣人都累坏了。其中有个女佣人累得直急眼，她在去河边提水时嘴里不停地嘟囔着："每天我都是提水，把手掌都给磨破了。这么多天，笨得连个名字都猜不着，不就是吾娘屯克嘛！咋就猜不出来呢？也都太笨了！"

她万万没想到自言自语的话全被从身边经过的魔怪图哈伊那听见了。魔怪不仅知道了老猎人正在招女婿，而且知道了他女儿的名字叫吾娘屯克。魔怪马上一阵风似的往老猎人家里跑去。由于魔怪的威力太大了，在它前面的很多年轻人还没到地方而它却先跑进了老猎人家。

魔怪还没来得及向老猎人说要娶他女儿为媳妇时，别的年轻人也都陆续来到了老猎人家里了，全都向老猎人提出了求亲之事。老猎人当时问他们："你们谁先猜呀？"

魔怪图哈伊那抢先说："我最先来的我先猜！"老猎人说："那你就先猜吧，但是只能猜三次，如果猜不着我女儿就不能嫁给你。"魔怪开始时故意瞎猜是"小布条""小皮块"，老猎人说不对，并告诉说再最后猜一次，猜不对就叫身边的这位青年猎人西日布斯西茹猜了。魔怪心想这个青年就甭想美事了，它对老猎人说："我猜着了，你女儿的名字叫吾娘屯克。"老猎人一听它猜对了，就答应把女儿嫁给它做媳妇了。其他排队等猜名字的年轻人感到很生气，从老猎人家里走出去后都上山打猎去了。

老猎人的病情越来越重了，就把他的宝娆崆和宝木梳都传给了他的女儿做嫁妆，并告诉她说："如果有什么困难，可以求宝娆崆和宝木梳帮忙。"话说完老猎人就去世了。

吾娘屯克把父亲安葬完了，哭哭啼啼地离开了养育她的这块宝地，带着宝娆崆和宝木梳跟着魔怪走了。

他们走了很远很远，走过一山又一山，眼看着快来到了魔怪居住的峡谷了。这时候宝娆崆告诉吾娘屯克说："你的丈夫是个魔怪。"吾娘屯克听到后感到非常害怕。宝娆崆继续对她说："你到了它家之后，要好好看一看它的五个儿子，每个儿子都被它吃掉了半截身子。魔怪四处骗人来到峡谷喂儿子们。你到它家后千万不要害怕，像没事一样对它的五个儿子说：'我知道你们都饿了，先把我的宝马给你们吃了吧！'再叫魔怪升起火堆。你在我的尾巴上捻一股绳子，拴在你的手上并头戴宝木梳，我会顺着烟儿飞起来的，就能把你救出来了。你记住了吗？"吾娘屯克说："记住了。"

吾娘屯克到了魔怪家里一看，果然有五个半截身子的男孩子，每个人长着血盆大口，她的心里真的很害怕。但她牢牢记着宝娆崆说的话，装作很平静的样子，对五个半身男孩子说："我知道你们都饿了，先把我的这匹马吃了吧！"说完后让魔怪点燃一大堆火，魔怪马上就生起了很大很大的一堆火。这时吾娘屯克牵着宝娆崆往大火堆边走近了，越走越近，吾娘屯克在宝娆崆的尾巴上捻了一股绳子，拴在自己的手上并头戴宝木梳随宝娆崆从大火堆旁飞了起来，越飞越高，就这样宝娆崆把吾娘屯克从魔怪口中救了出来。

魔怪和它的五个半身儿子觉得大失所望，魔怪气愤地朝着宝娆崆飞走的方向大声狂吼："等我抓到吾娘屯克一定吃了她！！！"

宝娆崆救出了吾娘屯克，一路飞行把她送到了当时站在老猎人身旁向她求婚的那个青年人西日布斯西茹身边。西日布斯西茹奇怪地问吾娘屯克是怎么一回事，她把事情的来龙去脉详细地对他说了一遍。这时宝娆崆对西日布斯西茹说："你们俩才是天造的一对儿！"并告诉他们说就在这里结婚过日子吧！西日布斯西茹和吾娘屯克在山林里结婚了。

转眼之间三年过去了，吾娘屯克和西日布斯西茹生了一儿一女两个孩子，都长得非常漂亮可爱。

一天，正巧吾娘屯克的丈夫西日布斯西茹不在家，带着宝娆崆出远门打猎去了。走了十多天也没有回来。就在这时候魔怪来到了吾娘屯克的家里，当它得知吾娘屯克的丈夫不在家时，正打算一口吃掉吾娘屯克娘儿仨时，吾娘屯克突然想起来父亲生前还给过她一把宝木梳。于是她马上向宝木梳求道："宝木梳，宝木梳，快快救救我们吧！"宝木梳听后马上变成了八根高大的金柱子支架，上面有一个德勒克温（小屋）。吾娘屯克娘儿仨坐在上面很安全。这时候魔怪张开血盆大口要吃掉她们娘儿仨，却无论如何也吃不到。魔怪急忙从嘴里吐出一把斧子（魔怪会变很多魔法），用斧子砍八根金柱子的其中一根支架，眼看着快把一根支架砍断了，这下可把吾娘屯克给吓坏了，马上站在德勒克温上拼命地呼喊："宝娆崆快回来吧！宝娆崆快回来吧！快帮助我们打败魔怪吧！"吾娘屯克这么一喊！千里之外的宝娆崆听见了，但没法马上赶回家，只好求山林中的狐狸、黑熊、老虎去帮助吾娘屯克。

当宝娆崆的命令传达出去后，狐狸、黑熊、老虎分别朝吾娘屯克娘儿仨那里跑去了。第一个赶到的是狐狸，它看到魔怪已经把第一根金柱子支架砍断了，正要砍第二根金柱子时，狐狸凑到魔怪身边，边笑边说："大王，你太累了，我来帮你砍吧！"魔怪很高兴地把斧子交给了狐狸，然后就倒在旁边睡着了。等魔怪睡醒后一看，哪里还有什么狐狸啊！斧子也被狐狸拿走了。这时魔怪从嘴里又吐出一把斧子，继续砍第二根金柱子，眼瞅着要砍断了，可他又累得没有力气了，黑熊赶过来了，哈哈大笑地对魔怪说："老兄，我有用不完的劲儿，让我来吧！我绝不会像狐狸那样骗你，我黑熊可是从来都不撒谎的，不信你去打听打听！"魔怪一看黑熊说得那么诚恳，就又把斧子交给了黑熊，劳累过度的魔怪倒在地上昏睡了过去。黑熊看了一眼熟睡的魔怪又拿着斧子跑了。不知过了多久，魔怪醒了过来，发现黑熊早已无影无踪，气得嗷嗷大叫，又从嘴里吐出一把斧子，拼命地自己砍起来，金柱子一根一根地被魔怪砍断了，当砍到第六根金柱子时，老虎跑过来了。这时的魔怪已经快累死，在老虎的恳求下又把斧子放心地交了出去。老虎迈着方步不慌不忙地把斧子拿走了。等到熟睡的魔怪醒来时才发现第三次上当了，可惜魔怪忘了自己只有三次吐出斧子的魔法，现在连斧子把儿都吐不出来了，魔怪气急败坏，用牙开始狠咬第六根柱子，咬到最后就剩下第八根金柱子了，吾娘屯克娘儿仨眼看着就要被魔怪给吃掉了，就在这危急时刻，宝娆崆驮着吾娘屯克的丈夫西日布斯西茹回来了，宝娆崆急切地告诉西日布斯西茹说："你马上瞄准魔怪的七窍射上七箭，他就会死的！快射吧！魔怪要跑了！"在宝娆崆的指挥下，西日布斯西茹连着向魔怪的七窍射了七箭，魔怪被西日布斯西茹打死了。

自从西日布斯西茹把魔怪打死后，山里猎人的生活真是太平极了。西日布斯西茹、吾娘屯克及他们的儿女享受着山神带给他们的天伦之乐，猎民们也祝贺他们来之不易的幸福生活。

讲述者：尼格来、阿力克山德、安娜、娜佳等老人

玛尼搜集整理

五　俄罗斯鄂温克民间故事

1　狼①

河边跑来一只狼，它看到有一只小马陷在了河边的泥土里。于是，狼就想要吃掉这只小马。小马可怜地求饶说："你先把我从这里拖出去，然后再吃掉我吧。"狼同意了，把小马从泥里拖了出来。小马眼珠转了转，又对狼说："狼先生，等一下，现在先别吃我，我还很脏呢，让我把身上的泥巴都晒干净然后再吃了我吧。"狼答应了。小马在太阳底下，不一会儿就晒干净了。这时狼张开血盆大口，小马又说道："再等一下，狼先生，在我后腿的蹄子上钉着的是金的马掌，你把它取下来就会发财的，所有人都会羡慕你。"狼一听非常高兴。

小马抬起后腿，狼就在蹄子的泥巴中寻找着金马掌。正在这时，小马的后腿猛地蹬在狼的前额上，狼被踢得翻了好几圈，疼得它眼泪直流。小马就这样逃走了。狼生气地想到："为什么我一开始就没吃掉它？为什么要听它的话呢？"

狼继续走着，在牧场里又有一只小儿马出现在那里。狼露出凶狠的牙齿，怒吼道："我要吃掉你！"小儿马却不紧不慢地说："你先坐到我的背上来，我带你溜一圈儿，然后你再吃掉我。"狼坐在小儿马的后背上奔跑着，跑得比风还快，跑过了牧场的围栏，这时狼一头撞上了围栏的木杆子

---

① 《狼》，明娜译，载内蒙古自治区鄂温克族研究会《鄂温克研究》（内部刊物）2014 年第 1 期，第 53 页。

上，从马背上摔了下来，滚到地上像死了一样躺了好久，好不容易踉踉跄跄着从地上爬起来，拖着沉重的脚步走向篱笆那里。

在那儿有一群猪拱着地在吃草，饥饿的狼大吼："我要吃掉你们！"猪轻哼了一声，说道："让你听听我们的声音吧。"于是一群公猪围到一起大声尖叫："冲啊！"狼被一群猪的叫声吓得勉强才能抬起腿跑回森林里。在森林里狼又遇到了猎狗。"我要吃了你！"狼说道。"快走开！"猎狗露出恐怖的牙齿厉声吼道。狼吓得夹起尾巴逃走了。正走着，狼又看到一只山羊的尸体在地上。狼高兴地想着："终于能饱餐一顿了。"正要吃的时候，狼被兽夹夹住了……

2　人是怎么走出黑暗的[①]

从前有一个地方，一直都是黑天，黑得连天上的星星都没有，在那里生活着一群人，不，不是生活在那儿，而是在那儿受苦遭罪的一群人。在他们当中有一位勇士，有一天，这位勇士做梦，梦到自己好像在沿着一条路走，走着走着遇见了一个巨人，巨人问他：

"你去哪儿啊？"

"我去寻找人们的幸福。"勇士回答。

"幸福在哪里？"巨人又问。

"我不知道。"勇士说。

"我知道。"巨人说。

"那请告诉我吧，亲爱的朋友。"勇士请求道。

"幸福就在那太阳照耀的地方。"巨人回答。

"那我怎么才能找到这个地方呢？"

巨人告诉他说："你呢，一直往前走，走到头会碰到一堵墙，就是这堵墙挡住了太阳和黑暗，打破了这堵墙，太阳光就会照射进黑暗的。但是只有真正的勇士才能打破这堵墙。"正听到这儿，勇士从梦中醒了过来。

勇士想了这个梦好久好久，最后告诉他的妻子，他决定要去一趟这个地方，带上家里的驯鹿。就这样他骑着驯鹿出发了，他走在漆黑的路上，

---

① 内蒙古自治区鄂温克族研究会：《鄂温克研究》（内部刊物）2014 年第 1 期，第 54～55 页。

伸手不见五指，一直走了好久好久，忽然驯鹿停了下来，原来是碰到了一堵墙，勇士从驯鹿上跳下来，用手四下摸了摸，敲了敲墙壁，是一堵很厚的大石墙。勇士用手推，试了一下，墙一点都没动，非常坚固。勇士又使出浑身的力气砸向墙面，墙只是稍微晃了一下，依然屹立不倒，勇士又再加上几分的力气，猛地撞上墙面，墙依然屹立在那儿，只是在墙上出现了一条不是特别大的缝隙，从墙上的缝隙能看到有太阳的光照射出来。勇士非常高兴，把驯鹿拴在一边，自己从那条缝隙中钻了过去，终于来到了有太阳照射的地方。刚刚钻过来，他就立刻感到了温暖，有热气吹过来，勇士脱掉了身上厚重的衣服，他看到平原上开满着鲜花，还有湖水在那里闪闪发光，在湖面上有鸭子在游泳，湖里还有小鱼游来游去。勇士想着："我来猎一只鸭子吧。"他在岸边瞄准了，打到了一只鸭子，便把鸭子系在口袋上。继续走，正走着，一脚陷进了一条小溪里，他看到一条小鱼困在小溪边的浅滩处，找不到游向深处的方向，已经奄奄一息。他拿起鱼放在手里想：这鱼可以喂我的鸭子吃。于是把鱼也放进了口袋里。勇士又向前走，走了好久好久，已经很累了，他想吃点东西，于是在一个不大的小水洼边蹲下来，取下口袋一看，里面的鸭子和鱼都只剩下骨头了，原来都被虫给吃了。这下没有东西吃了，勇士感到很悲伤。他把鸭子和鱼的骨头扔到一边的水洼里，轻轻地睡着了。

不知睡了多久，在他忽然醒来的时候，看见水洼里刚刚扔掉的鸭子骨头变成了活的鸭子，还在水里游泳呢。而扔掉的那条鱼骨头，也变成了许多条鱼在水里游来游去。勇士想："这可太奇怪了！那我尝一下这里的水看看。"喝了水，他立刻觉得精力充沛。他想："可是还得吃东西呀。"于是他就想抓住鸭子，可是鸭子总是飞来跑去的，根本抓不到。那就抓河里的鱼，怎么抓呢？勇士想到自己的头发到腰间那么长，他就揪下来一缕头发，分成五股，编成了一个小网，放进水里面，不一会儿就抓住了三条小鱼，放进了口袋里系上绳子。勇士这时想："在太阳下生活真好啊！我要回到族群去，把他们从黑暗中领到这里来，这个有太阳的地方。"

他开始往回走，路上饿了，就咬一口鱼吃，立刻就饱了。他走啊走啊，回到了那堵墙那里，钻回去，解开拴在这里的驯鹿，继续往回走，又变成漆黑一片了，连路都看不见，幸好驯鹿知道方向带着他回到了族群，他给人们讲有太阳的地方是多么神奇而美好，所有人都希望能跟着勇士去那里。于是，勇士带领着人们，向那有太阳的地方走去。走到那堵墙那里，人们同心协力打破了厚厚的墙壁，就这样太阳的光芒照向了大地。从此以后，人们生活在太阳的照耀下，再也没有了痛苦和悲伤。

附录二　故事索引

故事名称	讲述人	流传地域	故事集
1. 来·莫日根和巨人	杜宝莲（1957 年为 63 岁）	嫩江流域	黑龙江民间文学（第六集）
2. 仙鹤、鲫鱼、獭头	仁钦扎布（1921 年生人）	雅鲁河流域	黑龙江民间文学（第六集）
3. 老虎报恩	涂吉瑞（1920 年生人）	嫩江流域	黑龙江民间文学（第六集）
4. 给虎拔刺			黑龙江民间文学（第六集）
5. 巴特尔桑	仁钦扎布	雅鲁河流域	黑龙江民间文学（第六集）
6. 不怕磨难的巴特尔桑	仁钦扎布	雅鲁河流域	黑龙江民间文学（第六集）
7. 青年莫日根的故事	仁钦扎布	雅鲁河流域	黑龙江民间文学（第六集）
8. 火神的故事			黑龙江民间文学（第六集）
9. 狐狸姑娘	涂巴图	黑龙江逊克县	黑龙江民间文学（第六集）
10. 火神节的来历		辉河流域	黑龙江民间文学（第六集）
11. 公鹿河	兴凯（1919 年生人）、贺兴格（1923 年生人）、杨珠妹（鄂伦春族）	伊敏河流域	黑龙江民间文学（第六集）
12. 山神爷的故事	顺格布	伊敏河流域	黑龙江民间文学（第六集）
13. 善与恶	顺格布	伊敏河流域	黑龙江民间文学（第六集）
14. 宝马斗魔鬼		黑龙江逊克县	黑龙江民间文学（第六集）
15. 顶针			黑龙江民间文学（第六集）
16. 人类是从哪里来的	阿拉诺海	辉河流域	黑龙江民间文学（第六集）
17. 兴安岭的故事	顺格布	伊敏河流域	黑龙江民间文学（第六集）
18. 英雄始祖的传说	阿列克塞（1912 年生人	莫尔格勒河流域	黑龙江民间文学（第六集）
19. "拉玛"湖的传说		额尔古纳河流域	鄂温克族社会历史调查

故事名称	讲述人	流传地域	故事集
20. 祭祀山神的说唱		阿伦河流域	鄂温克族社会历史调查
21. 猎歌		阿伦河流域	鄂温克族社会历史调查
22. "白纳查"来源的传说		阿伦河流域	鄂温克族社会历史调查
23. 打野猪		阿伦河流域	鄂温克族社会历史调查
24. 猎虎		阿伦河流域	鄂温克族社会历史调查
25. 和熊的一次遭遇		阿伦河流域	鄂温克族社会历史调查
26. 祭祀熊的传说		阿伦河流域	鄂温克族社会历史调查
27. 狐狸姑娘的传说		额尔古纳河流域	鄂温克族社会历史调查
28. "舍卧刻"神的传说		额尔古纳河流域	鄂温克族社会历史调查
29. 关于火的禁忌		额尔古纳河流域	鄂温克族社会历史调查
30. 幸阿和松扩	何秀芝（1934 年生人）	雅鲁河流域	鄂温克族民间故事
31. 鹿废掉了两只眼睛	何秀芝	雅鲁河流域	鄂温克族民间故事
32. 毛胡日迪罕奇遇记	格喜玛	雅鲁河流域	鄂温克族民间故事
33. 尼桑萨满的传说	何秀芝	雅鲁河流域	鄂温克族民间故事
34. 神葱的儿子	格喜玛	雅鲁河流域	鄂温克族民间故事
35. 真假阿拉塔山传奇	格喜玛	雅鲁河流域	鄂温克族民间故事
36. 狮子报恩	何秀芝	雅鲁河流域	鄂温克族民间故事
37. 黑龙江和大兴安岭的传说	伊和、何秀芝	雅鲁河流域	鄂温克族民间故事
38. 兔子的尾巴为什么那么短	何秀芝	雅鲁河流域	鄂温克族民间故事
39. 敬火神的传说	何秀芝	雅鲁河流域	鄂温克族民间故事
40. 九龙祥带和宝剑	格喜玛	雅鲁河流域	鄂温克族民间故事
41. 活命树	格喜玛	雅鲁河流域	鄂温克族民间故事选
42. 猴子和乌龟	格喜玛	雅鲁河流域	鄂温克族民间故事选
43. 野猪神的传说	戴福祥	雅鲁河流域	鄂温克族民间故事
44. 德布库打山神怪	涂景山		
45. 德布库打赌	杜长富（达斡尔族）	嫩江、甘河流域	

续表

故事名称	讲述人	流传地域	故事集
46. 德布库暗访郭布库	杜长富	嫩江、甘河流域	
47. 德布库巧遇郭布库	杜长富	嫩江、甘河流域	
48. 德布库砍柴	杜长富	嫩江、甘河流域	
49. 德布库耪地	杜长富	嫩江、诺敏河流域	
50. 德布库耥地	杜长富	嫩江流域	
51. 打虎	仁钦扎布	雅鲁河流域	鄂温克族民间故事选
52. 打狗熊	仁钦扎布	雅鲁河流域	鄂温克族民间故事选
53. 坚得勒玛	格喜玛	雅鲁河流域	鄂温克族民间故事选
54. 特斯贺智斗满盖	何秀芝	雅鲁河流域	鄂温克族民间故事选
55. 哈尔迪莫日根变巨人石	格喜玛	雅鲁河流域	鄂温克族民间故事选
56. 兴安岭的故事			鄂温克族民间故事选
57. 飞龙鸟是傻瓜蛋	兴凯	伊敏河流域	鄂温克族民间故事选
58. 骆驼为什么没有睾丸	兴凯	伊敏河流域	鄂温克族民间故事选
59. 好心的小白兔	巴拉杰雅	额尔古纳河流域	鄂温克族民间故事选
60. 野猪肩骨上的耳朵		额尔古纳河流域	鄂温克族民间故事选
61. 骑枣红马的哲木先	戴福祥、那校搁	阿伦河流域	鄂温克族民间故事选
62. 樵夫和蟒蛇	仁钦扎布	雅鲁河流域	鄂温克族民间故事选
63. 阿格迪	何秀芝	雅鲁河流域	鄂温克族民间故事选
64. 艾·莫日根			鄂温克族民间故事选
65. 鄂温克猎人为啥最忌客人尿褥子	敖长林		鄂温克族民间故事选
66. 山神"白纳查"的传说	涂景山		鄂温克族民间故事选
67. 顶针姑娘	安娜索、英山	额尔古纳河流域	鄂温克族民间故事选
68. 额日黑图莫日根	钢铁木尔	伊敏河流域	鄂温克民间故事（蒙古文版）
69. 苏浩德布莫日根	瑟浦勒玛	辉河流域	碧蓝色的宝石（蒙古文版）
70. 数字歌的故事	得克莎·卡尔塔昆（1959 年生人）	额尔古纳河流域	鄂温克语民间故事集
71. 熊和兔子的故事	安塔·布利托天（1944 年生人）	额尔古纳河流域	鄂温克语民间故事集

故事名称	讲述人	流传地域	故事集
72. 神仙减飞龙鸟体积的故事	安塔·布利托天	额尔古纳河流域	鄂温克语民间故事集
73. 老人和狐狸的故事	阿来克·布利托天（1958 年生人）	额尔古纳河流域	鄂温克语民间故事集
74. 候鸟颂－棒鸡的故事	玛妮·尼格来·库德林木（1952 年生人）	额尔古纳河流域	鄂温克语民间故事集
75. 皮鲁斯米库勒克杀食人者的故事	莫德格（1963 年生人）	莫尔格勒河流域	鄂温克语民间故事集
76. 通古斯鄂温克民间故事	关其格巴图（1950 年生人）	莫尔格勒河流域	鄂温克语民间故事集
77. 母鹿之歌	纳莫和巴雅尔		鄂温克民族民间故事集（上册）
78. 忠诚的猎犬	那才德	阿伦河流域	鄂温克民族民间故事集（下册）
79. 猎人吉克	那才德	阿伦河流域	鄂温克民族民间故事集（下册）
80. 那维猎人	那才德	阿伦河流域	鄂温克民族民间故事集（下册）
81. 三个姑娘和三条狗	涂·布克图		鄂温克民族民间故事集（下册）
82. 力大的索达尼勇士		俄罗斯	西伯利亚鄂温克民间故事和史诗
83. 狼		俄罗斯	鄂温克研究 2014.01
84. 人是怎么走出黑暗的		俄罗斯	鄂温克研究 2014.01
85. 蛇祖先的传说			鄂温克族的起源
86. 那妹塔家族的萨满歌			鄂温克族社会历史
87. 宝娆崆的神话故事	尼格来、娜佳安娜、阿力克山德	额尔古纳河流域	鄂温克族研究文集（第三辑）
88. 艾·莫日根娶美女的故事	阿尔坦仓	雅鲁河流域	鄂温克研究 2009.01
89. 鄂温克英雄	关其格巴图	莫尔格勒河流域	实地采录
90. 敖尼娅布通的故事	安塔·布利托天 阿莱克·布利托天	额尔古纳河流域	实地采录

续表

故事名称	讲述人	流传地域	故事集
91. 打远猎的故事	杜金花（1952 年生人）	雅鲁河流域	实地采录
92. 山神的传说	杜金花	雅鲁河流域	实地采录
93. 狩猎童谣	杜卫军（1967 年生人）	雅鲁河流域	实地采录
94. 打孤猪	杜卫军	雅鲁河流域	实地采录
95. 一个男人和三个妻子的故事	能梅（1944 年生人）	辉河流域	实地采录
96. 马布库的故事	那春林（1963 年生人）	阿伦河流域	实地采录
97. 布提哈莫日根（鄂伦春族）	莫宝凤（1936 年生人）	黑龙江黑河	实地采录
98. 懂兽语的故事（鄂伦春族）	关永尼（1926 年生人）	黑龙江塔河	实地采录
99. 打犴的故事（鄂伦春族）	郭宝林（1945 年生人）	黑龙江塔河	实地采录
100. 四个熊瞎子（鄂伦春族）	郭宝林	黑龙江塔河	实地采录
101. 山神爷的故事（赫哲族）	吴连贵	黑龙江同江县	黑龙江民间文学（第五集）
102. 熊的传说（鄂伦春族）			鄂伦春族民间故事选
103. 为啥崇拜白纳查（鄂伦春族）	莫金连	黑龙江大兴安岭地区	鄂伦春族民间故事选
104. 猎神（鄂伦春族）	郭其柱	黑龙江大兴安岭地区	鄂伦春族民间故事选
105. 猎人为啥养狗不养狼（达斡尔族）	武希莲	莫力达瓦	中国民间故事集成（内蒙古卷）
106. 白纳查（达斡尔族）	敖玉林（1952 年生人）	莫力达瓦	中国民间故事集成（内蒙古卷）
107. 满族人为什么不吃狗肉（满族）	佟广山		中国民间故事集成（内蒙古卷）
108. 猎人海力布（蒙古族）			中国民间故事集成（内蒙古卷）
109. 牧羊人和天鹅女（哈萨克族）			哈萨克族民间故事

附录三　林区鄂温克语方言中狩猎词汇

汉语	鄂温克语	汉语	鄂温克语
动物	ajetan	野骆驼	booj
野兽	gujësën/gëjësën	野马	tahin
象	jaan	野骡子	qihutun/qiktu
虎	tasug	鹿	bog/kumakan/ojoon
公虎	muhan	四不像	ojoon
母虎	bijën	公鹿	mabu
彪	tajgan/tajgas	母鹿	mabuhan
狮子	aqqalan	鹿羔	oxankanahan
豹	jajgan/jagganmijda	一岁鹿	ankanahan
黑豹	haja jaggan	二岁鹿	jinoho
白豹	gilahuta	三岁鹿	wënnëne
金钱豹	ijhis	野角鹿	ijën
海豹	lëpu	驼鹿	handahan
貂	sajhi	驼鹿羔	nekkosa
公貂	lungu	一岁驼鹿	tooho
母貂	ajihi	三岁驼鹿	anami
豺	gujee	母驼鹿	ëniën
狼	guskë/tuuggë	公驼鹿	amijan
狐狸	solahi	马鹿	ajan
白狐狸	qindaha	梅花鹿	bog
沙狐	hijas	狍子	giwsën/giisën
狸	ujijhi	公狍	gujan
猞猁	tijjihi	母狍	onijo
小猞猁	luka	二岁狍	jusan

续表

汉语	鄂温克语	汉语	鄂温克语
貉子	ëlbëhi	三岁狍	ujan
熊	ëtijgën/ëtëggën	黄羊	jëgëjën
一岁熊	utuhi	黄羊羔	injihan
二岁熊	jukt/ojogon	公黄羊	ono
棕熊	naxi	母黄羊	onohon
公棕熊	sat	獐子	xijga/xigga
母棕熊	sathan	公獐	aggat
黑熊	mojihen	母獐	aggathan
公黑熊	ëtugën	獐羔	magga
母黑熊	saji/matugan	獾子	ëwëji/ëwëëj
猩猩	abgalde	猪獾	mangis
猿	söjan	老獾	ahdan
猴	monijo/monio/mojo	獾崽	jandag
犀牛	iha	青鼬	hajsa
艾虎	hujën	海獭	haligu
兔子	gulmahun/tooli	水獭	juuhin
白兔	qindaha	公水獭	algin
野兔	mamuhu	母水獭	uhi
刺猬	sënnë/sënen	水獭崽	imëskën
鼠兔	ohtono	旱獭	tajbahi
老鼠	xinëji/axiqqan	江獭	lëhëjhi
鼬鼠	sologi	蝙蝠	lattuhe
灰鼠	uluhi	飞禽	dëgi
松鼠	ëluhi	鸟	qiikkan/dëgi
田鼠	uggunqi	凤凰鸟	gëjdi/gaddi
鼹鼠	oktono/sohoj momo	鸢	gajunga
跳鼠	alakdaha	雁	nonnohi
豆鼠	jombaj	鹈鹕	huta
盲鼠	nomo	鸫	todi/toodi
鼯鼠	dowi	雀	qinëh
黄鼠狼	solohi/soolge	麻雀	dajgunda

汉语	鄂温克语	汉语	鄂温克语
野猪	tojohi	斑雀	tuutuge
大野猪	ajtahun	凭霄小鸟	tugi
公野猪	ajdagan	水花冠红脖子鸟	tugeel
母野猪	sakda	朱顶红	qalihun
野猪崽	mikqa	苇鸟	hunqi
出生几个月的野猪	sugga	元鸟	tujahi
一岁野猪	noha	乌鸦	gaaha/ule/tujahi
二岁野猪	sojho	松鸦	isha
獠牙野猪	ajitta	花脖鸦	ajan
老野猪	ajittalan	燕子	gajasun
猪	olgen	紫燕	xiwin
白蹄猪	balda	寒燕	mojin gajasun
公猪	bultun	越燕	ujihan
种子猪	atmal	喜鹊	saajige
大公猪	jëlu	老鹰	gihin/gikin/muji
小公猪	bultugun	苍鹰	idulhën
母猪	mëgji	小鹰	geehun
老母猪	mëgji	小黄鹰	jawutta
被阉母猪	mëgëj	鱼鹰	suwan
猪崽	mihan/momo	老雕	hekqën
半岁猪	ajda/toggo	白雕	isha
海青	xonhoj	小鸡	quqqu
海鸥	hilahun/osholonko	公鸡	aminan
游隼	naqin	母鸡	ëminën
燕隼	xilmën/higgo	鹅	saaha
鸥鹐	ulinqi	鹄	silmën
猫头鹰	geehin	天鹅	uqqe
林鸮	humgi	鸭子	niihi
啄木鸟	tontohe	黄鸭	angij
啄木鸟斑毛	jolokto	小尾鸭	soxil
布谷鸟	gëkku/hëkku	鸽子	tuuttuge

续表

汉语	鄂温克语	汉语	鄂温克语
丹顶鹤/仙鹤	bulhi	猫	hëhë
丘鹬	jaksa	山猫	mala
鹬	sooqal	狗	ninihin
灰鹤	toglo	公狗	muutë
鹳	ujiji	母狗	uusuhu/jaatu
孔雀	todi/sooldolde	狗崽	gulgu
乌鸡	gajasu/tëglën	小狗	hashan
野鸡	hoggol/jëgu xiikkan	四眼狗	dubbë
飞龙鸟/沙鸡	itu	玉眼狗	qijgi
鹦	sojon	白脖子狗	alga
鸳鸯	goxihe/wauihe/giltajin dëgëli	白鼻梁狗	halja
鹦鹉	todi	身高细长猎狗	tajiga
小体鹦鹉	ingëhu	藏獒	jolo
鹌鹑	bëdënë	哈巴狗	baal
鸥	gilawun/osholonko	牲畜	adgus
秃鹫	tashaj	牲口	adsun
狗鹫	jolo	牲畜胎	suqi
鸳鸯	nihiqen/ajuhanka	牛	uhuj
八哥	honnojin todi	野牛	sajalan
画眉	bongon alaajxiikkan	牤牛	boh
黄鹂	gulin/gojgolde	黄牛/犍牛	ëggëël
白脖乌鸦	tanko	无角牛	mohoj
青鸦	gajahi	生牛	dabbi
戴胜鸟	ëpëpe	乳牛	unugun
斑鸠	honnojin todi	牛犊	tushan
莺	jajgi	二岁牛	itën
蝙蝠	lattuhe	三岁牛	gonan
鸡	hahaja/hahja	四岁牛	dunën/donon
牦牛	sajlan	温性马	nomohi mojin
水牛	muujlën	劣性马	doqqin mojin
羊	honin	驽马	haxin

续表

汉语	鄂温克语	汉语	鄂温克语
羊羔	hubba/hëbbë	笨马	bidu mojin
公羊	hos	胆小马	oliha
母羊	bos	马背鞍疮	daaji
骟羊	iggë	驴	ëljig
山羊	imagan	骡	lëësë/lëës
骆驼	tëmëgën	虫子	hulihan
马	mojin	蝉	jiggijë
马驹	noohon	蚕	ixiqqi
小马	daaga	蚕丝	xilin
二岁马	suquhan/suquha	蝈蝈	gujguj/tëëtige
三岁马	attu	蜜蜂	jiwugtə/jiwittë
四岁马	seetta	黄蜂	iigittë
生马	ëmnig	马蜂	mojin jiwittë
种子马	adigga	蝴蝶	doondohe/bëëlbëte
骟马	aɡta/akta	小蝴蝶	doondohon
母马	gëë	蛾	doondo/ëëpëlji
骏马	hulug	扑灯蛾	pupulji
赛马	bajga	萤火虫	gilawun
白马	saajal mojin	毛毛虫	noongohe
红马	jëëjdë mojin	蜻蜓	pëmpëlji
红沙马	boojol mojin	苍蝇	dilhuwën/giluhën
栗色马	hujin mojin	绿豆蝇	quutujin giluhën
枣骝马	hëjij mojin	麻豆蝇	boj giluhën
铁青马	boj mojin	蛆虫	unul
淡黄毛马	hongoj mojin	蚊子	gajmakta/nalmagta/taqqig
米黄毛马	xijga	打黄蚊子	bugun
黑鬃黄马	hula mojin	蜘蛛	aatahe
干草黄马	huwa mojin	黑蜘蛛	basa
海骝毛马	hajlun mojin	虻	iggëttë
黑青马	honnoj mojin	小黑蝇/小咬	xogxol
菊花青马	tolbotu	蝎子	isël

续表

汉语	鄂温克语	汉语	鄂温克语
喜鹊青马	ulun	蜈蚣	jigij
豹花马	sohoj mojin	螳螂	tëmëgëlji
花斑马	alga mojin	麒麟	sabitun
强性马	qanga	尺蠖	tawalanka
蠓	ojolji	鱼鳍	sëli
蟋蟀	hujëëlji	前鳍	uqiha
蚂蚱	xiqqihun	后鳍	ëthë
蚱蜢	qaaqqa	鱼鳞	ëxigtë/jahile
蝗虫	taaddahun	鱼鳃	sënkël/mëjë
蝗蛹	unika	鱼刺	haga
蛴螬	sahalan/nanal	鱼白	usat
蝲蝲蛄	lalagu	鱼油	nomin
蚂蚁	iijittë	鲤鱼	mëjgë/gilbahe
蟑螂	altan hulihan	小鲤鱼	xili/këëlbën
蛔虫	huxigan/hujingu	鲶鱼	daahi
蚜虫	misun	鲫鱼	hëltëhu
蚂蟥	midhan	狗鱼	suujuldu
臭虫	ahun/suusun	鳊花鱼	hajgu
跳蚤	soj	鲭鱼	usul
虱子	hunkë	鳔鱼	tahu
虮子	uuttu	鳟鱼	jëëlë
蜱	bixij	泥鳅鱼	ujasa/mojgon
狗虱	gubil	鳇鱼	ajin
白蚱	sëj	白鱼	saqihi
蚯蚓	mëëjtë/mëëttë	金鱼	altan oshon
蛇	holen	草根鱼	hëjë
蟒蛇	tabji	细鳞鱼	joja
龙	muduji	红尾鱼（赤梢）	sunga
蛟	namida	柳根池	ulum
壁虎	xiji/gujbël	松花鱼	ogsongi
蛙	ëjihi	牛尾鱼	uhuj iggi

续表

汉语	鄂温克语	汉语	鄂温克语
青蛙	mojin ëjihi	葫芦仔鱼	ajsa
蝌蚪	iggilën	河鱼	oshon
鱼	imaha/oshon	白鲹鱼	jabsa/gilgan
公鱼	atuha	重嘴鱼	juwëhe
母鱼	atu	鲟鱼	hijbu
鱼子	qujhu	大马哈鱼	hijata
鱼卵鱼子	tujgu	黑鱼/鳗鱼	howoj/mojolji
鱼秧子	onij/homka	干鲦鱼	sëqë
小鱼	niqa	筋斗鱼	ujqi
鱼群	maaj	花季鱼	uwaha
鱼鳔	ugaj	大头鱼	laksa
方口鳊头鱼	dawah	蹄心	omo
白漂子鱼	jajhun	蹄掌	weha
白带鱼	giltu	尾巴	iggi
白鲦子鱼	loho/niqa	马印子	dojon
白鲩鱼	uja	角	iigi
鲳鱼	tajihu	角根	gil
黄鱼	musëj	鹿茸	pëntu
鲸鱼	sajgalji	兽类下颏	baldah
鳝鱼	mojolji	兽类肷皮	sawi
鲹鱼	adaj	兽蹄	taha/ujuun
细鳞梭鱼	uguj	爪子	sabbatta
鳜鱼	ximgën	兽类指甲	uxiha
鲈鱼	saham	翅膀	axige/dëttële
海马	ajma	毛	inatta
河豚	hosha	厚毛	luku/luhu
海参	hijim	短毛	nogga
螃蟹	samuja/haqqohe	绒毛	nongaj
鳖/甲鱼	ajahu	毛梢	solmi
龟	gawal/mëgdën	皮	nanda
蚌	tahija/hisuhu	皮毛	ujdëh

续表

汉语	鄂温克语	汉语	鄂温克语
海螺	bujën/pujë	狍皮	gihi
螺	quhej/olgin	貂皮	bolga
贝	hisug/ëhu	黑貂皮	sahaqi
虾	gabkuj/sabbe	猞猁狲皮	tijjihiqi
河蟹	haqqohe	狐狸皮	dohiqi/solahiqi
甲壳	huj	羊皮	honiqi
獠牙	sojo	山羊皮	imagaqi
马鼻梁	hanxaj	牛皮	uhuqi
马脑鬃	hugul	去毛皮	ilgin
马脖鬃	dël	去毛鹿皮	buhi
尾鬃硬毛	saha/xilgasu	股子皮	sajin
马胸	tulë	皮条	soj
马奶子	qëgën	兽类乳房	dëlën
马膝骨	tahim	胎盘	tëbkë
马脚后跟	bojbi	胚内血块	balatta
马小腿	xijbi/xilbi	兽胎	suqi
马蹄	ujuun	蛋	umutto
蛋壳硬皮	qotho	小箭	dolbi noj
蛋壳嫩皮	numuj	大箭	hiwu
蛋清	soho/xilgi	长箭	majan
蛋黄	uuggu	快箭	halbihu/halgi
羽毛	ungal	水箭	jësëj
尾羽	gindah	火箭	tog noj
毻毛	nungaj	哨箭	jan
鸟嘴	tongo/tonko/tonkonko	带哨箭	janga
嗉囊	ongol	无哨箭	sudu
鸟鸡胸脯	aljan	梅针箭	xidda
马鬃	dël/dëlën	角头箭	joj
马头鬃	hoholi	扁头箭	ganda
斑纹	bëdëji	箭头铁刃	oggi
兽尾白毛	hikdaha	箭头铁脊	hugu

汉语	鄂温克语	汉语	鄂温克语
驼峰	bohto	箭羽	dëktë
火柴/取灯	gilahuj/sujdën	箭匣	hobdo
引柴	sujij	箭筒	jëwël
引火木片	hooga	箭罩	jagi
火把	tolon	弩箭	sëjmin
油松火把	janga	箭靶子	ajigan/gappahu
薰蚊虫烟火	sananga	箭靶心	tuxi
荒火/野火	jëddë	箭档子	dalanka
火焰	hujgin/dola	扎枪	gida
火镰子	jatakku/nëgu	短扎枪	nama gida
拨火棍	xiluguj	带钩扎枪	watanga gida
火钳	babuj	剑	xoj
柴火	jasa	大刀	jangu
火炭	jaaga	腰刀	lohon
弓	bëj	战刀	sëlmi
弓别	misa	炮	poo
弓玄	uli	枪	miisan
弓脑	bokson	猎枪	hijanka
弓梢	igën	瞄准器眼	sënji
弓垫子	tëbhë	枪冲条	qijgëhu
弓套	togon	枪机子	hënkilën
弓罩	oqiha	枪套	homhon
弓擎子	taangu	子弹	muhalen/moolen
箭	niju/noj	火药	daji
火药罐	sumga	鱼罩	humu
枪的火门	xeen	鱼漂子	hokton
导火线	bilda	鱼钩线	xilagan
棍子	dagasun	钓鱼竿	majin/naji
棒	dënqi	马尾套子	hukka/hugga
杖	gata	猞猁套子	sëbun
杆子	ooni	禽鸟套子	masalhun

续表

汉语	鄂温克语	汉语	鄂温克语
狩猎	bëju	走兽套子	ila/uxinki
冬猎	hojiha	哨子，鹿哨	pisanka
围猎	saha/aw	口哨	pisahu
渔猎	butha	夹子	hakkaj
鱼叉	jowuhu	野兽夹子	gëjin
网	alagan	夹子弓	mudan/qoj
兜网	dajha	夹子嘴	sanqiha
抄网	sodohu	夹子舌	ilëngë
网边	hëjgin	夹子支棍	songiho
网边绳	hëqën	鹰网	toxiha/toojga
鱼饵	bëtë/mëhë	野鸡网	taawa
鱼钩尖	ada	兔网	asun/uhu
鱼钩	ëmhën	口袋	ulhu/tukku
小鱼钩	ëmhëqën	小口袋	utaha
鳇鱼钩	ëjëhën	半大口袋	sumal
三齿甩钩	ilagaj	细长口袋	uluhun
大掠钩	ëlkun	布口袋	ulunku
倒须钩	wata	皮口袋	uthun
挂钩	dëgë	小皮口袋	ujunku
抄罗子	asu	装肉的口袋	sunda
鲤鱼钩	dung	装碗筷袋	dobto
拎钩	goholon	小袋囊	juman
冰穿子	qaleej/saleej	褡裢	aktalin
冰兜	oog	小褡裢	dawagga
撬棍	ulinkë	网兜	alan
梯子	tuttugënkë	小木鞍	ëjhëlji
鱼篓子	losha	鞍子	ëmëgël
鱼兜子	sodohu	驼鞍	homo
鱼笼	ukuj/uhuj	鞍鞴	tohom
鱼簾子	haadi	鞍翅	habtaj
鞍鞴	bujgin/bujës	鞍子后肚带	qalbuj

汉语	鄂温克语	汉语	鄂温克语
鞍缦	ongo	鞍子吊带	jijim
鞍座	sowu	肚带铲子	gojhi
鞍毡垫	namki/xiddëg	鞍鞯	tohom/hëjim
鞍褥	namuhu	马鞭子	xisugu/xisug
鞍屉	homo	鞍蹬子	dujën/dujë
鞍笼	bukkul	马嚼子	hadal
鞍铁镊子	xihilën	缰绳皮条	jolo
鞍子皮绳	ganjoha	偏缰	xilboj
鞍子细带	ganihu	鞴	hudajha
鞍子前肚带	olon	鞴鞘	heeha

参考文献

一 中文文献

[1] （汉）司马迁：《史记》，中华书局，1982。

[2] （北齐）魏收：《魏书》，中华书局，1974。

[3] （唐）李延寿：《北史》，中华书局，1974。

[4] （后晋）刘昫等：《旧唐书》，中华书局，1975。

[5] （宋）徐梦莘：《三朝北盟会编》，上海古籍出版社，2008。

[6] （清）赵尔巽：《清史稿》，中华书局，1977。

[7] 敖长福：《猎刀》，远方出版社，1995。

[8] 敖嫩搜集整理《鄂温克民族民间故事集》（上册），内蒙古文化出版社，2008。

[9] 敖嫩搜集整理《鄂温克民族民间故事集》（下册），内蒙古文化出版社，2011。

[10] 巴德玛、卜伶俐、达希尼玛等：《鄂温克族历史资料集》（第一辑），内蒙古文化出版社，1993。

[11] 白振声：《文化·生态与民族发展》，中国社会科学出版社，2009。

[12] 包路芳：《社会变迁与文化调适——游牧鄂温克社会调查研究》，中央民族大学出版社，2006。

[13] 毕桪：《哈萨克民间文学探微》，中央民族大学出版社，2012。

[14] 毕桪主编《民间文学概论》，民族出版社，2004。

[15] 孛·吉尔格勒等主编《鄂温克族：内蒙古鄂温克族旗乌兰宝力格嘎查调查》，云南大学出版社，2004。

[16] 朝克：《中国鄂温克族》，宁夏人民出版社，2013。

[17] 朝克、汪立珍：《鄂温克族宗教信仰与文化》，中央民族大学出版社，

2002。

[18] 陈惇、刘象愚：《比较文学概论》，北京师范大学出版社，2000。

[19] 都古尔巴图、巴德玛、卜伶俐等：《鄂温克族历史资料集》（第二辑），内部资料，1996。

[20] 杜·道尔基：《鄂汉词典》，内蒙古文化出版社，1998。

[21] 杜·道尔基、杜柳山：《鄂温克地名考》，民族出版社，2007。

[22] 杜拉尔·敖登托雅、索罕·格日勒图：《鄂温克民间故事》（蒙古文），内蒙古文化出版社，2009。

[23] 杜梅搜集整理《鄂温克族民间故事》，内蒙古人民出版社，1989。

[24] 杜育勤主编《鄂温克族研究文集》，黑龙江省鄂温克族研究会，2006。

[25] 鄂旗政协编《鄂温克族自治旗文史资料》（第一辑），内部印刷，1988。

[26] 鄂温克旗情调查组：《中国国情丛书——百县市经济社会调查：鄂温克卷》，中国大百科全书出版社，1993。

[27] 《鄂温克语言民间故事集》（DVD 版），内蒙古文化音像出版社，2010。

[28] 鄂温克族简史编写组：《鄂温克族简史》，内蒙古人民出版社，1983。

[29] 鄂晓楠、鄂·苏日台：《原生态民俗信仰文化》，内蒙古大学出版社，2006。

[30] 冯骥才主编《民间神话》，河北少年儿童出版社，2004。

[31] 富育光：《萨满论》，辽宁人民出版社，2000。

[32] 干志耿、孙秀仁：《黑龙江古代民族史纲》，黑龙江文物出版社，1982。

[33] 高丙中：《民俗文化与民俗生活》，中国社会科学出版社，1994。

[34] 顾德清：《猎民生活日记——1982～1985 探访兴安岭》，山东画报出版社，2001。

[35] 郭淑云：《中国北方民族萨满出神现象研究》，民族出版社，2007。

[36] 哈森其其格、阿拉坦巴特尔等：《鄂温克族历史资料集》（第三辑），内部资料，1998。

[37] 何群：《环境与小民族生存——鄂伦春文化的变迁》，社会科学文献出版社，2006。

［38］《黑龙江民间文学》（第六集），中国民间文艺研究会黑龙江分会，1983。

［39］《黑龙江民间文学》（第五集），中国民间文艺研究会黑龙江分会，1983。

［40］黑龙江省鄂温克族研究会编《鄂温克族研究文集》（第三辑），内部资料，2006。

［41］胡增益、朝克：《鄂温克语简志》，民族出版社，1986。

［42］胡志红：《西方生态批评研究》，中国社会科学出版社，2006。

［43］黄任远：《通古斯—满语族神话研究》，黑龙江人民出版社，1999。

［44］黄任远、黄定天、白杉等：《鄂温克族文学》，北方文艺出版社，2000。

［45］黄任远等：《鄂温克族文学》，北方文艺出版社，2000。

［46］黄维翰：《黑水先民传》，黑龙江人民出版社，1986。

［47］江帆：《民间口承叙事论》，黑龙江人民出版社，2003。

［48］江帆：《生态民俗学》，黑龙江人民出版社，2003。

［49］卡丽娜：《驯鹿鄂温克人文化研究》，辽宁民族出版社，2007。

［50］孔繁志：《敖鲁古雅的鄂温克人》，天津古籍出版社，1989。

［51］林继富：《村落空间与民间叙事逻辑》，云南人民出版社，2008。

［52］林继富：《民间叙事传统与故事传承》，中国社会科学出版社，2007。

［53］刘守华：《比较故事学论考》，黑龙江人民出版社，2003。

［54］吕光天：《鄂温克族》，民族出版社，1987。

［55］罗刚：《叙事学导论》，云南人民出版社，1994。

［56］马学良等主编《中国少数民族文学史》（上下册），中央民族大学出版社，1992。

［57］满都呼主编《中国阿尔泰语系诸民族神话故事》，民族出版社，1997。

［58］孟慧英：《中国北方民族萨满信仰》，社会科学文献出版社，2000。

［59］《民间传说》，河北少年儿童出版社，2004。

［60］《民间故事》，河北少年儿童出版社，2004。

［61］《民间神话》，河北少年儿童出版社，2004。

［62］那木吉拉：《中国阿尔泰语系诸民族神话比较研究》，学习出版社，

2010。

［63］那木吉拉主编《阿尔泰神话研究回眸》，民族出版社，2011。

［64］内蒙古自治区编辑组：《鄂温克族社会历史调查》，内蒙古人民出版社，1986。

［65］内蒙古自治区鄂温克族研究会编《鄂温克族研究文集》（第一辑），内部资料，1989。

［66］祁惠君：《传统与现代：鄂温克族牧民的生活》，中央民族大学出版社，2009。

［67］秋浦：《鄂温克人的原始社会形态》，中华书局，1962。

［68］全国人民代表大会民族委员会办公室编《阿荣旗查巴奇乡索伦族情况》（内部资料），1957。

［69］全国政协文史和学习委员会等编《鄂温克族百年实录》，中国文史出版社，2008。

［70］史忠义、户思社、叶舒宪：《国际文学人类学研究》，百花文艺出版社，2006。

［71］隋书金编《鄂伦春族民间故事选》，上海文艺出版社，1988。

［72］陶格滕其其格、吉特格勒图搜集整理《碧蓝色的宝石》（蒙古文版），民族出版社，1999。

［73］涂志勇：《索伦骠骑》，中国青年出版社，1991。

［74］万建中：《解读禁忌——中国神话、传说和故事中的禁忌主题》，商务印书馆，2001。

［75］万建中：《民间文学引论》，北京大学出版社，2006。

［76］汪立珍：《鄂温克族神话研究》，中央民族大学出版社，2006。

［77］汪立珍：《鄂温克族神话研究》，中央民族大学出版社，2006。

［78］汪立珍：《满通古斯诸民族民间文学研究》，中央民族大学出版社，2006。

［79］王瑾：《互文性》，广西师范大学出版社，2005。

［80］王士媛、马名超、白杉：《鄂温克族民间故事选》，上海文艺出版社，1989。

［81］王宪昭：《中国民族神话母题研究》，民族出版社，2006。

［82］乌热尔图：《鄂温克史稿》，内蒙古文化出版社，2007。

［83］乌热尔图编著《述说鄂温克》，远方出版社，1995。

［84］乌云达赉：《鄂温克族的起源》，内蒙古大学出版社，1988。

［85］乌云达赉：《鄂温克族的起源》，内蒙古大学出版社，1998。

［86］吴守贵：《鄂温克人》，内蒙古文化出版社，2000。

［87］吴守贵：《鄂温克族社会历史》，民族出版社，2008。

［88］吴重阳：《中国当代民族文学概论》，中央民族学院出版社，1986。

［89］吴重阳：《中国现代民族文学概论》，中央民族学院出版社，1992。

［90］徐新建：《人类学写作》，四川大学出版社，2010。

［91］许钰：《口承故事论》，北京师范大学出版社，1999。

［92］杨乃桥：《比较文学概论》，北京大学出版社，2002。

［93］叶舒宪：《文学人类学教程》，中国社会科学出版社，2010。

［94］叶舒宪：《中国神话哲学》，中国社会科学出版社，1992。

［95］叶舒宪等：《人类学关键词》，广西师范大学出版社，2004。

［96］赵复兴：《鄂伦春族研究》，内蒙古人民出版社，1987。

［97］赵复兴：《鄂伦春族游猎文化》，内蒙古人民出版社，1991。

［98］中国民间故事集成全国编辑委员会等：《中国民间故事集成·内蒙古卷》，中国 ISBN 中心出版，2007。

［99］中央民族学院少数民族文艺研究所编《中国民族民间文学》（上册），中央民族学院出版社，1987。

二　译著

［1］〔美〕阿尔伯特·贝茨·洛德：《故事的歌手》，尹虎彬译，中华书局，2004。

［2］〔美〕阿兰·邓迪斯：《民俗解析》，广西师范大学出版社，2005。

［3］〔美〕阿兰·邓迪斯编《西方神话学读本》，朝戈金等译，广西师范大学出版社，2006。

［4］〔美〕艾布拉姆斯：《欧美文学术语词典》，朱金鹏、朱荔译，北京大学出版社，1990。

［5］〔美〕保罗·康纳顿：《社会如何记忆》，纳日碧力戈译，上海人民出

版社，2000。

[6]〔美〕丁乃通：《中国民间故事类型索引》，郑建成译，中国民间文艺出版社，1986。

[7]〔德〕恩格斯：《家庭、私有制和国家的起源》，中共中央马克思恩格斯列宁斯大林著作编译局译，人民出版社，1972。

[8]〔苏〕伏·阿·图戈卢科夫：《西伯利亚埃文基人》，白杉译，呼伦贝尔盟文联，2000。

[9]〔美〕哈迪斯蒂：《生态人类学》，郭凡、邹和译，文物出版社，2002。

[10]〔英〕霍布斯鲍姆、〔英〕T. 兰格：《传统的发明》，顾杭、庞冠群译，译林出版社，2004。

[11]〔美〕克利福德·格尔茨：《文化的解释》，韩莉译，译林出版社，1999。

[12]〔美〕克利福德·吉尔茨：《地方性知识——阐释人类学论文集》，王海龙、张家瑄译，中央编译出版社，2000。

[13]〔美〕勒内·韦勒克：《文学理论》，刘象愚、邢培明、陈圣生等译，江苏教育出版社，2005。

[14]〔美〕理查德·鲍曼：《作为表演的口头艺术》，杨利慧、安德明译，广西师范大学出版社，2008。

[15]〔法〕列维·布留尔：《原始思维》，丁由译，商务印书馆，2004。

[16]〔法〕列维·斯特劳斯：《野性的思维》，李幼蒸译，商务印书馆，1997。

[17]〔罗马尼亚〕米尔恰·伊利亚德：《神圣与世俗》，王建光译，华夏出版社，2002。

[18]〔荷〕米尼克·希珀、尹虎斌编《中国少数民族文化中的史诗与英雄》，广西师范大学出版社，2004。

[19]〔美〕摩尔根：《古代社会》，杨东莼、马雍、马巨译，商务印书馆，1977。

[20]〔俄〕纳·布拉托娃：《西伯利亚鄂温克民间故事和史诗》，白杉译，内蒙古文化出版社，2009。

[21]〔俄〕普罗普：《故事形态学》，贾放译，中华书局，2006。

［22］〔俄〕普罗普：《神奇故事的历史根源》，贾放译，中华书局，2006。

［23］〔俄〕史禄国：《北方通古斯的社会组织》，吴有刚、赵复兴、孟克译，内蒙古人民出版社，1984。

［24］〔美〕斯蒂·汤普森：《世界民间故事分类学》，郑海译，上海文艺出版社，1991。

［25］〔美〕威廉·A. 哈维兰：《文化人类学》，上海社会科学院出版社，2006。

［26］〔美〕约翰·迈尔斯·弗里：《口头诗学：帕里—洛德理论》，朝戈金译，社会科学文献出版社，2000。

［27］〔美〕詹姆斯·克利福德、乔治·E. 马库斯：《写文化——民族志的诗学与政治学》，高丙中、吴晓黎、李霞等译，商务印书馆，2006。

［28］〔英〕詹姆斯·乔治·弗雷泽：《金枝》，徐育新、汪培基、张泽石译，大众文艺出版社，1998。

三 学位论文

［1］郭媛媛：《达斡尔族莫日根故事中的传统文化研究》，硕士学位论文，北京：中央民族大学，2010。

［2］王伟：《索伦鄂温克宗教信仰：仪式、象征与解释——兼论萨满式文明与中国文化》，博士学位论文，北京：首都师范大学，2003。

［3］徐鲁亚：《神话与传说——论人类学文化撰写范式的演变》，博士学位论文，北京：中央民族大学，2003。

［4］叶舒宪：《文学与人类学——知识全球化时代的文学研究》，博士学位论文，成都：四川大学，2003。

四 期刊论文

［1］朝戈金：《口头·无形·非物质遗产漫议》，《读书》2003 年第 10 期。

［2］朝戈金、巴莫曲布嫫：《民族志诗学》（*Ethnopoetics*），《民间文化论坛》2004 年第 5 期。

［3］朝格查：《关于鄂温克民间故事中的颜色词》，《鄂温克族研究文集》（第三辑），黑龙江省鄂温克族研究会，2006。

［4］ 朝克：《关于鄂温克民族的族称》，《满语研究》1996 年第 1 期。

［5］ 朝克：《论达斡尔、鄂温克、鄂伦春族人名与语言文化变迁及接触关系》，《黑龙江民族丛刊》1998 年第 4 期。

［6］ 陈永香：《功能学派琐谈》，《楚雄师专学报》2001 年第 2 期。

［7］ 丁跃斌：《鄂温克族和阿伊努族自然崇拜之比较》，《边疆经济与文化》2007 年第 12 期。

［8］ 杜雪峻：《鄂温克族民间童话浅析》，《鄂温克族研究文集》（第三辑），黑龙江省鄂温克族研究会，2006。

［9］ 郭景萍：《社会记忆：一种社会再生产的情感力量》，《学习与实践》2006 年第 10 期。

［10］ 何秀芝：《浅谈鄂温克族民间故事》，《鄂温克族研究文集》（第一辑），内蒙古自治区鄂温克族研究会，1989。

［11］ 贺·宝颜巴图：《莽古斯研究》，《内蒙古师范大学学报》（蒙古文）1987 年第 4 期。

［12］ 黄任远：《伊玛堪〈香叟莫日根〉探析》，《佳木斯教育学院学报》1996 年第 1 期。

［13］ 金海：《蒙古族神话〈额日黑莫日根〉的文化解读》，《内蒙古社会科学》（汉文版）2003 年第 4 期。

［14］ 李朝：《民族民俗文化传承形态研究》，《青海民族学院学报》（社会科学版）2006 年第 1 期。

［15］ 李菲：《民族文学与民族志——文学人类学批评视域下的少数民族文学》，《民族文学研究》2009 年第 3 期。

［16］ 马海峰：《地域文学研究的文学人类学思考——以西海固文学为例》，《郧阳师范高等专科学校学报》2008 年第 2 期。

［17］ 孟慧英：《莫日根的婚姻》，《黑龙江民族丛刊》1998 年第 3 期。

［18］ 彭兆荣、朱志燕：《族群的社会记忆》，《广西民族研究》2007 年第 3 期。

［19］ 其力木格：《试论蒙古史诗莽古斯形象之"美"》，《内蒙古民族大学学报》（社会科学版）2014 年第 1 期。

［20］ 师占成：《对克利福德·格尔兹阐释人类学的解读》，《内蒙古大学学

报》（哲学社会科学版）2008 年第 3 期。

［21］托亚、李文娟：《达斡尔民族精神的自我审美关照——试论达斡尔族莫日根故事》，《内蒙古师范大学学报》（哲学社会科学版）2009 年第 6 期。

［22］瓦尔特·翁：《基于口传的思维和表述的特点》，张海洋译，《民族文学研究增刊》，2000。

［23］汪立珍：《鄂温克族萨满信仰与自然崇拜》，《中央民族大学学报》2000 年第 6 期。

［24］汪立珍：《鄂温克族狩猎文化的价值与意义》，《民间文学》2001 年第 2 期。

［25］汪立珍：《鄂温克族英雄神话中的人物形象分析》，《民族文学研究》2009 年第 3 期。

［26］汪立珍：《论鄂温克族民间故事中的人名》，《满语研究》2002 年第 2 期。

［27］汪立珍：《试论鄂温克族人与动物婚配型神话的结构模式》，《黑龙江民族丛刊》2004 年第 3 期。

［28］汪立珍：《论鄂温克族萨满神话与传说》，《黑龙江民族丛刊》2001 年第 1 期。

［29］汪立珍：《论鄂温克族熊图腾神话》，《民族文学研究》2001 年第 1 期。

［30］汪立珍：《论萨满信仰与鄂温克族神话的关系》，《中央民族大学学报》2005 年第 1 期。

［31］汪立珍：《论我国通古斯诸民族神话传说中的动物崇拜》，《满语研究》2001 年第 1 期。

［32］王宪昭：《论少数民族民间口传文化的功能》，《理论学刊》2009 年第 2 期。

［33］乌仁其其格：《蒙古族火崇拜习俗中的象征与禁忌》，《中央民族大学学报》（哲学社会科学版）2005 年第 5 期。

［34］闫沙庆：《鄂温克族民间文学初探》，《黑龙江民族丛刊》2004 年第 5 期。

［35］闫沙庆：《论鄂温克族岩画》，《文艺评论》2005 年第 3 期。

［36］杨利慧：《民族诗学的理论和实践》，《北京师范大学学报》（社会科学版）2004 年第 6 期。

［37］叶舒宪：《文学人类学：一个跨学科的研究领域——知识全球化时代的文学研究》，《中国社会科学院院报》2004/02/24 第 003 版。

［38］叶舒宪：《文学人类学与比较文学》，《白色学院学报》2008 年第 6 期。

［39］张丽、车文辉：《地域差异的社会记忆与影响》，《长沙铁道学院学报》（社会科学版）2007 年第 2 期。

［40］赵志忠：《北方民族与萨满信仰》，《黑龙江民族丛刊》2005 年第 3 期。

［41］周福岩：《表演理论与民间故事研究》，《鞍山师范学院学报》2001 年第 3 期。

［42］周蔚蔚：《火崇拜与祖先崇拜"叠合"现象研究综述》，《云南消防》2003 年第 10 期。

［43］祝秀丽：《重释民间故事的重复律》，《民俗研究》2005 年第 2 期。

后　记

　　作为一个鄂温克人，我研究鄂温克族文化责无旁贷，这份责任感继承自我的家族。我那从未谋面的爷爷，将这份写在家族基因中的责任感传递给了我。爷爷是否读过书我不得而知，听老家的老人回忆，我们家那会儿算得上是大户人家，老少几辈人一块儿过，太奶持家，家教家规极严，家里利落干净，想来作为长子的爷爷应该是守规守矩的人。确知的是爷爷曾被日本人抓走当伪军，为了尊严他试图逃脱，不幸被抓回遭到恐吓痛打，据说因此神经受到了刺激。爷爷人生的最大转折是在20世纪50年代，那时国家启动了大规模的少数民族社会历史调查，他有幸成为鄂温克族社会历史调查工作组的辅助人员并参与其中，并为《鄂温克族社会历史调查报告》中的查巴奇鄂温克民族乡（我的老家）绘制插画。爷爷的绘画禀赋来得蹊跷，从未学过绘画的他，不知承继了哪位先人的绘画才能，无师自通，不论是人、物还是神，他都能用毛笔直接绘出，栩栩如生跃然纸上。《鄂温克族社会历史调查报告》是如今所有研究中国鄂温克族学者的必修内容，每每翻起这本沉甸甸的书，我的自豪感便油然而生。但出于家族的原因，《鄂温克族社会历史调查报告》并未署我爷爷的名字，不能说不是一种遗憾。

　　爷爷的故事并未就此完结，调查组撤走后，他便有了心事。鄂温克人有语言无文字，这样的少数民族在我国不在少数，南方一些少数民族在社会历史调查组的帮助下创制了拼音文字。这件事深深触动了爷爷，他从此一头扎进创制鄂温克文字的世界里，不能自拔，一个人搬到了山里的地窖子里苦心孤诣地投身于这项事业。然而这件事可不像绘画之于他那般容易，既没有语言学功底，又没有研究团队合作，他所有的功夫都白白浪费了。或许正是从那时起，爷爷成了大家眼中疯癫的人。所谓"不疯魔不成活"，可又有谁懂得他的一片赤诚、一片真心。我从不觉得爷爷可悲，他有着如此富足的精神世界，如此深厚的民族情感，让我羡慕敬仰，让我充满力量，激励我不断前行。

从事鄂温克族文化研究，相比起爷爷来，我更加吃力。由于我从小在城镇长大，身边没有老人教诲，所以民族传统对我而言显得遥远而陌生。但也许正是因为我是在没有民族传统文化浸润下成长的鄂温克人，似乎更渴求探索民族的历史、传统、习俗及信仰。学术研究讲求"化生为熟"，最初我通过阅读文献加以弥补自己原本应熟知的知识，后来感悟到"纸上得来终觉浅，绝知此事要躬行"，于是开始了田野之路。最初的田野总是充满了激动、兴奋以及被族人接纳和认可的喜悦，在同老人们的接触中我发现很多民族的传统仍被他们坚守着，让人心生敬佩。随着田野调查的深入，也看到了很多令人担忧的现象：年轻人对传统文化的漠视，城镇化对传统文化的巨大冲击，地方政府重经济发展而轻文化传承；等等。从开始研究生学习到近几年的工作经历，我渐渐明白研究民族传统文化终将是件清苦而寂寞的事情。然而，我不后悔最初的选择，在这条回归的道路上我找到了自己的人生坐标，从此不再迷茫。

带我进入鄂温克族民间文学研究的是汪立珍老师，初识老师是从《神话学》的选修课开始，一次次碰撞智慧火花、激励求知欲望的课堂讨论，深深地吸引了我，后来我成为汪老师的第一名博士生，荣幸之至！毕业后有幸归入鄂温克族著名学者、中国社会科学院民族文学研究所党委书记朝克老师麾下，开始博士后的研究工作。朝克老师的勤奋、执着深深地激励着我不断前行、不敢懈怠。

在项目的调研和写作过程中，感谢所有帮助过我、提点过我的老师，您们是最可爱的人！感谢陪我一起走过田野之路的同胞，谢谢你们的一路相伴！感谢在田野中热情接待和配合我的人们，你们的质朴、善良与执着已深深刻进我的心田！感谢我的同门，谢谢你们一直以来的支持！感谢家人一直以来的无私奉献！

那 敏

2015 年 5 月 30 日

图书在版编目（CIP）数据

鄂温克族狩猎故事研究 / 那敏著. -- 北京：社会
科学文献出版社，2018.10
（鄂温克族濒危语言文化抢救性研究）
ISBN 978 - 7 - 5201 - 3173 - 5

Ⅰ.①鄂…　Ⅱ.①那…　Ⅲ.①鄂温克族 - 狩猎 - 民族
文化 - 研究 - 中国　Ⅳ.①K282.3

中国版本图书馆 CIP 数据核字（2018）第 174878 号

鄂温克族濒危语言文化抢救性研究（上下卷）

鄂温克族狩猎故事研究

著　　者／那　敏

出 版 人／谢寿光
项目统筹／宋月华　袁卫华
责任编辑／孙美子　罗卫平

出　　版／社会科学文献出版社·人文分社（010）59367215
　　　　　　地址：北京市北三环中路甲 29 号院华龙大厦　邮编：100029
　　　　　　网址：www.ssap.com.cn
发　　行／市场营销中心（010）59367081　59367083
印　　装／三河市东方印刷有限公司

规　　格／开　本：787mm × 1092mm　1/16
　　　　　　本卷印张：13.25　本卷字数：209 千字
版　　次／2018 年 10 月第 1 版　2018 年 10 月第 1 次印刷
书　　号／ISBN 978 - 7 - 5201 - 3173 - 5
定　　价／268.00 元（上下卷）